경영학
사용설명서

경영학 사용설명서

경영 원리를 어떻게 실전에 적용할 것인가

김용진 지음

서 | 문

뉴 밀레니엄을 목전에 둔 1999년, 나는 10년간의 대기업 생활에 마침표를 찍고 후배 한 명과 함께 벤처기업을 세웠다. 하지만 3년 후 그 도전은 참담한 실패로 끝났다. 손수 창업한 회사를 떠나 새로운 경력을 모색해야 할 처지가 되었다.

학창 시절 경영학도였으며 사회에 나와서도 경영자의 길을 걷겠다고 결심한 나에게 경영자로서의 실패 경험은 몹시 쓰라렸다. 다시 경영자의 길을 걷기 위해서는 실패의 원인이 무엇이며 앞으로 무엇을 배워야만 하는지를 알아내야만 했다.

몇 달 동안의 반성과 성찰을 통해 경영과 리더십에 대한 나의 지식과 경험이 형편없는 수준임을 깨달았다. 모든 것을 밑바닥에서부터 다시 배워야겠다는 결심이 일었다. 그런데 경영 능력을 갖추기 위해서는 조직의 프로세스를 전체적으로 이해해야 했다. 또 리더십을 지니기 위해서는 평범한 사람들로 강한 팀을 만들어가는 경험도 필요했다.

이 두 가지를 동시에 배우는 데에 제조업만 한 분야가 없다는 생각이 들었다. 다행히 어떤 중소 제조업체에 임원으로 입사하여 새로운 경력을 시작할 수 있었다.

그 후 몇 년간의 실전 경험은 우리나라 중소기업들의 열악한 실상을 파악할 수 있는 기회가 되었다. 직접 부딪쳐보니 너무도 많은 중소기업들이 주먹구구식 경영 방식에 의존하고 있었다. 그리고 그 기업들이 직면하는 문제들이 바로 그런 낙후된 경영 방식에서 비롯됨을 알게 되었다. 다시 말해 경영자들이 경영의 기본과 원리를 이해하지 못하면서 직관이나 과거의 경험에 의존해 회사를 운영하는 경우가 많았다.

만약 이런 방식으로도 기업을 충분히 이끌어갈 수 있다면 경영학은 애당초 존재할 이유가 없었을 것이다. 경영학을 전공한 나에게 이런 의구심이 생기는 건 당연했다. 나는 현장에서 직면하는 수많은 불합리를 해결해 나가는 과정에서 의미 있는 깨달음을 얻었다. 올바른 경영이란 기본과 원리를 이해하고 철저하고 탁월하게 실천하는 것이라는 사실이다. 나는 그 깨달음을 다양한 방법으로 실험하며 검증해나갔다. 시간이 지날수록 내 신념은 더욱 굳어졌다. 나는 언젠가는 하나의 회사를 맡아 경영하면서 이러한 믿음을 꼭 확인하고 싶었다.

2006년에 드디어 기회가 왔다. 어떤 중견그룹이 계열사 하나의 경영책임을 나에게 맡긴 것이다. 하지만 제조업 경험이 일천한 나에게 정상적인 회사 경영을 맡길 리는 만무했다. 대신 어려움을 겪는 계열사를 회생시켜 보라는 임무가 주어졌다. 나는 자신감을 잃고 실의에 빠진 직원들을 다독이며 일의 기본 원리를 함께 배우고 익혔다. 이렇게 노력한 결과 1년이 조금 지나자 회사가 정상 궤도로 올라설 수 있었다. 그리고 2013년 말까지 두 차례 더 기업회생 과정을 경험했다.

나는 이 세 차례의 기업회생 과정에서 나름의 원칙을 정했다. 가장 중요한 원칙은 모든 분야에 보편타당하다고 인정되는 경영의 원리를 철저히 적용한다는 것이다. 그리고 기존 구성원 중 누구도 내보내지 않고 다시 육성해서 활용한다는 것이었다. 다시 말해 패배자를 승리자로 만드는 게임을 하고 싶었다. 당연히 회사가 어느 정도 궤도에 올라가기 전까지는 외부에서 핵심 인력을 새로 영입하지도 않았다.

나는 평범한 사람들이 기본과 원칙을 배우고 철저히 실천한다면 강력한 팀을 이루어 탁월함에 도달할 수 있다는 가설을 직접 검증해보고 싶었다. 그리고 그 실험은 대성공을 거두었다. 회사는 모두 정상화되었고 그 성과는 내가 나중에 그 조직을 떠난 이후에도 계속 이어졌다.

무엇보다 중요한 성과는 직원들의 성장이었다. 나는 변화와 혁신이 성공을 거둘 때 최고의 산출물은 역량이 향상된 직원들이라는 굳은 신념을 품었다. 그 믿음은 정확했다. 다른 계열사 직원들에게 부실기업의 패배자로 손가락질받던 직원들이 1~2년이 지나지 않아 유능한 인물로 변모했다. 다른 계열사로부터 영입 대상이 되는 직원들도 많이 생겨났다.

나는 직원들을 학습시키고 성장시키는 데 승부를 걸고 다양한 노력을 기울였다. 그 출발점이 되는 첫 번째의 노력은 직원들 각자에게 도전 과제를 부여하는 것이었다. 그래야만 직원들이 주도적으로 일하면서 성취감을 맛보는 소중한 경험을 할 수 있다. 그뿐만 아니라 과제 수행을 위해 지식이 필요하다는 것을 깨닫고 자발적이고 주도적으로 학습하게 된다.

두 번째로 모든 과제의 코칭에 직접 참여했다. 나는 한 달에 한 번씩 대면 접촉과 코칭을 했다. 이 과정을 통해 직원들이 겪는 문제들을 이해하고 함께 해결해나가면서 강력하게 임파워먼트$_{empowerment}$해줄 수 있었다. 또한 제대로 코칭하기 위해서는 직원들보다 더 열심히 학습해야만 했다. 직원들은 경영자가 직접 학습하면서 자신을 코칭하는 모습을 보며 학습 의지를 더욱 높인다. 그리고 배운 것을 실전에 적용하기 위해 노력한다.

세 번째로 나와 직원들이 함께 겪은 경험과 그 과정에서 축적한 지식을 기록으로 남겨 지속적으로 공유했다. 실제로 직원들은 내가 코칭하고 함께 실행했던 지식을 계속 되새기고 싶어 했다. 그래서 나는 2006년부터 그러한 지식과 경험을 글에 담아 사내 지식 공유 게시판에 올리기 시작했다. 그러다 이러한 글들이 회사 외부 사람들에게도 유용하리라는 생각이 들어 2007년부터는 블로그를 통해 공개하기 시작했다. 그리고 거의 10년의 세월이 흘러 엄청난 양의 글이 축적되었다.

이 책은 오랜 시간 동료들과 함께 공부하고 실천하면서 썼던 글들 중에 완성도 높은 글을 모아 보완하고 편집한 것이다. 그러다 보니 큰 주제별로 칼럼들을 모아놓은 듯한 모양이 되었다. 이를 통해 나는 세 번에 걸친 기업회생을 성공적으로 수행할 수 있었다. 실전을 기본으로 하다 보니 자연스럽게 기업 경영 차원의 지식은 물론 관리나 실무 수준까지 아우르는 주제를 폭넓게 다루게 되었다.

이 책은 경영 이론서가 아니다. 그럼에도 내용 대부분은 경영의 원리를 기반으로 하고 있다. 또한 이 책은 어떤 사람의 과거 경험을 모으고 그 교훈을 정리한 조언 목록이나 비망록이 아니다. 하지만 10년이 넘는 기간 동안 경영 현장에 직접 적용하여 조직을 변화시키고 성과를 창출하며 직원들을 성장시키는 데 실제로 사용했던 지식의 활용 경험을 근거로 한다.

이 책은 경영자의 길을 걸어가는 사람들에게 도움을 주기 위해 썼다. 따라서 매우 다양한 독자층이 이 책을 통해 도움을 얻을 수 있으리라 기대한다. 사회 진출을 앞둔 학생이라면 앞으로 자신이 체험하게 될 조직 생활에 대해 전반적인 지식을 얻을 수 있을 것이다. 이미 직장 생활을 하는 사원이라면 탁월한 성과를 창출하는 유능한 인재가 되기 위한 조언을 얻을 수 있을 것이다. 관리자라면 관리자의 역할과 역량이 무엇인지를 되돌아보고 향후 경영자로 성장하기 위한 사고의 체계들을 학습할 수 있을 것이다. 또한 이 책은 경영자에게 경영의 본질과 조직 시스템의 운영 전반에 대한 이해를 높이는 데에도 도움을 줄 수 있으리라 생각한다.

하지만 이 책은 필요한 모든 지식을 상세한 수준까지는 담아내지 못했다. 사실 지식의 체계는 어떤 한 사람이 모두 이해하기에는 너무나 방대하다. 게다가 그 모든 것을 담아내기에는 지면의 한계가 있다. 따라서 이 책에서 다룬 다양한 주제들에 관한 구체적인 지식과 방법론을 얻기 위해서는 전문 서적의 도움을 받는 것이 바람직하다. 하지만 어떤 범주의 지식을 학습해야 하는지를 파악하는 데에는 이 책이 좋은 지침이 될 것이다.

또한 이 책의 이론적 체계에는 많은 허점이 존재할 수도 있다. 나는 이론가가 아니라 경영자이며 실천가다. 이론 체계가 얼마나 정밀한지는 나의 주된 관심사가 아니다. 그보다는 실제로 적용하고 성과를 낼 수 있는 지식 체계인지가 더 중요하다. 그리고 누구나 배우고 익혀 다른 상황에서도 반복적으로 활용할 수 있는 보편성이 있느냐에 더욱 마음이 끌린다.

그런 의미에서 이 책은 미완성이다. 이제 하나의 출발선에 선 것에 불과하다. 앞으로 이 책의 완성도를 높이기 위해 다양한 지식과 경험을 쌓으면서 끊임없이 다듬고 보완해나갈 것을 다짐한다. 독자들의 조언은 분명 큰 도움이 될 것이다. 한 사람의 저자로부터 시작된 책이 여러 사람의 지식과 경험이 보태져 시간이 지날수록 더 나은 모습을 갖추고 집단 지성이 발현된 작품으로 거듭나는 미래를 상상해본다.

이 책의 구성

모두 10개 장으로 구성된 이 책은 전체적으로 하나의 흐름을 형성하고 있다. 따라서 되도록 앞에서부터 순서대로 읽어나가는 것이 효과적이다. 하지만 10개의 장은 각각 독립적이기도 하다. 다시 말해 필요한 부분만 골라 읽더라도 학습이 가능하다.

'제1장 경영 이전에 알아야 할 것들'에는 조직 생활을 하는 사람들에게 필요한 마인드 세트와 기본적인 팁들을 모아놓았다. 직장에서 일하려면 반드시 알아야 하는데도 아무도 가르쳐주지 않아 겪게 되는 많은 시행착오와 오해를 소개했다. 하지만 직장에서 오래 살아남고 승진하기 위한 처세술을 모아 놓은 것은 아니다. 오히려 주도적으로 직장 생활을 하면서 역량을 꾸준히 향상시키는 데 필요한 조언이라고 할 수 있다.

'제2장 성과 창출의 원리'에서는 성과의 개념과 올바른 성과 창출 방법을 다루었다. 성과는 조직에서 가장 많이 사용하는 단어 중 하나이면서도 가장 많이 오해하는 개념이기도 하다. 성과가 무엇이며 어떻게 창출하는지를 알지 못하고서는 성과를 창출하는 유능한 인재가 될 수는 없다.

'제3장 기업의 목적과 경영의 기능'에서는 경영의 개념과 본질에 대해 기초적 수준의 지식을 다루었다. 특히 현대 경영학의 아버지 피터 드러커 박사의 경영 이론을 기반으로 기업의 목적과 경영이 수행하는 기능에 대해 정리하였다.

'제4장 마케팅과 전략적 사고'는 피터 드러커가 말한 경영의 기능 중 한 축인 마케팅을 다루었다. 마케팅은 대단히 방대한 지식 체계이므로 여기에서는 마케팅의 원리 중 가장 본질적인 것만 다루었다. 또한 마케팅은 자연스럽게 경영 전략과 연계되므로 전략적 사고도 함께 언급하였다.

'제5장 혁신의 개념과 성공·실패 요인'은 피터 드러커가 마케팅과 함께 경영 기능의 또 다른 한 축을 이룬다고 말한 '혁신'을 이해하기 위한 부분이다. 혁신의 개념, 본질, 혁신의 실패와 성공을 가르는 요인들에 대한 고찰을 주로 다루었다.

'제6장 조직 시스템과 프로세스'는 조직을 단순히 사람의 집합이 아닌 협력 시스템으로서 이해하도록 돕기 위해 쓴 것이다. 이 장을 통해 조직의 본질과 조직 시스템의 기본적인 운영 원리를 파악할 수 있다. 또한 프로세스와 오퍼레이션의 개념과 차이를 이해함으로써 부분 최적화와 전체 최적화를 구별할 수 있다.

'제7장 프로세스 혁신'은 가장 난이도가 높고 시간이 오래 걸리면서 조직의 가장 중요한 경쟁력의 원천이 될 수 있는 가치창출 프로세스의 혁신에 관한 내용이다. 이 또한 대단히 방대한 지식 체계여서 기초적인 원리에 국한하여 다루었다. 비교적 이해하기 쉬운 지식 체계인 제약 이론을 중심으로 실제 적용 사례를 다양하게 제공하기 위해 노력하였다.

'제8장 변동성의 원리와 관리 방법'에서는 성과에 영향을 주는 불확실성과 위험을 어떻게 통제하고 관리할 것인지에 대한 내용을 정리하였다. 이를 위해서는 변동성의 본질을 이해하고 기초적인 수준의 통계 이론을 학습해야 한다.

'제9장 품질 관리와 6시그마'에서는 기업 생존의 전제 조건이자 가장 중요한 고객 가치인 품질에 대해 다루었다. 품질만큼 오해가 많은 분야도 없다. 그래서 품질에 대해 잘못 알려진 내용을 지적하고 대안을 제시하고자 했다. 또한 품질 분야에서 가장 강력한 이론적 체계로 평가받는 6시그마 이론의 기초적인 개념을 소개하였다.

'제10장 생산성 향상'은 생산성의 개념과 생산성 향상의 원리와 방법 체계에 대한 것이다. 프로세스 혁신과 품질 경영은 결국 생산성 향상으로 이어진다. 따라서 생산성 향상이 무엇이며 어떤 목표가 있고 어떻게 관리하는지를 알고 있어야만 한다. 그래야만 프로세스 혁신과 품질 경영이 의도된 성과를 만들어낼 수 있다.

이 책은 유능한 경영자로 성장하기 위한 멘토링이나 코칭을 받는다는 느낌으로 읽으면 가장 유용할 것이다. 사회생활의 출발선에 있거나 사회생활을 시작한 지 얼마 되지 않은 사람들은 제1장과 제2장에서 가장 큰 도움을 얻을 수 있다. 또한 나머지 장들을 통해서는 기업이 어떤 식으로 운영되는지에 대해 개괄적인 지식을 얻을 수 있을 것이다. 제3장에서 제6장에 이르는 내용은 중간 관리자들이 경영에 대한 이해를 높이는 데 도움을 줄 수 있다. 경영자들 또한 자신들이 생각하고 있는 경영에 대해서 다시 한 번 돌아볼 기회가 될 것이다. 제7장에서 제10장까지의 내용은 중간 관리자들이 아주 깊이 이해해야 한다. 여기에서 다루는 내용은 일반적으로 외부 컨설턴트들에게 가장 많이 의존하는 분야이기도 하다. 경영자들 또한 조직을 올바르게 이끌고 변화를 주도해나가기 위해서는 최소한 여기에서 언급한 지식은 이해하고 있어야 한다.

경영자의 길을 걷기 위해서는 사람에 대한 이해 또한 필수이다. 하지만 유감스럽게도 이 책은 사람에 관한 주제는 다루지 못했다. 다시 말해 리더십, 변화 관리, 신뢰, 소통과 같은 주제가 빠져 있다. 사실 이것이야말로 경영의 핵심 주제일 수 있다. 나 자신이 오랜 직장 생활과 세 차례의 기업회생 경험을 통해 가장 절실하게 깨닫고 치열하게 탐구했던 주제이기도 하다. 그리고 이 과정에서 많은 사람과 공유할 만한 가치가 있는 소중한 지식과 경험을 축적했다.

하지만 이 또한 두꺼운 책으로 나와야 할 만큼 내용이 방대하다. 안타깝지만 차후에 해야 할 숙제로 남겨놓아야 할 것 같다.

감사의 글

이 책은 저자 한 사람의 노력으로 만들어진 산출물이 아니다. 이 책에 담긴 내용이 세상의 빛을 보기까지 수많은 분의 신세를 졌다. 어찌 보면 이 책은 그분들과의 공동 작품이라고 해도 과언이 아닐 것이다.

가장 먼저 내가 이 책의 핵심적인 내용을 배우고 실천했던 시기에 몸담았던 회사, 그리고 함께 일했던 모든 동료에게 감사하고 싶다. 그분들의 도움이 없었다면 유용한 지식을 얻을 기회가 주어지지 않았을 것이며 다른 사람들과 나눌 만한 성공의 경험을 쌓을 수도 없었을 것이다. 또한 나의 오랜 멘토인 KR 컨설팅의 이강락 대표님과 이동권 위원님에게도 감사를 표하지 않을 수 없다. 그분들을 통해 조직을 협력 시스템으로 이해하는 지식과 통찰력을 얻을 수 있었다.

아이디스 이규황 부장님의 강권이 아니었다면 부족한 글을 세상에 내놓을 만한 용기를 낼 수 없었을 것이다. 기꺼이 출판에 동의하고 헌신적으로 도와주신 클라우드나인의 안현주 대표님과 꽤나 두껍고 지루할 수도 있는 책의 편집과 교정을 위해 애쓰셨던 모든 관계자 여러분께도 큰 빚을 진 셈이다.

이 책에 담긴 내용이 세상 사람들과 나눌 만큼 타당하고 가치를 가질 수 있도록 도움을 주신 많은 분과 꽤 많은 분량의 초고임에도 기꺼이 읽고 조언해주신 분들, 각처에서 기대와 격려의 말씀을 전해 주신 모든 분께도 감사드린다. 여기서 일일이 그분들을 소개할 수 없어 아쉬울 뿐이다.

평생의 은사님이신 유준호 선생님과 이미 오래전 하늘나라로 가신 부모님에 대해서는 감사의 말씀만으로는 부족할 것 같다. 이분들은 내게 선한 영향력을 통해 삶을 살아가는 방법에 대한 가르침을 주셨다. 그리고 평생 학습과 지식 나눔의 가치를 몸소 실천하여 보여주셨다.

사랑하는 나의 아내 윤신원, 아들 석환, 딸 재연은 그 누구보다도 큰 힘이 되어주었다. 그들의 격려, 지원, 그리고 교정을 위한 헌신적인 노력이 없었다면 몇 달 동안의 고생을 쉽게 견뎌내지 못했을 것이다.

이 책은 좋은 경영, 참 경영을 세상에 전파해야 한다는 사명을 실천하기 위한 목적으로 썼다고 해도 과언이 아니다. 그러한 사명을 부여해주시고 그 사명을 능히 감당할 만한 달란트와 기회를 주신 하나님께 감사와 영광을 올린다.

2015년 6월
김용진

차례 Contents

서문 4
감사의 글 12

제1장 경영 이전에 알아야 할 것들

유능한 경영자로 성장하기 위해 반드시 얻어야 할 세 가지 21
이론과 실제는 다르지 않다 28
모든 업무는 공통분모를 가지고 있다 31
일 자체보다 일하는 방법을 배워라 34
업무의 기본과 원칙을 확립하라 37
익숙해지는 것을 경계하라 40
'열심히'보다는 '제대로'가 중요하다 42
자산이 될 것인가, 비용이 될 것인가 45
승진의 원리 48
경영자의 관심과 지원을 확보하라 51
경영자는 어떻게 의사결정을 하는가 54
용어를 정확하게 정의하고 공유하라 57
실행력 높은 기획을 하는 방법 60
사람은 관리의 대상이 아니다 63
측정과 평가의 차이를 이해하라 66
권력, 권한, 권위, 권위주의의 의미를 구별하라 69
어떻게 권한과 책임의 불균형을 바로잡을 것인가 73
직위, 직책, 직급의 차이를 이해하라 77
품의서란 무엇이며 결재는 어떤 절차로 이루어지는가 81
합의와 협의는 무엇이며 어떤 상황에서 사용하는가 85
숫자의 정확성을 확보하고 이해하는 능력을 보유하라 89
재무제표의 원리와 내용을 이해하라 91
커뮤니케이션은 조직을 건강하게 한다 94
어떻게 커뮤니케이션할 것인가 97
효율적인 커뮤니케이션 방법 101

제2장 성과 창출의 원리

과업을 정의하고 일의 목적을 분명히 하라 **107**
실적과 성과는 동의어가 아니다 **110**
숫자만으로 성과를 측정할 수 없다 **112**
올바른 성과란 무엇인가 **115**
진정한 성과는 반드시 역량이 기반이 되어야 한다 **118**
합목적성→효율성→활동량의 순서로 일하라 **122**

제3장 기업의 목적과 경영의 기능

기업의 목적은 '이윤 추구'가 아니다 **129**
기업이 이윤만 추구할 때 발생하는 문제들 **133**
'주주 가치 극대화'는 옳은 목적이 될 수 있는가 **136**
기업의 목적은 '고객 창출'이다 **139**
경영의 세 가지 기능 **144**

제4장 마케팅과 전략적 사고

마케팅의 정의와 변천 과정 **153**
마케팅과 판매는 무엇이 다른가 **160**
판매는 불완전한 마케팅을 보완한다 **166**
생산 지향적 관점과 고객 지향적 관점은 무엇이 다른가 **171**
마케팅은 고객의 니즈와 원츠로부터 출발한다 **178**
고객은 제품이 아니라 가치를 구매한다 **183**
가치 제안을 올바르게 정의하고 구성하라 **187**
고객이 누구인가는 가치 제안에 의해 결정된다 **193**
누가 구매에 가장 큰 영향력을 행사하는가 **199**
가격은 가치 제안의 구성 요소가 될 수 없다 **204**
지속 가능 경영을 위한 생존 부등식의 원리 **210**
승·승 원칙에 따라 최적의 가격을 결정하라 **215**
상품 구색 증가는 판매 부진의 해법이 될 수 없다 **220**
구색의 다양화는 성공적인 가치 제안이 전제 조건이다 **225**

마이클 포터의 경쟁 우위 확보를 위한 본원적 전략　231
STP를 통해 목표 시장과 경쟁 우위를 선택하고 집중하라　236
시장 세분화와 목표 시장 선정의 구체적인 방법　241
경쟁전략 수립을 위한 다섯 가지 기본적인 고려 요인　246
마케팅 믹스란 무엇인가　252
4P와 4C는 무엇이고 어떻게 상호작용하는가　256

제5장 혁신의 개념과 성공·실패 요인

혁신이란 무엇인가　265
혁신 활동은 다양한 영역에서 전개된다　268
사람은 혁신의 대상이 아니다　273
혁신은 왜 실패하는가　276
올바른 위기의식은 혁신의 동기이자 출발점이다　281
결핍이 혁신을 유발한다　285
벤치마킹이란 무엇인가　288
어떻게 벤치마킹할 것인가　291

제6장 조직 시스템과 프로세스

시스템이란 무엇인가　301
왜 선진 시스템 도입에 실패하는가　309
프로세스의 의미와 본질　313
상사의 방향인가, 고객의 방향인가　316
조직 시스템의 3개의 활동축　319
프로세스와 오퍼레이션의 상호작용을 이해하라　322
부분 최적화를 지양하고 전체 최적화를 지향하라　326
협업과 협력의 의미를 구분하고 상황에 맞게 활용하라　331
협력이 강화될 수 있도록 구성원에게 역할을 부여하라　334

제7장 프로세스 혁신

프로세스 혁신의 목적　339
프로세스를 혁신하기 전에 패러다임부터 혁신하라　343
생산자 관점을 폐기하고 고객 지향 패러다임으로 이동하라　347
베스트 프랙티스를 구축하고 지속적으로 개선하라　351
가치 창출 과정에서 발생하는 총비용을 고려하라　354
제조원가 절감만을 중시하는 기업들이 범하는 오류　357
프로세스 혁신의 방향성과 기본 원칙　365
프로세스 전체의 밸런스를 구축하고 유지하라　375
프로세스 동기화와 제약 이론　378
제약이란 무엇인가　381
병목 자원과 비병목 자원　386
페이스메이커를 선정하라　389
TOC의 프로세스 혁신 5단계　393
프로세스 동기화의 원리　396
버퍼를 통해 페이스메이커의 활동을 보호하라　401
TOC의 핵심 개념 D-B-R　405
배치 사이즈 최적화로 프로세스 흐름을 평준화하라　408
TOC를 적용한 경영혁신 실제 사례　413
프로세스 혁신 핵심 체크 포인트　419

제8장 변동성의 원리와 관리 방법

변동성이란 무엇인가　427
변동성은 위험이자 기회이다　431
정확도와 정밀도의 차이를 이해하라　435
통계학의 몇 가지 기초 지식　440
변동성 관리의 기본 개념과 원리　445
분산과 표준편차는 무엇이며 어떻게 측정하는가　450
뜻밖의 성공은 뜻밖의 실패만큼 위험하다　455
뜻밖의 성공의 진정한 원인을 분석하고 관리하라　458
선행 활동의 변동성에 대한 후행 활동의 대응력을 높여라　462

제9장 품질 관리와 6시그마

품질과 관련된 흔한 오해들　469
품질 관리의 핵심은 변동성 관리다　473
품질 관리의 목표는 고급이 아니라 고품질이다　476
고품질은 원가 상승이 아니라 원가 절감의 요인이다　480
올바른 해법은 올바른 원인분석에서 나온다　483
사람에 의존하는 활동의 반복성과 재현성을 높이는 방법　488
6시그마란 무엇인가　494
시그마 수준의 개념과 평가 기준　498
품질 문제는 품질 부서의 책임이 아니다　504
전통적 수율 관리의 문제점　509
숨겨진 공장을 찾아내어 제거하라　514
6시그마 수율 측정의 기본 원리　517
6시그마의 수율 관리 방법　520
6시그마 실행 방법론 DMAIC와 DFSS　524

제10장 생산성 향상

생산성 향상의 기본 방향　531
생산성 구성 3요소　534
사무 부문의 생산성과 품질의 속성　538
사무 부문 생산성의 측정 방법　542
로스의 개념과 종류　546
원·부자재의 수율 향상 방법　550
설비 종합 효율의 개념과 측정 방법　555

에필로그　561

Business Management User's Guide

제1장

경영 이전에 알아야 할 것들

Business Management User's Guide

유능한 경영자로 성장하기 위해 반드시 얻어야 할 세 가지

어느 누군가가 직장 생활을 성공적으로 하고 있는가 그렇지 않은가를 평가하기는 쉽지 않다. 사람마다 목표, 맡은 업무의 성격과 난이도, 처한 상황이 다르기 때문이다. 하지만 그것이 분명히 드러날 때가 있다. 직장 경력이 길어지거나 고위층으로 승진하려 하거나 다른 직장을 구할 때 등이다. 이런 과정에서는 그 사람이 그동안 직장 생활을 성공적으로 수행해왔는지가 자연스럽게 나타난다. 다시 말하자면 유능함의 차이가 밝혀진다는 뜻이다. 입사 동기들은 처음에는 비슷비슷하다. 그런데 십수 년이 지난 후에는 유능함의 격차가 엄청나게 벌어지는 경우가 다반사이다.

그렇다면 유능함의 차이란 무엇인가? 유능한 사람으로 계속 성장하기 위해서는 무엇을 해야 하는가? 나는 앞으로 이야기할 세 가지를 그 중요한 기준으로 삼는다. 마라톤과 같은 긴 직장 생활의 승부에서 지속해서 유능함을 유지하고 싶다면 이 세 가지를 얻으려 노력해야 할 것이다.

직장 생활을 통해 얻어야 할 첫 번째는 역량이다. 어제보다 나은 오늘, 오늘보다 나은 내일을 위해 학습을 게을리하지 말아야 하며 실력을 계속 향상해나가야 한다. 두 번째로는 성과를 얻어야 한다. 자신이 주도적으로 수행한 일을 통해 다른 사람들이 인정할 만한 업적을 만들고 그것을 다른 사람에게 자신 있게 이야기할 수 있어야 한다. 마지막으로는 사람을 얻어야 한다. 자신과 함께 일한 모든 동료와 직장 생활 중 알게 된 모든 사람을 인생의 지지자이자 후원자로 만들어나가야 한다.

만약 직장 내에서 다른 일을 하게 되거나 다른 직장으로 옮기게 될 때 위의 세 가지를 얻었는가를 자문해보라. 만족할 만한 답변을 할 수 있다면 직장 생활을 성공적으로 수행해온 것이다. 뿌듯한 마음으로 미래를 향해 나아가도 좋다.

역량을 얻어라

우리는 흔히 역량을 어떤 일을 잘하는 능력 정도로 생각한다. 하지만 이는 오해다. 역량이란 어떤 특정한 일을 잘하는 능력을 의미하지 않는다. 역량이란 일을 잘하는 원리와 방법을 이해하고 자신이 맡은 일을 성과가 창출되도록 구조화하는 능력이다. 따라서 어떤 일을 맡더라도 의도된 성과를 낼 수 있는 기본을 잘 갖추고 있어야 역량이 높다고 평가할 수 있다. 반대로 어떤 일은 잘하지만 다른 일을 시키면 도무지 방법을 찾아내지 못하고 성과가 향상되지도 않는 사람은 역량이 부족한 것이다. 그는 단지 한 가지 일에 숙련되었을 뿐이다.

예를 들어 어떤 워드프로세서를 기가 막히게 잘 다루는 사람이 다른 워드프로세서에는 잘 적응하지 못한다고 하자. 그럼 그는 워드프로세서라는 응용프로그램의 작동 원리를 이해하지 못하고 한 가지 프로그램에만 숙련된 상태이다. 반면 그 기본 원리에 정통한 사람은 새로운 프로그램을 다루게 될 때도 짧은 적응 기간을 거쳐 금방 익숙하게 사용할 수 있다. 업무에 대한 역량도 이와 같은 이치로 설명할 수 있다.

일이란 항상 근본 원리가 바탕에 있고 실무는 그 위에 얹어진다. 근본 원리를 이해하지 못하고 실무에 집중하는 것은 수학의 기본 원리와 공식의 이해 없이 문제집을 푸는 데만 집중하는 것과 마찬가지다. 문제가 해결되고 일의 성과가 만들어지는 근본 원리를 이해하는 것이 역량 향상의 지름길이다. 이렇게 쌓인 역량은 전혀 경험해본 적이 없는 새로운 일을 할 때도 재빨리 문제의 본질을 파악하고 성과를 향해 나아가도록 해준다.

성과는 역량이 있어야 얻을 수 있다. 물론 역량이 뒷받침되지 않고도 성과를 낼 수 있는 경우도 간혹 있다. 하지만 그 성과는 단기적이며 오래 가기 어렵다. 실제로 업무 현상에서 역량의 향상 없이 단기적인 성과 창출에 욕심을 내다가 큰 사고를 저지르거나 어려움에 빠지는 경우는 수도 없이 많다.

만약 어떤 성과가 역량을 바탕으로 하지 않고 얻어진 것이라면 절대로 샴페인을 터뜨리지 마라. 항상 조심하고 경계하라. 사람은 최종 결과만으로 자기 역량을 판단하곤 한다. 그리고 대체로 자신의 역량에 대해서는 관대하게 평가한다. 이렇게 역량에 대한 착시를 갖게 되면 다음에 다른 일을 할 때 그러한 착각을 근거로 추진하다가 큰 낭패를 보게 된다.

그렇다면 분명히 역량을 갖추었는데도 아직 성과가 나지 않는 경우는 어떠한가? 이 때는 인내심이 필요하다. 역량이 갖추어진 시점과 그 역량을 통해 성과가 만들어지는 시점 사이에는 항상 시간의 갭이 존재한다. 하지만 아무리 기다려도 성과로 연결되지 않을 때도 있다. 역량이 충분하다고 하더라도 일하는 방법을 잘못 선택하면 역량이 성과로 연결되지 않는다. 이 경우에는 다양한 방법의 시도가 필요하다. 따라서 역량이 있음에도 성과가 미진하다면 인내심을 발휘해야 할 상황인지 일하는 방법을 개선해야 할 상황인지를 명확하게 판단하여야 한다.

역량이란 '일이 성과로 연결되는 근본 원리를 이해하고 그 원리를 실전에 적용하여 성과를 창출할 수 있는 능력'을 말한다. 이러한 개념으로 역량을 향상하면 기존 업무를 유능하게 처리함은 물론 새로운 일에도 과감하게 도전할 수 있다.

성과를 얻어라

성과는 흔히 업적과 혼동될 수 있다. 그래서 다른 사람에게 자랑스럽게 이야기할 수 있을 만한 성과를 얻어야 한다는 말은 몹시 부담스럽게 들릴 수 있다. 특히 '남보다 뛰어난 탁월한 업적'으로 성과를 정의한다면 더욱 그렇다. 직장 생활을 하는 동안 누구나 인정할 만한 탁월한 업적을 얻기란 쉽지 않다. 회사 규모가 클수록 더욱 그렇다. 개인 혼자 일하는 것이 아니라 시스템과 프로세스 속에서 조직의 일원으로 일하며 그 결과물은 조직 구성원 모두의 협력에 의한 산물인 경우가 대부분이기 때문이다.

그래서 '업적'이 아니라 '성과'를 얻어야 한다. 우리가 업적이 아닌 성과를 얻어야 하는 이유는 분명하다. 직장 생활에서 얻을 수 있는 성과는 탁월한 업적 말고도 많은 것들이 존재하기 때문이다. 예를 들자면 일에 대한 자신감을 갖게 해준 성취 경험, 다른 사람들이 감히 나서지 못하는 프로젝트에 도전하여 실패했던 경험, 조직을 성공적으로 화합시켜 팀워크를 강화시키고 좋은 조직 문화를 만든 경험 등도 성과에 포함될 수 있다.

한 가지 일을 주도적으로 추진했다가 실패를 겪었다고 가정해보자. 실패를 실패로 그냥 놓아둔다면 아픈 경험 하나만 얻는 데 그친다. 하지만 그 실패의 과정을 돌이켜 보고 원인을 분석하여 새로운 해결책을 찾아 그러한 실패가 같은 상황에서 다시 반복되지 않도록 지식과 경험을 획득했다면 어떨까? 그것은 대단한 성과가 된다.

> 직장 생활을 통해 얻어야 할 성과란 '장래의 업무를 성공적으로 수행할 수 있는 자신감을 부여해주는 모든 양적·질적 결과물의 총체적인 집합'을 의미한다. 그리고 그것은 성공 경험뿐만 아니라 실패 경험을 지식 자산으로 축적하는 과정을 통해서도 얻을 수 있다.

사람을 얻어라

직장 생활을 오래하고 조직 내 위치가 높아질수록 사람이 중요하다는 생각이 더욱 절실해진다. 내가 어떤 중요한 일을 책임지고 수행하거나 창업을 한다면 기꺼이 달려와 도움을 줄 수 있는 사람들을 얼마나 갖고 있는가? 중요한 일을 맡을수록 사람을 얻는 능력의 차이가 성과의 차이를 결정한다.

사람을 얻으라고 하면 높은 사람이나 유력인사를 많이 아는 것을 떠올릴 것이다. 하지만 그런 사람들은 이미 엄청나게 많은 중요한 사람들을 알고 있으며 그들과의 관계를 지속해야 한다. 따라서 그들로부터 얻어낼 수 있는 관심이나 도움은 생각보다도 작다. 더군다나 내 것이 아닌 다른 사람들의 역량과 권위를 통해 성공하기를 기대하는 것은 바람직하지 않다.

그러므로 우리 자신의 역량을 발휘하고자 할 때 도와줄 수 있는 사람을 얻는 것이 중요하다. 그러기 위해서는 그러한 사람들에게 우리 자신의 존재나 영향력이 매우 중요하게 느껴져야만 한다. 따라서 유력인사들을 쫓아다니기보다는 성장 잠재력을 지닌 유능하고 정직한 사람들과의 깊은 신뢰 관계를 형성하는 게 훨씬 더 유익하다.

역량이 충분하지만 사람을 얻지 못하는 사람은 혼자 힘으로 성과를 낼 수 있는 수준까지만 성장한다. 다른 사람의 도움을 받아서 일해야만 하는 단계에 이르면 한계에 부닥친다. 하지만 역량이 부족해도 사람을 얻는 사람들은 느리기는 하지만 꾸준하게 성장한다. 물론 역량도 사람도 얻지 못하는 사람에게는 아무런 기회도 주어지지 않을 것이다.

많은 사람이 지금 다니는 직장을 잃을까 봐 전전긍긍한다. 아마도 새로운 직장을 구하는 게 매우 어렵기 때문일 것이다. 그런데 일단 퇴직을 결심하고 나면 복수라도 하듯 미련 없이 사표를 던지는 모습을 자주 볼 수 있다. 하지만 진정으로 유능한 사람이라면 입사하는 것보다 퇴사하는 것을 더 어렵게 생각할 것이다. 함께 일했던 사람들을 내 편을 만들어 퇴사

이후에도 우호적인 관계를 지속하는 것이 생각보다 쉽지 않기 때문이다.

새로운 기회는 나와 함께 일하면서 좋은 경험을 했던 사람들의 도움을 통해서 얻을 수 있다. 함께 일한 동료를 적이나 남으로 만들지 않고 자기 사람으로 만들어가면 새로운 기회를 끊임없이 얻는다. 새로운 직장을 구하는 것은 그런 대안 중 하나를 선택하는 과정이다. 이렇게 대안이 많은 유능한 사람들은 면접을 볼 때도 남다르다. 회사나 면접관이 그들을 선택하는 건지 그들이 면접관을 인터뷰하며 회사를 선택하는 건지 잘 구별이 되지 않을 정도로, 소신 있고 당당한 모습을 보인다.

직장인이 하루 중 가족과 보내는 시간은 잠자는 시간을 빼면 기껏해야 3~5시간 정도다. 하지만 직장 동료와는 거의 10시간 가까이 함께한다. 가족보다도 더 많은 시간을 공유하는 사람들과 수년을 생활하면서도 그 사람의 마음을 얻지 못한다면 다른 어디에서 사람들의 신뢰를 얻을 수 있을 것인가?

혹시 당신은 아직 젊은 나이에 채 여물지 않은 역량과 경력이 적힌 이력서를 가지고 헤드헌팅 업체를 통해 직장을 구하고 있지 않은가? 만약 그렇다면 사람을 얻는 자신의 능력을 크게 의심해야 할 것이다. 유능한 경영자는 차기 경영자로 키워갈 핵심 인재를 헤드헌팅 업체를 통해 뽑지 않는다. 헤드헌팅 업체를 통해 직장을 구하는 사람은 자기 몸값을 제대로 인정받기를 원하는 특정 분야의 전문가이거나 자신의 인맥을 통해 직장을 구할 수 없는 무능한 사람, 두 종류뿐이다.

직장 생활을 하면서 반드시 다음과 같은 사람들은 얻어라.
첫 번째, 멘토를 얻어야 한다. 나에게 아낌없이 조언을 해주고 자극을 주어 끊임없이 학습으로 이끄는 사람이 반드시 필요하다. 세계 최고 수준의 운동선수도 레슨을 받음을 기억하라.

두 번째, 함께 인생을 논하고 선의의 경쟁을 할 수 있는 친구이자 동료를 얻어야 한다. 비슷한 상황을 겪는 또래들에게서 얼마나 다양한 생각들이 나올 수 있는지 배우고 성장의 자극을 받게 된다.
세 번째, 나를 통해 성장해나가는 후배를 얻어라. 후배들은 배움과 성장의 도움을 받을 때 그 선배를 존경하고 따르게 된다. 그들은 앞으로 당신이 큰 일을 수행할 때 엄청난 힘이 된다. 또한 젊은 후배들을 통해 더욱 신선한 정보, 아이디어, 문화를 접하게 되어 진부화의 위험에서 벗어날 수 있다. 무엇보다 중요한 점은 가르치는 것이 가장 큰 공부가 된다는 사실이다.
"성과는 역량만 못하고 역량은 사람만 못하다."

Business Management User's Guide

이론과 실제는 다르지 않다

"회사에서 겪는 실전은 학교에서 배운 이론과는 다르다. 학교에서 배웠던 이론은 모두 잊어버리고 새로 배워라."

내가 첫 직장에 입사했을 때 선배들이 해준 이야기이다. 실제로 입사 후 내게 주어진 일은 학교에서 배우지 않은 것들이 대부분이어서 호기심을 가지고 열심히 배워나갔다. 1~2년이 지나 어느 정도 일을 능숙하게 할 수 있게 되자 자랑스러운 마음이 들었다. 그러고는 새로 입사한 후배들에게 선배들에게서 들었던 것과 똑같은 이야기를 하면서 일을 가르쳐주었다. 그러다 보니 학교라는 곳에서는 직장에서 당장 필요한 지식이 아니라 수십 년 후 경영자가 되고 난 후에야 비로소 필요한 지식을 가르치고 있는 게 아닌가 하는 생각이 들기도 했다.

하지만 일에 대해 좀 더 알아가면서 내 생각이 잘못되었다는 것을 깨달았다. 사실 유능하다는 것은 오래전부터 맡아왔던 일을 남보다 잘한다는 의미가 아니다. 그것은 유능하다기보다는 숙련도가 높은 것이다. 숙련이 유능으로 인정받을 수 있는 경우는 그 조직이 처한 외부 환경과 여러 조건들이 변할 가능성이 거의 없을 때뿐이다. 이런 상황에서는 기존의 지식과 경험만으로도 얼마든지 대처할 수 있어 새로운 변화와 혁신의 필요성이 낮기 때문이다. 그러므로 유능함이란 지금까지와는 전혀 다른 상황을 접하더라도 올바른 판단을 내리고 문제를 효과적으로 해결해나갈 능력을 보유한 상태로 이해되어야 할 것이다. 나는 직장에서 경력을 쌓으며 나이가 들어갈수록 점점 더 이런 생각이 굳어졌다.

지금 하고 있는 일에 익숙해질수록 그리고 회사에서 몸으로 때워 배운 지식과 경험에 의존할수록, 어렵지만 마땅히 해야 하는 것은 외면하고 쉽게 할 수 있는 것만 하려는 경향이 생긴다. 단단한 고정관념이 형성된다. 유사한 경험이 반복되면 그 고정관념이 옳다는 것만 거듭 확인하고 만다. 고정관념이 강화될수록 더욱더 기존 경험에 의존하고 안주하게 된다. 새로운 것을 받아들이기를 거부하고 비판한다. 이런 사람들로부터는 기존의 지식과 경험을 벗어난 대안이 나올 수 없다. 그래서 누군가가 원칙과 기본에 대해 언급하면 "그건 교과서에나 나오는 이야기일 뿐이며 현실은 이론과 다르다"라고 고집을 부리며 자신의 무지를 합리화한다. 그리고 상대방을 현장과 실무를 잘 모르는 학교 울타리 안의 이론가로 깎아내리곤 한다.

이러한 이유로 기업 현장에서 "이론과 실제가 다르다"라는 말이 쓰일 때에는 대부분 부정적인 의미가 담겨 있다. '다르다'를 '틀리다'로 해석하는 것이다. 이러한 인식에는 '실제는 절대 이론대로 움직이지 않기 때문에 이론이란 교과서에 나오는 이야기일 뿐이며 현실에 적용될 수 없는 참조 사항에 불과하다'는 식의 판단이 개입되어 있다. 나는 이런 주장을 하는 사람 중 자신이 비판하는 그 이론을 제대로 알고 있는 경우를 한 번도 본 적이 없다. 이론에 대한 이러한 무지와 거부 반응은 우리나라 기업들이 선진국보다 좀 더 심한 것 같다. 그러면서도 많은 기업이 '기본 철저하게 지키기'를 외친다. 하지만 이론을 이해하지 못하는 사람들이 무엇이 기본인지 알 리는 만무하다.

물론 이론과 실제는 다르다. 그러나 그 '다르다'는 것의 의미는 흔히 쓰이는 뜻과는 전혀 다르다. 다른 것은 틀린 것이 아니다. 이론과 실제가 다른 이유는 두 가지로 볼 수 있다.

첫 번째, 이론은 보편적인 지식이기 때문에 실전에 적용하기 위해서는 상황에 맞도록 조정해야 한다. 이는 새로 산 컴퓨터를 제대로 사용하려면 인터넷을 연결하고 소프트웨어를 설치하여 사용 환경을 자신에게 맞도록 최적화해야만 하는 것과 같다. 새 컴퓨터를 그대로 놓아두고서는 원하는 일을 할 수 없으니 이 컴퓨터는 잘못 만들어졌다고 주장할 수는 없다.

이론과 실제가 다른 두 번째 이유는 상황의 차이에 있다. 현재의 역량과 운영 방식이 미흡하여 이론에서 지향하는 바람직한 상태에 아직 도달하지 못했기 때문이다.

이론을 실제에 적용하기 위해서든 이론이 제시하는 이상적인 모습에 더 가까이 가기 위해서든, 이론을 배우고 이해하는 일은 필수이다. 그리고 둘 사이의 차이를 좁히기 위해 노력하는 것이 바로 개선이자 혁신이다. 이론과 실제의 차이는 이론이 잘못되었거나 무의미한 것이라는 주장의 근거가 될 수 없다. 오히려 이론에서 제시하는 최선의 모습이 되기 위해 극복해야 할 격차이자 학습하고 혁신해야 할 과제로 보아야 한다.

이론을 무시하면서 기존의 경험에 안주하고 이론과 실제가 다르다고 주장하는 사람들은 할 수 있는 것만 시도하기 때문에 학습과 성장과 변화와 혁신이 멈추고 만다.
이론을 잘 이해하는 사람은 옳은 것이 무엇이고 부족한 것이 무엇인지를 안다. 그래서 할 수 있는 일보다는 해야 할 일에 집중하면서 학습과 성장과 변화와 혁신의 노력을 게을리하지 않는다.
이론은 참조 사항이거나 무가치한 것이 아니다. 이론은 궁극적으로 지향해야 할 이상적이고 바람직한 모습을 제시해준다. 이론과 현실과의 차이를 발견하면 이것을 혁신이 필요하다는 신호로 받아들여야 한다.

Business Management User's Guide

모든 업무는
공통분모를 가지고 있다

만약 마케팅 담당자에게 공장으로 발령을 낼 테니 생산 관리 업무를 하라는 인사 명령이 떨어지면 어떨까? 당신이라면 이럴 때 어떻게 받아들일 것인가? 대부분은 흔쾌히 수용하기 어려울 것이다. 그대로 받아들인다 해도 두 업무의 성격이 너무나 달라 새로운 업무를 익혀 적응하는 데 상당한 시일이 걸린다고 생각하는 게 일반적일 것이다. 그렇다면 적응하는 데 어느 정도의 시간이 필요할까? 그리고 상사는 얼마나 기다려줄 것인가?

만약 내가 그 상사라면 정상적인 업무를 수행하게 될 때까지 3개월 정도가 적당하다고 본다. 그보다 빠르다면 유능한 인재라고 판단할 것이다. 그보다 더 걸린다면 6개월까지는 지켜볼 수 있다. 하지만 그 사람을 그저 그런 수준이라고 판단할 것이다. 만약 6개월 이상이 걸린다면 잘못된 배치를 했으며 그 사람은 무능하다고 평가할 것이다.

그렇다면 원칙과 기본기로 무장하여 일하는 방법에 정통한 유능한 인재라면 어떨까? 새로운 업무에 적응하는 데 필요한 시간은 어느 정도가 적당할까? 내 기준으로는 2주 정도고 길어야 한 달이면 충분하다. 그 정도의 시간이라면 대부분의 새로운 업무 내용을 파악하고 해야 할 일을 정해서 맡은 일과 조직을 정상적으로 운영할 수 있어야 한다.

제1장 경영 이전에 알아야 할 것들　**31**

반문하는 사람도 있을 것이다. 마케팅과 생산 관리는 너무나 다른 업무이고 해본 적도 없는 새로운 일에 적응해야 하는데 너무 짧은 시간을 요구하고 있다고 말할 수도 있다. 하지만 그렇지 않다. 마케팅과 생산 관리는 완전히 다른 분야로 보이지만 사실 50퍼센트 이상은 똑같은 업무라고 할 수 있다. 모든 일에는 50퍼센트 이상의 공통분모가 있다. 일의 기본과 원리를 잘 이해하는 사람은 그 공통분모를 통해 새로운 업무를 쉽게 파악하고 빠르게 구조화할 수 있다. 그리고 나머지 다른 부분만 추가로 배워나가면 된다. 하지만 그렇지 못한 사람들은 일 전체를 처음부터 다시 배워야 하므로 시간이 오래 걸린다. 업무마다 수행의 목적, 기술적인 부분이나 세부적인 내용, 오랜 기간 쌓인 경험과 노하우는 서로 다를 수 있다. 하지만 어떤 일이든지 그 기본 원리와 구조는 거의 비슷하다.

어떤 일이든지 계획-실행-피드백을 거치면서 진행된다. 다른 사람과 소통하고 협력하면서 역할을 분담하고 상호작용해나가는 것은 모든 일이 공통적이다. 예측하기 어려운 상황에 대비하는 방법, 시간을 관리하는 방법, 부하 직원과 함께 일하고 육성하는 방법, 문제를 발견하고 해결 방법을 찾아내어 실행하는 방법, 경비와 원가를 절감하고 경영의 속도를 높이는 방법 등도 어느 일에서나 똑같다. 문서를 작성하여 상사와 커뮤니케이션하는 방법, 문서를 축적하고 보관하는 방법, 정보를 다른 사람과 공유하는 방법도 마찬가지다.

다시 말하면 각각의 업무들이 눈에 보이는 피상적인 부분은 많이 다르게 보이지만 계획하고 실행하여 성과를 창출하면서 끊임없는 문제 해결과 학습이 이루어지는 구조적인 부분은 똑같다는 뜻이다. 피상적인 부분만 바라보면 당장 눈에 보이는 현상의 해결에만 매달리게 된다. 하지만 본질적이고 구조적인 부분에 집중하면 문제의 근본 원인을 파악하고 올바른 개선을 할 수 있다. 이러한 개선이 지속되어 지식과 경험이 축적될수록 더 나은 성과를 창출할 수 있는 역량이 커진다.

이렇듯 회사의 모든 업무는 최소 50퍼센트에서 많게는 90퍼센트 이상의 공통분모를 가지고 있다. 한 공장에서 다른 공장으로 옮기는 경우라면 아마도 90퍼센트 이상이 같을 것이다. 마케팅 부서에서 영업 부서로 옮긴다면 80퍼센트 이상은 동일할 것이다. 경리 부서에서 인사 부서로 옮긴다면 그 공통분모가 최소한 60퍼센트 이상은 된다. 유능하다고 인정받으면서 어떠한 일이든지 문제없이 수행해내어 성공의 길로 가는 사람들은 이런 공통분모를 잘 이해한다. 그리고 꾸준히 지식과 경험을 쌓아 자신의 역량으로 만들어간다.

업무의 기술적인 부분보다는 본질에 집중하고 어느 업무에나 공통적으로 적용될 수 있는 기본과 원칙을 익히는 데 주력하라.
누구나 인정할 수 있는 보편타당한 기본과 원칙을 자신의 것으로 만들 수 있다면 어떠한 업무가 주어진다고 해도 두려움 없이 해나갈 수 있으며 놀라운 속도로 새로운 업무에 적응하여 유능함을 인정받을 수 있을 것이다.

Business Management User's Guide

일 자체보다
일하는 방법을 배워라

내가 사원이었던 당시에는 입사 후 1년, 3년, 5년, 10년이 지날 때마다 직장 생활의 슬럼프와 위기가 찾아온다는 말이 있었다. 그런데 요즘은 3, 6, 9로 바뀌었다고 한다. 3년, 6년, 9년이 아니다. 3개월, 6개월, 9개월이다. 기성세대들은 이런 현상을 보며 "요즘 젊은 사람들은 참을성이 없고 조직에 헌신하는 마음도 예전만 못하다"라고 비판한다.

하지만 이런 세태는 직장에서 수행하는 '일'이라는 것의 속성을 알고 나면 별로 이상하게 느껴질 게 없다. 누구나 직장 생활을 시작하면 빨리 일을 배우고 싶어 한다. 학교에서 배운 것과는 다른 일들을 접하면서 재미를 느끼고 그 일을 배우기 위해 몰입하면서 때로는 밤샘도 마다치 않는다. 하지만 직장에서의 일은 본질적인 면에서 어려운 게 별로 없다.

인수인계를 받아본 사람은 알 것이다. 전임자로부터 인수인계를 받는 데 얼마의 시간이 걸렸는가? 나는 아무리 어려운 일이라 해도 인수인계에 한 달 이상 걸렸다는 이야기를 들어본 적이 없다. 인수인계 자료라고 해야 파일 박스 1개 분량을 넘지 않으며 시간 또한 일주일을 넘기지 않는 게 대부분이다. 연구소나 몇몇 전문 부서처럼 높은 수준의 지식과 기술이 끊임없이 요구되는 특수한 경우를 빼면 일을 다 배우는 데 한 달 이상 걸릴 만

한 것이 거의 없다. 단지 그것을 완전히 내 것으로 만들 만큼 경험을 쌓고 능숙해질 때까지 시간이 좀 걸릴 뿐이다. 이러다 보니 일에 능숙해질수록 흥미는 떨어지고 더는 배울 것이 없다고 생각한다. 그런 상황에서 조직을 떠나고 싶은 마음이 생기는 건 어찌 보면 당연한 일일지 모른다.

이렇듯 직장에서의 일이라는 것은 알고 보면 어려울 게 하나도 없다. 어려운 것은 '일하는 방법'이다. 일하는 방법은 '성과를 내는 방법'이라고 할 수 있다. 아무리 일 잘하는 사람이라도 혼자 힘만으로 성과를 내는 경우는 극히 드물다. '일'은 혼자서 하는 것이지만 '일하는 방법'은 다른 사람들과 협력하는 것이다. 다시 말하면 조직의 자원과 다른 사람의 역량을 활용하여 혼자 힘으로 할 수 있는 것보다 훨씬 더 큰 성과를 달성하는 게 일하는 방법이다.

일은 전임자가 가르쳐준 대로 혹은 상사가 시킨 대로 해도 된다. 하지만 일하는 방법을 이해하려면 성과가 창출되는 구조와 원리를 알아야 한다. 일은 담당하는 업무나 소속 조직이 바뀔 때마다 함께 바뀌므로 매번 새로 배워야 한다. 그러나 일하는 방법은 어디서 일하든 어떤 일을 하든 그 기본 원리가 비슷하다. 앞서 모든 일이 50퍼센트 이상의 공통분모를 가진다고 했던 이유도 여기에 있다. 서로 다른 것처럼 보이는 일들도 성과를 창출하는 방법은 거의 같다는 말이다.

일을 배우는 데에만 집중하는 사람들은 시간이 흘러가면서 그 일에 익숙해질수록 더는 배울 게 없다고 생각한다. 그러면 일이 지루해지기 시작해 딴마음을 품게 된다. 하지만 일하는 방법에 집중하면 한 가지의 일만으로도 배울 것이 무궁무진하며 일하는 과정에서의 보람과 새로운 재미가 계속 솟아난다.

'일'은 배웠지만 '일하는 방법'을 배우지 못한 사람은 아무리 시간이 많아도 숙련도 이상의 지식과 경험을 쌓지 못한다.
'일하는 방법'에 집중하는 사람들은 학습을 통해 계속 역량을 향상시킨다. 성과 창출의 원리를 깨달아감에 따라 어떤 일을 맡더라도 빠른 속도로 내용을 파악하고 성과를 창출한다.

Business Management User's Guide

업무의 기본과 원칙을 확립하라

경영학을 공부하던 대학 시절 여러 교수님의 가르침을 받았다. 그중 특히 두 분 교수님의 말씀이 나의 직장 생활에 큰 영향을 끼쳤다.

한 분은 계량경영학을 가르치셨는데 "경영학도에게 가장 중요한 건 '경영학적 사고의 틀'이다"라고 말씀하셨다. 경영 이론의 상당 부분은 시대에 따라 변하지만 경영학적 사고의 틀을 올바르게 가지고 있다면 어떠한 새로운 이론이라도 습득하여 활용할 수 있다는 의미였다.

또 다른 한 분은 마케팅을 가르치셨다. 마케팅 조사론 수업 시간이었다. 그때 통계학을 이용한 자료 처리 기법을 배우고 있었다. 교수님이 우리에게 질문했다.

"여러분 경영학도가 왜 통계학을 배워야 하는지 아십니까?"

아무도 이 질문에 대답하지 않자 그 교수님은 평생 내 기억에 남을 말씀을 해주셨다.

"통계학을 전공한 사람을 활용하기 위해서입니다. 여러분이 통계학을 아무리 열심히 공부해도 통계학 전공자를 능가할 수는 없을 겁니다. 하지만 경영학이란 세상의 모든 지식을 통합하여 성과를 창출하기 위한 학문입니다. 그래서 여러분은 경영에 활용해야 할 모든 지식에 대해 최소한 기본적인 수준의 이해가 필요합니다. 하지만 무엇보다도 중요한 것은 '경영적 사고managerial mind'입니다. 대학에서 배운 모든 이론을 졸업과 동시에 교문을 나가면서 모두 잊어버려도 좋습니다. 그렇지만 단 한 가지 '경영적 사고'만큼은 반드시 지니고 나가십시오."

두 분 교수님이 강조하셨던 '경영학적 사고의 틀'과 '경영적 사고'는 거의 같은 개념으로 이해할 수 있을 것 같다. 우리가 어떠한 사고의 틀을 가지고 있다면 새로 얻는 지식과 경험은 그 틀에 맞추어 차곡차곡 쌓아가면서 체계적으로 발전시킬 수 있다. 하지만 사고의 틀이 없다면 지식과 경험은 구조화되지 못하고 산산이 흩어지고 만다. 회사에서 일하는 모든 사람이 '경영학적 사고의 틀'을 반드시 가져야 한다고 주장하는 건 아니다. 그러나 누구나 업무를 수행해나가면서 어떤 형태로든 사고의 틀을 형성해나가는 것만은 분명하다.

사고의 틀을 얼마나 체계적이고 완성된 형태로 가지고 있는지에 따라 효과적인 학습과 성장이 결정된다. 그 사고의 틀에 축적되는 지식과 경험은 현재의 업무뿐만 아니라 앞으로 맡게 될 다른 업무에도 적용되는 기본과 원칙이 된다. 이 때문에 기본과 원칙을 충실히 익힌 사람들은 어떤 일을 하든지 50퍼센트 이상은 이미 알고 시작하는 셈이다.

요컨대 일을 해나가는 방법에 대한 기본과 원칙을 나름대로 수립하는 게 매우 중요하다. 그 기본과 원칙이 현재 자신의 사고의 틀을 형성한다. 처음에는 부족한 점이 많을 것이다. 하지만 없는 것보다는 있는 것이 낫다. 일단 기준을 정해놓고 끊임없이 학습해나가면서 더 나은 모습으로 계속 발전시키면 된다. 더 많은 지식을 습득하고 실전에 적용하는 경험이 쌓이면서 서툴렀던 부분이 보완된다. 점차 좀 더 완전한 형태의 기본과 원칙을 갖게 된다. 사고의 틀 역시 더 높은 수준으로 발전해간다.

하지만 사고의 틀은 항상 긍정적으로 작용하지만은 않는다. 잘못된 사고의 틀은 잘못된 지식과 경험을 체계화한다. 그리고 그것을 기본과 원칙으로 삼고 고집스럽게 행동하면 현재 하는 일에서는 새로운 변화가 불가능하다. 또한 새로운 일을 맡게 되면 전혀 적응하지 못한다. 따라서 올바른 사고의 틀과 기본과 원칙은 반드시 논리적 근거와 보편타당성을 가지고 있어야 한다. 상당한 이론적 배경이 필요하며 다른 업무, 상황, 사람에게도 비슷하게 적용될 수 있어야 한다. 사고의 틀과 기본과 원칙에 논리적 근거나 보편타당성이 빠진다면 그것은 개인의 잘못된 고정관념 더 나아가서는 독선과 아집에 불과하기 때문이다.

어떤 업무를 수행할 때는 반드시 다음의 내용을 정리해본 후 추진하라.
- 업무를 수행하게 된 배경과 전체 그림
- 업무를 추진하는 취지와 목적
- 업무를 수행하기 위한 자신의 원칙과 핵심 아이디어
- 업무 수행에 필요한 기본 지식 또는 이론
- 업무 수행의 결과로 얻기를 기대하는 성과

그리고 업무 수행이 완료되면 위의 다섯 가지가 모두 원래의 생각대로 되었는지를 확인하고 부족했던 부분을 보완하여 나름대로 이론과 원칙을 체계화하라. 이러한 과정을 반복적으로 수행하면 당신의 역량이 차곡차곡 쌓이면서 성장할 것이다.

Business Management User's Guide

익숙해지는 것을 경계하라

요즘은 상황이 많이 달라졌지만 내가 사회생활을 시작한 시대에는 입사한 후 1년 정도 지나면 첫 번째 슬럼프가 오고 3년 차 정도 되면 두 번째 슬럼프가 오는 경우가 많았다. 1년 만에 찾아오는 슬럼프는 아마도 기대하던 직장 생활과 실제 직장 생활과의 괴리감에서 비롯되었을 것이다. 이때 도저히 궁합이 맞지 않아 이직하는 이도 있다. 하지만 자신에게 꼭 맞는 직장을 찾기가 매우 어렵기 때문에 결국은 그 직장에 적응하기 위해 노력하는 경우가 대부분이다.

하지만 3년이 지나 찾아온 슬럼프는 그 성격이 본질적으로 매우 다르다. 일에 재미를 붙여 일하던 사람들조차 겪을 수 있는 위기이며 실제 이직으로 연결되는 사례가 많다. 입사 2~3년 차의 사원들과 대화를 하다 보면 "처음 1년에서 1년 반 정도는 배우는 것도 많고 직장 생활이 몹시 재미있었는데 지금은 그렇지 않다"라는 이야기를 자주 듣는다.

조직이란 평범한 사람들의 협력을 통해 혼자 힘으로는 하기 어려운 일을 수행하는 곳이다. 그러므로 회사에서 하는 일 중에서 몇 년에 걸쳐 배우지 않으면 안 될 정도로 어려운 것은 거의 없다. 대부분의 일은 한 달 정도면 개요를 습득할 수 있다. 평범한 사회 초년생이라 할지라도 1년에서 1년 반 정도면 그 일의 세부적인 내용까지 알 만큼은 알게 된다. 그 기간은 배우는 과정이므로 재미가 뒤따른다. 하지만 일단 일에 대해서 충분히 이해한 후에는 반복 수행을 통해 숙련도를 높이는 과정이 연속된다. 그래서 입사 후 3년쯤 지나면 특별히 새로 배우는 것 없이 비슷한 일만 반복된다. 당연히 재미도 덜해지고 때로는 지겨워진다.

배우는 것이 많고 자신이 발전하고 있다고 느끼는 동안에는 회사 일이 재미있고 보람 있으며 자신이 좋은 회사에 다니고 있다고 느끼는 경향이 있다. 만약 어떤 조직이 끊임없이 혁신하고 발전하는 중이라면 그 구성원들은 새로운 변화에 적응하기 위해 노력하는 것만으로도 끊임없이 학습하고 성장해나갈 수 있다. 하지만 조직이 정체된 상황이라면 개인 스스로 변화의 노력을 기울이고 역량을 지속해서 쌓아나가지 않으면 안 된다. 조직이 혁신하는 경우이건 개인 스스로 혁신하는 경우이건 이미 익숙한 것과 새로 요구되는 것 사이에는 큰 차이가 발생한다. 이러한 차이를 극복하는 과정에서 커다란 발전을 이룬다.

사람은 익숙한 것을 할 때 편안함을 느낀다. 하지만 편안한 것과 안전한 것은 다르다. 안전함은 끊임없이 변화하고 발전할 때 얻는다. 삶은 개구리 증후군처럼 편안함 속에 안주해 있으면 시간의 흐름과 주위 환경의 변화에 대해서 무감각해진다. 이런 상태에 머물다가 어느 순간 세상이 변화했다는 것을 느끼게 되고 그때쯤이면 이미 돌이킬 수 없는 상황이 된다.

> 어떤 일에 익숙하여 편안함을 느낀다면 학습과 성장이 멈추었다는 증거다. 조직과 개인 둘 중 하나만이라도 혁신을 지속한다면 그런 익숙한 상황은 오래 전개되지 않는다.
> 익숙해졌다는 것은 조직과 개인 모두가 혁신을 중단했기 때문이다. 이것은 매우 위험한 상황이다. 자신의 업무에 익숙해져 같은 업무를 같은 방법으로 반복적으로 수행하고 있다면 이를 위험 신호로 받아들여라.

Business Management User's Guide

'열심히'보다는
'제대로'가 중요하다

고등학교 때 누구보다도 열심히 공부하는 친구가 있었다. 그 친구에게서 기억나는 모습은 공부하는 게 전부다. 하지만 그 친구는 반에서 10등 정도의 성적밖에는 올리지 못했다. 10등도 나쁘다고 볼 수는 없지만 그가 쏟아 넣는 시간과 노력에 비하면 매우 아쉬운 성적이었다.

직장에서는 이와 같은 일이 더 흔하게 벌어진다. 앞서 설명한 것처럼 일을 열심히 하는 것과 성과를 내는 것은 많은 차이가 있기 때문이다. 이런 사실은 회사에서 일해본 사람이라면 누구나 쉽게 이해할 수 있다.

내가 첫 직장에서 대리였던 시절의 일이다. 절친하게 지냈던 어떤 부서의 선배 과장님이 컴퓨터로 무언가를 열심히 작업하는 것을 보았다. 그 작업은 방대한 분량의 스프레드시트 데이터를 워드프로세서로 옮기고 거기에 글을 좀 보태서 보고서를 작성하는 것이었다. 그 과장님은 스프레드시트 데이터를 인쇄한 후 그 자료를 보며 워드프로세서에 일일이 입력하면서 장장 5시간에 걸친 작업을 마무리하고 있었다. 지금이야 엑셀 데이터를 워드로 옮기는 것이 식은 죽 먹기지만 그 당시는 상황이 달랐다. 그건 꽤 어려운 일이었고 실제로 가능한지 아는 사람도 드물었다. 내가 그 과장님에게 다가가 무엇을 하는지 물어보았다. 그러자 전체 작업 과정을 자세히 설명했다. 그는 이렇게 중요한 일을 최선을 다해 성공적으로 해낸 것을 자랑스럽게 여기고 있었다.

나는 데이터 호환 기능을 이용하여 자료의 재입력 작업을 5분 안에 할 수 있다고 말했다. 그 과장님은 내 말을 믿지 않았다. 하지만 눈앞에서 내 말이 사실임이 입증되었을 때 그의 표정이 일그러졌다. "나는 정말 내가 일을 잘한다고 생각하고 있었는데 5시간 동안 내가 두대체 무얼 한 거지?"라고 탄식하던 모습을 지금도 잊을 수 없다.

역량이 출중하고 훌륭한 성과를 내는 사람들이 매일같이 늦게까지 남아서 죽을힘을 다해 일하는 경우는 거의 없다. 진정으로 일을 잘하는 사람들은 그저 열심히 일하지 않는다. 일의 맥을 짚어가며 요령 있게 일하면서도 목표를 달성한다. 그렇다면 학업이나 업무 수행에서 그러한 능력 차이는 어디서 기인하는 것일까? 물론 지능지수와 같은 타고난 능력의 차이가 기본적으로 존재한다. 하지만 그런 것들 때문에 누구나 인정할 수 있는 정도의 현저한 성과 차이가 벌어지지는 않는다.

직장에서의 업무 수행은 '열심히'보다는 '제대로'가 더 중요하다. 잘못된 방향이나 방법으로 열심히 하는 사람보다는 제대로 된 방향이나 방법으로 게으르게 일하는 사람이 오히려 더 좋은 성과를 낸다. 그렇다면 '제대로' 일하기 위해서는 어떻게 해야 하는가?

누구나 일할 때 나름대로 지식, 경험, 원칙을 적용한다. 그리고 유사한 일이 반복될 때 그러한 지식, 경험, 원칙을 반복적으로 적용한다. 사람들은 자신이 배운 것, 알고 있는 것, 옳다고 생각하는 원칙을 좀처럼 바꾸지 않는다. 그러고는 정말로 '열심히' 하면서 자신이 일을 잘하는 훌륭한 인재라고 합리화한다.

하지만 자신이 옳다고 믿었던 지식, 경험, 원칙이 낙후된 것이거나 보편타당성이 없어 다른 상황에는 적용하지 못할 수도 있다. 심지어는 같은 상황에서도 반복적으로 적용할 수 없는 것도 있다. 설령 그 지식, 경험, 원칙들이 올바르고 보편타당성이 있다고 해도 그것들이 진정 내 것이라고 말할 수 있을까? 그것들을 다른 사람에게 정확하게 설명하여 이해시킬 수 없다면 무용지물이다.

 잘못된 지식에 근거하여 일할 바에는 차라리 그 지식이 없는 것이 낫다. 지식이 올바르지 않으면 그 일을 개선할 수가 없다. 따라서 어떤 일을 개선하지 못하고 그저 반복하면서 익숙해지는 건 매우 위험하다. 하나를 알더라도 제대로 아는 게 유익하다. 안다는 것은 어떤 개념을 나름대로 해석하여 자신만의 정의를 내리는 게 아니다. 보편타당성을 가지고 있어 다른 사람에게 인정받고 다양한 상황에서 활용될 수 있어야 한다.

 자신이 무언가를 제대로 알고 있는지를 판단하는 좋은 방법이 있다. 자신이 하는 업무를 더 나은 방법으로 개선하고 혁신할 수 있는지 시도해보라. 그리고 내가 알고 있는 것을 다른 사람에게 가르쳐주어 그가 잘 이해하는지를 시험해보라.

> 잘못된 지식을 업무에 적용하면 아무리 열심히 일하더라도 성과가 보장되지 않는다. '제대로' 알고 '제대로' 일하는 것이 중요하다. 다른 사람에게 의미를 전달하여 이해시키거나 공감을 얻을 수 없다면 그것은 나의 지식이 아니다. 또한 자신의 업무를 더 나은 성과가 나도록 개선하고 혁신할 수 없다면 아직 그 일을 제대로 모르는 것이다.

Business Management User's Guide

자산이 될 것인가, 비용이 될 것인가

회사 경영에는 여러 자원이 필요하다. 자원은 경제학 교과서에서 하는 것처럼 토지, 노동, 자본으로 분류할 수도 있다. 때로는 물적 자원과 인적 자원으로 나누기도 한다. 모든 실물 자원은 회계장부의 대차대조표에 자산으로 표기된다. 하지만 사람은 회계장부에 자산으로 표기되지 않는다. 사람이 가장 중요한 경영 자산이라는 데에는 이견이 없다. 그러나 조직이 보유한 사람들의 가치를 평가하여 대차대조표상의 숫자로 나타내는 것은 매우 어려운 일이다.

실제로 사람에 대해 '인적 자원human resources'이라는 용어를 사용하기 시작한 것도 그리 오래되지 않았다. 하지만 자원이라는 단어는 '가치를 창출하기 위해 사용하여 소모되는 것'이라는 뜻이 담겨 있다. 사람은 소모되는 존재라기보다는 '육성하여 지속해서 활용해야 하는 존재'로 이해해야 한다. 이런 맥락에서 인적 자원보다는 '인적 자산'이라는 용어가 더 적절하다고 본다.

대차대조표나 손익계산서 같은 회계보고서들은 산업화 시대를 기반으로 만들어졌다. 대차대조표에는 재산 보유 현황을 표시하고 손익계산서에는 일정 기간의 수익과 비용을 표시한다. 그런데 산업화의 오랜 역사를 거치는 동안 사람은 회사의 자산이라기보다는 생산 요소 중 하나로 취급

받았다. 생산 요소는 사람 man, 자본 money, 설비 machine의 3M으로 정의되는데 여기에 수단 method, 원재료 material를 포함하여 5M이라고 부르기도 한다. 이렇게 사람을 생산 요소 중 하나로 간주하다 보니 사람은 대차대조표의 어떤 항목에도 나타나지 않는다. 손익계산서상의 인건비와 노무비에 포함되어 당기 비용으로 계산될 뿐이다. 지식 정보화 시대가 열리면서 핵심 지식을 갖춘 유능한 인재가 회사의 가장 중요한 자산으로 인식되는 때가 되었지만 아직도 사람들의 가치를 평가하여 자산에 반영할 수 있는 마땅한 도구는 없는 상황이다.

그렇다면 우리 자신은 어떤 존재인지를 성찰해볼 필요가 있다. 우리는 회사의 비용인가, 자산인가? 우리는 소모되는 존재인가, 육성되고 지속해서 활용되는 존재인가? 기존의 가치를 유지하기 위해 투입되는 존재인가, 새로운 가치를 창출해가는 존재인가? 수익과 자산은 많을수록 좋고 비용과 부채는 적을수록 좋다는 게 경영자의 일반적인 생각이다. 자산을 잘 활용할수록 그리고 비용을 절감할수록 수익은 증가한다. 따라서 경영자에게 자산은 지속적인 투자의 대상이자 수익 창출을 위해 적극 활용해야 하는 대상이다. 반면 비용은 단기적 사용의 대상이자 절감 항목이다.

익숙한 과거 방식에 집착하고 더는 학습하지도 성장하지도 않으면서 수동적인 태도로 상사로부터 지시와 방침이 떨어지기만을 기다리는 사람은 비용 항목일 뿐이다. 미래의 비전을 내다보면서 끊임없이 변화하고 주도적인 태도로 조직에 헌신하며 학습과 성장을 통해 지속적인 발전을 해나가는 사람은 자산 항목이라고 할 수 있다. 어떤 경영자도 소중한 자산을 구조조정하지는 않는다. 구조조정의 대상은 비용으로 인식된 항목들뿐이다.

하지만 자산에도 여러 종류가 있다. 건전자산도 있고 부실자산도 있다. 우리는 절대 부실자산이 되어서는 안 된다. 자산에 해당하는 지식과 역량을 갖추었음에도 실천에 옮기지 못하고 실질적인 결과를 내놓지 못하는 사람은 부실자산이 되어버린다. 결과를 내놓았다고 하더라도 조직의 팀워크를 해치거나 회사의 도덕성과 가치를 훼손하여 성과를 갉아먹는 이도 부실자산이다.

자산은 부채와 자본으로 나뉜다. 건전자산도 마찬가지다. 아직 제대로 준비되지 않아 많은 교육과 훈련이 필요한 사람들은 부채 항목이다. 조직에 몰입하지 못하고 언제든지 떠날 준비가 되어 있는 용병과 같은 존재들 또한 아무리 유능하고 좋은 성과를 내놓는다고 하더라도 부채 항목일 뿐이다. 그러나 조직의 목적을 공유하고 몰입하는 유능한 인재는 자본 항목이 된다. 이러한 사람들은 자신들에게 주어지는 보상보다 훨씬 더 많은 가치를 창출한다. 이는 마치 자본잉여금과 같다. 조직은 궁극적으로 부실자산은 폐기하고 부채를 줄여나가며 자본을 확충한다. 그리고 잉여금을 창출하여 꾸준히 적립해나간다.

한 사람이 조직에서 비용이 될 것인가, 자산이 될 것인가는 본인 자신의 선택에 달려 있다. 조직은 비용은 절감하고 자산은 키워간다. 부실자산은 최대한 빨리 처분하려 하고 부채는 줄여가며 자본을 확충한다.
당신은 당신의 조직에서 절감의 대상인가, 육성과 투자의 대상인가? 당신은 부실자산인가, 건전자산인가? 당신은 부채인가, 자본인가?

Business Management User's Guide

승진의
원리

　　　　　　　　　　직장인의 가장 큰 즐거움은 아마도 승진일 것이다. 그런데 요즘 직장인들은 오히려 승진을 싫어한다는 이야기를 가끔 듣는다. 과분한 책임을 맡았다가 일찍 조직을 떠나기보다는 자기 능력에 맞는 자리에서 오래 근무하는 걸 선호하기 때문이라고 한다. 종신고용의 인사 철학이 퇴색한 지 오래되었고 기업마다 경쟁 원리와 능력주의 인사원칙이 주류를 이루는 현실을 생각하면 그 심정이 일부 이해된다. 하지만 나는 그런 마음가짐으로 직장 생활을 하는 사람들에게 미래는 없다고 생각한다. 현재 위치에 만족하고 안주하게 되면 학습과 성장이 멈추기 때문이다.

　　세상은 항상 변하고 발전하는 법이다. 그리고 기업이란 늘 최고의 효율과 더 나은 성과를 좇게 마련이다. 따라서 더 우수한 자원을 확보하려 하고 성장이 정지된 자원은 제거하려 든다. 이런 상황에서 현재 위치에 안주한다면 지금 당장은 안전할지 몰라도 세월이 흘러갈수록 위험해진다. 대안이 점점 줄어드므로 결국은 많은 후회를 하게 될지 모른다.

　　승진이란 새로운 도전이자 성장의 기회이다. 새로운 역할을 부여받아 지금까지 경험하지 못한 세계를 접할 수 있다. 운용할 수 있는 인적·물적 자원이 풍부해져 조직 내 영향력이 증대된다. 하지만 승진의 원리를 이해하지 못하는 사람에게는 승진이 오히려 재앙이 될 수 있다. 승진을 자신의 직장 생활에서 성장을 위한 필수적인 과정으로 인식하고 적극 도전하려는 사람들은 다음과 같은 것들을 이해해야만 한다.

첫째, 승진 후 몇 개월 내에 상사에게 그 승진이 올바른 결정이었다는 확신을 줄 수 있어야 한다. 승진하면 새로운 역할과 책임이 주어지고 일의 범위가 넓어지므로 그런 확신을 주는 게 상당히 어려울 수 있다. 하지만 승진 결정은 당사자가 업무 수행을 할 수 있는 역량을 이미 어느 정도 갖추고 있다는 판단하에 내려진다. 그러므로 이른 시일에 이를 증명하지 않으면 안 된다.

둘째, 이른 시기에 승진의 타당성을 입증하기 위해서는 승진하기 전 최소한 1년 전부터 승진 후 수행해야 할 역할에 대한 이해와 훈련을 게을리하지 말아야 한다. 이 훈련에는 해당 직무 자체의 내용뿐만 아니라 리더십, 커뮤니케이션, 조직 시스템과 프로세스 전반의 이해 등이 포함된다. 이를 위해 굳이 전문기관에서 교육받을 필요는 없다. 단지 내가 과장이나 부장이 된다면 어떻게 업무를 수행할 것이고 구성원들과는 어떻게 소통할 것이며 부하들은 어떻게 육성하겠다는 상상을 반복하면서 꾸준히 생각을 가다듬는 것으로도 충분하다. 이런 훈련을 충실히 한 사람은 약간의 적응 기간을 거치면 곧바로 자신의 직위에 적합한 업무를 수행하기 시작한다.

셋째, 승진할 직책의 중요도에 따라 승진에 결정적인 영향을 미치는 요인이 달라진다. 구체적인 대상을 놓고 승진을 판단해야 하는 경영자와 인사부서는 조직 내 모든 사람을 속속들이 다 파악하지 못한다. 따라서 가장 중요하다고 판단되는 준거 정보에 큰 영향을 받게 마련이다.

사원에서 대리로 혹은 대리에서 과장으로 승진하는 초급 간부 승진은 객관적으로 측정할 수 있는 개인의 역량과 업적이 매우 중요한 요소가 된다. 대상자가 워낙 많은데다 각 개인의 깊숙한 곳까지 판단할 수 없기 때문이다. 그래서 눈에 띄는 성과나 능력을 드러내는 사람들이 쉽게 승진한다. 말하자면 개인의 열성과 부지런함으로 들이대서 올라가는 승진이다.

차·부장급의 고급 간부 또는 이사·상무급의 초급 임원으로의 승진에는 윗사람들이나 회사 내 유력인사와의 관계가 중요한 역할을 차지한다. 이러한 직위는 뛰어난 업무 역량을 바탕으로 중요한 일을 가장 많이 하도록 요구받는다. 그래서 사내 주요 부서나 유력인사들과 코드가 잘 맞고 훌륭한 협력 관계를 유지하면 성과도 쉽게 나고 지지도 많이 받을 수 있다. 다시 말하면 위에서 끌어올리는 승진이다.

한편 고위 임원이나 최고경영자 레벨로의 승진은 그 사람의 성품과 인격이 중요한 역할을 차지한다. 조직 전체의 운명을 좌지우지할 수 있는 자리이기 때문에 무엇보다도 리더십이 중요하다. 그리고 많은 사람의 평판을 통해 검증이 이루어진다. 동료나 부하들의 존경을 받고 함께 일하고 싶어 하는 사람으로 평가되면 승진에서 우위를 점할 수 있다. 말하자면 아래에서 밀어 올리는 승진이다.

승진의 원리를 이해하지 못하면 어느 시점부터는 승진이 멈추고 성장이 정체된다. 지속적인 승진을 하고 CEO에 도전하고 싶은가? 그렇다면 다음의 세 가지를 꾸준히 실천하라.
첫째, 지속해서 능력을 키우고 눈에 띄는 성과를 보여라. 둘째, 회사 내 폭넓은 인간 관계를 형성하고 업무의 활동 영역을 확대하라. 셋째, 자신의 인격과 성품을 꾸준히 연마하고 부하 직원들을 육성하고 진정성 있는 소통을 하여 그들로부터 존경받아라.
하지만 가장 필요한 일은 승진하기 전에 미리 준비하는 것이다. 상사는 이미 승진한 사람의 성과를 오래 기다려주지 않기 때문이다.

Business Management User's Guide

경영자의 관심과 지원을 확보하라

경영자는 경영 활동을 하면서 어려운 의사결정을 셀 수 없이 많이 한다. 그렇다면 경영자 의사결정의 난이도를 높이는 요인은 무엇일까?

첫 번째는 불확실성이다. 외부 경영 환경처럼 예측과 통제가 어려운 것을 말한다. 이 때문에 기업은 끊임없이 시장조사를 하고 각종 채널을 통해 경영 정보를 수집한다.

두 번째로는 자원의 제약을 들 수 있다. 만약 경영자가 인적·물적 자원을 무한대로 가지고 있다면 의사결정의 어려움은 많이 줄어들 것이다.

세 번째는 경영자 자신이 사용할 수 있는 시간이 제한되어 있다는 점이다. 시간은 경영자가 가장 부족함을 느끼는 자원이기도 하다. 누구에게나 하루는 24시간이다. 경영자 본인이 모든 것을 다 파악하고 결정할 수 있다면 좋겠지만 그러기에는 시간이 절대적으로 부족하다.

마지막으로는 사람의 문제이다. 모든 사람이 충분히 육성되어 있고 올바른 사고를 한다면 훨씬 편한 마음으로 의사결정을 할 수 있다. 그러나 사람은 능력과 사고의 편차가 크고 때로는 예측 불가능한 행동을 하는 감정을 지닌 존재이다. 따라서 사람이라는 요소를 고려하면 난이도는 더욱 증폭된다.

그렇다면 실무자가 자신의 업무를 성공적으로 수행하기 위해 앞에서 언급한 네 가지 중 어떤 것을 가장 중요하게 고려해야 할까? 첫 번째로 언급한 불확실성은 경영자든 실무자든 할 것 없이 통제하기 어렵다. 그리고 네 번째 사람의 문제는 누구에게나 공평하게 적용되는 조직 생활의 기본 속성에 해당한다.

그렇다면 결국 두 번째와 세 번째에서 언급한 경영자가 운용할 수 있는 자원과 시간의 제약이 핵심이 된다. 다시 말하면 경영자로부터 자원과 시간을 더 많이 그리고 원활히 확보하는 사람들이 회사에서 업무를 성공적으로 수행한다. 그리고 이런 사람들이 중요한 역할을 맡는다. 그 사람이 하는 일이 올바르지 않거나 중요하지 않다면 어떤 경영자도 그 일에 자원과 시간을 할애하지 않을 것이다. 반대로 경영자는 자신이 많은 자원을 투입하는 일에 대해서는 물심양면으로 관심을 쏟으며 지원을 아끼지 않는다. 그러므로 경영자의 중요한 관심사로 전폭적인 지원을 받는 일은 실패할 확률이 매우 낮다.

성공적인 업무 수행을 위해 확보해야 하는 자원으로는 네 가지가 있다. 첫 번째는 물적 자원이다. 내가 수행하고자 하는 일에 돈과 실물 투자가 필요한 만큼 원활하게 이루어질 수 있느냐를 말한다. 투입되는 물적 자원이 클수록 그 일은 중요한 일이 되며 경영자의 관심도 증대된다.

두 번째는 인적 자원이다. 일이란 사람이 하는 것이다. 따라서 업무를 성공적으로 수행하기 위해서는 여기에 필요한 우수 인력을 충분히 확보할 필요가 있다. 유능한 사람이 많이 투입된 일에는 경영자와 전사 차원의 관심이 집중되며 성공 가능성 또한 커진다.

세 번째는 경영자의 시간이다. 경영자가 하루나 일주일의 제한된 시간 중 내가 하는 일에 얼마만큼의 시간을 할애하는지는 매우 중요하다. 경영자가 많은 시간을 할애하는 일에 전사적인 관심과 자원이 집중됨은 지극히 자연스럽다.

네 번째로 일반적으로 간과하기 쉬운 자원이 있다. 동료와 타 부서의 적극적인 지원이다. 일이란 혼자 할 수 없고 어떤 일이든지 다른 사람, 다른 부서와 연관되게 마련이다. 다른 사람, 다른 부서로부터 좋은 평가를 받고 적극적인 지원을 받을수록 성공의 확률은 높아진다.

그렇다면 어떻게 이러한 자원들을 충분히 확보할 수 있는가? 가장 중요한 출발점은 세 번째에 언급한 경영자의 시간이라는 자원을 확보히는 것이다. 경영자가 많은 시간을 할애하고 관심을 둔다면 물적·인적 자원은 저절로 따라오게 마련이다. 동료와 타 부서의 적극적인 지원이라는 또 다른 자원은 지속적인 의사소통과 관계 형성을 통해 내가 하는 일을 충분히 이해시키고 신뢰를 구축해나감으로써 얻을 수 있다.

하지만 이 모든 것을 가능케 하기 위한 전제 조건이 있다. 내가 하고자 하는 일에 대한 '신념'과 그것을 뒷받침할 수 있는 '논리적 근거와 실행 계획'이다.
일하고자 하는 사람 본인이 강한 신념을 보여주지 못하는 일에 자원을 투입할 경영자는 없다. 또한 신념만 강하고 그 신념을 실천할 수 있는 근거와 치밀한 계획이 부족하다면 역시 신뢰를 얻어내기 어려울 것이다.
강한 신념하에 치밀하게 계획된 일은 필요한 만큼 충분한 자원을 확보할 수 있고 성공을 보장받게 된다.

Business Management User's Guide

경영자는
어떻게 의사결정을 하는가

첫 직장에서 과장 2년 차였을 때 인터넷 전자상거래 벤처회사 합작 투자를 주도했다. 이 때문에 1년간 미국 현지에서 파견 근무를 한 적이 있다. 325만 달러라는 적잖은 규모의 투자였지만 사업 내용이 그 당시에는 매우 생소했다. 그래서 정말로 공을 들여 사업 계획서를 만들었다. 사업 승인을 받기 위해 사장님께 보고를 드렸는데 사장님은 15분 정도 보고를 듣다 몇 가지 질문을 하시더니 흔쾌히 승인해주셨다. 오히려 그 보고 이후가 더 어려웠다. 관련 부서 임원들과 실무자들을 설득하고 최종적으로 투자심의위원회의 승인을 받아내기까지 2개월이 넘는 시간이 걸렸다.

그때는 국내에 인터넷이 보편화되지 않았다. 전자상거래 또한 매우 낯선 개념이었다. 게다가 325만 달러라는 거액의 투자가 필요했다. 이런 상황에서 사장님은 풋내기 관리자의 이해하기 쉽지 않은 내용을 담은 사업 계획서를 과감하게 승인했다. 어떻게 무슨 근거로 30분 만에 의사결정을 할 수 있었을까? 나는 그것이 정말 불가사의하게 느껴졌다.

하지만 이 의문은 내가 리더로서 중요한 의사결정을 하는 처지가 되자 자연스럽게 풀렸다. 당시 사장님은 내 사업 계획서에 담긴 내용을 이미 알고 있었거나 그 자리에서 모두 이해했기 때문에 쉽게 의사결정하지는 않앉을 것이다. 분명 무언가 다른 기준을 통해 의사결정을 했을 것이다.

경영자는 수없이 많은 의사결정을 해야 한다. 따라서 경영자가 모든 일을 다 이해하고 확신이 선 후에야 의사결정을 하는 것은 한 사람의 능력 범위를 넘는다. 결국 경영자는 자신이 이미 잘 알고 있거나 자신의 강점 분야에 포함된 일부 과제들을 제외하고는 나머지는 대충 아는 상황에서 감각적인 의사결정을 할 수밖에 없다.

하지만 이런 감각적인 의사결정이 불합리하고 허술하게 이루어지는 건 아니다. 그 나름의 메커니즘은 분명히 존재한다. 나는 부하의 제안을 판단할 때 다음과 같은 세 가지 질문에 모두 "예스$_{yes}$"라는 답을 얻으면 비록 그 내용을 자세히 알지 못하더라도 긍정적 의사결정을 내린다. 하지만 그중 하나라도 "노$_{no}$"가 나오면 더 상세히 검토하도록 한다. 아마도 다른 경영자들도 이와 크게 다르지 않으리라 생각한다.

첫 번째 질문은 "신뢰할 만한 사람인가"이다. 신뢰할 만한 사람이 제안하는 내용은 대체로 신뢰할 수 있다. 그리고 그 사람에 대한 신뢰는 다음과 같은 기준에 의해서 구축된다. 이 사람은 업무 수행을 위한 기본적인 역량을 갖추고 있는가? 항상 진지한 태도로 업무를 수행하는가? 약속을 잘 지키는가? 목표를 달성하기 위해 최선을 다하는가? 책임감 있게 행동하는가? 지금까지 회사에 기여한 성과와 업적이 분명히 있는가?

두 번째 질문은 "열정과 신념을 가지고 있는가"이다. 사람은 누구나 자신이 열정과 신념을 품은 일에 몰입하면서 주인의식을 가지고 최선을 다하는 경향이 있다. 시켜주시면 하겠다는 소극적인 자세가 아니다. 그 일을 반드시 해야 한다는 당위성을 주장하며 성사시키기 위해 사명을 가지고 설득한다. 그런 직원이라면 그 일의 성공은 절반 정도는 보장되었다고 보아도 된다.

세 번째의 질문은 "합리적이고 논리적인 근거가 뒷받침되어 있는가"이다. 열정과 신념만으로 모든 일이 잘되지 않는다. 일단 맡겨만 달라는 식으로는 부족하다. 당연히 올바른 전략을 수립하고 위험을 적절히 통제하면서 체계적으로 문제를 해결해나갈 수 있어야 한다.

이렇듯 신뢰할 수 있는 직원이 열정과 신념을 품고 합리적이고 논리적인 근거가 뒷받침된 제안을 한다면 경영자는 설령 그 내용이 생소하거나 잘 이해하기 어렵다 해도 "한번 해보라"고 의사결정할 수 있다. 경영자는 이러한 과정을 통해 내려진 의사결정에는 각별한 관심을 둔다. 경영자의 관심이 증대된다는 것은 경영자가 그 일에 투입하는 시간이 많아짐을 의미한다. 그리고 그것은 회사의 인적·물적 자원이 그 일의 성공을 위해 더 많이 투입될 것임을 보장한다.

경영자는 불확실성이 높고 정보가 부족한 상황에서도 나름대로의 방법으로 의사결정을 한다.
경영자의 승인과 지지를 얻어내고자 한다면 세 가지 조건을 충족하고 있는지를 판단해 보아야 한다. '신뢰' '열정과 신념' '합리적이고 논리적인 근거'. 이 세 가지가 경영자의 의사결정과 관심, 강력한 지원을 끌어내는 키워드다.

Business Management User's Guide

용어를 정확하게 정의하고 공유하라

내가 임원으로 몸담았던 회사 중 한 곳에서 실제로 겪었던 일을 하나 소개하겠다. 그 회사는 국내 굴지의 중견 기업으로 상당한 브랜드 파워를 가지고 있었다. 그래서 나는 회사 나름대로 잘 정비된 체계를 갖추었으리라는 기대를 품었다.

입사한 직후 오리엔테이션 과정에서 그 회사 고유의 용어집을 접했다. 그 회사 사람들끼리의 원활한 의사소통을 위해 공유할 필요가 있는 용어들과 뜻풀이를 모아놓은 것이었다. 아마도 삼성그룹이 신경영을 추진하던 당시 만들었던 삼성 용어집에 착안해서 만든 게 아닌가 하는 생각이 들었다.

그런데 그 용어집에 담겨 있는 내용을 보면서 걱정스러운 마음이 생기기 시작했다. 외부 사람들이 쉽게 이해하기 어려운 업계 고유의 용어들이 상당수 있었고 심지어는 외부에서 보편적으로 사용하는 용어마저도 다른 뜻으로 설명하거나 은어처럼 축약해서 사용하고 있었기 때문이다. 예를 들어 '세발'은 '세금계산서 발행'이라는 뜻이다. 용어집이라기보다는 자신들만의 은어 모음집에 가깝다고 할 수 있었다. 이것은 새로 합류하여 그 용어들을 잘 이해하지 못하는 사람들이 그 집단에 쉽게 동화하지 못하도록 장벽을 쌓은 셈이다. 게다가 외부인들과의 의사소통에서도 많은 오해

제1장 경영 이전에 알아야 할 것들   **57**

를 불러와 여러 문제를 일으킬 수 있다.

어쨌든 그 회사에 다녀야 하니 열심히 배우고 익혔다. 그런데 전혀 예상치 못한 상황에서 문제가 생겼다. 나는 첫 직장에서 경영 성과를 관리하는 부서에서 4년 정도 일한 적이 있는데 그중 1년은 전사 예산 관리를 맡았었다. 이렇게 익숙한 '예산'이라는 용어인데도 이 회사에서는 들을 때마다 매번 혼란을 겪었다. 나중에 알고 보니 이 회사 최고경영자는 예산이라는 용어를 상황에 따라 여러 의미로 쓰고 있었다. 어떤 때는 사업 계획을, 어떤 때는 경비 계획을, 어떤 때는 매출과 손익의 목표를 이야기하면서 예산이라는 용어로 뭉뚱그려 사용했다.

당연히 지시를 받은 사람마다 같은 용어를 서로 다르게 해석할 수밖에 없었다. 심지어는 '원가'라는 용어조차도 다양한 의미로 쓰였다. 어떤 때는 제조원가를, 어떤 때는 구매원가를, 어떤 때는 총비용을 의미했다. 그러다 보니 임원들이나 실무자들이나 할 것 없이 예산과 원가라는 용어를 서로 다르게 이해하면서 일하는 상황이 벌어졌다. 이런 환경에서 회사가 한 몸처럼 움직일 재간이 있겠는가?

또 다른 사례를 보자. 국내 굴지의 한 대기업에서 벌어진 일이다. 경영 혁신을 강도 높게 추진하는 과정에서 그룹 총수가 캐드CAD 캠CAM 사용 현황을 문제 삼아 호통을 친 적이 있었다. 계열사마다 사용하고 있는 캐드 캠 시스템이 서로 데이터 공유가 되지 않아 막대한 비용이 낭비되고 있다는 지적이었다. 그룹 총수는 그 이후에도 기회가 있을 때마다 반복적으로 이 문제를 거론하였다. 이 그룹 내에서 캐드 캠 시스템을 사용하는 부서들에서는 난리가 났다. 결국 엄청난 비용을 들여 모든 계열사의 캐드 캠 시스템을 통일하기로 하고 새로운 기종을 구매하여 설치하였다. 그리고 총수에게 지시 사항의 완료 보고를 했다. 어떻게 되었을까?

그 총수는 보고를 받고 엄청나게 역정을 냈다고 한다. 그가 의도했던 방향은 그것이 아니었기 때문이다. 그는 그룹 전체에 걸쳐 정보가 원활하게 전달되고 공유될 수 있도록 정보 시스템 체계의 일관성을 확보해야겠다는 생각으로 지시를 내렸다. 다만 정보 시스템과 컴퓨터 관련 용어 중 캐드 캠 시스템이 생각나서 한 예로 들었을 뿐이다. 그런데 그 지시를 받은 임원들이나 전략 스탭들 또한 그 분야의 전문성이 높지 않았다. 그래서 직접 언급된 캐드 캠 시스템만을 개선 대상으로 인식했다. 결과적으로 정보 시스템 운영 전반에 대한 혁신 없이 모든 관계사 사용 부서들만 들들 볶아 애꿎은 시스템을 교체하느라 시간과 노력을 낭비하였다.

 이렇듯 용어가 올바르게 정의되어 있지 않거나 제대로 공유되어 있지 않아 사용이 혼란스러우면 목표 달성과 성과 창출에 큰 지장을 일으킨다. 용어를 이해하지 못하여 대화가 잘 안 되는 경우도 문제이다. 하지만 그보다 더 위험할 때도 있다. 이미 보편적인 의미를 지닌 용어를 다른 의미로 정의하거나 같은 용어를 사용하면서도 서로 다른 의미로 해석하면서 서로 자신의 생각이 옳다고 생각하는 경우이다.

조직 내에서 자주 사용되면서 성과에 영향을 미치는 용어의 의미를 구체적으로 정의하라. 그리고 그것을 구성원들과 공유하여 같은 의미로 이해되도록 하라. 조직 외부에서 이미 보편적으로 사용되는 용어를 다른 의미로 정의하여 사용하는 것은 매우 위험하다. 용어를 모르는 사람은 가르쳐주면 그만이지만 이미 안다고 생각하면서 다른 의미로 이해한다면 어쩔 도리가 없다.

Business Management User's Guide

실행력 높은 기획을
하는 방법

　　　　　　　　　많은 리더가 자신이 이끄는 조직의 실행력이 부족함을 안타깝게 생각하면서 극복하기 위한 다양한 노력을 한다. 직원들을 교육하기도 하고 새로운 절차와 규정을 만들기도 하며 성과지표와 평가 제도를 개선하기도 한다. 하지만 그 대부분이 제대로 실행되지 못한다. 힘 한 번 써보지 못한 채 사장되고 만다. 심지어는 실행력을 높이자는 취지로 만들었던 여러 가지 절차, 규정, 제도조차도 제대로 실행되지 못한다. 왜 이렇게 실행력이 부족한 결과가 반복될까?

　조직에서 열심히 일하는 사람들은 수도 없이 많은데 제대로 된 실행을 통해 만족스러운 성과를 창출하는 사람이 드문 이유는 무엇일까? 이는 성과 창출 원리를 포함한 세상의 이치가 보통 사람들의 상식이나 통념과 다른 경우가 많기 때문이다.

　"손님에게 퍼주는 식당치고 망하는 법이 없다"라는 말이 있다. 손님에게 제공하는 양을 줄이면 원가가 절감되어 돈을 더 벌 것 같지만 실제는 다르다. 오히려 퍼줄수록 돈을 더 번다. 유능한 세일즈맨이 최고의 판매 실적을 올리는 이유는 만나는 사람마다 쉽게 설득하여 고객으로 만들 수 있기 때문이라고 생각할 수 있다. 하지만 절대 그렇지 않다. 처음 본 사람을 곧바로 설득하는 데 성공하는 경우는 아주 드물다. 하지만 한 번 잡은 고객은 절대 놓치지 않는다. 그 고객을 지속적으로 만족시켜 반복 구매가 일어나도록 하고 그 고객을 통해 다른 고객을 많이 소개받기 때문에 좋은 판매 실적을 낸다. 마케팅에서 모든 사람이 우리 브랜드를 갖게끔 하면 브랜드 명성이 높아질 것 같지만 현실은 그렇지 않다. 목표 고객 외에는 함부로 가질 수 없게 만들어야 고급 유명 브랜드가 된다.

기획서의 실행력이 떨어지는 이유도 기획과 실행을 할 때 상식이나 통념을 바탕으로 접근하기 때문이다. 기획부서는 멋진 비전과 청사진을 만들고 담대한 전략들로 기획서의 내용을 채워 넣는다. 그런 후에 그 기획서를 현업 부서에 넘겨 잘 실행되기를 기대한다. 하지만 잘된 기획서는 만들어진 후에 실행을 고민하는 것이 아니다. 실행을 전제로 하지 않고 만들어지는 기획서는 아무리 그럴듯한 그림을 그렸다 하더라도 실패로 끝날 가능성이 높다.

기획이란 새로운 무엇인가를 생각해내고 멋진 그림을 그린 후 실행 부서에 다음 단계를 넘기는 과정이 아니다. 기획과 실행은 분리되어서는 안 된다. 기획은 실행할 주체가 하는 게 바람직하다. 이를 위해서는 기획한 것을 실행하려 애쓸 게 아니라 실행할 것을 기획해야 한다. 먼저 일의 목적과 기대하는 성과를 올바르게 정의하고 그것을 달성하기 위해 필요한 과제들을 찾아낸 후 그 과제들이 실행에 옮겨지고 적절히 관리될 수 있도록 기획하여야 한다는 뜻이다.

현대 경영학의 아버지라 불리는 피터 드러커는 저서 『프로페셔널의 조건』에서 지식 근로자의 개념과 그 역할에 대해 정의하면서 '보다 현명하게 일하기'의 중요성을 강조하였다. 그의 조언을 통해 실행력을 높이고 더 나은 기획을 하는 방법을 찾을 수 있다. 기획할 때마다 다음 다섯 단계를 생각해본다면 도움이 된다.

첫 번째, 과업을 올바르게 정의하라.

두 번째, 달성해야 할 성과를 정의하라.

세 번째, 중요한 일을 선택하여 집중하라.

네 번째, 서로 협력하라.

다섯 번째, 피드백을 통하여 학습이 일어나도록 하라.

과업과 성과가 명확히 정의되지 않은 일은 추측이거나 희망 사항에 불과할 수 있다. 그런 상태에서 무언가를 기획한다면 실행이 전제되지 않아 탁상공론에 그칠 가능성이 높다.

기획과 실행이 분리되어 기획 부서가 실행에 대한 책임을 지지 않아도 되는 경우에는 더욱 큰 문제가 생긴다. 이런 상황에서는 당연히 제대로 실행할 수도 없고 성과를 낼 수도 없다.

Business Management User's Guide

사람은 관리의 대상이 아니다

　　　　　　　　　　보통의 회사에서는 30대 중반이나 후반 정도면 초급 관리자가 될 수 있다. 다시 말해 과장이나 팀장이 되어 작은 조직에 대한 관리 책임을 진다. 그런데 이 '관리'라는 용어를 제대로 이해하지 못한 채 관리자가 되면 리더로서 역할을 제대로 수행할 수 없다. 따라서 성과를 끌어내는 데 실패할 가능성이 크다.

　조직이 발휘할 수 있는 역량은 그 구성원들의 역량을 단순 합산한 것보다 더 커야 한다. 또한 조직이 달성하는 성과 역시 그 구성원들이 개인의 역량을 통해 각자 달성한 성과의 단순 합보다 더 커야만 한다. 하지만 실무자 개인으로서는 상당한 능력을 발휘하다가도 막상 관리자가 되고 나면 그렇지 못한 사람이 많다. 한 조직의 리더로서 최선을 다해 열심히 일하고 구성원들의 분발을 독려하는데도 사람들은 좀처럼 따라주지 않는다. 그래서 책임을 맡은 조직의 성과 또한 기대에 미치지 못하는 경우가 흔히 발생한다.

　관리자는 말 그대로 '관리'하는 역할을 맡은 존재라고 할 수 있다. 그런데 그 관리는 어떤 역할이며 관리의 대상은 무엇일까? 사람들이 흔하게 생각하는 관리란 '조직 구성원에게 해야 할 일을 지시하고 그 일을 잘 수행하고 있는지를 감시·통제하며 그 결과를 평가하여 적절한 조치를 취하는 것'이다. 결국 사람을 관리의 대상으로 보고 있다는 뜻이다. 그러나 이렇게 사람이 일을 제대로 하는지를 끊임없이 들여다보는 사람은 관리자가 아니라 '감독자'라고 불러야 옳다. 감독자는 관리해야 할 사람들이 자신의 시야에서 벗어나면 매우 불안해한다. 관리와 감독을 혼동하면 다음과 같은 여러 가지 문제들이 일어난다.

첫째, 완벽한 관리를 위해서는 관리 대상인 사람들이 하는 일을 모두 파악해야 한다. 둘째, 관리해야 할 사람들 모두에게 공통으로 적용할 수 있는 기본 원칙을 정하기가 어려워 대부분의 일을 하나하나씩 개별적으로 다루어야만 한다. 셋째, 사람들에게 일일이 지시와 방침을 전달하여 업무를 수행하도록 해야 하므로 조직의 자율성이 떨어지고 구성원들의 열정과 헌신이 결여된다. 넷째, 조직에 속한 사람들 간의 횡적 커뮤니케이션과 협력·협업이 이루어지지 않고 리더와 조직원 개인들 간 일대일 형태의 업무 수행 방식이 형성되어 주로 윗사람을 쳐다보며 일하는 문화가 생긴다. 이러한 현상이 보편화된다면 말만 조직이지 사실상 사람들을 하나하나 흩어놓고 일을 시키는 것과 전혀 다를 바 없다.

사람이 관리의 대상이 아니라면 무엇을 관리해야 할까? 회사가 어떤 사람을 관리자로 임명했다면 '사람 관리자'가 아니라 '조직 관리자'의 역할을 부여한 것이라고 할 수 있다. 조직의 역량은 조직 내 모든 자원을 효과적으로 활용하여 성과를 만들어내는 시스템 체계가 얼마나 잘 갖추어져 있는지에 따라 결정된다. 시스템이 존재하지 않는 조직은 개인들이 모여 있는 집단일 뿐이다.

따라서 관리자는 자신이 맡은 조직의 시스템 체계를 확립하고 그 역량을 지속해서 업그레이드 시킬 수 있어야 한다. 여기서 말하는 시스템은 정보 시스템과 같은 어떤 물리적인 도구를 의미하지 않는다. 그보다는 사람들이 성과 창출을 위해 상호작용하는 방식을 의미한다. 말하자면 조직의 목적, 전략, 목표, 프로세스, 투입과 산출, 피드백과 커뮤니케이션 등과 같은 것들이다. 시스템에 대해서는 뒤에서 별도의 지면을 통해 더 자세히 다루겠다.

시스템에 의해 조직이 운영되기 시작하면 구성원 각자가 지켜야 할 원칙과 수행해야 할 역할이 정립된다. 성과 창출을 위해 필요한 상호작용들이 지속적이고 반복적으로 이루어지며 성공과 실패를 통한 학습이 이루어지기 시작한다. 관리자는 자신이 운영하는 시스템이 의도하는 방향과 방법으로 움직일 수 있도록 조직원들을 훈련하고 적절한 역할을 부여하며 그 시스템의 운영 원칙에 적응하고 따르도록 해야 한다. 또한 시스템의 사각지대에 놓인 일들을 최소화하고 시스템의 결함을 찾아 끊임없이 보완해야 한다. 더불어 시스템으로 처리하기 어려운 일들을 예외 관리할 수 있는 대안을 갖추어야 한다.

따라서 관리자가 수행하는 '관리'라는 행위는 '바람직한 성과가 지속적이고 반복적으로 나타날 수 있도록 자원을 조직화·체계화한 시스템을 설계하고 운영 원칙을 수립하며 조직 구성원들에게 적절한 역할을 부여하여 그 시스템이 올바르게 작동되도록 하는 것'이라고 정의할 수 있다.

그러므로 관리의 대상은 '사람'이 아니라 '시스템'이어야만 한다. 사람은 관리의 대상이 아니라 '리딩leading'하고 '육성'해야 하는 대상이다. 책임을 맡은 조직의 효과적인 시스템을 만들어내지 못하거나 기존 시스템을 더 나은 방향으로 개선하지 못하거나 그 시스템이 정상 작동되도록 구성원들을 리딩하지 못하는 사람은 제대로 된 관리자라고 할 수 없다.

'시스템'을 '관리'하고 '사람'은 '리딩'하라.
관리자는 자신이 만든 시스템이 올바르게 작동되고 있는지를 항상 예의주시하면서 구성원들이 그 시스템을 잘 이해하고 적절한 역할을 감당할 수 있도록 이끌고 도와주어야 한다.

Business Management User's Guide

측정과 평가의 차이를
이해하라

　　　　　　　　　　　조직이 수행하는 모든 활동은 데이터를 발생시킨다. 경영자는 이런 수많은 데이터 속에서 조직 활동이 올바르게 수행되는지에 대한 판단 기준이 되는 정보를 얻고 싶어한다. 경영자가 이러한 경영 정보를 통해 경영 활동상의 문제점을 파악하고 필요한 조치를 취할 수 있으려면 기대하는 성과 수준과 현재의 활동 수준에 대한 정보, 그리고 그 둘 사이의 차이를 알아야 한다. 이러한 경영 정보를 '성과 지표performance index'라고 정의할 수 있다.

　경영자는 대개 경영 현황을 더욱 정밀하게 파악하기 위해 성과 지표를 더욱 세밀하게 설정하여 관리하고 싶어 한다. 그런데 성과 지표 관리가 정밀해질수록 조직 구성원들이 더 위축되고 조직의 자율성이 낮아지는 경향이 생긴다. 왜 이런 현상이 발생할까? 이는 측정해야 할 상황에서 평가하려 들기 때문이다.

　'측정measurement'과 '평가assessment'는 분명히 다르다. 우선 목적부터 차이가 있다. 측정의 목적은 '피드백feedback'이다. 피드백은 중요한 학습의 과정이며 어떤 행동의 결과를 구성원들에게 인지시켜 인과관계를 이해하게 하고 필요한 조치를 취하게 하는 것이다. 이를 통해 시스템의 문제가 쉽게 파악되며 신속한 해결 과정을 통해 구성원들의 역량이 크게 향상된다.

이와 달리 평가의 목적은 '보상$_{compensation}$'이다. 보상은 어떤 행위의 결과에 대해 긍정적 또는 부정적으로 동기부여를 함으로써 구성원들의 바람직한 행동 유형을 강화하고 바람직하지 않은 행동 유형은 버리도록 하기 위한 것이다. 다시 정리하면 측정은 피드백을 통해 현황을 파악하고 문제를 해결하며 학습과 역량 향상을 통하여 더 나은 미래의 결과를 얻으려 한다. 그런데 평가는 과거의 결과에 초점을 맞추어 보상을 통해 사람들을 동기부여하고 바람직한 행동이 강화되도록 한다.

대부분의 성과 지표는 측정을 위해 존재해야 한다. 평가는 한 사람이 다른 사람에 대해 하는 것이므로 굳이 지표가 없어도 된다. 하지만 측정에는 지표가 필수이다. 사람들은 일을 주도할 수 있고 피드백이 적절하게 제공되며 성취 경험을 얻고 역량의 향상이 이루어질 수 있다면 과감하고 도전적인 성과 지표를 설정하거나 어려운 과제를 수행하는 것을 마다치 않는다.

하지만 평가에는 매우 민감하고 소극적으로 반응한다. 그래서 평가에 불이익을 받을 수 있는 도전적인 목표 설정이나 어려운 과제를 수행하는 대신에 목표 수준을 낮추고 이미 잘하는 일을 반복하려 한다. 따라서 성과 지표를 측정을 통한 피드백보다 평가를 통한 보상에 활용하는 조직에서는 도전적이고 창의적인 문화 조성이 어렵고 실수와 실패를 은폐하는 경향이 생긴다.

GE의 회장이자 CEO로 근무하면서 세계 최고의 경영자 중 한 명으로 평가받았던 잭 웰치는 저서 『위대한 승리』에서 조직 내 커뮤니케이션뿐만 아니라 데이터와 지표를 다룰 때도 '솔직함'이 절대적으로 필요함을 언급하였다. 여기서 '정직'이 아니라 '솔직'이라는 용어를 사용한 데 주목할 필요가 있다. 정직은 개인의 도덕성과 관련된 문제이지만 솔직은 리더십, 조직의 분위기와 각종 제도, 사람들과의 관계 등에 의해 영향을 받기 때문이다.

숫자를 인위적으로 속이거나 왜곡하는 것은 정직하지 못하다. 하지만 알고 있어도 모르는 척하거나 마음에 있는 생각을 터놓고 말하지 않는다면 이는 솔직하지 못한 것이다. 정직하지 못한 데이터는 왜곡되어 있어 잘못된 방향으로 의사결정하도록 만든다. 반면 솔직하지 못한 데이터는 중요한 내용이 감춰지고 생략되어 아예 문제를 파악할 수 없도록 한다.

윤리적이나 법적으로 볼 때는 정직하지 못한 것이 더 큰 문제가 될 수 있다. 하지만 경영에서는 솔직하지 못한 것이 더 치명적일 수 있다. 정직하지 못한 것은 곧 드러난다. 그래서 고칠 수 있다. 반면 솔직하지 못하여 문제 자체가 아예 드러나지 않는다면 보이지 않는 곳에서 썩어들어간다. 막상 문제가 있음을 알게 될 때쯤이면 너무나 크고 복잡해져서 원인을 전혀 파악할 수 없게 되어버린다.

있는 그대로 말할 수 없는 분위기 속에서 일하거나 회사 제도가 잘못 설계되어 선의로 말하고 행동한 것 때문에 불이익을 받는다면 솔직할 수 없다. 성과 지표를 측정이 아니라 평가에 주로 활용하면 구성원들은 불이익을 받지 않기 위하여 불리한 정보는 숨기고 목표 수준은 낮춘다. 그 결과 솔직하지 못한 정보가 양산되고 이 때문에 의사결정이 왜곡됨은 물론 더 나아가 중요한 문제를 아예 파악하지도 대처하지도 못하게 된다.

성과 지표는 평가가 아니라 측정에 사용되어야 한다. 그래야만 의사소통이 솔직해지고 활발한 피드백이 일어나며 구성원들의 학습과 성장 욕구를 자극해서 자발적인 분위기가 조성된다.
지표와 제도는 사람을 평가할 수 없다. 사람에 대한 평가는 사람만이 할 수 있다. 구성원들이 성과 지표를 접할 때마다 평가를 두려워하고 결과에 대한 책임을 걱정하는 조직은 심각하게 병들었다. 그리고 이는 사람들을 그렇게 행동하도록 만든 조직, 제도, 그리고 그 제도를 만들고 운영하는 사람들의 문제이다.

Business Management User's Guide

권력, 권한, 권위, 권위주의의 의미를 구별하라

조직이 경영 활동을 해나가는 과정에서 겪는 가장 큰 어려움은 요구되는 자원보다 보유 자원이 턱없이 적다는 것이다. 앞에서 말했듯 자원에는 물적 자원과 인적 자원뿐 아니라 경영자의 시간과 관심도 포함된다. 조직 내에서는 누구나 성과를 창출하는 데 필요한 충분한 자원을 확보하려고 노력한다.

문제는 모든 사람이 한정된 자원을 놓고 경합하기 때문에 원하는 만큼의 자원을 확보하기 쉽지 않다는 것이다. 그렇다고 해서 모든 사람에게 자원을 골고루 나누어줄 수는 없다. 공평해 보이긴 하지만 누구도 충분한 자원을 확보하지 못하게 한다. 결국 어떤 일도 제대로 마무리되지 못할 것이다. 따라서 자원 배분은 조직에서 매우 어렵고 중요한 문제이다. 경영자의 입장에서는 중요도나 긴급성 등을 고려하여 우선순위를 정하고 선택과 집중을 할 수밖에 없다.

조직에서 자원을 충분히 확보하기 위해서는 '힘$_{power}$'이 있어야만 한다. 개인이나 부서 간의 힘 차이에 의해 확보할 수 있는 자원의 양과 질이 달라진다. 누군가 자신의 과제 수행과 성과 창출을 위해 조직의 자원을 아무런 제한 없이 확보하고 사용할 수 있다고 하자. 그럼 그는 대단히 힘이 있는 사람이라고 할 수 있다. 이러한 사람은 대개 그 회사의 소유주이거나 최고경영자의 위치에 있을 가능성이 높다.

이처럼 조직 내에서 누군가가 절대적인 힘을 가지고 있을 때 이를 '권력'이라 부른다. 다시 말해 조직 내에서 권력이란 '제한을 받지 않고 자원을 확보할 수 있는 힘'이라 할 수 있다.

그러나 권력을 가진 사람이 모든 일을 혼자서 다 수행할 수는 없다. 그래서 다른 구성원들이 자신 대신 일을 할 수 있도록 권력을 나누어준다. 그런데 권력이란 항상 남용의 소지가 있게 마련이다. 그러므로 그 권력을 올바르게 행사할 수 있도록 권력을 사용하는 한계와 절차를 정한다.

이렇게 제한된 범위 내에서 행사할 수 있도록 부여받은 힘을 '권한'이라고 부른다. 그리고 자신의 권한을 다른 사람에게 위임하여 부여하는 행위를 '권한 위양'이라고 한다. 권한 위양을 받은 사람 또한 자신의 권한 일부를 다시 다른 사람에게 맡길 수 있다. 따라서 모든 조직 구성원들은 작든 크든 간에 어떤 형태로든 위양받은 권한을 가지고 있다. 이렇게 가지고 있는 권한의 크기로 개인과 부서의 조직 내 영향력을 판단할 수 있다.

그런데 어찌 보면 조직 내에서는 궁극적으로 권력을 가진 사람이란 존재하지 않는다. 조직은 국가와 경제 시스템에 속해 있으며 법 질서, 사회 공동체의 가치, 시장의 원리, 고객, 경영 환경 등에 의해 제약을 받는다. 설령 회사의 소유주라 하더라도 청지기와 같은 존재여서 제한된 범위 내에서만 힘을 발휘할 수 있다. 간혹 기업 소유주들이나 최고경영자들이 마치 무소불위의 권력을 가진 것처럼 법 질서를 흔들고 회사를 사유재산처럼 움직이는 경우를 볼 수 있다. 이것은 바로 자신들의 힘이 국가와 사회와 고객이 위임한 권한이라는 점을 혼동하기 때문에 발생하는 현상이라고 생각한다.

여기서 중요한 사실은 권한에는 그에 상응하는 '책임'이 반드시 수반된다는 것이다. 책임이 수반되지 않는 권한은 책임 전가, 무사안일, 권력 남용 등 엄청난 부작용을 불러온다. 따라서 권한 위양에서는 책임이 먼저 위양된 후 그에 맞는 권한이 부여되는 게 바른 순서다. 만약 어떤 일을 수행하기 위해 자신이 부여받은 권한으로 사용할 수 있는 자원보다 더 많은 자원을 필요로 하는 매우 크고 중요한 일을 하게 되었을 때는 어떻게 해야 할까? 이때는 자신에게 권한을 위양한 사람의 권한을 일시적으로 좀 더 위양받는 과정과 절차가 필요하다. 이를 통해 추가적인 자원을 확보할 수 있다.

권한 위양과 비슷해 보이지만 명백히 구별해야 할 개념으로 '임파워먼트'가 있다. 이 단어는 때로 '권한 이양'으로 해석되기도 한다. 하지만 권한 이양과 권한 위양은 어감이 비슷하고 동의어처럼 쓰이기도 해 혼동하기 쉽다. 그래서 그냥 임파워먼트라고 하거나 구어체처럼 들리는 '힘 실어주기'로 쓰는 게 더 적절할 것 같다. 임파워먼트는 책임과 권한을 부여하는 것은 물론 그 일을 잘해낼 수 있도록 도와주고 장해물을 제거해주는 것을 의미하기 때문이다. 조직의 계층 구조가 엄격하거나 관료주의 성격을 지닌 조직에서는 임파워먼트 없는 권한 위양만이 이루어진다. 이러면 일이 제대로 진행되기 어려워진다.

어떤 사람들은 권력이나 권한과 관계없이 조직 내에서 상당한 영향력을 갖기도 한다. 이들은 대개 자신의 지식, 기술, 경험, 업적, 인격 등을 통하여 다른 조직 구성원의 인정과 존중을 받는다. 이 사람들이 가지고 있는 힘은 누군가가 부여한 것이 아니다. 자신의 노력과 실력으로 이루어진 것이다. 이렇게 자신의 지식, 역량, 업적 등을 기반으로 다른 사람들로부터 자발적으로 인정받고 존중받는 조직 내 영향력을 '권위'라고 한다. 일반적으로 높은 권위를 가진 사람들은 다른 이들로부터 존경을 받으며 닮고 싶은 대상이 되게 마련이다.

조직에서의 힘은 그것이 권력이든 권한이든 권위든, 일을 하고 성과를 창출하기 위해 조직의 자원을 확보하는 것과 관계가 있다. 그런데 사람은 본능적으로 힘을 갖고 싶어 하고 또한 그것을 사용하고 싶어 한다. 그래서 일을 올바르게 하기 위해서가 아니라 다른 사람들에게 불필요한 영향력을 행사하고 자신을 드러내기 위해 힘을 사용하는 일이 흔히 일어난다. 이처럼 실력에 의한 자발적인 추종을 얻어내지 못하고 자신이 보유한 힘으로 다른 사람을 제압하고 굴복시켜 머리 숙이게 하려는 것을 '권위주의'라고 한다.

조직의 의사결정은 '권한'에 의해 필요한 자원을 확보하는 구조로 이루어져 있다. 하지만 권한은 반드시 그에 상응하는 '책임'이 요구되므로 조직의 의사결정은 권한의 체계라기보다는 책임의 체계로 보아야 바람직하다. 조직에는 근본적으로 '권력'이란 존재하지 않는다. 모든 사람은 다른 존재로부터 부여받은 권한을 가지고 있을 뿐이다.
권한은 그 의미를 정확히 이해하고 주어진 한도 내에서 적절하게 사용해야 하지만 '권위'는 지속적으로 높여가는 노력이 필요하다. 조직에서의 힘은 일하고 성과를 창출하기 위해 사용해야 한다. 리더로 성장하기 위해서는 자신이 가진 힘을 다른 사람에게 사용하여 굴복시키려 하는 '권위주의'를 반드시 피해야 한다.

Business Management User's Guide

어떻게 권한과 책임의 불균형을 바로잡을 것인가

앞서 이야기한 바와 같이 권한에는 반드시 그에 상응하는 책임이 수반된다. 권한과 책임은 바늘과 실의 관계를 맺는다. 권한과 책임의 균형이 적절하지 않은 조직에서는 사람들이 대체로 권한은 더 많이 갖고 싶어 하고 책임은 덜 지려 한다. 상사나 힘 있는 부서의 올바르지 못한 권한 행사와 무책임한 행동을 뒤에서 비난하는 모습도 자주 보인다.

권한과 책임의 상관관계를 이해하지 못하는 사람들은 권한의 많고 적음이나 책임의 무겁고 가벼움 같은 것에 지나치게 민감한 경향이 있다. 사실 조직에서 발생하는 상당히 많은 문제가 권한과 책임의 불균형으로부터 비롯된다. 그리고 그 문제의 대부분은 조직 내 계층 사다리에서 높은 위치에 있는 사람일수록 권한은 많고 책임은 적으며, 낮은 위치에 있는 사람일수록 권한은 별로 없고 과중한 책임을 지게끔 되어 있기 때문에 일어난다.

이론적으로는 조직 구성원들의 모든 권한을 합한 것과 모든 책임을 합한 것은 그 크기가 같아야 한다. 그러므로 모든 사람이 자신이 행사할 수 있는 권한과 똑같은 크기의 책임을 갖는 게 가장 이상적이다. 이 경우 어떤 사람도 권한이나 책임의 잉여분을 갖지 않는다. 개인이든 부서든 권한의 잉여분을 소유하면 남용하게 마련이다. 또 책임의 잉여분을 짊어지면 소극적이고 방어적인 자세를 취한다.

한 조직에서 수행해야 할 책임의 양은 정해져 있다. 따라서 누군가가 자신이 가지고 있는 권한에 상응하는 책임을 지지 않으면 남은 책임은 반드시 조직 내 어딘가로 흘러간다. 그리고 그 방향은 마치 물이 낮은 곳으로 흘러가듯이 조직 내에서 위치가 낮은 사람으로 향하게 마련이다. 그들은 자신에게 전가되는 책임을 감히 거부할 수 없기 때문이다. 위로부터 전가된 책임을 짊어진 사람은 이 부담스러운 책임에다가 자신이 지기 싫은 책임을 살짝 더하여 다시 더 낮은 곳으로 흘려보낸다.

이 과정을 계속 거치다 보면 책임이 마치 폭포수처럼 아래로 쏟아져 내린다. 최종적으로는 더는 전가할 데가 없는 사람에 이르러서야 겨우 멈춘다. 그들은 바로 작업 현장에서 근무하는 사람들, 고객 접점을 담당하는 사람들, 때로는 힘이 약한 공급 업체들이다. 책임을 상사나 고객에게 전가시킬 수는 없지 않은가?

도저히 자신의 권한과 능력으로는 감당할 수 없는 어마어마한 책임을 지게 된 작업 현장과 고객 접점 직원들에게는 두 가지 선택밖에는 없다. 하나는 문제를 외부 환경과 같은 불가항력의 탓으로 돌리는 것이다. 이 경우에는 그 사람에게 책임을 전가한 윗사람들도 뭔가 마음에 걸리기 때문에 이러한 변명에 동조하면서 책임을 조직의 외부로 발산시켜버린다. 당연히 문제의 근본 원인은 모호해지고 제대로 된 해결책 또한 찾을 수 없다.

이러한 변명조차 불가능할 때 동원할 수 있는 또 한 가지의 방법은 아예 감추고 뭉개버리는 것이다. 자신이 그 자리에 있는 동안에만 무사히 은폐할 수 있다면 후임자에게 문제를 떠넘겨버리면 된다. 그것마저도 쉽지 않으면 인수인계도 안 하고 영원히 감추어버리면 그만이다. 이런 문제들은 대형사고로 이어질 가능성이 높다. 왜냐하면 문제들이 한참 시간이 흐른 다음에야 엄청나게 곪아터진 상태로 발견되고 근본적인 개선이 좀처럼 이루어지지 않기 때문이다.

결국 한 사람 한 사람에게 주어진 권한만큼 그에 상응하는 책임이 수반되지 않는 것이 문제가 된다. 아무리 권한이 많더라도 그에 상응하는 책임을 수행하도록 하여 권한과 책임의 균형을 맞춘다면 문제가 되지 않는다. 만약 책임을 감당할 자신이 없는 사람이라면 주어진 권한을 포기해야 하기 때문이다.

이렇게 보면 '권한은 책임으로부터 비롯된다'는 정치공학의 원리가 기업 조직에서도 절대적으로 옳다고 할 수 있다. 따라서 권한 부여보다는 책임 부여가 선행되는 것이 옳다. 그런 다음 자신이 지게 된 책임을 수행할 수 있는 만큼의 권한이 자동으로 생기는 원칙을 수립해놓아야 한다. 그러면 권한과 책임의 균형이 올바르게 잡힐 것이다. 책임보다 더 많은 권한을 행사할 때는 항상 남용이라는 문제가 일어난다. 하지만 권한보다 더 많은 책임을 자발적으로 수행할 때는 긍정적인 효과를 얻을 수 있는 경우가 대부분이므로 문제가 될 것이 없다.

그런데 책임에는 두 가지 종류가 있음을 이해해야 한다. 그중 하나는 '사전 책임'인데 어떤 일을 책임지고 수행하는 것과 관련되어 있다. 이러한 책임을 영어로는 'responsibility'라고 한다. 이러한 책임은 일이 시작되기 전에 지는 책임으로 일을 잘하기 위한 자발적인 책임이며 미래 지향적 성격이 있다.

이것은 도전과 창의가 장려되며 임파워먼트가 잘 되어 있어 구성원들이 소신껏 적극적인 자세로 일하는 조직 분위기에서 흔히 볼 수 있다. 이러한 조직에서는 시행착오에 관대한 태도를 보이며 끊임없는 학습과 성장이 이루어진다. 사람들은 도전적인 목표를 세우고 과감히 도전하며 더 높은 성과 수준에 도달하기 위해 노력한다. 시행착오를 학습의 과정으로 보고 문제를 일으킨 사람보다는 문제 그 자체에 초점을 맞추므로 실패를 두려워하지 않는 조직 문화가 형성된다.

책임의 또 다른 하나의 영역은 '사후 책임'이다. 이것은 어떤 일의 결과에 대한 책임을 묻는 것과 관련되어 있다. 영어로는 'accountability'로 표현한다. 이러한 종류의 책임은 일이 끝난 후에 지게 되는 책임이며 타율적이고 과거 지향적이며 조직 내 정치 구도에도 영향을 받는다. 이러한 책임에 초점을 맞추면 당연히 책임을 회피하는 문화가 형성된다. 그런데다가 직위에 따라 기계적으로 권한을 부여해버리면 권한은 많고 책임은 지지 않는 사람들이 마구 생겨난다.

이미 저질러진 일에 대해 사후 책임을 묻는 것은 어느 조직에서나 있을 수 있는 자연스러운 일이다. 그렇지만 같은 문제가 끊임없이 발생하고 그때마다 유사한 책임 공방을 벌이면서 문제가 해결되지 않는 상황이 계속된다면 문제다. 그 조직은 권한과 책임의 균형이 무너져 있고 임파워먼트가 잘 되지 않는 권위주의적인 조직 문화를 가지고 있을 가능성이 높다. 이러한 조직에서는 사전 책임은커녕 일이 시작되기도 전에 혹시 잘못될 것을 대비하여 미리 사후 책임을 분산시키는 노력을 한다. 가능하면 높은 사람에게 결재를 받아놓으려 하고 합의 혹은 협의 등의 형태로 많은 부서와 실무 책임자들을 의사결정에 개입시킨다. 모든 사람의 책임은 그 누구의 책임도 아니기 때문이다.

일에 대한 사전 책임을 중시하며 임파워먼트가 잘 이루어진, 책임과 권한의 균형이 잘 잡힌 조직에서는 책임감 있고 도전적으로 일하는 문화가 형성되고 구성원들이 능력을 100퍼센트 이상 발휘한다.
여기에는 리더의 역할이 절대적이다. 임파워먼트도 리더가 하는 것이고 이미 지나간 실패에 대한 사후 책임 또한 리더가 져주어야 하기 때문이다. 그래야만 구성원들이 실패를 두려워하지 않고 책임감을 가지고 도전하면서 앞을 향해 나아갈 수 있다.

Business Management User's Guide

직위, 직책, 직급의 차이를 이해하라

회사에서 사람들끼리 서로 부를 때 붙이는 호칭은 매우 다양하다. 신입사원을 부를 때처럼 그냥 '~씨'를 붙여 부르거나 대리, 과장, 부장 같은 호칭을 붙이기도 한다. 때로는 팀장, 부문장, 사업부장 등이 호칭으로 사용된다.

같은 사람을 두고도 어떤 사람은 'OOO 차장'이라고 하고 또 다른 사람은 'OOO 팀장'이라고도 부른다. 최근에는 그냥 서로 'OOO님'으로 통일하거나 외국 이름을 정해 부르는 경우도 생겼다. 호칭으로 쓰이는 것은 아니지만 회사 내의 신분을 1급, 2급, 3급과 같이 구분하기도 한다.

그런데 회사 생활을 오랫동안 한 사람들조차 이 모든 호칭과 용어들이 서로 어떻게 구별되는지 정확히 모르는 경우가 많다. 하지만 이 차이를 이해하지 못하면 조직의 의사결정 구조, 평가, 승진 제도를 정확히 이해하기 어려워 회사 생활에 적잖은 지장을 받을 수 있다. 게다가 조직 구조나 인사 제도를 설계하는 사람이 그런 상황이면 조직 전체에 엄청나게 큰 문제가 발생한다.

'직위'란 그 조직 내에서의 서열을 말한다. 어떠한 조직이든지 계층 사다리가 존재하게 마련이다. 그 계층 사다리의 위치에 따라 서열이 결정되는데 그 위치를 직위라고 한다. 따라서 승진이란 그 계층 사다리상에서 더 높은 단계로 움직여 직위가 상승하는 것이다. 승진은 대체로 더 큰 역량을 가지고 있는 사람에게 부여되는 기회이므로 직위의 서열은 누가 더 오래 근무했는가 하는 연공보다는 능력의 서열이 되는 것이 마땅하다.

하지만 실제로는 연공이 직위의 서열에 상당 부분 영향을 미치는 게 현실이다. 조직마다 약간의 차이가 있지만 대개 대리, 과장, 차장, 부장, 이사, 상무, 전무, 부사장, 사장, 부회장, 회장과 같은 순으로 직위가 형성되어 있다. 조직 구성원들은 이러한 체계를 따라 승진한다.

'직책'이란 단위 조직을 맡아 운영하는 임무를 말한다. 따라서 직책은 권한, 책임, 의사결정 구조와 관련되어 있다. 직책은 직위에 비해 조직마다 명칭이나 역할의 차이가 좀 더 크다. 하지만 일반적으로는 팀장, 파트장, 그룹장, 사업부장, 부문장, 본부장 등과 같은 명칭과 체계를 갖는다. 매니지먼트팀이라는 개념하에 외국 기업에서 흔히 사용하며 최근 우리나라에서도 많은 기업이 채택하고 있는 CEO, COO, CFO, CIO, CMO, CTO 등도 직책이라고 할 수 있다.

높은 직책을 갖고 있다는 것은 조직 내 서열이 높다는 뜻이 아니다. 의사결정 범위가 넓고 권한과 책임이 크다는 것을 의미한다. 전무가 부문장인 경우가 있고 부장이 본부장인 경우도 있을 수 있다. 그러므로 직위가 높다고 해서 꼭 높은 직책을 갖는 것은 아니다. 자신보다 직위는 낮지만 직책은 더 높은 사람이 운영하는 팀에 소속되어 일할 수도 있다.

설립 초창기의 조직이나 아주 빠르게 성장하여 끊임없이 책임자의 자리가 만들어지는 조직에서는 직위가 직책과 일치하는 경우가 많다. 하지만 성장이 둔화된 대규모 조직에서는 직위와 직책이 따로 움직일 수밖에 없다. 따라서 이런 상황에서는 직위의 승진과 직책의 승진은 분리된다. 이렇게 보면 직책 승진을 진정한 승진이라고 할 수 있을 것이다. 그럼에도 우리나라 직장인들은 아직 직책 승진보다는 직위 승진을 더 의미 있게 받아들이는 경향이 있다. 직위는 일단 획득하고 나면 지속성이 있지만 직책은 언제든지 변경될 수 있기 때문이다. 하지만 우리나라도 언젠가는 직위는 의미가 없어지고 직책 중심으로 조직 내 서열이 결정되는 시기가 오리라고 본다.

'직급'은 철저히 연공에 기반을 둔 서열이다. 직급은 조직마다 체계가 천차만별이지만 그 조직에서 얼마나 오래 근무했는가를 짐작할 수 있게 해 준다. 직급은 때가 되면 자동 상승한다. 또한 같은 직급 내에서도 반년 또는 1년마다 한 단계씩 자동 상승하는데 이것을 호봉이라고 부른다. 그래서 대개 '3급 15호봉'과 같은 형태를 갖는다. 급여는 호봉이 상승할 때는 소폭, 직급이 상승하면 비교적 큰 폭으로 오른다. 직급이나 호봉이 오르는 데는 승급, 승호 등의 용어가 사용되는데 승진과는 다른 개념이다.

하지만 최근에는 연공서열 방식을 채택하지 않는 기업이 크게 늘고 있다. 직급의 개념이 남아 있다고 하더라도 직급 상승을 승진과 연계시키는 경우가 대부분이어서 예전처럼 누구나 때가 되면 자동으로 직급이 올라가는 개념은 많이 퇴색되었다. 여전히 같은 직급 내에서는 연공에 의해 호봉이 상승하는 제도를 운용하는 조직이 많다. 하지만 연공서열 개념의 직급은 이제 사실상 큰 의미가 없어지고 있다고 보아도 좋다.

지금까지 설명한 이 세 가지의 개념이 본질적인 차이가 있는데도 서로 혼동되기 쉬운 이유는 조직마다 이 세 가지가 거의 같은 의미였던 시절을 겪으면서 성장했기 때문이다. 이러한 현상은 특히 연공서열을 중시하는 관료화된 전통 조직에서 많이 나타난다.

예를 들면 우리나라의 대기업들도 1980년대 초만 하더라도 대부분 과, 부 등의 체제로 조직이 운영되었으며 과장이 되면 과를 맡고 부장이 되면 부를 맡는 것이 상식이었다. 경제가 워낙 빨리 발전하고 기업 조직 또한 빠른 속도로 확대되다 보니 많은 사람을 승진시켜도 얼마든지 과와 부 조직을 늘려 책임을 맡길 수 있었다. 인사 적체는 별로 문제가 되지 않았다. 이러한 상황이 지속되는 동안에는 직위는 직책과 같은 개념이 된다. 여기에

다 결격 사유가 없는 한 일정 시점이 되면 거의 자동으로 승진하는 체제까지 결합되면 직위, 직책, 직급은 똑같은 개념이 된다.

하지만 경제 성장률이 정체되고 기업들 또한 조직을 더는 횡적으로 확장할 수 없게 되자 승진해서 직위가 높아진 사람에게 조직을 맡길 수 없는 경우가 생겼다. 이에 따라 능력주의가 도입되어 승진 심사는 엄격해졌고 승진하고 난 이후에도 직책을 부여받지 못하고 실무자로 일하는 사람이 늘어났다. 이러한 상황에서는 직위와 직책의 개념이 완전히 분리될 수밖에 없다.

1997년에 발생한 IMF 외환위기를 극복하는 과정에서 많은 기업이 연봉제를 도입했다. 능력주의가 더욱 깊어지고 연공서열 방식이 희석된 것이다. 그 결과 사무직에서 직급은 거의 의미가 없어졌고 생산직 대상의 노무관리 부분에서만 그 명맥을 유지하고 있다.

> 조직은 결국 권한과 책임의 체계를 통해 움직인다. 그리고 권한과 책임은 직위가 아니라 직책에 부여되는 것이다. 연공서열을 지나치게 중시하는 조직은 높은 직위를 가진 사람이 많을 때 위인설관爲人設官 방식으로 불필요한 조직을 만들어 직책을 부여한다. 이에 따라 조직이 비대해지고 관료화된다.
> 이를 피하기 위해서는 사람과 직위를 먼저 생각한 다음 어떤 조직을 맡길지를 판단하는 관행에서 벗어나야 한다. 전략을 수행하고 성과를 창출하기 위한 가장 효율적인 조직을 설계하는 게 먼저다. 각각의 직책에 맞는 사람이 누구인가는 그다음에 생각해야 한다.

Business Management User's Guide

품의서란 무엇이며 결재는 어떤 절차로 이루어지는가

직장 생활을 처음 시작했을 때 한자로 제목이 붙여진 생소한 문서를 접하고 매우 당황했던 기억이 난다. 그 문서의 제목은 바로 '품의서稟議書'였다. 첫 번째의 품稟자는 처음 보는 글자였고 품의서라는 게 도대체 무엇을 뜻하는지 알 수가 없었다. 물론 그것이 무엇인지를 정확히 가르쳐주는 사람도 없었다. 그런데도 사람들 대부분이 이 괴상한 문서를 가지고 종일 씨름하고 있었다. 한참이 지난 후에야 상사에게 결재를 받기 위해서는 품의서를 사용해야 한다는 것을 알게 되었다.

많은 사람이 나와 비슷한 상황을 경험했을 것이다. 처음 접할 때는 매우 생소하지만 시도 때도 없이 작성해서 결재를 받아야 하는 직장인의 일상처럼 되어 있는 품의서란 도대체 무엇인가? 직장 생활을 오래 한 이들 중에서도 여기에 정확히 답하지 못하는 사람이 많다. 자신도 누구에게 배운 바가 없고, 대부분 눈치와 경험을 통해서 운영 방법을 알게 되었기 때문일 것이다. 그러다 보니 신입사원에게 품의서가 무엇인지를 가르쳐줄 수 없는 게 아닐까?

사실 품의서는 일본과 우리나라에서 유독 널리 사용되는 독특한 제도이다. 아마도 관료주의가 강하고 조직 내 엄격한 서열이 있으며 그 서열이 권한의 수준과 밀접한 관련을 지닌 조직 문화에서 사용되는 것 같다. 그러다 보니 앞서 설명한 조직 내에서의 권한, 책임, 직책 등의 개념을 이해하지 못하는 사람은 품의서의 정확한 의미와 용도를 알 길이 없다. 그저 품의서는 윗사람에게 결재받기 위한 문서라는 정도로 이해하고 그냥 해왔던 대로 반복적으로 문서를 작성할 뿐이다.

조직 내 모든 사람은 어떤 형태로든 직책이 있고-사원도 하나의 직책이다-그 직책을 수행하기 위한 권한이 부여된다. 어떤 권한이 있다는 것은 임무에 대한 책임뿐만 아니라 의사결정의 권한과 그 권한 범위 내에서 조직 내 자원을 사용할 수 있는 재량권을 가지고 있다는 의미이다. 조직이 정해놓은 각각의 직책에 대해 역할과 책임을 사전에 부여하고 그 직책에 어떤 수준까지 의사결정 권한이 위양되어 있는지를 나타낸 체계를 '위임 전결'이라 한다. 그리고 그것을 공식적인 제도와 규정으로 정리해놓은 것을 '위임 전결 규정'이라 한다.

간혹 대표이사가 아닌 관리자나 임원이 품의서에서 자신의 결재란에는 '전결'로 표시하고 대표이사의 결재란에 대신 사인하는 경우를 볼 수 있다. 이 경우는 위임 전결 규정에서 그 사람이 최종 의사결정권자로 규정되어 있다. 다시 말해 대표이사로부터 미리 권한을 위임받았다고 할 수 있다. 따라서 그 결재는 대표이사의 결재와 똑같은 효력을 갖는다. 다만 결재란에 전결 표시를 함으로써 결재권자의 직책을 표시함과 더불어 이 의사결정이 위임 전결 규정에 따른 최종 의사결정임을 나타낸다.

품의서의 정확한 의미는 '내가 갖고 있지 않은 권한을 일시적으로 빌리기 위해 상사의 허락을 받기 위한 문서'이다. 다시 말하면 품의서는 위임 전결 규정에서 자신에게 위양된 권한 범위 내에서는 수행할 수 없는 일을 하기 위해서 상사의 권한과 자원을 사용할 수 있도록 허락을 받고 지원을 약속받기 위한 문서이다. 품의서의 최종 결재가 이루어지고 나면 최초 기안자가 최종 결재권자의 권한을 행사할 수 있다.

예를 들어 대표이사가 결재한 품의서는 승인받은 범위 내에서는 최초

기안자가 대표이사가 되어 집행하는 것이나 다름없다. 자신에게 이미 주어진 권한으로 결정과 집행을 할 수 있는 일이라면 품의서가 필요 없다. 그냥 하면 된다. 물론 집행 과정의 관리와 결과에 대한 책임은 자신에게 있다. 이렇게 생각하면 권한 위양이 잘된 조직에서는 품의서를 작성할 일이 그리 많지 않을 것 같다. 하지만 이상하게도 대부분의 조직에서 품의서가 난무한다. 왜 그럴까? 그것은 품의서를 잘못된 용도로 사용하기 때문이다. 내가 지금까지 이런저런 조직에서 보아온 수많은 품의서 중에서 제대로 된 용도로 사용된 경우는 10개 중 두세 개도 안 되었던 것 같다.

이런 잘못 중 가장 흔히 볼 수 있는 게 책임 분산을 위한 품의서 사용이다. 상사의 권한을 빌려 더 큰 책임을 수행하기보다는 일이 잘못될 때 상사한테 책임을 전가하기 위해 품의서를 사용하는 경우이다. 심지어 그것도 모자라 협의나 합의 과정을 통해 다른 부서들에 책임을 최대한 분산하기도 한다.

또 다른 잘못은 상사가 부하에게 품의서를 쓰게 하는 경우이다. 상사 스스로 기획한 일이고 자신이 가진 권한을 사용하여 추진하면 되는 상황에서도 굳이 부하에게 자신을 최종 결재자로 지정하여 품의서를 쓰도록 시키는 경우가 있다. 문서 작성이 귀찮아 부하 직원에게 시킨 거라면 애교로라도 봐줄 수 있다. 하지만 간혹 기안자인 부하 직원에게 거꾸로 결과에 대한 책임을 전가하는 상황이 발생하기도 한다. 따라서 품의서는 상사의 권한을 빌려야 하는 사람이 직접 기안하는 게 원칙이다. 또한 품의서 작성은 최소화되어야 한다. 회계상의 증빙으로 꼭 필요한 경우가 아니라면, 대부분의 품의서는 신뢰와 소통 부족의 산물일 가능성이 높다. 따라서 많은 낭비를 빚는 원인이 될 수 있다.

조직 내에서 책임을 회피하기 위해 흔히 사용되는 문서 중에는 '업무협조전'이라는 것도 있다. 업무협조전은 '조직의 책임자가 다른 조직의 책임자에게 공식적으로 도움을 요청하는 문서'이다. 일반적으로는 서로 완전히 독립된 조직, 이를테면 회사와 회사 간의 협조 요청 등에 사용된다. 하지만 하나의 조직 내에서 서로 다른 부서끼리 업무협조전을 주고받는 경우를 흔히 볼 수 있다. 이렇게 조직 내부에서 수많은 업무협조전이 오고간다면 그것만으로도 그 조직의 문제 몇 가지를 쉽게 진단할 수 있다.

우선 그 조직은 관료화된 조직이라고 할 수 있다. 담당자와 실무자들 간의 신뢰와 소통으로 문제를 풀어가지 못하고 부서 책임자들끼리 합의가 이루어지지 않으며 부서 간 협력이 이루어지지 않는 구조이기 때문이다. 또한 그 조직은 무책임하거나 책임을 전가하는 문화를 가지고 있다고 할 수 있다. 나중에 일이 잘못되었을 때 그 이유가 다른 부서에 있다는 증빙으로 삼기 위해 업무협조전을 써서 사전에 분명히 요청하고 경고했다는 흔적을 남기는 것이다.

심지어는 업무협조전 대신 최대한 많은 사람을 수신자로 하는 이메일을 보내놓음으로써 자신의 책임을 전가시키거나 분산하려고 노력하는 경우도 많이 볼 수 있다.

임파워먼트가 잘 되어 있고 고객 지향적으로 사고하며 일 중심으로 소통하는 책임감 있는 사람들로 구성된 조직이라면 조직 내 부서 간 업무협조전은 전혀 발생하지 않아야 한다.

> 권한을 많이 가지려 하고 책임을 적게 가지려 하는 것은 대부분의 조직에서 흔히 볼 수 있는 현상이다. 하지만 이는 조직이 관료화되었거나 무책임하고 성과가 낮은 것이 용인되는 문화가 뿌리내린 것으로 해석할 수 있다. 이렇게 되면 책임을 전가하거나 분산시키기 위해 수없이 많은 문서가 만들어지고 엄청난 규모의 커뮤니케이션 비용이 든다.
> 조직이 관료화를 막고 성과 중심으로 돌아가려면 조직 내 권한과 책임이 균형을 이루는 체계가 확립되고 임파워먼트가 적절하게 이루어져야 한다. 또한 품의서는 책임전가나 분산을 위한 목적이 아니라 일을 하고 성과를 창출하기 위한 용도로 작성되어야 한다. 또 내부 부서끼리 주고받는 업무협조전과 같은 무책임을 조장하는 문서를 근절하려는 노력을 지속해서 기울여야 한다.

Business Management User's Guide

합의와 협의는 무엇이며 어떤 상황에서 사용하는가

문서 결재 과정 중에 '합의'와 '협의'만큼 흔히 사용되는 용어도 없다. 그런데 그만큼 잘못 사용되고 오해를 불러일으키며 갈등의 원인이 되는 것 또한 드물다. 의사결정의 중요성이 높을수록 품의서에는 도장과 사인의 수가 늘어난다. 하나의 문서가 최종 결재를 받을 때까지 도장 또는 사인의 개수가 10개를 넘어가는 경우도 흔히 생긴다. 조직의 계층 구조가 복잡하고 다단계로 이루어진 것이 그 이유 중 하나이다. 그리고 합의와 협의를 남발하는 것 또한 중요한 원인이 된다.

이렇게 수시로 합의와 협의를 사용하면서도 그 의미와 차이를 잘 모르는 경우가 많다. 그러다 보니 합의와 협의를 혼동하거나 같은 뜻으로 혼용하는 일도 흔하다. 이런 상황이 반복된다면 의사결정의 스피드는 현저하게 감소하며 무책임하고 안일한 조직 문화가 생긴다. 그러므로 합의와 협의에 관해 다음 몇 가지 사항을 분명히 이해하고 그 의미와 용도를 왜곡하지 않아야 한다.

합의와 협의는 분명히 다른 개념이다

품의서의 결재가 완료되면 집행 과정으로 들어간다. 일단 집행이 시작되면 이미 정해진 업무 프로세스에 올라타서 흘러간다. 이러한 프로세스상에는 그 프로세스의 흐름에 영향을 미치는 여러 사람과 부서가 존재한다. 만약 의사결정 사항의 진행 과정에서 그러한 사람이나 부서의 업무에 중대한 영향을 미치거나 그들의 도움이 없이는 일이 진행되지 않을 것으로 예상할 경우에만 그들과 사전에 합의한다. 다시 말해 품의서에 합의를 지정했을 때는 "이 품의서의 결재가 완료되면 업무 프로세스상에서 당신에게 영향을 주니 그것에 대해 준비하기 바란다. 그리고 만약 문제가 예상되면 합의 과정에서 의견을 제시하라"라는 뜻을 전한 것이다.

그렇다고 해서 프로세스상의 모든 부서가 합의 대상이 되지는 않는다. 의사결정된 내용이 진행되더라도 그 부서가 일상적으로 하던 업무 프로세스에 포함되어 흘러간다면 합의를 받을 필요가 없다. 일상적인 업무 프로세스 외에 별도의 조치가 필요하므로 사전에 알리고 도움을 받아야만 하는 경우에만 합의를 받으면 된다. 다시 말해 의사결정 사항이 프로세스상에 존재하는 사람이나 부서에게 예외적이고 비정상적인 상황을 초래할 때에만 합의를 하면 된다.

협의는 이와 다르다. 그야말로 전문가의 조언을 얻는 것이다. 예를 들어 계약서를 검토할 때 법무팀의 협의를 거치는 것과 같다. 다시 말하자면 특정 사람이나 부서가 의사결정할 내용과 관련된 전문성이나 경험을 보유한 사람들에게 도움을 청해 의사결정자들이 자칫 놓치거나 오판하는 부분이 생기지 않도록 조언을 이끌어내는 과정이 협의이다.

품의서 결재가 완료되어 집행하는 과정이 되더라도 협의 부서는 프로세스 흐름에는 참여하지 않는다. 따라서 의사결정 참여자들이 굳이 전문가의 도움을 얻지 않더라도 충분히 판단할 수 있다는 자신감이 있고 그에 대한 책임을 질 수 있다면 사전에 협의를 지정할 필요가 없다. 예를 들면 계약서를 작성할 때 회사에서 이미 정해놓은 표준 계약서를 사용한다면 법무팀의 협의는 필요 없을 수 있다.

합의나 협의를 하는 사람이나 부서는 의사결정 권한이 없다

합의·협의의 과정에서 가장 흔히 벌어지는 잘못된 일은 합의나 협의를 하는 사람이 결재 과정에서 품의서를 아예 기각해버리는 것이다. 다시 말하면 품의서 내용에 반대하면서 상위 의사결정자의 판단을 받지도 않고 문서를 기안자에게 돌려보냄으로써 의사결정 프로세스를 중단시켜버린다.

이는 최종 결재 과정에서 의사결정에 참여하는 사람들과 의사결정에 도움을 주는 사람들이 구분되어 있음을 이해하지 못하는 데서 비롯된다. 품의서를 기각하고 돌려보낼 수 있는 권한은 의사결정에 참여하는 사람들에게만 있다. 의사결정에 도움을 주는 사람들은 찬성이든 반대든 자신의 소견과 그 근거를 기록하고 다음 의사결정자에게 넘기면 된다. 그리고 의사결정자는 하위 의사결정자와 합의나 협의를 한 사람들이 제시한 소견 모두를 참조하여 의사결정을 한다.

합의와 협의는 결재 과정의 필수 사항이 아닌 선택 사항이다

품의서를 작성하여 결재를 올리는 사람은 합의나 협의를 지정할 수 있다. 하지만 그것은 필수 사항이 아니고 선택 사항이다. 만약 의사결정 과정에 합의나 협의가 필요 없다고 판단하면 그대로 진행해도 상관없다. 다만 그 과정에서 누구의 도움과 조언도 얻지 않았으므로 최종적인 책임은 모두 의사결정에 참여한 사람들이 진다.

그런데 많은 회사에서 위임 전결 규정을 통해 몇 가지 의사결정 사항에 대해서는 합의와 협의를 필수로 규정해놓는 경우를 볼 수 있다. 물론 그렇게 정해놓은 것 자체가 잘못은 아니다. 하지만 이것은 권한 위양이나 부서 간 소통이 원활하게 이루어지지 않고 있음을 드러낸 것일 수도 있다. 또한 스탭 부서, 특히 물적·인적 자원을 관리·통제하는 부서가 비대하고 그 권한이 라인 부서에 비해 상대적으로 커서 관료주의적인 업무 수행이 많이 이루어지고 있다는 반증이기도 하다.

의사결정 과정을 지연시키는 가장 큰 주범 중 하나가 합의와 협의의 남발이다. 이는 합의와 협의의 의미를 정확히 이해하지 못한 상태에서 이루어진다. 의사결정자는 책임을 분산시키려고 합의나 협의를 거치곤 한다. 또한 합의자나 협의자가 자신에게 주어지지도 않은 의사결정 권한을 행사하는 일도 벌어진다. 때로는 의사결정 자체에 대한 책임이 없는 합의자나 협의자에게 사후 책임을 묻기도 하는 등 남용과 오용이 심각하다.

합의와 협의는 의사결정 과정에서의 오류를 줄이고 위험을 사전에 예방하기 위한 목적으로는 매우 긍정적인 절차라 할 수 있다. 하지만 오용과 남용이 이루어진다면 조직의 경영 스피드와 경쟁력을 떨어뜨리는 치명적인 악습이 될 수도 있다.

Business Management User's Guide

숫자의 정확성을 확보하고
이해하는 능력을 보유하라

숫자 그 자체는 성과가 아니다. 하지만 그렇다고 해서 숫자와 지표가 중요하지 않다는 뜻은 아니다. 조직의 모든 활동 대부분은 직·간접적으로 재무 성과 창출에 기여한다. 따라서 어떤 형태로든 숫자로 나타낼 수 있다. 이 때문에 업무를 수행하면서 숫자와 지표를 올바르게 활용하면 성과를 창출하는 데 매우 중요한 정보로 쓸 수 있다. 특히 기업에서는 대부분의 경영 정보들이 숫자로 구성된다. 대차대조표나 손익계산서와 같은 재무제표에서부터 구매 실적, 생산 현황, 교육 실적 등 숫자를 포함하지 않은 자료를 찾아보기 어려울 정도다. 그만큼 기업에서 숫자는 매우 중요한 비중을 차지한다.

하지만 그 숫자가 회사의 진실된 정보를 담고 있지 않다면 무익한 정보로 전락한다. 그뿐만 아니라 올바른 의사결정을 방해하고 잘못된 판단을 내리게 하는 장해 요인으로 작용할 수 있다. 또한 숫자가 아무리 정확한 정보로 구성되어 있다고 하더라도 그것을 읽는 사람의 해석 능력이 형편없다면 무용지물이 되고 말 것이다. 잘못 전달되거나 잘못 해석된 정보는 그 정보가 아예 없을 때보다도 더 못한 결과를 불러온다. 따라서 기업에서는 모든 구성원이 경영 정보의 정확성을 높이는 데 신경을 써야 한다. 이와 더불어 그 정보, 특히 숫자들을 올바르게 이해하고 활용하는 능력의 배양이 필수다.

숫자에 강해지기 위해서는 우선 회사에서 정기적으로 작성하는 각종 보고서의 숫자들에 익숙해져야 한다. 재무제표를 제대로 이해하지 못하면서 경영자로 성장하기는 어렵다. 또한 생산 운영에 어떠한 숫자들이 필요하고 이를 어떻게 관리해야 할지 알지 못한다면 공장 책임자로 업무를 수행하기 힘들다. 이와 더불어 각각의 숫자가 어떤 부서의 어떤 활동의 결과로 만들어진 것인지를 이해하려고 노력해야 한다. 그리고 그 숫자가 어떤 범위 내에 있을 때가 정상이며 어떠한 때가 위험 신호인지를 판단할 수 있어야 한다.

이러한 노력으로 숫자에 대한 지식과 감각이 생기면 경영 정보를 구성하는 숫자가 올바르고 솔직하게 작성되었는지를 파악하는 능력이 갖추어진다. 그리고 그 숫자가 나타내는 이상 신호를 감지하여 회사 전반과 자신이 하는 일에서 무엇이 잘못되었고 무엇을 조치해야 하는지를 파악할 수 있다.

> 회사에서 숫자를 이해하는 능력 없이는 업무를 올바르게 수행할 수도 없고 경영자로 성장할 수도 없다.
> 자신의 일에 영향을 미치는 숫자들이 어떤 것인지 자신의 일이 만들어내는 숫자들은 어떤 것인지를 파악하고 일과 숫자의 상호관계를 의식하면서 일하라.
> 항상 조심해야 할 점은 숫자는 반드시 솔직하고 정확한 정보를 담고 있어야 한다는 것이다. 또한 성과 창출이라는 가장 중요한 목적을 망각하고 숫자 그 자체에만 집착해서도 안 된다.

Business Management User's Guide

재무제표의
원리와 내용을 이해하라

기업의 모든 활동은 궁극적으로 재무 성과로 나타난다. 다시 말하면 재무 성과와 연관되지 않는 활동은 낭비이다. 시간의 차이만 있을 뿐이다. 예를 들어 판매와 같은 활동은 즉시 재무 성과로 연결된다. 하지만 교육훈련 등과 같이 오랜 기간에 걸쳐 재무 성과에 기여하는 활동도 있다. 기업은 이렇게 다양한 활동의 결과로 창출되는 재무 성과를 측정하고 평가하기 위해 주기적으로 회계결산을 하며 그 결과는 재무제표로 만들어진다.

따라서 어떤 기업의 경영 성과와 재산 상태를 파악하기 위해서는 재무제표를 분석해보면 된다. 일반적으로 재무제표에는 손익계산서, 대차대조표, 재무상태변동표, 제조원가명세서, 이익잉여금처분계산서(혹은 결손금처리계산서) 등이 포함된다. 이 중 가장 중요하고 분석에 널리 사용되는 것이 손익계산서와 대차대조표이다.

대개 이런 정도는 이해하고 있으리라 생각한다. 하지만 가장 대표적인 재무제표인 손익계산서와 대차대조표에 대해 설명해보라는 요구를 받으면 매우 곤란해한다. 그 본질과 원리가 무엇이고 무엇을 알 수 있는지에 대해 그리 깊이 생각해보지 않았기 때문일 것이다. 매우 보편적이고 기본적인 지식이기는 하지만 중요한 몇 가지를 정리해보겠다.

첫째, 손익계산서는 어느 시점에서부터 어느 시점까지라는 기간의 개념을 가지고 있다. 대차대조표는 어느 한 순간, 즉 특정 시점이라는 개념을 가지고 있다. 그래서 손익계산서에는 '~부터 ~까지'라는 기간이 표시되고 대차대조표에는 '~ 현재'라는 시점이 표시된다.

둘째, 손익계산서는 수익과 비용 항목으로 구성되고 대차대조표는 자산과 부채와 자본 항목으로 구성된다. 즉 손익계산서는 일정 기간에 얼마나 쓰고(비용) 얼마를 벌었는가(수익)로 구성되고 대차대조표는 지금 시점에서 얼마나 가지고 있으며(자산) 가진 것 중 내 것이 아닌 빌린 것(부채)과 내 것(자본)이 얼마씩 있는가로 구성된다.

셋째, 손익계산서는 얼마나 벌었는가를 나타내며 대차대조표는 얼마나 가지고 있는가를 나타낸다. 다시 말해 손익계산서는 성과의 측정과 평가에 사용되고 대차대조표는 재산 현황의 측정과 평가에 사용된다. 따라서 손익계산서는 투입 대비 산출이 얼마인지의 효율이 중요하고 대차대조표는 재산 상태의 건전성이 중요하다. 예를 들면 재고가 많을수록 부채가 많고 그중 단기 부채가 많을수록 그리고 이익잉여금이 작을수록 자산 건전성이 낮아질 가능성이 높다. 그럼에도 대차대조표상에 자산으로 표시된 항목들이 건전한 상태인지 아닌지를 완벽하게 알 수 없는 경우가 많다.

넷째, 손익계산서와 대차대조표 항목들은 서로 연결되어 있고 상호작용한다. 그래서 손익계산서의 수익이나 비용 발생은 반드시 대차대조표의 자산 항목 변동을 수반한다. 예를 들어 매출이 발생하면 재고 자산이 줄어들고 외상매출금이 증가한다. 사무용품을 사고 그 대금을 비용으로 처리하면 현금 자산이 줄어든다.

다섯째, 대차대조표상의 토지, 건물, 기계 장치 등 모든 고정자산은 시간이 지날수록 감가상각이 발생하여 그 가치가 계속 줄어든다. 이 때문에 추가적인 고정자산의 취득이 없는 한 시간이 흐를수록 대차대조표의 고정자산 가치는 감소한다. 감가상각은 또한 손익계산서상에서 비용으로 처리되고 매출원가 또는 제조원가에 포함되어 매출이익을 감소시킨다. 하지만 현금은 처음 고정자산을 살 때 한꺼번에 지출되며 감가상각이 될 때마다 실제로 현금이 지출되는 것은 아니다. 이렇게 이미 모든 현금이 지불되었지만, 회계상으로는 아직 비용으로 처리되지 않은 것을 매몰 비용sunk cost이라고 한다.

여섯째, 수익은 실제 입금된 현금과 항상 일치하지 않고 비용 역시 실제 지출된 현금과 항상 일치하지 않는다. 일반적으로 기업의 매출은 외상 매출이다. 이 경우 손익계산서상에 수익은 발생하였지만 아직 현금을 받지는 못하였으므로 현금 흐름이 창출되지는 않았다. 감가상각의 경우에도 비용으로 처리되지만 현금이 지출되는 것은 아니다.

마지막으로 유념할 점이 있다. 회사에서 가장 중요한 자산은 사람과 브랜드이다. 하지만 이런 것들은 자산으로 표시되지 않는다. 그래서 대차대조표만을 보고 그 회사의 진정한 가치를 측정할 수는 없다.

모든 회계 지식과 재무제표를 전문가 수준으로 상세히 알아야 하는 것은 아니다. 그렇지만 대차대조표와 손익계산서에 대한 기본적인 내용을 이해하지 못한다면 조직의 운영 원리와 성과 창출 방식을 알기가 무척 어려워진다.
자신의 일이 어떻게 숫자로 만들어지고 그 숫자들이 대차대조표와 손익계산서에 어떻게 연결되는지를 이해하기 위해 노력하는 과정에서 조직 전반에 걸친 일의 구조와 흐름을 알 수 있다.
숫자 자체가 아니라 숫자와 활동 간의 상관관계를 잘 이해하면 재무제표를 포함한 몇 가지의 경영 정보만 봐도 조직 운영상의 문제점을 상당 부분 파악할 수 있다.

Business Management User's Guide

커뮤니케이션은
조직을 건강하게 한다

잭 웰치는 GE의 최고경영자에서 은퇴하면서 "그동안 부서 간의 벽을 허물기 위해 끊임없이 노력했다"고 회고했다. 조직은 여러 개의 소단위 조직들로 구성된다. 전체 조직이든 소단위 조직이든 모두 사람들이 모인 곳이다. 그러나 그 사람들은 단순히 모여 있는 게 아니다. 공통의 목적을 공유하고 목표를 달성하기 위해 상호작용하는 구조 속에서 협력하며 일한다. 방향성을 공유하지 못하고 구조화되지 않은 상태로 그저 모여 있는 사람들은 집단이나 군중일 뿐이지 조직이라고 할 수 없다.

집단이 구조화되어 조직으로서의 모양을 갖추면 자연스럽게 상하 간의 계층이 생기고 부서의 수도 늘어난다. 문제는 조직이 커감에 따라 사람들과 부서 간의 상호작용이 더욱 복잡해지고 이해관계가 서로 상충되어 커뮤니케이션이 어려워진다는 것이다. 그래서 곳곳에 관리 공백이 일어나고 예기치 못한 문제들이 발생한다. 시간이 지나도 해결되지 않은 채 방치되기도 한다. 조직이 대형화되고 관료화될수록 이런 현상들이 심해지는 경향이 있다.

경영진은 이러한 현상을 해결하기 위한 노력의 하나로 절차와 제도를 더욱 정교하게 설계하고 관리와 통제를 강화하려 한다. 하지만 이러한 노력은 문제를 해결하기보다는 더욱 어렵게 만든다. 새로운 절차와 제도로 일의 흐름은 더욱 복잡해지고 느려진다. 반면에 관리와 통제를 위한 스탭 부서 인원은 크게 증가한다. 스탭 부서는 스스로의 존재 이유를 확인하기 위해 끊임없이 일을 만들어가는 경향이 있다. 그리고 그 일은 다른 부서들도 모두 바쁘게 만들곤 한다. 그래서 얼마 지나지 않아 조직 전반에 걸쳐 업무량이 대폭 늘어난다. 이 문제를 해결하기 위해 다시 새로운 절차와 제도를 만들고 관리·통제할 새로운 사람을 투입한다. 조직은 이러한 악순환의 과정이 반복될수록 낭비와 비효율의 수렁으로 빠져 들어간다.

조직의 복잡성 때문에 발생한 문제를 절차와 제도로 해결하려는 것은 잘못된 처방이다. 절차와 제도 그 자체로는 아무런 문제도 해결하지 못한다. 이것은 성과 창출의 핵심 요소들을 제대로 움직이지 못하고 성과 창출을 방해하는 장해물들을 제거할 수 없다는 뜻이다.

회사에서 성과를 창출하고 문제를 해결하는 유일하면서 핵심적인 요소는 바로 사람이다. 회사의 모든 절차, 제도, 규정, 시스템, 프로세스, 조직 구조는 사람의 성과 창출 활동을 위해 존재하는 것이다. 이것들은 그 자체만으로 결과를 만들어내는 존재는 아니다. 게다가 이 세상 누구라도, 설혹 그 사람이 경영의 달인이라 할지라도 100퍼센트 완벽한 절차, 제도, 규정, 프로세스를 설계하지는 못한다. 만에 하나 그것이 가능하다 하더라도 지속적인 외부 환경 변화로 완벽했던 것조차도 얼마 지나지 않아 불완전해지고 만다. 결국 사람이 올바르게 일하는 게 핵심이다. 아무리 완벽한 절차와 제도라 하더라도 사람을 대신해줄 수는 없다.

절차와 제도만을 신봉하고 이런 것들이 문제를 해결해줄 것이라고 믿는 조직은 병들어간다. 사람을 위해서 존재하는 절차와 제도가 아니라 그것들을 유지하기 위해 사람들을 두드려 맞추려 한다. 사람들 간의 유기적인 관계와 상호작용은 단절되고 책상머리에서 설계된 절차와 제도를 지키도록 어떻게 감독할 것인지가 주요 관심사가 된다. 마치 혈관이 막혀 피가 돌지 않는 육체처럼 서서히 괴사해 들어간다.

조직은 절차와 제도에 의해서가 아니라 사람과 사람 간의 상호작용에 의해 성과를 창출하며 성장해나가는 존재이다. 그리고 사람 간의 상호작용 대부분은 커뮤니케이션에 의해 이루어진다. 절차와 제도는 그러한 상호작용이 원활하도록 도와주고 커뮤니케이션의 생산성을 높여주는 보조적 수단이어야 한다. 물론 일상적인 상호작용을 계속 반복해야 할 때 매번 일일이 커뮤니케이션을 하는 것보다는 절차나 제도로 정해놓는 것이 훨씬 더 노력과 낭비를 줄일 수 있다. 하지만 높은 수준의 상호작용은 사람 간의 직접적인 커뮤니케이션 외에는 어떠한 것도 그 역할을 대신할 수 없다.

사람 몸에 비유한다면 커뮤니케이션은 모든 세포 조직에 영양분과 산소를 공급하는 혈관과 같다. 커뮤니케이션에 의해 올바른 정보와 지식이 공급되어야 조직이 건강을 유지할 수 있다. 커뮤니케이션은 절차나 제도가 아니라 사람이 성과 창출의 주체가 되도록 한다. 또한 조직의 목적 달성을 위한 사람들의 열정과 자발적인 협력을 이끌어낸다. 이를 통해 조직은 강력한 팀이 되며 개인들의 노력을 단순하게 합친 것보다 훨씬 더 큰 성과를 창출할 수 있다.

조직의 성과는 절차와 규정이 아니라 사람에 의해 만들어진다는 것을 잊어서는 안 된다. 사람들에게 높은 수준의 협력과 상호작용을 이끌어내어 탁월한 성과를 창출하도록 하는 최고의 방법이 바로 커뮤니케이션이다.
인간이 조직과 관련하여 고안해낸 거의 모든 것들은 커뮤니케이션의 효과성과 생산성을 높이거나 보완하기 위한 것일 뿐이다.

Business Management User's Guide

어떻게 커뮤니케이션할 것인가

구성원들 대부분이 서로 얼굴을 맞대고 일할 수 있는 작은 조직에서조차도 커뮤니케이션이 원활하지 않은 경우는 흔히 생긴다. 예전에 매출액이 250억 원 정도 되는 전자부품 제조 업체에서 2년 정도 근무한 적이 있다. 제조업 경험도 처음이었고 소규모 기업에서 일하는 경험도 처음이라서 밑바닥부터 배우는 심정으로 업무에 임하였다.

그런데 얼마 지나지 않아 사람들이 일하는 모습을 보고는 매우 놀랐다. 전화 통화를 할 때나 회의를 할 때나 할 것 없이 대화를 시작하면 바로 언성부터 높이고 싸우는 것처럼 보였기 때문이다. 그런 상태가 10~20분 정도 지속된 이후에야 목소리도 잠잠해지고 원래 대화 목적으로 돌아가는 듯했다. 이런 상황을 반복적으로 접하면서 고민한 끝에 다음과 같은 몇 가지 이유를 알아낼 수 있었다.

첫 번째, 그들의 대화는 앞으로 어떤 일을 어떻게 할 것인지가 아니라 이미 발생한 문제를 처리하기 위해 누가 무엇을 어떻게 할지에 대한 것이 대부분이었다. 이럴 때는 긍정적인 분위기보다는 부정적인 분위기 속에서 대화가 시작된다.

두 번째, 문제 발생에 대한 책임 전가와 서로에 대한 비난으로 대화를 시작한다. 누군가의 책임이 명백해지거나 아무에게도 책임을 묻지 못할 만큼 책임이 완전히 분산되고 나서야 본격적으로 문제 해결을 위한 논의를 시작한다.

세 번째, 대화 상대인 다른 부서 사람들이 어떤 일을 하고 있는지, 무엇을 필요로 하는지를 거의 모르며 굳이 알려고도 하지 않는다. 그래서 다른 사람의 입장에서 생각하는 것은 상상할 수도 없으며 오로지 내 일, 내 입장, 나의 이해관계에만 관심을 둔다.

네 번째, 주로 자기의 생각과 입장을 관철시키고 상대방을 굴복시키려는 목적으로 대화를 진행한다. 이러다 보니 회의는 매번 싸움판이고 전화 통화에서도 큰 소리가 날 수밖에 없다.

당시에는 나도 이런 종류의 문제를 해결하는 데 매우 서툴렀다. 이 조직을 무책임과 갈등에서 벗어나 우호적이고 협력적인 커뮤니케이션을 통해 문제 해결을 하는 조직으로 바꾸는 데 꼬박 1년이 걸렸다. 작은 조직이었기 때문에 이 정도로 해결되었지 큰 조직이었다면 훨씬 더 많은 시간이 걸렸을 것이다.

사람들, 특히 리더들에게 "당신은 커뮤니케이션을 잘하고 있는가?"라고 질문하면 "그렇다"라고 답하는 사람들이 훨씬 많다. 하지만 실제로 커뮤니케이션 상대방에게 물어보면 부정적인 답변이 나올 때가 대부분이다. 이러한 불일치가 발생하는 이유는 누구나 일상적으로 사람들과 대화를 하며 생활하다 보니 이미 자신이 커뮤니케이션을 잘하고 그 방법에도 익숙하다고 생각하기 때문이다. 하지만 실제로는 커뮤니케이션에 대한 이해가 매우 부족한 경우가 많다.

예를 들어 리더들에게 커뮤니케이션을 잘하고 있는지 질문하면 "주기적으로 현장을 방문하고 현장 사람들과 간담회도 열고 회식 자리나 각종 행사에도 자주 참석합니다. 현장과의 커뮤니케이션은 아무 문제없습니다." 등의 대답이 돌아오는 경우가 많다.

하지만 커뮤니케이션은 어떤 활동을 했는가 하는 것보다는 목적을 달성했는지가 중요하다. 예를 들면 조직의 목적과 목표를 공유하고, 경영자의 의도를 정확히 이해시키고, 문제에 솔직하게 접근하고, 자발적 헌신과 협력 의지를 끌어내는 것이다.

사람들이 간담회, 회식 자리, 각종 행사에서 사람들이 마음을 열고 진솔한 대화를 했다고 생각하는가? 현장 방문에서 일하는 사람들의 이야기를 경청했는가, 아니면 그냥 들어준 것인가? 그 대화 과정에서 들은 것이 더 많은가, 아니면 자신의 생각과 방침을 전달하고 훈시한 것이 더 많은가? 현장에서 일하는 사람들과 고객들의 진솔한 생각을 청취했는가, 아니면 현장을 순시 혹은 시찰했는가? 또한 그렇게 들은 것으로 끝났는가 아니면 그 후 개선 조치를 하고 어떤 형태로든 피드백을 주었는가?

자신의 의견을 일방적으로 전달하는 것은 올바른 커뮤니케이션이 아니다. 그것은 지침 하달이거나 교육이다. 때로는 독백에 불과하다. 이런 종류의 자기만족적 커뮤니케이션은 심지어 상대방이 없이 혼자서도 할 수 있다. 커뮤니케이션은 반드시 상대방이 있는 게임이다. 그래서 듣는 것이 우선이고 기본이다. 듣는 것만으로는 부족하다. 경청해야 한다. 상대방의 이야기를 아무리 많이 듣더라도 그 말에 집중하지 않거나 내가 다음에 말할 것을 생각하고 있거나 공감이나 이해하려는 노력을 기울이지 않는다면 그것은 경청이라고 할 수 없다.

결국 커뮤니케이션은 상대방에 대한 존중과 배려를 기본으로 한다. 예를 들어 대화 중에 스마트폰을 검색하거나 전화를 받는 등의 행위는 상대방과의 대화를 별로 중요하게 생각하지 않는다는 속마음을 표현하는 것이나 마찬가지다. 상대방의 말에 집중하면서 이해하고 공감하려는 노력을 하지 않고 상대방의 말의 흐름을 수시로 끊으면서 상대방이 자신의 주장을 받아들여 주기를 바라는 것은 제대로 된 커뮤니케이션이라 볼 수 없다.

또 한 가지 중요한 점은 어떤 특정 시점에서 어떤 특정 메시지를 전달하는 행위를 커뮤니케이션으로 이해해서는 안 된다는 것이다. 커뮤니케이션은 공감과 이해의 채널이자 신뢰의 구조이다. 다시 말해 커뮤니케이션은 때를 정해놓고 하는 것이 아니라 평소에 늘 하는 것이어야 한다. 평소에는 접촉도 없고 대화도 없다가 무슨 문제가 생기면 그때 가서야 대화로 해결하자고 한다면 이는 올바른 커뮤니케이션이 아니다.

커뮤니케이션은 평소의 진솔한 대화, 배려, 존중을 통해 상호 간 신뢰의 채널을 구축하는 것이 전제이다. 그러면 필요한 상황이 되었을 때 전달해야 할 내용을 그 신뢰의 채널에 얹어놓기만 하면 저절로 대화가 되고 문제가 해결된다.

> 커뮤니케이션을 효과적으로 하기 위한 원칙은 다음과 같다.
> 상대방의 말을 경청하고 진솔한 대화, 배려, 존중을 통해 신뢰를 구축하라. 그리고 그것을 평소에 지속적으로 하라.

Business Management User's Guide

효율적인 커뮤니케이션 방법

사람이 어떤 메시지를 듣고 정확한 내용을 이해하여 올바르게 실행으로 옮기기 위해서는 어느 정도의 시간과 노력이 필요할까? 어떤 리더가 비전과 계획을 구성원들에게 이해시키기 위해 정말로 멋진 연설을 하여 감동을 주는 데 성공했다면 그 조직은 그날부터 리더가 의도한 바대로 변화를 일으킬까? 그러나 불행히도 그런 일은 일어나지 않는다.

GE의 전 회장 잭 웰치는 직원들에게 중요한 메시지를 전달해야 할 때 7번 이상 이야기하기 전에는 한 번도 이야기하지 않은 것으로 간주했다고 한다. 내가 겪은 경험에 의하면 20~30번쯤 같은 이야기를 반복하고 나서야 구성원들이 개념을 정확히 이해하면서 실행으로 옮겼던 것 같다.

그렇다면 왜 이런 일이 일어날까? 커뮤니케이션에는 정보 손실이 필수로 발생하기 때문이다. 그것은 우리 인간의 뇌가 정보를 인지하는 방식과 관련되어 있다. 사람이 하는 말은 단어와 문장으로 구성된다. 그래서 다른 사람도 들은 단어와 문장을 그대로 머릿속에 저장해두었다가 필요할 때 원래 그대로 꺼내 쓴다고 생각하기 쉽다.

하지만 우리의 뇌는 메시지의 단어와 문장을 복사하듯이 저장하는 것이 아니라 맥락과 스토리를 중심으로 저장한다. 그런 다음 나중에 꺼내 쓸 때는 자신의 단어와 문장으로 재구성한다. 여기에 그 메시지를 들었을 때의 감정, 기존의 경험, 가치 기준 등이 개입하여 원래의 의미를 왜곡시킬 수도 있다. 이렇듯 인간의 커뮤니케이션은 사실 대단히 불완전하다.

정보공학에 의하면 커뮤니케이션이 한 단계 진행될 때마다 정보의 양은 반으로 감소하고 잡음은 2배로 증가한다고 한다. 정보가 다음 단계로 전달될 때, 아무리 충분히 이해시켰다고 해도 정보 전달률은 70퍼센트를 넘기 어렵다는 의견도 있다. 다시 말하면 충분히 대화하여 이해가 된 상태라고 하더라도 30퍼센트만큼의 커뮤니케이션 손실이 발생한다는 뜻이다.

이것이 사실이라면 전달된 정보가 한 단계를 더 거쳐서 또 다른 사람에게 전달된다면 정보 전달률은 70퍼센트의 70퍼센트, 즉 49퍼센트에 그친다. 일반적으로 3단계 의사결정 체계라면 대단히 효율적인 조직 구조라 할 수 있다. 이런 조직에서조차 정보 전달률은 34퍼센트 정도에 불과하다는 말이다.

이러한 현상을 피부로 느끼는 방법이 있다. 누구나 언젠가 한 번씩은 해보았을 법한 '귓속말 게임'이다. 여러 사람이 한 줄로 늘어서 조금 긴 문장을 첫 번째 사람부터 맨 마지막 사람까지 귓속말로 전달한다. 맨 마지막 사람이 듣고 내놓는 문장은 첫 번째 사람이 시작한 말과는 영 다른 내용인 경우가 많다. 커뮤니케이션이 얼마나 어렵고 정보 손실이 얼마나 심각한지를 깨닫게 해주는 간단하고 재미있는 실험이다.

상사가 지시하고 부하가 그 지시와 방침을 수행하는 방식으로 운영되는 조직에서는 부하가 아무리 최선을 다해서 일한다 하더라도 상사의 마음에 들 방법이 없고 계속 질책을 당할 수밖에 없다. 일을 시작하는 시점에 이미 상사가 요구한 것의 70퍼센트밖에는 이해하지 못했기 때문이다. 상사의 요구사항을 100퍼센트 이해해도 상사 마음에 들기가 쉽지 않은데 그나마 제대로 이해하지도 못하고 일을 하니 부하 직원의 능력이 제대로 발휘될 리가 없다.

그러므로 부하들이 능력을 100퍼센트 이상 발휘하게 하려면 커뮤니케이션을 전혀 다른 방법으로 해야 한다. 방향만 제시하고 구체적인 방법은 부하들이 찾도록 해야 한다. 다시 말해 무엇을 언제까지 어떻게 해야 하는지를 지시하기보다는 그 일을 왜 하는지를 이해시키는 것이 중요하다. 일의 목적, 기대되는 결과, 조직에 대한 공헌 등을 알려주라는 것이다. 그러고 나면 부하들이 가장 좋은 방법을 찾아내게 되어 있다. 자신이 생각해 낸 방법을 100퍼센트 이해하지 못하고 상사에게 제안하는 사람은 없다. 상사는 이러한 부하의 제안이 원래의 방향에 부합하는지 확인한 후, 일이 성공적으로 실행되도록 도와주면 된다.

커뮤니케이션의 30퍼센트 손실을 보완하는 또 다른 방법은 조직의 공통된 가치와 비전을 모든 구성원이 항상 공유하도록 하는 것이다. 구성원들이 함께 지켜가야 할 원칙을 명확히 공유하고 있을수록 유사한 가치 체계와 조직 문화를 갖게 되고 서로의 생각과 행동에 대한 예측 가능성이 높아져 커뮤니케이션 효율이 증대된다.

이해하기 어려운 용어를 정확히 정의하여 공유하는 것도 커뮤니케이션 효율 향상에 크게 도움이 된다. 이런 조직에서는 어떤 주제에 대한 대화가 시작되기도 전에 모호한 부분이 줄어들고 이미 상당한 공감대가 형성되어 있어 정보 손실이 최소화된다. 커뮤니케이션이란 지금 이루어지고 있는 대화 내용뿐만 아니라 이미 서로가 공유하고 있는 정보를 포함하여 완성된다.

마지막으로 커뮤니케이션은 모든 채널을 통해 반복적으로 이루어져야 한다. 특히 회사의 사명, 비전, 핵심 가치, 전략, 원칙 등과 같이 모든 사람이 공유해야 할 정보라면 더욱 그렇다. 회의, 월례 조회, 각종 행사, 사보, 사내 방송, 이메일 발송 등 정보 공유와 이해에 도움이 될 만한 모든 채널을 통해 지속적이고 반복적으로 수행되어야 한다. 한 번만 들을 때는 머릿속에 저장되는 맥락과 스토리가 매우 불완전하지만 반복적으로 들을 때마다 내용이 보완되어 점차 원래의 의도와 비슷하게 완성되어 간다.

하지만 듣고 이해하는 것만으로는 부족하다. 구성원들이 이해한 내용을 완전히 공감하여 자기 것으로 만들고 서로 토론하면서 더 나은 생각으로 발전하도록 이끄는 과정이 매우 중요하다. 그것이 바로 자발적인 헌신을 이끌어내는 필수 조건이기 때문이다.

그런데 그것은 교육훈련, 사내 홍보, 연설, 이벤트 등의 공식적인 커뮤니케이션formal communication만으로는 한계가 있다. 여기에 비공식적 커뮤니케이션informal communication이 매우 중요한 역할을 한다. 그런 편안한 자리에서 사람들은 더 솔직하게 이야기하고, 다른 사람들의 생각을 들으면서 자신의 생각을 보완해가는 경향이 있다. 또한 다른 사람에게 이야기하는 과정을 통해 자신의 생각을 자연스럽게 정리하고 체계화시키기도 한다. 나 자신도 회사 근무 중에 배운 것보다 퇴근 후 이런저런 만남에서 배운 것이 훨씬 더 많았던 것 같다. 이처럼 비공식 커뮤니케이션은 조직 내 공감대 형성과 조직 문화 형성에 상당한 위력을 발휘한다.

커뮤니케이션의 효율은 잘해봐야 70퍼센트를 넘지 못한다. 따라서 정보 손실을 최소화하기 위한 노력을 다각도로 경주해야 한다.
조직의 커뮤니케이션이 얼마나 건강한지는 비공식 커뮤니케이션이 어떻게 이루어지는지를 보면 알 수 있다. 비공식 커뮤니케이션이 거의 없는 조직은 정보 손실이 대단히 많은 조직이다.
비공식적 커뮤니케이션에서 회사를 비난하는 목소리가 나온다는 것은 아직은 조직이 건강하다는 증거이다. 회식 자리에서 회사 이야기를 전혀 하지 않는 조직은 위험하다. 그것은 회사에 대한 애정이 결핍되어 무관심한 상태를 의미하기 때문이다.

Business Management User's Guide

제2장

성과 창출의 원리

Business Management User's Guide

과업을 정의하고
일의 목적을 분명히 하라

경영자들 대부분은 자신이 경영하는 조직이 '긍지와 자부심을 느끼면서 열정을 가지고 헌신적으로 일하는 직원들로 채워져 있다면 얼마나 좋을까' 하고 생각할 것이다. 하지만 직원들의 열정과 헌신은 경영자의 지시와 방침으로는 얻을 수 없다. 사람들은 자신의 신념에 따라 스스로 선택하고 책임감을 가지고 수행할 수 있을 때 그 일에 열정을 가지며 몰입과 헌신을 한다.

이 때문에 기업의 목적$_{purpose}$과 사명$_{mission}$을 무엇으로 정의하는지는 매우 중요하다. 회사의 목적과 사명을 '회사 이윤을 극대화하는 것'으로 정의한 회사와 '고객이 문제를 해결할 수 있도록 돕는 것'으로 설정한 회사는 조직 구성원들의 열정, 헌신, 긍지, 자부심에서 많은 차이를 보인다.

그래서 기업이 의미 있는 존재 이유를 정의하는 일은 매우 중요하다. 예를 들면 테마 파크를 운영하는 회사가 '사람들에게 놀이터를 제공하는 것'이라고 사업을 정의할 수도 있지만 '어린이들에게는 꿈과 희망을 제공하고 어른들에게는 동심의 세계를 제공하는 것'이라고 규정할 수도 있다. 전자는 '어떤 일을 하고 있는가'를 기술하고 후자는 '우리가 누구이며 어떠한 존재인가'를 기술하고 있다.

조직이 목적, 사명, 존재 이유를 갖는다면 개인은 '과업$_{task}$'이라는 것을 갖고 있다. 조직과 마찬가지로 개인 또한 과업을 어떻게 정의하는지에 따라 업무 수행에서 큰 차이가 난다.

이를 가장 잘 설명하는 예로 세 사람의 석공에 관한 이야기가 있다. 길을 가던 어떤 사람이 열심히 일하고 있는 세 사람의 석공을 발견하고는 각자에게 무엇을 하고 있는지 물었다. 첫 번째 석공은 "돌을 다듬고 있다"라고 대답했고 두 번째 석공은 "기둥을 만들고 있다"라고 대답했다. 세 번째 석공은 "수없이 많은 불쌍한 영혼들을 구원할 교회를 짓고 있다"라고 대답했다. 첫 번째 석공은 현재 하는 작업을 설명했고 두 번째 석공은 자신에게 주어진 임무나 직무를 말했다. 하지만 세 번째 석공은 일의 목적, 즉 과업을 이해하고 잘 표현했다. 이 중 어떤 사람이 열정과 헌신을 가지고 일하며 가장 훌륭한 성과를 낼지는 자명하다.

그런데 대부분의 직장인은 무슨 일을 하고 있는지 질문을 받으면 자신의 과업이 무엇인지보다는 자신의 직무가 무엇인지 이야기하는 데 익숙하다. 그만큼 과업을 제대로 이해하는 사람이 많지 않다. 그렇다면 직무와 과업의 진정한 차이점은 무엇일까?

과업은 그 일의 목적과 관련되고 직무는 그 일의 특성과 관련되어 있다. 과업은 방향성$_{direction}$과 비전$_{vision}$에 연결되어 있지만, 직무는 목표$_{objectives}$ 또는 역할$_{role}$과 관련이 있다. 과업은 일에 대해 자기 스스로 정의하고 의미를 부여하는 것이지만 직무는 자신이 속한 조직이나 타인에 의해 주어진다.

이런 이유로 과업의 정의가 조직의 목적, 사명과 일치하는 방향성을 갖도록 정렬$_{alignment}$이 필요하다. 그러나 직무는 역할, 책임, 권한, 분업 및 협력 체계, 작업 명세 등이 중요하다.

자신의 과업을 올바르게 정의하면서 일하는 사람은 일의 주체가 되며 경영자와 같은 관점에서 직무를 수행한다.

과업을 제대로 정의하지 않고 직무에만 충실한 사람은 주로 지시와 방침에 의존하게 되며 자신이 하는 일이 조직의 성과와 어떻게 연관되는지 이해하기 어려울 것이다.

Business Management User's Guide

실적과 성과는 동의어가 아니다

　연말이면 모든 회사에서 사업 계획 수립을 하느라 분주하다. 그때는 다음 년도 사업 목표를 의욕적으로 수립한다. 하지만 막상 다음 해가 되어 실제 상황에 들어가면 얼마 지나지 않아 무언가 잘못되었다는 것을 깨닫는다. 실적이 목표에 크게 미달하기 시작했지만 개선될 가망은 별로 없다. 하지만 더 큰 문제는 도대체 무엇이 잘못되었는지, 무엇을 하면 되는지를 잘 알지 못한다는 점이다.

　왜 이런 일들이 생길까? 그 이유는 사업 계획을 구성하는 숫자와 지표에 지나치게 초점을 맞추기 때문이다. 그러다 보니 그 숫자와 지표의 근거와 인과관계가 명확하지 않다. 다시 말하면 어떠한 과제를 수행하여 무엇을 개선하고 어떠한 성과를 달성함으로써 그러한 재무 지표가 달성될 것인지 명확한 근거와 논리적 구조가 없다.

　사정이 이러하니 목표 달성이 안 되면 외부 환경의 탓으로 돌리면서 어쩔 수 없었다는 반응을 보인다. "원자재 가격이 예상보다 폭등했다." "원·달러 환율이 크게 변동하여 불리하게 작용했다." "경기 불황으로 시황이 나빴다." 등으로 말이다. 이런 상황에서는 당연히 무책임하고 무사안일한 조직으로 전락한다.

　실적과 성과를 동의어라고 이해하는 조직에서는 이러한 변명을 그대로 받아들이고 별다른 조치를 하지 않는다. 반대로 내가 별다른 노력을 하지 않았는데도 주변 상황이 좋아져 괜찮은 실적을 얻었을 때는 분에 넘치는 평가와 보상을 받기도 한다.

실적과 성과는 동의어가 아니다. 성과는 실적에 영향을 미치는 하나의 부분일 뿐이다. 실적은 네 가지 부분으로 구성된다. 첫 번째는 아무런 노력도 하지 않고 현상 유지만 하면 생기는 부분이다. 두 번째는 나의 노력과는 관계없이 외부 환경과 주변 상황이 좋아졌거나 다른 사람들의 도움을 통해 달성되는 부분이다. 세 번째는 기존의 방법대로 최선을 다해 열심히 일함으로써 달성할 수 있는 부분이다. 마지막으로는 기존의 방법보다 더 나은 방법을 찾아 일하는 방법을 개선하고 혁신함으로써 달성할 수 있는 부분이다.

위의 네 가지 모두가 실적에 기여한다. 하지만 세 번째와 네 번째 부분만이 진정한 성과라고 할 수 있다. 저절로 혹은 우연히 생기는 것은 실적이기는 하지만 성과라고 할 수는 없다. 그리고 가장 바람직한 성과는 이전보다 더 나은 방법으로 일하여 얻은 실적이 앞으로도 지속·반복될 것으로 기대할 수 있는 경우이다. 사업 계획을 수립할 때 이 네 가지를 구분하지 못한다면 문제의 원인을 파악할 수 없다. 그리고 결과에 대한 올바른 평가 또한 내릴 수 없을 것이다.

우리는 흔히 '성과 지향적인 조직'을 부정적인 의미로 이해한다. 즉 실적을 중시하여 모든 것을 지표화하여 목표를 부여하고 그 목표의 달성 여부로 사람을 평가하는 냉혹한 조직이라는 느낌을 받는다. 하지만 이러한 인식은 '성과'에 대한 오해에서 비롯된 것이며 잘못된 해석이다.
성과를 올바른 의미로 해석한다면, 성과 지향적인 조직이란 더 나은 결과를 위해 최선을 다해 열심히 일할 뿐만 아니라 기존의 방법과 사고를 탈피하여 끊임없이 혁신하는 매우 경쟁력 있는 조직이라는 긍정적인 의미로 이해할 수 있다.

Business Management User's Guide

숫자만으로 성과를
측정할 수 없다

업무 수행은 기본과 원칙에 충실해야 한다. 그리고 그것이 가능하도록 학습과 성장을 통해 지속해서 역량을 향상해나가야 한다. 그런데 이러한 내용에 충분히 공감하더라도 막상 회사에서 그것을 실천하기가 쉽지 않다. 그 가장 큰 원인 중 하나는 아마도 회사에서 일하는 사람들이 누구나 어떤 형태로든 평가를 받기 때문일 것이다.

사람을 평가한다는 것은 참으로 어렵고 불편한 일이다. 하지만 그렇다고 피할 수도 없다. 평가가 본질적으로 사람의 감정을 민감하게 만드는 주제이다 보니 평가가 이루어진 후에는 불만과 갈등이 일어나는 경우가 허다하다. 그래서 최대한 객관적이고 누구나 받아들일 수 있는 기준으로 평가하고자 노력하는 게 당연시된다.

그래서 모든 사람에게 공통적으로 적용할 수 있는 숫자와 지표에 의존하게 된다. 여기에는 숫자와 지표를 통해 평가받는 사람들의 능력과 업적을 상당히 객관적으로 판단할 수 있다는 전제가 깔려 있다. 하지만 실제로는 숫자와 지표가 어떤 사람이나 부서의 능력과 업적을 올바로 평가하지 못하는 경우가 훨씬 더 많다.

숫자와 지표가 적절치 않게 설정된 경우 실제로 성과를 낸 사람들이 배제되고 엉뚱한 사람들이 좋은 평가를 받을 수 있다. 외부 환경이 예상외로 호전되어 엄청난 실적을 내거나 그 반대의 상황이 발생할 수도 있다. 동료나 다른 부서의 노력에 무임승차하는 경우도 생길 수 있다. 심지어는 숫자와 지표를 인위적으로 고쳐서 눈에 보이는 실적을 부풀리기도 한다. 이런 일은 도덕적으로 비난받아 마땅하다.

어떤 형태로든 숫자와 지표를 개선하여 좋은 평가를 받았다고 하더라도 그 실적이 그다음 달, 그다음 해에도 똑같이 이어질 수 있느냐는 또 다른 이야기이다. 근거가 명확하지 않은 성과와 실적은 반복되지도 않고 지속성도 없기 때문이다. 다시 말하면 진정한 실력과 실행에 근거하지 않은 일시적인 지표의 개선은 성과가 아니라 단지 숫자에 불과하다.

숫자와 지표 중심의 평가에 민감한 사람은 단기적인 업적에 초점을 맞추는 경향이 있다. 문제의 근본적인 해결이나 실력의 향상 등과 같은 미래 지향적인 과제는 그다음 문제로 치부된다. 일단 숫자를 개선하여 좋은 평가를 받아 보너스를 받고 승진하면 그게 최고라는 식이다.

하지만 보너스는 금방 없어진다. 승진으로 얻은 역할과 책임도 나의 실력에 비해 과분하면 오히려 재앙으로 돌변한다. 하지만 실력은 절대로 사라지지 않는다. 죽을 때까지 나의 자산이 되고 나를 지켜주면서 미래를 담보해준다.

이것은 조직 차원에서도 마찬가지다. 숫자와 지표만을 중시하면 개선이 일어난다고 해도 일시적인 효과에 그친다. 하지만 조직의 역량을 향상시키고 문제의 근본 원인을 제거해나가는 노력을 지속한다면 반복적인 성과가 보장될 수 있다.

진정한 성과는 숫자나 지표의 개선이 아니라 역량의 향상을 통해 이전보다 더 나은 방법으로 더 나은 결과를 얻는 것이다. 숫자나 지표는 올바르게 일한 결과를 사후적으로 표시하는 도구일 뿐이다. 단기적이고 근시안적 사고로 숫자와 지표에 집착하는 한 성장도 발전도 역량의 향상도 불가능하다.

숫자만을 바라보기보다는 그 숫자가 만들어지는 원리를 이해하고 근본 문제를 찾아 개선하도록 노력해야 한다. 그렇지 못하면 숫자는 나를 보호해주고 올바른 길로 인도해주는 길잡이가 아니라 오히려 잘못된 길로 빠지도록 유혹하는 올무가 될 수 있다. 이 유혹에서 벗어나지 못하는 한 직장에서의 미래는 보장되지 않는다. 실력은 향상되지 않고 속절없이 나이만 든다. 어느덧 사오정 오륙도가 자신의 이야기임을 절감하게 될 수도 있다.

따라서 다음의 원리를 기억하라.
실력의 향상은 반복적이고 지속적인 성과를 만든다. 성과의 향상은 숫자와 지표를 개선한다. 하지만 이 원리는 반대의 방향으로는 작동하지 않는다.
실력, 성과 지표 간의 인과관계는 즉각적으로 효과를 만들어내지는 않는다. 왜냐하면 원인이 결과를 만들어내기까지 시간적인 갭이 존재하기 때문이다.

Business Management User's Guide

올바른 성과란 무엇인가

앞서 밝힌 바와 같이 실적과 성과는 동의어가 아니다. 일 잘하는 사람들은 실적이 아니라 성과에 집중한다. 실적은 성과를 통하지 않고서도 얻을 수 있다. 하지만 많은 사람이 숫자나 지표를 성과로 해석해버린다. 이것이 쌓이면 인사 평가와 단기 업적에 집착하고 실패가 용인되지 않는 매우 경직된 조직 문화로 흐른다.

성과를 표현하는 데 가장 많이 쓰이는 영어 단어는 'performance'이다. 이와 유사한 다른 단어로 output, outcome, result, effect 등이 있다. 일반적으로 output은 '산출'로 해석되고 outcome, result, effect는 '결과' 혹은 '결과물'로 해석될 수 있다. 산출이나 결과는 어떠한 투입input이나 원인cause이 애초 목적한 바를 달성했는지를 따지지 않는다. 그 대신 어떤 결과를 얻었는지에만 초점을 맞춘다. 반면에 성과는 목적 달성 여부가 매우 중요하다. 또한 기존 시스템, 프로세스, 방법을 더 낫게 발전시켜서 얻은 결과인지도 소중하게 여긴다.

실제로 이러한 관점에서 성과라는 개념을 이해한 후 자신이 현재 하는 일이 성과와 관련 있는지를 분석해보자. 최소한 절반 이상, 많게는 70퍼센트 가까이 성과와 무관한 일임을 알 수 있을 것이다. 다시 말하면 직장에서 보내는 시간 대부분을 쓸데없는 일에 쓰고 있다. 이것이 많은 사람이

제2장 성과 창출의 원리

직장에서 열심히 일하면서도 성과를 얻지 못하는 가장 큰 이유이다. 특히 사무직, 그중에서도 스탭 부서에서 더 두드러지게 나타나는 현상이다. 자신이 하는 일이 성과와 관련 있는지를 판단하는 기준은 다음과 같다.

첫째, 영리 조직일 경우 성과와 관련 있는 일은 반드시 조직에 재무적 기여를 한다. 주의할 것은 그 효과가 단기에 나타나기도 하고 중기나 장기에 걸쳐 나타나기도 한다는 점을 이해하는 것이다. 판촉활동에 의한 당월 판매량의 증가는 단기 효과라고 할 수 있다. 연구개발이나 직원 교육은 장기적으로 재무적 기여가 기대되기 때문에 투자가 합리화된다. 만약 자신이 하는 일이 단기적으로나 중장기적으로나 재무적 기여를 할 것이라는 확신이 없다면 성과 없는 일을 하는 건 아닌지 의심해보아야 한다.

둘째, 성과와 관련된 일은 궁극적으로 고객의 가치를 증대시킨다. 그리고 고객의 가치 증대는 기업의 모든 활동이 지향하는 목적이기도 하다. 품질을 낮추면서 원가 절감을 시도한다면 이것은 고객 가치를 희생시켜 이익을 취하기 때문에 성과라고 볼 수 없다. 품질을 유지하면서 원가 경쟁력을 확보하여 더 나은 가격에 공급하거나, 같은 가격을 유지하면서 더 나은 품질과 서비스를 제공하는 것은 모두가 고객의 가치를 증대시키므로 성과에 해당한다.

셋째, 성과와 관련 있는 일은 반드시 조직과 개인 역량의 향상을 가져온다. 가장 의미 있는 성과는 기존의 시스템, 프로세스, 일하는 방법을 혁신하거나 개선한 결과로 얻은 것이다. 이러한 과정에서 많은 시행착오와 성공 경험이 축적되고 학습과 성장이 이루어져 조직과 개인의 역량이 향상된다. 이 때문에 진정한 성과는 한 번으로 끝나는 일시적인 것이 아니라 지속·반복되는 속성을 갖는다.

넷째, 성과와 관련된 일은 반드시 조직 고유의 가치 체계와 그 조직이 속한 사회 공동체의 도덕, 윤리 규범, 법률 체계들에 부합해야 한다. 만약 매매를 하면서 성과를 창출했다고 할 수는 없다. 그뿐만 아니라 회사가 표방한 핵심 가치에 어긋난 일은 아무리 많은 재무적 기여를 한다고 하더라도 성과라고 볼 수 없다.

예를 들어 구성원들의 행복을 표방하는 회사가 좋은 제품을 만들어 고객을 만족시켰더라도 직원들을 혹사함으로써 그렇게 했다면 그 또한 성과라고 할 수는 없다.

일을 수행할 때는 목적을 분명히 해야 한다. 그 일의 목적은 조직 전체의 목적과 일관성을 가져야 하며 조직의 목적은 사회 공동체의 가치 체계와 부합해야 한다. 성과는 목적을 달성하는 것, 그리고 그것을 더 나은 방법으로 해내는 것과 관련이 있다. 또한 올바른 성과는 궁극적으로 회사가 경제적 부를 창출하는 데 기여한다.
성과의 개념을 잘못 이해하거나 성과와 관련 있는 일과 그렇지 못한 일을 구별해내지 못한다면 열심히 일하고도 낭비만을 낳는 결과를 불러올 것이다.

Business Management User's Guide

진정한 성과는
반드시 역량이 기반이 되어야 한다

사람이 얼마나 대범하고 통이 큰지를 이야기할 때 '그릇'이라는 표현이 자주 사용된다. 왜 그릇이라는 말이 이럴 때 쓰이는 보편적인 용어가 되었는지는 잘 모르겠다. 하지만 그릇이 클수록 더 많이 담을 수 있다는 의미를 갖고 있다. 그런 점에서 그릇이 큰 사람이란 전체를 볼 줄 알고 사람에 대한 포용력이 넓어 리더십이 있으며 크고 어려운 과제나 목표도 얼마든지 감당해낼 수 있는 사람이라고 할 수 있겠다.

개인이든 기업이든 언제든지 얼마든지 크고 작은 불행이 닥칠 수 있다. 우리가 겪는 많은 불행 중에서는 때로는 정말로 회복하기 어려울 정도의 타격을 입히는 것들도 있다. 그런데 이러한 불행들은 지나친 욕심으로 무리수를 거듭하다가 뒷감당을 하지 못해 발생하는 경우가 많다. 다시 말해 개인이나 기업이 가지고 있는 그릇에 비해 너무 많이 담으려 하거나 너무 어려운 것을 하려고 할 때 큰 불행이 다가온다.

이는 결국 사람들이 자신이 가진 그릇의 크기를 잘못 이해하는 경향이 있다는 것을 의미한다. 그릇의 크기를 착각하게 하는 가장 큰 원인은 이전에 겪었던 큰 성공 경험일 때가 많다. 큰 성공을 경험하면 자신의 그릇을 더 크게 평가하게 된다. 그래서 큰 성공 후에는 더 큰 성공을 욕심내게 마련이다. 하지만 그릇이 커져서가 아니고 다른 요인으로 크게 성공했다면 거기서 더 욕심을 내는 것은 무리수이다. 설사 원하는 것을 얻더라도 오히려 뒷감당이 안 되어 재앙에 이른다.

그릇과 성공은 역량과 성과라고도 바꾸어 말할 수 있다. 성공이 그릇에 맞게 얻어지는 것과 마찬가지로 성과는 우리가 보유한 역량에 비례해서 얻어진다. 따라서 역량과 성과 간에는 플러스 방향의 상관관계가 있다고 볼 수 있다. 만약 항상 보유한 역량에 꼭 맞게 즉시 성과가 발생한다면 '성과=f(역량)'의 함수 관계가 성립된다고 할 수 있다. 다음 그림에서의 직선 그래프와 같이 나타날 것이다.

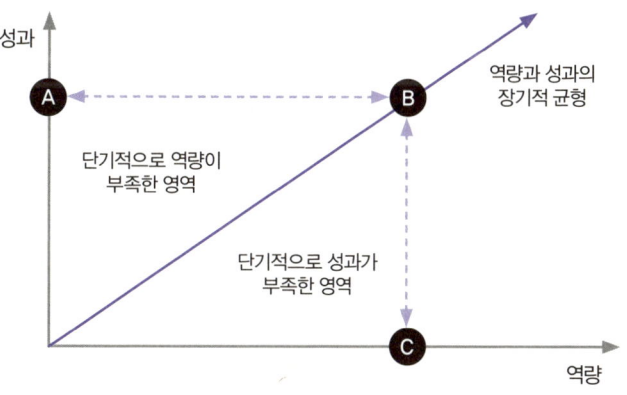

만약 역량과 성과가 항상 균형을 이룬다면 B 지점이 속한 직선을 따라 결과가 나타난다. 그런데 역량과 성과는 장기적으로는 균형을 이루지만 단기적으로는 불균형이 나타날 수 있다. 다시 말해 역량에 비해 성과가 더 많이 날 수도 있고 더 적게 날 수도 있다. A 지점과 C 지점은 그러한 현상의 극단을 나타낸다. A는 역량은 전혀 없는데 성과가 창출된 것이며 C는 역량이 충분한데도 성과가 전혀 없는 경우이다.

실제의 결과는 역량-성과의 균형과 극단적인 경우의 중간 어딘가에서 나타난다. 출발점에서 시작하여 A와 B를 연결하는 삼각형 내부는 단기적으로 역량 이상의 성과가 나타나는 영역이다. 반대로 출발점에서 시작하여 B와 C를 거치는 삼각형 내부는 단기적으로 역량에 비해 성과가 미흡하게 나타나는 영역이다.

그렇다면 만약 극단적인 두 경우, 즉 A와 C 중 한 가지를 택한다면 어느 것을 취하고 싶은가? 사람들에게 이렇게 질문하면 대답이 대체로 반반으로 갈린다. 그런데 어느 쪽을 택하든지 그 상황에 맞는 적절한 대처 방법을 알고 있어야 한다.

A 지점은 로또 복권이 맞은 것과 같이 별다른 노력 없이 큰 성과를 손에 넣은 경우이다. 이러한 상황에 있는 사람은 상당히 기분이 좋을 수밖에 없다. 하지만 사실은 매우 조심해야 할 위험한 처지라고 할 수 있다. 이렇게 얻은 성과를 자신의 진짜 실력이라고 생각하면 큰 재앙이 일어날 위험이 생긴다. 마치 큰 금액의 복권이 당첨된 후에 자신이 복권에 당첨되는 행운을 가지고 있다고 생각하여 복권 구매에 올인한다거나 그 돈으로 자신의 역량으로 감당할 수 없는 큰 사업을 벌이는 경우와 같다.

따라서 A 지점과 같은 운을 갖게 된 사람은 그 성과를 덤이라고 생각하고 자기 자신을 냉철하게 돌아봐야 한다. 하지만 그게 쉬운 일은 아니다. 인간은 본능적으로 자기 자신에 대해 관대하게 생각하는 경향이 있다. 그래서 사람들은 대개 예상외로 높은 성과가 달성되면 그것을 문제라고 생각하기보다는 자신의 역량이 그만큼 늘어났다고 자만해지기 십상이다. 역량에 비해 과도한 성과가 발생한 경우는 자신의 역량에 대한 과대평가로 이어져 불행의 씨앗이 움트게 될 가능성이 있으므로 매우 조심해야 한다.

C 지점은 고시 공부를 몇 년째 하고 있는데 합격을 하지 못하는 사람처럼 역량은 충분한데도 성과가 전혀 나타나지 않은 경우이다. 이러한 현상이 나타나는 이유는 두 가지이다.

첫 번째는 역량이 성과로 연결될 때까지 시간이 필요할 경우가 존재하기 때문이다. 원인에서 결과까지 많은 시간이 필요하거나 노력이 오랜 기간 축적되어야만 성과가 나는 사례 등을 말한다. 교육훈련이나 연구개발과 같은 활동들이 대표적인 예이다. 이런 때에는 성과가 창출될 때까지 지속해서 노력을 축적하면서 인내심을 가지고 기다릴 수밖에 없다.

두 번째는 역량을 성과로 연결하는 방법에 문제가 있기 때문이다. 아무리 역량이 훌륭하더라도 잘못된 방법이나 도구를 사용한다면 제대로 된 성과를 만들어낼 수 없다. 따리서 여건이 충분히 성숙되고 노력이 충분히 축적되었는데도 성과를 얻지 못한다면 더 나은 방법과 도구들을 탐색하고 학습하여 적용해나갈 필요가 있다.

성과는 항상 역량을 기반으로 평가되어야 한다. 창출된 성과가 현재 역량에서 얼마나 벗어난 것인지 알지 못한다면 자신의 역량과 그릇에 대해 잘못된 판단을 할 수 있다. 그릇이 작은 사람이 과욕을 부리면 큰 화를 불러올 수 있다. 마찬가지로 기업도 한두 번의 큰 성공으로 자신의 역량을 과대평가하면 위험하다. 과도한 목표 설정과 무리한 추진으로 자산을 낭비하고 통제 불가능한 위험에 노출되어 어느 순간 일거에 재앙을 맞을 수 있다.

Business Management User's Guide

합목적성→효율성→활동량의 순서로 일하라

"행복은 받으려 할 때보다는 주려 할 때 더 많이 얻는다."
"새로운 것을 배우려면 기존의 것을 버려야만 한다."
"바둑은 묘수를 두어서가 아니라 실수를 적게 해야 이길 수 있다."

세상 이치에 관한 깨달음을 몇 가지 적어보았다. 세상 일이 돌아가는 원리는 위의 말들처럼 우리의 통념과는 다르다. 심지어 반대되는 원리로 작동할 때도 있다. 그래서 많은 사람이 성공을 위해 노력하지만 그것을 얻는 이가 드문 것인지도 모른다. 조직의 경우도 별로 다르지 않다. 매년 수없이 많은 기업이 새로 생겨나지만 3년 이상을 버텨내기가 쉽지 않다. 극소수의 기업들만이 30년 이상을 생존한다.

성공하는 사람들은 보통 사람들이 지닌 통념적 사고에서 벗어나 세상이 작동하는 근본 원리를 깨닫고 그러한 원리들을 실천에 옮기는 사람들이라고 할 수 있다. 성과를 창출하는 방법도 마찬가지다. 우리는 보통 성과를 창출하려면 무언가를 해야 한다고 생각한다. 말하자면 묘수를 두어야 한다고 여긴다. 그런데 사실은 다르다. 성과는 무언가를 하지 말아야 얻을 수 있다. 다시 말해 악수를 두지 말아야 한다. 성과 창출에 실패하는 가장 큰 이유는 성과와 관련 없는 쓸데없는 일을 하느라 대부분의 시간과 노력을 소비하기 때문이다.

　내 경험으로 볼 때 사무직은 종일 열심히 일하더라도 그중 성과에 기여하는 시간의 비중은 30퍼센트 미만이다. 70퍼센트 이상의 시간과 노력이 낭비되고 있다는 뜻이다. 더 큰 문제는 본인 스스로 이 사실을 모른다는 점이다. 그저 열심히 일한 것을 자랑스러워한다. 따라서 올바른 성과를 창출하려면 성과와 관련 없는 낭비를 제거하고 부가가치가 있는 일에만 집중하여 최선을 다해야 한다.

　성과와 관련 없는 일을 아주 '열심히', 그것도 가장 '효율적인 방법'으로 하는 것만큼 한심한 행동은 없다. 본인의 성과가 나지 않는 정도를 넘어 조직 전체에 수없는 해악을 끼치기 때문이다. 이럴 때 조직의 자원은 낭비된다. 다른 사람들마저 바빠지고 쓸데없는 일을 하게 된다. 조직 전체가 이렇게 잘못된 문화에 물들면 무능하지만 부지런한 사람이 마치 일을 잘하는 사람인 것처럼 잘못된 평가를 받는다. 제대로 된 성과를 창출하기 위해서는 다음의 세 가지 순서를 따라 일해야 한다.

① 올바른 일을 하기 Do the right things
② 올바른 방법으로 일하기 Do the things right
③ 열심히 일하기 Do the things very hard

합목적성

　피터 드러커는 '올바른 일을 하기'를 '올바른 일을 해내는 것 Get the right things done'이라고 표현했다. 성과 창출 여부는 결정적으로 그 일이 옳은 일인가에 달려 있다. 옳은 일의 의미는 목적에 맞는 일, 올바른 방향으로 가는 일이라는 뜻으로 해석할 수 있다. 조직의 목적과 방향에는 그 조직의 사명, 비전, 핵심 가치, 전략, 목표 등 내부적인 것과 사회 공동체의 보편 타당한 가치와 같은 외부적인 것이 모두 영향을 미친다.

'올바른 일을 하기'는 흔히 효과성 혹은 유효성이라고 번역되기도 하는 '이펙티브니스effectiveness'와 거의 같은 의미이다. 사실 이 영어 단어는 경영 분야에서 대단히 많이 사용된다. 하지만 적합한 우리말을 찾기 쉽지 않은 용어이기도 하다. 내 생각으로는 목적에 부합한다는 뜻에서 '합목적성合目的性'이라는 해석이 가장 적합하지 않을까 한다. 하지만 표현이 효과성이든 유효성이든 합목적성이든 간에 그 의미는 '목적한 방향으로 나아가는가' 혹은 '목표를 달성할 수 있는가'의 여부라고 할 수 있다.

효율성

'올바른 방법으로 일하기'는 '일을 올바른 방식으로 하기Do the things in the right way'라고도 할 수 있다. 일을 효율과 생산성이 가장 높은 방법으로 한다는 의미이다. 일반적으로 이 능력이 우수한 사람들이 '일'을 잘하는 사람이라는 평가를 받는다. 하지만 일의 합목적성이 선행되지 못한다면 잘못된 일을 가장 생산성 높게 하게 되어, 일을 잘하는 것처럼 보이지만 성과를 내지는 못한다. 그리고 때로는 오히려 상황을 악화시키기도 한다.

'올바른 방법으로 일하기'는 '효율성efficiency'과 유사한 의미이다. 효율성은 투입하는 자원과 노력 대비 얼마나 많은 결과를 얻어낼 수 있는지를 의미한다.

헌신

'열심히 일하기'는 그야말로 열심히 하는 것이다. '최선을 다해서 일하기 Do the things with best efforts'라고 할 수도 있다. 여기에는 노력, 인내, 일에 대한 열정 등이 요구된다. 이는 일에 대한 '헌신'이라고 할 수 있다. 따라서 그 결과는 근면성과 활동량으로 나타난다.

목적에 부합하는 일을 가장 효율적으로 하는 방법을 찾았다면 활동량을 늘리고 부지런히 할수록 성과가 커지는 게 자연스럽다. 하지만 해야 할 일의 합목적성과 효율성이 전제되지 않으면 그야말로 성과와 관련 없는 일에 최선을 다하는 미련한 상황이 된다.

가장 최악의 상황은 목적에 맞지 않은 일을, 아주 높은 생산성으로, 정말로 열심히 하는 것이다. 이는 문제를 만드는 것을 넘어 문제를 엄청난 속도로 키우고 확산시킨다. 하지만 뜻밖에 이런 사람들을 유능하다고 착각하는 회사들이 많다. 그러다 보니 당사자들은 스스로 자신을 매우 일을 잘하는 훌륭한 인재라고 생각한다. 그래서 좋지 않은 결과가 나올 때에는 환경 탓, 남 탓, 재수 탓으로 돌린다. 그리고 자신의 부족한 부분에 대해 받아들이지 못한다.

어떤 일을 하든지 '합목적성 → 효율성 → 활동량'의 순서대로 계획하고 추진하라. 아무리 시간이 걸리더라도 합목적성이 의심되면 다음 단계로 넘어가서는 안 된다.
방향이 잘못되어 있다면 아무리 좋은 방법으로 아무리 열심히 해도 성과는 나아지지 않는다. 특히 자신이 하는 일의 결과가 다른 사람들에게 영향을 미치는 경우에는 더욱 상황을 악화시킨다.
성과 창출의 책임을 다하지 못하는 것은 물론이고 다른 사람까지 바쁘게 만들어 의미 없는 일에 매달리게 한다면 그것은 단순한 자원 낭비를 넘어 조직 파괴 행위이자 동료들에게 죄를 짓는 것이다.

Business
Management
User's Guide

제3장

기업의 목적과 경영의 기능

Business Management User's Guide

기업의 목적은
'이윤 추구'가 아니다

이전에 근무하던 회사에서 인턴사원들을 면접할 때 겪은 일이다. 한 번에 네다섯 명씩 면접을 보았는데 공교롭게도 대상자 전원이 경영학 전공자였다. 게다가 그들은 모두가 알아주는 일류 대학 졸업예정자였다. 갑자기 이들이 경영에 대해 어떠한 관점을 가졌는지를 알고 싶어졌다. 나는 "기업의 목적은 무엇이라고 생각하는가?"라는 질문을 던졌다. 그런데 5명 모두 이구동성으로 '이윤 추구' 또는 '이윤 극대화'라고 대답하는 게 아닌가. 나는 놀라지 않을 수 없었다. 나도 대학에서 경영학을 6년 넘게 공부하고 여러 해에 걸친 실전 경험을 쌓으면서 수많은 경영학 서적들을 섭렵했지만, 아직 기업의 목적이 이윤 추구나 이윤 극대화라고 배운 적이 없다. 오히려 기업의 목적이 이윤 추구나 이윤 극대화가 될 때 겪는 문제들을 수없이 보아왔다.

　다른 사람들도 아니고 일류 대학에서 경영학을 전공한 사람들조차 스스럼없이 "기업의 목적은 이윤 추구다"라고 말할 정도라면 이런 관념은 우리 사회에 매우 보편화되어 사람들의 인식 속에 뿌리 깊게 박혀 있다고 할 수 있다. 이쯤 되면 일반인들의 눈에 기업이란 돈을 벌기 위해서라면 수단과 방법을 가리지 않는 부정적인 존재로 보이는 게 당연하다는 생각이 든다.

만약 학생들이 정말로 대학에서 그렇게 배운다면 그 교육은 정말로 큰 문제가 아닐 수 없다. 아마도 대학에서 그렇게 가르치지는 않았을 것이다. 그런데도 여전히 기업의 목적은 이윤 추구라는 답이 반사적으로 튀어나오는 것은 아마도 대학에 들어가기 전에 받았던 교육 탓일 가능성이 높다. 실제로 중·고등학교 교과서에서는 그렇게 가르치는 것 같다. 대학입학시험을 잘 보려면 그 교과서의 내용을 달달 외워야만 하니 그게 하나의 고정관념으로 자리 잡았을 터이다. 그렇게 만들어진 고정관념을 대학교수들조차 바꾸지 못했거나 바꾸어주려는 노력을 소홀히 했다는 이야기이다. 경영학을 공부하는 학생들 또한 기업의 목적이라는 본질적인 주제에 대해 깊이 고민해보지 않았거나 자신의 기존 고정관념과 대치되는 개념을 받아들이지 않았다는 결과가 된다. 기업의 목적에 대해 관심도 별로 없고 제대로 이해하지도 못했는데 일류 대학 경영학과를 졸업했다 한들 과연 경영에 대해 무엇을 제대로 배웠을지 의심스럽다.

기업의 목적이 이윤 추구에 있다는 논리는 전통 경제학에 뿌리를 두고 있다. 그런데 문제는 전통 경제학 이론이 우리가 사는 현실에 정확히 맞아떨어지는가에 있다. 전통 경제학은 복잡한 경제 활동의 작동 원리를 과학적 방법으로 설명하려는 노력을 해왔다. 그런데 그러다 보니 우리가 사는 세상을 단순화시키는 시도와 함께 수없이 많은 비현실적인 가정을 만들어내었다. 경제학은 가정을 기반으로 이론을 전개한다. 하지만 우리가 사는 세상과 일치하지 않는 가정이 너무도 많다. 이 세상은 몇 가지 가정이나 논리로 완벽히 설명할 수 있을 정도로 그리 간단치가 않다.

경제학에서 세상을 단순화시키다 보면 인간의 행동도 단순화할 수밖에 없다. 그래서 인간이 모든 경제 활동의 효용을 비교하여 그중 가장 효용이 높은 쪽을 선택하는 '합리적 판단'을 하는 존재라고 가정한다. 다시 말해 인간은 언제나 자신의 경제적 이익을 정확히 측정할 수 있고 그 이익이 극대화되는 쪽으로 사고하고 행동한다는 것이다. 이 사고를 기업의 영역으로 확대하면 기업도 당연히 경제적 이익을 극대화하는 쪽으로 행동한다고 생각하게 마련이다. 이렇게 보면 기업의 목적이 이윤 추구이거나 이윤 극대화라는 전제가 경제학의 논리에서 너무나 자연스럽다.

그러나 실제의 경영은 경제학의 논리처럼 단순하지 않다. 현실 세계는 엄청나게 복잡하고 불확실성이 높다. 따라서 이를 외면할 게 아니라 직시하고 받아들일 필요가 있다. 또한 사람이라는 존재는 수시로 감정에 영향을 받으면서 자주 비합리적인 사고와 판단을 한다. 이 때문에 경영의 본질과 원리를 제대로 이해하려면 경제학자가 아니라 경영학자의 말을 경청할 필요가 있다. 그중 가장 권위 있는 답은 아마도 피터 드러커로부터 얻을 수 있지 않을까 한다. 피터 드러커는 저서 『매니지먼트』에서 기업의 목적을 이윤 추구라고 주장하는 견해에 대해 다음과 같이 비판하였다.

'기업이란 무엇인가'라는 질문에 경제학자를 비롯한 대부분의 사람들은 '영리 조직'이라고 대답한다. 그러나 이 대답은 틀린 것이며 방향부터 빗나간 것이다. 경제학에서 언급하는 '목적으로서의 이익'이란 예전부터 존재하던 '싸게 사서 비싸게 판다'라는 말을 고친 것에 지나지 않는다. 이는 기업의 어떠한 활동도 설명해주지 못할뿐더러 활동의 바람직한 모습에 관해서도 이야기해주지 못한다. 이익은 개별 기업과 사회에 꼭 필요하다. 그러나 그것은 기업이나 기업 활동의 목적이 아닌 '조건'이다. 기업의 의사결정에서 원인, 이유, 근거가 아니라 결정의 타당성에 대한 판정 기준이 되는 것이다. 이렇게 혼동할 수밖에 없는 까닭은 이윤이 동기라고 생각했을 때 인간의 행동을 설명하기가 훨씬 쉬워진다는 판단 때문이다. 그러나 이윤이 그 자체로 동기가 된다는 것이 실제로 가능한지조차 의심스럽다. 그것은 고전학파 경제학자들이 이론적으로 설명할 수 없는 경제 현실을 설명하기 위해 생각해낸 것에 불과하다.

결국 '기업의 목적은 이윤 추구다'는 논리는 '인간은 합리적 판단을 하는 경제적 동물이다'는 논리처럼, 경제학자들이 복잡한 경제 현상을 과학적 방법으로 설명하기 위해, 사람이 일하고 사업을 하는 동기 또한 단순화한 것으로 보아야 한다. 이는 마치 '인간 삶의 목적은 돈을 버는 것이다'고 주장하는 것과 같다. 그러나 삶의 목적은 그보다 더 숭고하고 차원 높은 데 있어야 한다. 그러한 목적에는 행복한 삶, 타인과 사회 공동체에 기여하는 삶, 존경받는 삶, 명예로운 삶 등 여러 가지가 있을 것이다.

그렇다고 돈 버는 것 자체가 나쁘다는 뜻은 아니다. 경제적 부를 창출하지 못하는 기업은 도태된다. 그러한 기업은 자원을 낭비하고 구성원들을 궁지로 내몰게 되므로 사회 공동체에 해악을 끼친다. 기업의 목적이 무엇이든 그것을 달성하기 위해서는 돈이 필요하다. 하지만 돈을 번다는 것이 목표가 될 수는 있지만 그 자체가 목적이 되어서는 안 된다. 돈은 기업이 지속적으로 생존하면서 기업의 목적을 달성해나가는 데 적절히 사용되는 수단이어야 한다.

조직은 하나의 살아 있는 유기체이다.
삶의 목적이 돈을 버는 것이 될 수 없듯이 하나의 생명체로서의 조직 또한 돈 버는 것을 목적으로 삼을 수는 없다.
인간이 목적을 추구하는 데 돈이 필요하듯이 조직 또한 돈이 필요하다. 그러나 그것은 수단이어야 하며 목적 자체가 되어서는 안 된다.

Business Management User's Guide

기업이 이윤만 추구할 때 발생하는 문제들

　　　　　　　　　　　기업의 목적이 이윤 추구 또는 이윤 극대화라는 주장은 목적과 수단을 혼동했다는 점에서 본질적으로 문제가 있다. 하지만 경제적 부의 창출은 기업 활동의 아주 중요한 본질 중 하나임이 분명하다. 그런 측면에서 만약 이윤 추구 목적이 실제로 더 나은 재무 성과를 약속하는 것이 분명하다면 어느 정도는 합리화될 수 있을 것이다. 그렇다면 과연 그럴까?

　짐 콜린스는 그의 불후의 명작 『성공하는 기업들의 8가지 습관』에서 이러한 통념이 잘못되었음을 밝히고 있다. 실제로 오랜 기간에 걸쳐 생존하면서 탁월한 성과를 거두어 주주들에게 최고의 수익률을 안겨다준 위대한 기업들은 '이윤 추구를 넘어서' 세상에 기여하는 숭고한 목적을 추구하는 경향이 있다고 밝혔다.

　그 후에 이어진 많은 연구와 검증도 같은 결론을 내렸다. 이윤 추구에 집중한 기업들이 단기적으로는 더 성과를 거둘 수도 있었다. 하지만 장기적인 게임에서는 달랐다. 오히려 이윤 추구를 넘어선 목적을 지향하는 기업들이 더 탁월한 재무 성과를 거둔다는 것이 반복적으로 밝혀졌다. 기업을 돈 벌기 위해 몇 년 운영한 다음 치워버리는 존재가 아니라 오랜 기간 지속적으로 운영해야 할 존재라고 생각한다면 당연히 장기적 이윤을 보장하는 쪽을 선택해야 할 것이다. 그렇다면 왜 이윤 추구에 열을 올리는 기업들이 오히려 장기적인 레이스에서는 뒤떨어지는 아이러니가 생길까?

이윤 추구 목적의 가장 큰 문제점은 구성원들의 헌신과 몰입을 끌어내는 공유 목적으로서 역할을 감당할 수 없다는 것이다. 이윤 추구라는 말을 들으면 사람마다 다른 생각을 할 수밖에 없다. 주주들은 배당을 포함한 주당 수익률에 민감하다. 경영자는 비용 절감과 이윤 확대라는 목표 달성이 중요하다. 근로자들은 임금 인상과 이익 공유를 포함한 보상이 절실하다. 그런데 이 모든 것들은 서로 갈등한다. 이윤 추구를 목적으로 하는 협력 업체와 거래한다면 이때 또한 서로의 이해관계가 상충될 수밖에 없다. 따라서 이윤 추구 목적으로는 조직 시스템과 생태계를 협력적으로 유지하기 어렵다.

또 하나의 문제는 이윤 추구 목적이 경영자들을 단기적 성과에 집착하게끔 한다는 데 있다. 장기적인 이윤 추구를 위한 최선의 방법은 그 조직의 체질을 강화시키고 오랫동안 건강하게 유지하는 것이다. 하지만 단기적인 이윤 추구는 그 조직을 착취함으로써 증가시킬 수 있다. 하지만 착취는 결국 조직의 건강을 해친다. 그런데도 미래를 희생하여 현재의 성과를 만들어낸 경영자가 보상을 받고 더 좋은 자리로 옮겨간다. 이렇게 폭탄 돌리기가 이어지다 보면 언젠가는 터지게 마련이다. 그 피해는 주주, 구성원, 협력 업체 모두를 포함해 사회 공동체 전체가 감당할 수밖에 없다. 또한 단기 성과에 대한 집착은 편법과 불법까지도 서슴지 않는 상황을 만들 수도 있다. 잘못된 수단까지 동원한 착취가 계속된다면 결국 그 조직은 사회 공동체의 암적 존재로 전락하고 마침내 퇴출의 운명을 맞이할 것이다.

마지막으로 이윤 추구는 탐욕으로부터 자유롭지 못하다. 이윤 극대화는 더욱 그렇다. 도대체 얼마나 벌면 만족스러운 결과인가? 나는 돈 버는 데 올인한 사람이 벌만큼 벌었으니 이제는 그만 벌어야겠다고 결심했다는 말을 들어본 적이 없다. 돈을 벌더라도 한계를 정하지 않으면 세계 최고의 부자가 되더라도 그 욕심이 끝나지 않을 것이다. 또한 그렇게 번 돈으로 무엇을 할 것이고 어떤 의미를 추구할 것인지가 분명하지 않으면 돈의 노예가 될 수밖에 없다. 기업도 마찬가지다. 기업은 돈을 벌기 위해 무엇이든 하고 어떤 수단이든 동원하는 존재여서는 안 된다. 무엇인가 옳은 일을 한 결과로서 돈을 버는 존재여야만 한다. 그리고 그렇게 번 돈을 그 올바른 기업의 목적을 지속적으로 추구하기 위해 다시 사용해야 한다.

> 이윤 추구 또는 이윤 극대화 목적은 장기적으로는 기업의 이윤을 오히려 감소시킨다. 그 이유는 단기적인 이윤 추구가 기업의 장기적인 건강을 해치기 때문이다.
> 조직 구성원들이 헌신할 수 없는 목적, 이해관계자들 간의 갈등을 조장하는 목적, 단기적인 성과에 집착하도록 하는 목적, 편법과 불법을 유발하고 탐욕에서 자유로울 수 없게 하는 목적은 장기적으로 기업의 체질을 약화시켜 운명을 위태롭게 만든다.

Business Management User's Guide

'주주 가치 극대화'는 옳은 목적이 될 수 있는가

기업이 번 돈을 새로운 곳에 투자하지 않으면 어떻게 될까? 그냥 쌓아두거나 누군가가 가져갈 것이다. 쌓아두는 것은 사내 유보금이며 누군가 가져가는 것은 그 기업 주주들에게 나누어 주는 배당금이다.

기업의 목적을 이윤 추구에만 한정하는 한계를 극복하기 위해 '주주 가치 극대화'를 내세우는 사람들도 있다. 하지만 이 개념도 사실은 이윤 추구 목적과 본질상 그리 다르지 않다.

기업 발전의 초기 과정에서는 대부분 소유자와 경영자가 똑같다. 기업의 규모가 커져 기업 공개가 이루어지면 소유와 경영이 분리되는 경향이 점차로 나타난다. 하지만 아직 우리나라 기업 대부분은 소유와 경영이 일치되는 형태가 일반적이다. 기업의 경영자와 소유주가 같은 사람이라면 이윤 극대화는 주주 가치 극대화와 동의어가 된다. 기업이 주주들의 이익을 높이기 위해서는 주당 이익EPS을 높여야 한다. 다시 말해 이윤을 극대화하여 그중 상당 부분을 배당을 통해 소유주에게 돌려주어야 한다는 의미이다. 이렇게 주주 수익률이 높은 기업은 주가 또한 상승한다. 주주는 배당 소득은 물론 주가 상승에 따른 자본 이득도 함께 기대할 수 있다. 문제는 기업이 마치 소유주에게 돈을 벌어주는 도구처럼 사용된다는 데 있다.

기업을 도구로 보는 개념이 소유와 경영이 분리된 기업에 적용되면, 주주들이 경영자에게 단기적인 주주 가치 극대화를 위해 노력할 것을 요구하게 된다. 그리고 이에 부응하지 못한 경영자들을 가차 없이 교체하는 현상이 발생할 수 있다. 이것은 경영자들이 단기적인 재무 성과에 초점을 맞추도록 하여 기업의 장기적인 발전을 저해시키는 결정적 요인 중 하나가 된다. 상당한 시간이 길일 수밖에 없는 근본적인 체질 개선, 원천 기술 확보, 경영혁신 등은 제대로 시도하지 못하고 인력 구조조정, 인수합병처럼 단기적으로 가시적 성과를 보여줄 수 있는 결정들을 더 선호하도록 유도하기 때문이다.

주주 가치 극대화 개념의 또 다른 문제는 기업의 이해관계자를 소유자, 즉 주주에만 국한시켰다는 것이다. 기업의 법적인 소유자가 주주임은 사실이지만 실제로는 주주만큼이나 중요한 이해관계자들이 있다. 예를 들면 채권자는 중요한 이해관계자이다. 기업 조직의 구성원들 또한 그렇다. 그 기업이 속한 사회 공동체도 기업과 상호작용하는 이해관계자라고 할 수 있다. 이런 다양한 이해관계자들이 생각하는 가치와 관점은 주주들의 그것과 상당히 차이가 날 수 있다. 기업은 이러한 이해관계자 중 어느 한 쪽만을 중요하게 생각하고 그들만을 위해 일해서는 안 된다.

그런데 모든 이해관계자 중 그 어떤 누구보다도 더 중요한 이해관계자가 존재한다. 이들은 가장 중요한데도 한편으로는 그 존재가 너무나 당연해서 많은 기업이 그들의 존재를 자주 잊어버린다. 그들은 바로 '고객'이다. 기업의 존재는 고객의 존재를 전제로 한다. 이 부분에 집중한다면 기업의 목적에 대해 더 명확한 답을 찾아낼 수 있을 것이다.

'주주 가치 극대화' 또한 '기업의 목적은 돈을 버는 것'이라는 의미의 이윤 추구나 이윤 극대화와 본질상 같은 맥락이므로 기업의 진정한 목적이 될 수 없다.
기업의 목적은 이윤 추구를 넘어선 무언가가 되어야 하며 그것은 기업의 가장 중요한 이해관계자인 고객과 관련되어야 한다.

Business Management User's Guide

기업의 목적은 '고객 창출'이다

이윤 추구를 기업의 목적으로 간주하게 된 것은 전통 경제학의 한계로부터 비롯되었다. 경제학자들 사이에서도 전통 경제학이 실물 경제의 구조는 물론 그 속에서 활동하는 개인과 기업의 경제 활동을 올바르게 설명하지 못한다는 반성이 존재한다. 그리고 이와 함께 그것을 극복하기 위한 새로운 이론들을 정립해나가는 시도들이 이루어지고 있다. 그중 복잡계 경제학이라고 부르는 시도는 상당히 주목할 만하다. 복잡계 경제학은 복잡계 이론 complex system theory과 진화생물학의 개념을 바탕으로 하여 인문학, 사회과학, 자연과학을 망라한 다양한 분야의 지식을 통합적으로 적용함으로써 전통 경제학의 한계를 극복하려는 시도이다.

이러한 개념을 바탕으로 하는 복잡계 경제학자들은 기업의 목적에 대해 전통 경제학자들보다는 좀 더 의미 있는 견해를 제시한다. 복잡계 이론과 진화생물학은 갑작스러운 종의 출현과 번식 또는 확산이라는 부분에서 공통분모를 가진다고 할 수 있다. 이 때문에 자연 생태계이든 경제 생태계이든 그곳에서 생존해야 할 개체들은 자신이 속한 환경의 변화에 끊임없이 적응해나가야 하며 환경으로부터 선택받아야 한다. 이는 결국 '진화'와 '생존'을 의미한다. 다시 말해 복잡계 경제학에서 주장하는 기업의 목적은 '환경의 변화에 끊임없이 적응하면서 진화하고 생존하는 것'이라고 할 수 있다. 이러한 견해는 기업의 개념을 '영속 기업going concern'으로 규정하는 경영학의 관점과 어느 정도 일맥상통하는 점이 있다. 결국 기업이 살아남지 못한다면 어떤 일도 해낼 수 없다. 이 세상에 존재하는 수많은 종이 살아남기 위해 노력하는 것처럼 기업도 살아남는 것 자체가 목적이 될 수 있다는 논리이다.

상당히 일리 있는 논리이지만 무엇인가 부족함이 느껴진다. 모든 생물이 생존과 번식을 기본적인 목적으로 하며 그러한 노력 과정에서 진화가 이루어진다는 것은 다 아는 사실이다. 하지만 다른 생명체들과는 달리 인간은 생존과 번식 이상의 무언가를 추구하는 존재이다. 이 때문에 대부분의 생물은 진화생물학의 원리대로 생존과 소멸을 반복하는 반면, 인간은 그 이상의 무언가 의미 있는 것을 하려한다. 때로는 그 원리를 거부하거나 파괴하기조차 한다. 다시 말해 인간은 더욱 숭고한 목적을 추구하는 존재다. 아무런 사명도 목적도 없는 상태에서 본능적으로 계속 숨 쉬면서 자손들을 번식시켜나가는 게 인생의 전부라면 너무나도 슬픈 일이 아닐 수 없다.

그렇다면 인간이 만들고 소속되며 경영하는 기업에도 이와 같은 논리가 적용될 수 있다. 기업이 단지 살아남는 것만으로도 목적을 달성할 수 있다면 구걸을 하며 하루하루를 연명하는 걸인들 또한 인생의 목적을 달성해 나가는 중이라고 주장해도 이치에 어긋나지 않는다.

기업의 목적을 지속 생존으로 정의하는 것은 이윤 추구 목적보다는 한 발 더 나아간 게 분명하다. 그렇지만 인간과 그 인간이 속한 조직이 보유한 지성과 의지를 바탕으로 무엇을 지향해나갈 것인가 하는 중요한 부분이 빠져 있는 듯한 느낌이 든다.

그렇다면 진정한 의미에서의 기업의 목적은 무엇인가? 이 대답은 결국 경제학을 포함한 다른 분야의 학자들보다는 기업과 경영의 본질을 이해하고 있는 사람들의 의견을 참고하는 게 적절해 보인다. 이 또한 자타가 공인하는 현대 경영학의 최고봉인 피터 드러커의 견해를 따르는 것이 바람직하겠다. 피터 드러커는 1954년 저술되어 현대 경영학의 출발점이 된 기념비적 역작으로 평가되는 『경영의 실제』에서 기업의 목적을 정의했다. 그리고 그 후 50년이 넘는 기간 동안 저술한 수많은 저서에서 그 정의를 일관되게 주장했다. 아직 그의 주장을 능가하고 모두 사람이 인정할 수 있을 만한 논리적이고 유효한 대안을 제시한 사람은 없다고 할 수 있다. 『경영의 실제』에 기록된 기업의 목적에 대한 피터 드러커의 견해는 다음과 같다.

기업의 존재를 결정짓는 것은 고객이다. 고객이야말로 기업의 제품이나 서비스의 가치를 매기고 경제적 자원을 부로, 자원을 제품으로 바꾸는 유일한 객체다. 고객이 구입하는 것은 제품과 서비스 자체가 아니라 그것들이 제공하는 효용이다.

이렇듯 기업의 목적은 단 한 가지, 고객을 창출하는 것이다. 이에 따라 기업은 두세 가지의 기본적인 기능을 가진다. 바로 마케팅과 혁신이다.

국내에 나와 있는 피터 드러커의 저서에서는 대부분 '고객 창출'을 '고객 창조'로 번역하고 있는데 나는 고객 창출이 개념상 더 이해하기 쉬운 해석이라고 본다. 기업의 목적을 고객 창출이라고 못박고 있는 피터 드러커의 이 유명한 문구를 통해 몇 가지 중요한 시사점을 얻을 수 있다.

첫째, 기업의 존재는 고객에 의해 결정된다는 점이다. 기업 존재 기반으로서의 고객은 복잡계 경제학자들의 진화와 생존 개념이나 경영학에서 말하는 영속 기업 개념과도 서로 보완되는 면이 있다. 설사 기업의 목적이 생존이라고 하더라도 기업은 고객이 없이는 자신들의 지속적인 생존을 담보할 수 없기 때문이다.

둘째, 고객이 구입하는 것은 제품이나 서비스 그 자체가 아니라 효용이다. 고객이 전구를 1개 구입했다면 그 실상은 어둠을 극복할 수 있는 밝음이라는 효용을 구매한 것이다. 만약 고객이 구입한 것이 필라멘트가 끊겨 있는 백열전구라면 제품은 구입했을지 모르지만 밝음이라는 효용은 사지 못했다고 할 수 있다. 고객이 구매 충동을 느끼는 효용은 욕구가 된다. 따라서 기업은 고객이 구매하고자 하는 효용과 욕구가 어떤 것이며 그것을 어떻게 충족시킬 것인지에 집중해야만 한다.

셋째, 기업의 목적은 고객 '창출'이다. 우리가 고객과 관련하여 일반적으로 떠올리는 용어인 고객 '만족'이나 고객 '감동'이 아니라 고객 '창출'이라고 언급했다는 점이 중요하다. 고객 만족은 이미 고객이 된 사람의 기대 수준에 맞추는 것을 말하며 고객 감동은 기대 이상으로 충족시키는 것을 의미한다. 그런데 고객 창출은 새로운 효용을 발견하고 그 효용에 대한 욕구를 가진 사람들을 고객으로 만든다는 의미이다. 이는 고객 만족과 고객 감동을 모두 포함하는 더 넓은 상위의 개념이라고 할 수 있다.

한때 전자 업계의 역사를 바꾼 대히트 상품이었던 소니사의 워크맨을 생각해보면 쉽게 이해될 수 있다. 소비자들은 워크맨이라는 제품을 요구한 적이 없었으며 자신들이 그러한 제품을 원하는지도 몰랐다. 하지만 산책이나 조깅 중에 음악을 듣고 싶은 잠재 욕구는 가지고 있었다. 소니는 소비자들의 잠재 욕구를 충족시킬 제품을 현실화하였고 자신들이 원하지도 않았던 제품의 출현에 열광하는 사람들을 고객으로 만들 수 있었다.

넷째, 고객 창출은 기업 목적의 보편적인 표현이며 개별 기업의 목적에 적용될 경우에는 다르게 표현될 수 있다. 다시 말해 개별 기업은 구성원들에게 공유 비전으로 제시하여 헌신과 몰입을 끌어낼 수 있는 목적이 필요하다. 회사마다 목적과 표현은 서로 다를 수 있다. 하지만 그 바탕에는 고객 창출의 개념이 자리 잡고 있어야 한다.

기업의 모든 활동은 고객을 기반으로 수행된다. 고객을 망각하는 기업은 가야 할 방향을 상실하고 망망대해에서 표류하면서 하루하루 연명하기 급급한 난파선과 같다. 가장 근본적인 생존 기반인 고객으로부터 유리된 기업은 단기적인 연명은 가능할지 몰라도 궁극적으로는 경제 생태계 속에서 진화하고 생존하는 데 어려움을 겪을 수밖에 없다. 그리고 사회 공동체로부터 존재의 필요성을 인정받지 못한다.

Business Management User's Guide

경영의 세 가지 기능

피터 드러커의 글을 다시 한 번 살펴보자. 이번에도 『경영의 실제』에 나온 내용이다.

기업의 목적은 고객의 창출이므로 기업에는 두 가지 기본적인 기능이 존재한다. 즉, '마케팅'과 '혁신'이다. 이 두 가지 기능이야말로 진정한 기업가적 정신이다.

다시 말하자면 마케팅과 혁신 두 가지만이 기업의 목적인 고객의 창출에 기여하는 기능이라는 뜻이다. 그런데 이 내용을 접하는 순간 금방 의문이 생긴다. 마케팅과 혁신만이 의미 있는 기능이라면 생산, 물류, 인사, 총무, 기획 등 다른 기능들은 모두 불필요하다는 이야기인가? 마케팅과 혁신 부서만 갖고 기업이 유지될 수 있다는 말인가? 하지만 여기서 마케팅과 혁신은 그런 의미가 아닌 게 분명하다. 피터 드러커가 마케팅과 혁신의 의미를 이해하지 못했을 리가 없다. 따라서 우리는 위에서 언급된 마케팅과 혁신이 가지는 본질적 의미를 해석하고 정확하게 이해해야만 한다.

마케팅과 혁신은 기업의 목적 달성을 위한 기능이다

사람들은 기업 내에 존재하는 기능들에 대해 자기 나름의 고정관념을 가지고 있다. 마케팅과 혁신이라는 말을 들으면 자연스럽게 해당 부서와 거기서 일하는 사람들, 그들의 활동 등을 연상하게 된다. 이 때문에 마케팅은 매출 확대를 위해 시장 공략 전략을 수립하고 제품이나 상품을 기획하며 광고 판촉을 하는 섯이라고 이헤하기 쉽다. 혁신에 대해서도 마찬가지다. 문제를 파악하고 개선안을 도출하며 이를 해결하기 위한 프로젝트를 조직하고 과학적인 방법론을 도입하여 실행해나가면서 변화 관리를 수행하는 것으로 이해한다.

하지만 마케팅과 혁신은 어떤 특정 기능 부서에서 행하는 제한된 범위 내의 활동으로 이해되어서는 안 된다. 바로 앞에서 이야기했지만 고객 창출은 이미 존재하는 고객의 욕구뿐만 아니라 고객 스스로 인지하지 못했던 잠재 욕구까지도 발견하여 만족시키는 것으로 고객 만족, 고객 감동을 넘어서는 개념이다. 이렇게 본다면 마케팅과 혁신은 우리가 일반적으로 알고 있는 것보다 훨씬 더 본질적이고 넓은 의미로 해석하지 않으면 안 된다.

마케팅은 기업의 목적 달성에 기여하는 모든 활동의 총합이다

본질적이고 넓은 의미로 해석하자면 마케팅은 고객 창출을 위해 모든 기업의 활동들이 유기적으로 결합한 것이다. 고객 창출이라는 목적을 달성하기 위해서 기업은 고객이 무엇을 원하는지를 파악하고 그 고객에 도달하기 위한 전략을 수립하며 이를 충족할 수 있는 제품·상품·서비스를 개발해야만 한다. 또한 좋은 원자재를 조달하여 높은 품질의 제품을 생산해 적절한 가격으로 제때에 공급할 수 있어야만 한다. 일단 구매가 이루어지고 나면 그 고객이 다시 찾아올 수 있도록 지속적으로 관계를 지속시키고 만족 수준을 관리해나가야 하며 불만이 생겼을 때는 신속하고 완벽하게 처리할 수 있어야 한다.

이렇게 본다면 본질적인 의미에서의 마케팅은 마케팅 부서의 활동이 아니라 조직 내 모든 기능이 상호작용하여 고객 창출이라는 목적을 향해 나아가는 총체적인 경영 활동이 된다. 고객이 원하는 제품을 좋은 품질과 적정한 원가로 만들어내는 생산 부서의 활동, 고객이 원하는 제품을 제때에 공급하는 물류 부서의 활동, 심지어는 핵심 인력을 확보하고 육성하는 인사 부서의 활동 모두가 마케팅의 연장선상에 있다. 이 모두가 고객 창출에 기여한다는 전제가 있다면 말이다. 이렇게 보면 마케팅은 '옳은 일을 하기'의 영역이므로 목적 달성 능력을 의미하는 '합목적성'으로도 설명될 수도 있다.

혁신은 기업의 목적을 달성하는 더 나은 방법을 찾는 기능이다

기업의 목적은 한 번 달성하고 끝나는 것이 아니라 영속적으로 추구되어야만 한다. 또한 그 달성 수준도 계속 높아져야 한다. 이 때문에 기업은 생존하기 위한 노력과 더불어 진화·발전하기 위한 노력을 지속적으로 기울여야 한다. 기업은 계속 성장해야 하며 그러기 위해서는 충분한 수익을 확보할 수 있어야 한다. 또한 경영 환경의 변화와 불확실성에 능동적으로 대처해나갈 수 있어야 한다.

이는 기업이 이전보다 나아지기 위한 노력을 끊임없이 해야 하며 이미 익숙해져 있는 자기 나름의 성공 공식을 더 나은 새로운 성공 공식으로 대체하는 노력을 해나가야 함을 의미한다. 본질적이고 넓은 의미에서의 혁신은 기업이 고객 창출이라는 목적을 영속적으로 달성하고 그 달성 수준을 더 높이기 위해 이전의 것을 더 나은 것으로 대체하는 모든 활동을 포함한다. 이렇게 본다면 이전보다 훨씬 가치 있는 제품과 서비스를 개발하는 활동, 기존 제품과 서비스의 가격, 품질, 납기 등을 개선하여 고객 만족을 증대시키는 활동은 물론이고 이전보다 더 나은 인력을 확보하고 육성하는 활동들도 혁신의 범주에 포함시킬 수 있다. 따라서 혁신은 합목적성 수준을 지속적으로 높여가는 기능으로 이해할 수 있다.

마케팅과 혁신에 포함되지 않는 모든 활동은 비용이다

앞에서 설명한 대로 마케팅과 혁신을 본질적이고 포괄적인 개념으로 이해하면 기업에서 수행하는 활동 대부분이 여기에 포함된다. 하지만 기업의 활동 중에는 목적에 기여하지 못하는 낭비직인 활동들을 쉽게 찾아볼 수 있다. 가동률을 높이려고 당장 팔리지 않을 제품을 생산하여 재고를 쌓는 활동, 고객이 가치를 인정하지 않는 상품 개발, 고객에게 필요하지 않은 제품을 구매하도록 설득하는 판매 및 판촉 활동, 불만 고객에 대한 응대를 지연시키는 복잡한 내부 보고나 각종 절차 등 그 예는 수없이 많다. 심지어는 고객 창출에 역행하는 활동들도 흔히 찾아볼 수 있다. 예를 들면 원가 절감이라는 명목하에 품질 수준을 낮추어 고객 가치를 훼손하거나 품질 비용을 고객에게 전가하기 위해 갈등을 일으키는 것과 같은 활동들이다.

그런데 놀라운 사실은 이러한 낭비적인 활동들이 전체 활동에서 점유하는 비율이 상당히 높으며 이러한 활동을 위해 많은 자원과 시간을 소모하고 있다는 점이다. 고객 창출에 기여하지 못하는 활동은 마케팅과 혁신 어느 범주에도 속하지 못한다. 그러한 활동은 어떤 것이든지 비용으로 인식하여야 한다.

마케팅과 혁신은 강화의 대상이며 비용은 절감의 대상이다

기업은 가치 있는 것에는 투자하고 불필요한 것은 절감하는 속성을 지닌다. 기업의 목적 달성에 기여하는 것은 가치 있다. 따라서 마케팅과 혁신은 지속적이고 적극적으로 자원을 투입하여 강화시켜 나가야 한다. 이 두 가지 기능이 올바로 작동된다는 것은 기업이 성공적으로 목적을 달성하면서 지속적으로 성장·발전하고 있음을 의미한다. 하지만 이 두 가지 기능에 포함되지 못하는 모든 기능이나 활동들은 비용이므로 절감해나가야 한다.

기업의 목적에 기여하지 못하는 비용을 절감하고 낭비 요소들을 제거해나가는 것은 생산성을 향상시켜준다. 생산성 향상은 '일을 올바르게 하기'의 영역에 해당한다고 할 수 있으며 '효율성'으로도 설명될 수 있다. 마케팅과 혁신은 기업의 목적을 달성하게 하지만 생산성 향상은 경제적 부의 증대라는 목표를 달성하도록 해준다. 이렇게 본다면 마케팅과 혁신은 기업 목적 달성을 위한 공격적 활동이며 생산성 향상은 기업의 생존 능력을 확대하는 수비적 활동이라고 할 수 있다.

마케팅·혁신·생산성 향상에 기여하는 것만이 진정한 성과이다

기업 활동은 성과를 무엇으로 정의하느냐에 따라 달라진다. 경영 전략, 각종 제도와 규정, 프로세스, 핵심 인력, 요구되는 기술 등 거의 모든 것들이 성과를 무엇으로 정의하느냐에 따라 달라진다. 가장 일반적이고 쉽게 생각할 수 있는 성과는 숫자들이다. 하지만 앞서 여러 차례 강조한 바와 같이 그러한 숫자는 성과 그 자체가 아니며 성과를 측정하여 표현하는 도구일 뿐이다.

성과 중에는 숫자로 표현하기 어려운 것도 많다. 부하 직원을 육성하여 역량이 향상되었다면 성과임이 분명하다. 하지만 막상 숫자로 표현해야 한다면 매우 난감할 수밖에 없을 것이다. 또한 숫자는 항상 왜곡될 수 있는 위험성이 있다. 개인의 역량이나 노력이 아니라 시황이나 법령이 바뀌어 얻어진 결과는 성과가 아닌 것이 분명하다. 그러나 숫자에는 이런 영향들이 모두 뭉뚱그려 포함될 수밖에 없다.

이 때문에 성과는 기업의 목적과 목표 달성에 기여하는지 여부로 판단되어야 한다. 마케팅과 혁신만이 기업의 목적과 관련 있는 기능이다. 그러므로 고객 창출에 기여한 모든 활동은 성과임이 분명하다. 또한 이전보다 더 나은 방법으로 목적을 달성할 수 있도록 하는 데 기여한 모든 활동 역시 성과에 포함되어야 한다. 그리고 마케팅과 혁신에 포함되지 않는 비용을 절감하고 낭비를 줄여 생산성을 높임으로써 기업의 생존 능력을 높이고 마케팅과 혁신에 더욱 집중할 수 있도록 하는 것 역시 중요한 성과라고 할 수 있다.

마케팅과 혁신은 고객 창출이라는 기업의 목적을 더욱 효과적이고 효율적으로 달성하기 위한 모든 활동을 포함하는 본질적이고 넓은 의미로 이해되어야 한다.
이 두 가지에 포함되지 않는 기능과 활동들은 모두 비용으로 인식해야 하며 이러한 비용을 절감하여 경제적 부를 증대하는 활동은 생산성 향상이라 할 수 있다.
어떠한 활동이 진정한 성과인지 아닌지는 마케팅, 혁신, 생산성 향상의 세 가지 영역에 포함되느냐의 여부로 판단해야 한다.

Business Management User's Guide

제4장

마케팅과 전략적 사고

Business Management User's Guide

마케팅의
정의와 변천 과정

피터 드러커가 마케팅을 기업 목적 달성을 위한 2대 기능 중 하나로 인식하고 고객 창출에 기여하는 총체적인 활동을 의미하는 확장된 개념으로 주창하기 시작했던 시기는 『경영의 실제』가 출간된 1954년 무렵이었다. 하지만 그 이후에도 상당히 오랜 기간 현장의 마케터들은 물론 전문가들이나 학자들 사이에서조차 마케팅의 개념이 좁은 의미로 남아 있었던 것 같다. 지금까지도 마케팅이 광고나 판촉과 같은 제한된 의미로 흔히 사용되는 것은 이 때문이 아닌가 한다.

가장 큰 이유는 굳이 마케팅을 총체적인 경영 활동으로 정의해야 할 필요성이 그리 크지 않은 시대가 오랜 기간 지속되었기 때문일 것이다. 수요에 비해 공급이 터무니없이 부족하여 만들기만 하면 팔리던 공급자 주도 시장seller's market에서는 얼마나 많이 만들어 얼마나 널리 알리고 얼마나 잘 전달하느냐가 기업의 부를 창출하는 데 최대 관건일 수밖에 없다.

마케팅 분야에서 가장 권위 있는 기관이라고 할 수 있는 미국마케팅협회AMA: american marketing association는 시대에 따라 마케팅의 정의를 계속 수정해오고 있는데 1965년 버전의 정의는 다음과 같다.

재화와 서비스의 흐름을 생산자로부터 소비자나 사용자에게로 이르게

하는 사업 활동

Business activities that direct the flow of goods and services from producer to consumer or user

이 정의를 보면 고객에게 제공되는 재화와 서비스의 종류와 가치에 대한 모든 결정권이 기업이나 공급자에게 있다는 가정이 전제되어 있음을 알 수 있다. 이렇게 되면 마케팅은 공급자의 판단으로 생산된 재화와 서비스를 구매자에게 흘려보내는 것을 핵심 활동으로 삼는다.

이러한 마케팅의 정의는 공급자 주도 시장에서의 기업 활동의 관점을 그대로 반영하고 있다. 1954년 피터 드러커의 견해가 나온 지 무려 11년이나 지난 시점에서 가장 권위 있는 기관에 의해 이런 정의가 내려졌다는 것이 놀랍다. 어찌 보면 AMA의 정의가 놀랍기보다는 그보다 11년 이상 앞섰던 피터 드러커의 통찰력이 놀랍다고 할 수 있다.

하지만 공급자 주도 시장은 그리 오래 지속되지 못한다. 많은 부를 창출할 기회가 있는 시장에는 참여자들이 증가하여 공급 또한 계속 늘게 마련이다. 그러다가 어느 시점이 되면 수요와 공급이 균형을 갖거나 공급이 조금 많은 상태가 되어 구매자의 영향력이 커지는 구매자 주도 시장buyer's market이 시작된다.

이러한 상황에서 구매자는 재화와 서비스의 효용을 넘어 가치를 인정할 수 있는 공급자를 선택하기 시작한다. 또한 공급자가 재화와 서비스를 간절히 원하는 구매자들을 줄 세워 배급하는 모습이 사라진다. 그 대신 공급자와 구매자가 가치 있는 무엇인가를 서로 주고받게 된다. 이 때문에 '가치'와 '교환'이라는 용어가 중요해졌다. 다시 말해 재화와 서비스 자체를 판매한다기보다는 가치를 부여하고 소비자들에게 소구appeal하여 구매하도록 하는 것이다.

또한 공급자는 자신의 판단에 따라 만든 것을 구매자에게 배급하기보다는 구매자가 원하는 것을 원하는 만큼 만들어 공급할 수 있어야 한다. 이렇게 되면 마케팅 활동은 재화와 서비스를 고객에게 판매하는 활동에 국한되지 않고 그 이전의 단계까지 범위가 확장된다. 즉, 기업 가치 창출 체계 전반에 걸친 일련의 프로세스 또는 활동들이 포함되어 통합되는 개념으로 이해되기 시작한다. 1970년대부터 이러한 상황을 반영하여 마케팅의 개념이 한 단계 발전한 형태로 정의된 것을 볼 수 있다.

마케팅의 아버지라 불리는 필립 코틀러 교수가 1970~1980년대에 저서 『마케팅 원론』에서 내린 마케팅의 정의는 다음과 같다.

마케팅이란 개인이나 집단이 제품과 가치를 창출하고 다른 사람들과 교환함으로써 자신들이 필요로 하거나 원하는 것을 얻어내는 사회적 프로세스이다.

Marketing is a social process by which individuals and groups obtain what they need and want through creating and exchanging products and value with others.

미국마케팅협회 또한 1985년에 마케팅을 다음과 같이 새롭게 정의하였다.

마케팅이란 개인과 조직의 목표를 충족시키는 교환을 창출하기 위하여 아이디어와 재화 및 서비스의 개념화, 가격 결정, 판매 촉진, 유통을 계획하고 집행하는 프로세스이다.

Marketing is the process of planning and executing the conception, pricing, promotion, and distribution of ideas, goods, and services to create exchanges that satisfy individual and organizational objectives.

미국마케팅협회의 마케팅 정의에 대한 1985년 버전은 그 이후 변경되지 않고 2004년까지 지속되었다. 하지만 이 기간 정보화 혁명의 물결이 거세게 일면서 경영 환경은 유례없는 변혁을 겪었다. 공급 과잉은 어느 때보다도 심각해지고 구매자의 힘은 어느 때보다도 막강해졌다. 구매자는 정보화의 수단들을 활용하여 구매에 대한 거의 모든 정보를 제한 없이 확보할 수 있게 되었다. 또한 이전에는 생각지도 못하던 새로운 가치들을 공급자들에게 요구하기 시작했다.

공급자들의 입장에서는 소비자들의 선택을 받는 것이 너무나도 어려워졌다. 구매자의 영향력이 공급자의 영향력을 압도하게 된 것이다. 필립 코틀러는 저서 『마케팅 A to Z』에서 이러한 상황을 다음과 같이 설명하고 있다.

오늘날의 비즈니스의 핵심적 문제는 제품이 부족한 것이 아니라 고객이 부족하다는 것이다.

고객 부족 현상은 새로운 고객을 찾아내는 것 이상으로 이미 확보한 고객과 좋은 관계를 유지하면서 반복 구매를 유도하고 새로운 기회 창출을 모색하는 것의 중요성을 높이게 된다. 경영 활동에 영향을 미치는 이해관계자들의 증가와 그들의 다양한 요구 또한 중요한 변화라고 할 수 있다. 기업 활동에 대한 정부의 규제, 기업의 사회적 책임에 대한 지역사회의 요구, 주주들의 수익률 증대 요구, 훌륭한 일터와 복지에 대한 구성원의 요구 증대 등 다양한 이해관계자들이 각자의 목소리를 점점 높여가면서 소비자의 요구에만 집중하던 기업의 활동을 더욱 복잡하고 어렵게 하고 있다.

이러한 사업 환경 변화는 마케팅에 한 차원 높은 역할의 수행을 요구했다. 이 때문에 마케팅은 고객이 원하는 재화, 서비스, 가치를 만들어 교환하는 일련의 활동들을 결합한 프로세스의 차원을 뛰어넘었다. 결국 고객 창출을 위한 총체적 경영 활동이라는 본질에 좀 더 가까워지게 되었다.

마케팅은 제품과 서비스에 가치를 부여하는 것을 넘어 새로운 가치를 창조해야 한다. 또한 경영 활동의 일부분이 아니라 조직 전반을 아우르는 활동이어야 한다. 다양한 이해관계자를 인식해야 하며 그들과의 관계를 중요하게 여겨야 한다. 고객에게 가치를 올바르게 전달하고 고객과 적절한 관계를 유지하기 위해서는 다양하고 효과적인 커뮤니케이션을 수행해야 한다. 다소 늦은 감이 있지만 이러한 사업 환경의 변화를 반영하여 미국 마케팅협회가 2004년에 새롭게 내놓은 마케팅의 정의는 다음과 같다.

마케팅이란 조직과 그 이해관계자들에게 혜택을 주기 위한 방법으로, 가치를 창조하고 커뮤니케이션하고 고객들에게 가치를 전달하며 고객과의 관계를 관리하기 위한 조직 기능 및 일련의 프로세스이다.

Marketing is an organizational function and a set of processes for creating, communicating, and delivering value to customers and for managing customer relationships in ways that benefit the organizational and its stakeholders.

미국마케팅협회는 여기에서 한발 더 나아가 2007년 10월 다음과 같이 마케팅 정의를 수정하였다.

마케팅이란 고객, 클라이언트, 파트너, 사회 전반에 가치를 갖는 제공물을 창출하고 커뮤니케이션하고 전달하며 교환하기 위한 활동, 일련의 제도, 프로세스를 말한다.

Marketing is the activity, set of institutions, and processes for creating, communicating, delivering and exchanging offerings that have value for customers, clients, partners, and society at large.

2004년 버전과 비교하면 문구와 용어는 조금 변화했지만 전체의 개념은 크게 달라진 것이 없다. '사회 전반'이라는 내용이 포함된 것과 '가치'라고 언급했던 것을 '가치를 가지는 제공물'로 변경한 것이 차이점이다. 그런데 미국마케팅협회의 정의는 최근 버전일수록 좀 더 이해하기 어려워지는 것 같다. 이와 같이 마케팅을 기업 목적 달성을 위한 총체적 활동으로 이해하게 되면 본질에는 더 가까워지지만 개념 정의는 좀 더 포괄적이고 모호해진다. 또한 마케팅을 경영 활동의 일부로 보는 것이 아니라 거의 모든 경영 활동이 마케팅을 중심으로 통합되어 마케팅 관점에서 수행된다고 할 수 있을 정도로 범위가 넓어진다.

학자들과 전문가마다 마케팅을 나름대로 정의하고 있지만 완전히 같은 것은 거의 없고 문장의 구성이나 사용된 용어도 차이가 있다. 하지만 그 모두가 고객의 가치, 총체적 활동 등의 본질을 공유하고 있으며 큰 그림에서는 일맥상통함을 알 수 있다. 이 때문에 마케팅의 정의를 그대로 외우는 것은 아무 의미가 없다. 마케팅의 본질은 외우기보다는 느끼고 이해해야 한다. 어떤 용어와 방법으로 표현하든 본질을 놓치지 않는다면 전문가의 말을 빌리지 않고 자신만의 정의를 만들더라도 결국은 유사한 의미가 된다.

마케팅의 아버지인 필립 코틀러가 정리한 마케팅의 정의를 참고하면 지금까지 공부한 내용을 총정리하는 데 도움이 되리라 생각한다. 필립 코틀러는 저서 『마케팅 A to Z』에서 마케팅을 다음과 같이 두 가지 방법으로 정의하였다. 첫 번째 정의는 개념적인 정의이며 두 번째는 더 세밀하게 활동 중심으로 정의한 것이다.

마케팅 관리란 목표 시장을 선정하고 또 고객을 위한 양질의 가치(효용성)를 창출해 알리고 제공하는 형태로 고객을 확보·유지·증대시키는 수법과 기술을 말한다.

마케팅이란 충족되지 못한 욕구와 필요를 가려내 확실하게 드러내고 그런 욕구의 크기와 잠재적 수익성을 평가한 다음, 조직이 가장 적절하게 부응할 수 있는 목표 시장이 어떤 곳인지를 정하고, 이렇게 선정된 시장에 내놓을 적절한 제품, 서비스, 프로그램을 결정한 뒤 조직 내 모든 구성원이 고객을 생각하고 고객의 요구에 부응하게 하는 비즈니스 기능을 말한다.

마케팅은 경영 환경의 변화에 따라 역할 변화를 겪으면서 개념 정의 또한 변천을 거쳐왔다. 최근의 마케팅 정의는 고객 창출을 위한 총체적인 활동이라는 가장 본질적인 개념에 접근하고 있다.
하지만 그 본질 자체는 처음부터 지금까지 한 번도 변한 적이 없다. 단지 경영자들과 학자들이 자신들이 속한 경영 환경에서 상황에 맞게 마케팅에 역할을 부여하고 해석했을 뿐이다.
최근의 경영 환경이야말로 진정한 마케팅을 요구하고 있다. 마케팅의 역할 중 일부만을 활용해도 문제없었던 시대는 이미 지났다. 이제는 마케팅의 풀 버전을 이해하고 활용하지 못하면 고객으로부터 외면받고 경쟁에서 살아남지 못할 것이다.

Business Management User's Guide

마케팅과 판매는
무엇이 다른가

　　　　　　　　　　　　마케팅에 대한 가장 큰 오해 중 하나는 마케팅과 판매를 똑같은 개념으로 간주하는 것이다. 실제로 상당수의 세일즈맨들이 자신을 마케팅 전문가라고 생각한다. 더군다나 이러한 오해는 마케팅 분야에서 일하는 사람들에게서도 흔하게 나타난다. 마케팅 전문가를 자처하면서 여러 차례 경험한 판촉 활동을 자신의 마케팅 경력으로 내세우는 경우도 꽤 많다.

　　마케팅과 판매에 대한 오해는 너무나 뿌리가 깊다. 그러다 보니 마케팅을 연구한 많은 학자와 전문가들이 지나치다 싶을 정도로 그 둘의 차이를 강조하면서 오해를 경계하고 있다. 가장 대표적인 것으로 피터 드러커의 대표 저서『매니지먼트』에 기술된 내용을 살펴보자. 여기에 사용된 세일즈라는 표현은 국내에 소개된 번역본을 수정 없이 인용한 것이다. 판매와 동의어로 간주해도 무방하다.

　　이제까지 마케팅은 기업에서 세일즈에 관한 기능적인 업무를 의미하는 데 지나지 않았다. 생산되는 제품과 이를 판매하기 위한 시장을 찾는 데 초점을 맞춰온 것인데, 이는 지극히 기업 중심적 관점이라고 할 수 있다.

진정한 마케팅은 고객 즉 현실, 욕구, 가치로부터 출발한다. '고객에게 무엇을 팔고 싶은가'가 아니라 '고객이 무엇을 사고 싶어 하는가'를 따지는 것이다. '생산된 제품이나 서비스로 가능한 것이 이것이다'가 아니라 '고객이 가치를 느끼고 필요로 하며 간절히 찾고 있는 만족이 이것이다'라고 말해야 한다.

여기서 피터 드러커는 마케팅이 세일즈의 기능적 일부분으로 인식되어 온 이유를 기업 중심적 관점, 즉 공급자 우위 시장의 관점 때문으로 보고 있다. 또한 고객이 처한 상황, 욕구, 간절히 바라는 가치로부터 출발하는 것이 진정한 마케팅이라고 정의하고 있다. 이 정도만 하더라도 마케팅과 판매는 관점에서부터 근본적인 차이가 있음을 알 수 있다. 그런데 여기에 이어지는 다음의 문구는 더욱 강력한 메시지를 담고 있다.

사실 세일즈와 마케팅은 서로 반대되는 개념이다. 심지어 의미상 보완적인 부분조차 없다. 물론 세일즈는 반드시 필요하다. 그러나 마케팅의 이상은 세일즈를 불필요한 것으로 만드는 데 있다. 궁극적으로 마케팅이 추구하는 바는 고객을 이해하고 제품과 서비스를 고객에 맞춤으로써 제품이 저절로 팔려나가도록 하는 것이다.

여기서는 아예 마케팅과 세일즈를 완전히 반대이며 공통분모는 한 군데도 없는 상극의 개념으로 해석했다. 더군다나 가장 이상적인 마케팅은 제품이 저절로 팔려나가도록 하여 궁극적으로 세일즈를 없애버리는 것이라고 단정하기까지 했다. 열심히 물건 팔고 좋은 실적 올려 칭찬받으면서 자신이 훌륭한 마케터라고 자부해온 세일즈맨들과 판촉 전문가들에게는 매우 충격적인 메시지가 아닐 수 없다.

그렇다면 이 부분에 대해 마케팅의 아버지라 불리는 필립 코틀러의 견해는 어떠할까? 코틀러 교수가 저서 『마케팅 A to Z』에서 기술한 내용을 보자.

마케팅은 판매 행위가 아니다. 아직도 이 양자를 혼동하는 경우가 흔한데, 사실 마케팅과 판매는 거의 정반대의 활동이다. '경성 마케팅 hard-sell marketing'은 모순된 표현이다.

여기서도 마케팅과 판매를 거의 정반대의 활동이라고 결론짓고 있다. 또한 기업이 이미 생산한 제품을 밀어내듯 판매하는 경성 판매 hard-sell를 판매와 정반대 개념인 마케팅과 결합하여 사용하는 것 자체가 모순이라고 이야기한다. 이에 연결하여 코틀러 교수는 다음과 같은 내용을 기술하고 있다.

마케팅은 생산한 것을 처분하는 교묘한 방안들을 찾아내는 기법이 아니다. 마케팅은 고객의 진정한 가치를 창출하는 기술이다. 마케팅은 고객들이 더 나아지게끔 돕는 방법이다. 따라서 마케터의 모토는 품질, 서비스, 그리고 가치이다.

이상의 두 문구를 종합하여 볼 때 코틀러의 견해와 피터 드러커의 견해는 표현 방식과 용어가 약간 바뀌었을 뿐 실제의 내용은 거의 일치한다는 사실을 알 수 있다. 그런데 이상한 점이 있다. 마케팅과 판매가 정반대의 개념인 게 이렇게 명백한데도 왜 사람들은 그 둘을 잘 구별하지 못하고 오히려 동의어로 생각하는 경우가 많을까? 여기에는 두 가지 원인이 있다고 생각한다.

첫 번째로 마케팅이 판매와 구분 없이 사용되더라도 아무 문제가 없었던 시대가 있었으며 그때의 고정관념이 지속되고 있다. 거의 모든 경제에서 새로운 제품이 도입되는 단계에서는 공급자 주도 시장으로 출발한다. 공급자 주도 시장은 수요에 비해 공급이 턱없이 부족한 상황을 말한다. 이러한 상황에서는 생산 지향적 관점이 지배한다. 생산 지향적 관점하에서는 제조 부문은 일단 무조건 많이 만드는 것이 상책이다. 그리고 판매 부문은 어떻게 하면 자신들이 그 제품을 팔고 있다는 것을 많은 고객에게 알리고 충분히 공급하느냐를 중요하게 생각한다. 이러한 상황에서라면 마케팅이 아니더라도 제품은 저절로 팔려나간다. 따라서 마케팅은 판매를 돕는 제한적 범위에서 수행될 수밖에 없을 것이다.

그러나 공급자 주도 시장은 궁극적으로는 지속될 수가 없다. 공급자 주도라는 상황은 아직도 충족되지 않은 수요가 있다는 것을 의미한다. 기존의 공급자들은 더 많은 수익을 얻기 위해 공급 능력 확대를 위한 투자를 감행한다. 그뿐만 아니라 아직도 시장에 수익 창출 기회가 있다고 인식한 잠재 경쟁자들이 추가로 시장에 진입하는 상황이 전개된다.

이러한 상황이 지속되어 기존 공급자의 공급 능력 확대와 새로운 경쟁자의 진입이 어느 임계점을 넘는 순간 모든 공급자의 공급 능력을 합한 규모가 시장 수요의 규모를 초과한다. 이때 구매자 주도 시장이 열린다. 구매자들은 여러 대안 중에서 선택할 수 있어 주도적으로 목소리를 높이며 공급자들에게 차별화된 가치를 요구하기 시작한다. 이때부터 진정한 마케팅이 필요해진다. 말하자면 판매와 마케팅이 서로 다른 길을 걷게 되는 시점이라고 할 수 있다.

하지만 '만들었으니 당연히 팔릴 것이다'는 기존의 고정관념과 관행을 버리지 못하는 공급자들은 '내 요구를 들어주는 것을 사겠다'는 새로운 사고로 구매에 나서는 소비자들을 제대로 이해하지 못한다. 그리고는 여전히 관성의 법칙처럼 기존 방식을 고수한다. 하지만 관점과 패러다임을 변화시키지 못한다면 어느 순간 고객으로부터 외면받게 된다. 기존의 관점과 패러다임에 사로잡힌 공급자는 잘못을 깨닫지 못하고 지금까지 해오던

대로 생산을 계속한다. 그러면서 어떻게 하면 고객이 제품을 사도록 설득할까 하는 생각에 골몰한다. 그리고 자신도 모르는 사이에 막다른 골목을 향해 서서히 나아간다.

마케팅과 판매를 혼동하게 하는 두 번째 요인은 마케팅과 판매가 둘 다 겉으로 보기에는 같은 결과물, 즉 매출을 얻게 해준다는 점이다. 오늘 점심을 위해 들렀던 식당을 생각해보자. 식당 문을 밀고 들어갔는지 당기고 들어갔는지 기억하는가? 사람들은 무의식적으로 했던 행위는 잘 기억하지 못한다. 사람들은 보통 미는 데 익숙하다. 그래서 무의식적으로 문을 열었다면 십중팔구는 밀고 들어갔을 것이다. 만약 분명히 기억이 난다면 당겨서 연 것이 기억날 가능성이 높다. 그건 아마도 '당기시오'라는 글씨를 보고 그대로 했거나 아니면 당겨야만 열리는 문이었을 것이다.

미는 것과 당기는 것은 완전히 반대의 개념이다. 미는 동작과 당기는 동작은 공통분모가 거의 없으며 사용하는 근육도 전혀 다르다. 그런데 왜 우리는 이렇게 서로 다른 동작 중 어느 쪽을 택했는지 기억하지 못할까? 그 이유는 두 가지 모두 결과적으로는 문을 여는 데 성공했기 때문이다. 다시 말해 식당에 들어가는 데 성공한 이상 밀어서 열었느냐 당겨서 열었느냐는 더는 우리 기억에서 중요하지 않다.

마찬가지로 마케팅이나 판매 모두 활동의 결과로 매출이라는 외견상 같은 결과물을 얻는다. 그리고 그 매출은 숫자로 바뀌어 손익계산서에 표시된다. 그 숫자만을 보고는 마케팅의 결과물인지 판매의 결과물인지를 알 방법이 없다. 그 매출 실적이 단기적이라면 어떤 활동의 산출물인지 더더욱 알기 어렵다.

하지만 마케팅 활동의 결과와 판매 활동의 결과는 본질적으로 다르다. 하나는 끊임없이 고객을 이해하고 그들의 욕구를 충족시켜가면서 지속적인 관계를 얻어가는 활동이다. 하지만 또 다른 하나는 쌓여 있는 재고 처분을 위해 고객을 설득하면서 때로는 불편한 관계를 만들어가기도 하는 활동이다.

　고객을 모든 사고와 활동의 중심에 놓지 않고 단기적인 매출 숫자라는 결과에 연연하면 마케팅과 판매는 일견 같은 것으로 보이게 마련이다. 그리고 그러한 오해가 오래 지속되면 어느 순간 고객으로부터 외면받는 자신을 발견하면서도 그 이유를 전혀 알 수 없게 된다.

> 마케팅 전략이나 활동이 제대로 효과를 발휘하지 못하는 이유는 많은 경우 마케팅과 판매를 같은 개념으로 인식하는 오해에서 비롯된다. 그리고 그 근본 원인은 고객 창출이라는 기업의 목적을 망각하는 데 있다.
> 기업 목적 달성을 위한 두 가지 핵심 기능 중 하나인 마케팅은 고객이 모든 사고와 활동의 전제이자 중심이 되어야만 한다. 고객은 기업이 물건을 팔아 돈을 벌기 위한 대상이 아니라 모든 경영 활동의 시작이자 존재 기반이기 때문이다.

Business Management User's Guide

판매는 불완전한 마케팅을 보완한다

앞서 이야기한 것처럼 마케팅과 판매는 정반대의 개념이다. 마케팅의 궁극적인 지향점은 판매를 불필요하게 만드는 데 있다. 그런데 막상 이 개념을 받아들여 이해하려면 몇 가지 의문이 생긴다.

마케팅 믹스marketing mix라고 일컬어지는 4P 요소 중에는 프로모션promotion이 포함되어 있다. 대부분의 마케팅 이론서에서 프로모션은 광고advertizing, 홍보publicity, public relations, 인적 판매personal selling, 판매 촉진sales promotion의 네 가지 활동으로 구성된다고 가르친다. 그런데 인적 판매와 판매 촉진은 분명히 판매 활동이다. 그렇다면 마케팅 활동 중에 판매 활동이 포함되어 있다는 뜻이다. 그리고 실제 상황에서도 마케팅 부서의 활동 중 이 두 가지가 차지하는 비중은 상당히 크다.

그렇다면 왜 마케팅이 판매와 정반대 개념이라고 하면서 판매와 관련된 활동들이 마케팅 믹스에 포함되어 있는 것일까? 그 활동들의 정체는 마케팅 활동인가 판매 활동인가? 그 일을 하는 사람들은 마케터라 불러야 하나, 아니면 판매원이라고 해야 하나? 마케팅을 지향하는 회사에서 그러한 판매 활동과 그 활동을 하는 사람들은 불필요한 존재인가?

마케팅과 판매의 관계를 이야기할 때 그 두 가지를 동의어로 해석하는 것만큼이나 위험한 오해가 존재한다. 마케팅은 옳고 판매는 잘못된 것이며 마케팅을 하려면 판매 활동은 아예 없어야 한다는 이분법적 사고이다. 이에 대한 이해를 돕기 위해 앞서 인용한 바 있는 피터 드러커의 견해를 다시 한 번 살펴보겠다.

사실 마케팅과 세일즈는 서로 반대되는 개념이다. 심지어 의미상 보완적인 부분조차 없다. 물론 세일즈는 반드시 필요하다. 그러나 마케팅의 이상은 세일즈를 불필요한 것으로 만드는 데 있다. 궁극적으로 마케팅이 추구하는 바는 고객을 이해하고 제품과 서비스를 그에 맞춤으로써 제품이 저절로 팔려나가도록 하는 것이다.

위의 내용을 보면 피터 드러커는 판매가 모두 없어져야 한다고 말한 적이 없으며 오히려 필요하다고 인정하고 있음을 알 수 있다. 마케팅을 하려면 판매를 해서는 안 된다는 것이 아니라 판매가 불필요한 이상적인 모습을 지향해나가야 한다고 역설했다. 제품이 저절로 팔려나가는 이상적인 마케팅의 모습은 고객이 지불하고자 하는 돈의 가치보다 제품의 가치가 더 높다고 인정되는 상황일 때 이루어진다. 그렇다면 왜 판매는 여전히 존재할 수밖에 없으며 마케팅 믹스에는 판매와 관련된 활동이 포함되는 것일까? 그 이유는 두 가지로 설명할 수 있다.

첫째, 판매가 마케팅의 불완전성을 보완해주기 때문이다. 마케팅의 불완전성은 이상적인 마케팅을 실현하는 것이 현실적으로 쉽지 않으며 설사 이상적 마케팅의 상황에 도달했다고 하더라도 그 상태를 지속시키기는 더더욱 어려움을 의미한다. 어떤 사업 부문에서 이상적 마케팅을 구현할 수 있다고 해도 기업이 운영하는 모든 사업 부문에서 이상적인 마케팅을 구현하고 지속시키기는 불가능하다고 보아야 한다.

우리는 간혹 구매하려는 고객이 거의 줄 서 있다시피 하여 영업 사원은 그저 고객들에게 제품을 나누어주기만 해도 되는 여건에서 사업하는 회사들을 접한다. 그야말로 제품이 저절로 팔려나가는 상황이다. 하지만 이는 독과점이거나 경기 변화에 따라 일시적으로 품귀 현상이 발생한 경우가 대부분이다. 이상적인 마케팅에 도달했기 때문에 저절로 팔려나가는 경우는 그리 흔치 않다.

하지만 우리는 아주 드물게 진정으로 고객이 원하는 것을 제공하여 고객을 열광시키고 그야말로 불타나게 제품이 저절로 팔려나가는 경우를 본다. 스타워즈 시리즈가 새롭게 제작되어 개봉하였을 때 사람들이 직장을 쉬고 영화관 앞에서 밤새워 줄을 섰다. 폭스바겐이 뉴비틀을 시장에 내놓았을 때도 기존 비틀 마니아들의 구매 열풍으로 품귀 현상이 일었다. 심지어는 중고 자동차값이 신차 값을 훨씬 능가하는 일도 생겼다. 소니 플레이스테이션 열풍이 불었을 때도 유사한 모습을 보였다. 최근에는 애플이 아이폰의 신제품 판매를 시작할 때마다 다른 사람보다 한발 앞서 구매하기 위해 엄청난 길이의 줄을 서는 것을 감내하는 모습을 볼 수 있다.

이러한 사례들을 볼 때 이상적인 마케팅을 실현하는 게 아예 불가능한 것 같지는 않다. 하지만 그것을 영원히 지속시키기란 거의 불가능에 가깝다. 기술은 발전하고 소비자의 욕구는 계속 변화한다. 경쟁자들은 한 회사가 독점적 이익을 취하는 상황을 내버려두지 않는다.

이상적인 마케팅 상태를 지속하려면 기업이 변화하고 혁신하는 속도가 이러한 경영 환경이 변화하는 속도를 항상 능가할 수 있어야만 한다. 그리고 그러한 변화와 혁신이 지속적으로 성공해야만 한다. 하지만 기업이 언제나 경영 환경의 변화보다 빠르게 변화하고 혁신하기는 어렵다. 게다가 그 노력도 항상 성공할 수는 없는 일이다. 이 때문에 한 번 이상적 마케팅의 상태에 도달했다 하더라도 어쩔 수 없이 다시 이탈하는 상황이 발생할 수밖에 없다. 경우에 따라서는 그렇게 이탈된 상황이 상당 기간 지속될 수도 있다. 이렇게 되면 제품은 더는 저절로 팔려나가지 않는다.

이상적 마케팅 상태가 무너지고 제품이 저절로 팔려나가지 않는데도 그대로 방치한다면 기업이 생존할 수 없다. 다음 단계로 나아갈 수도 없다. 이 때문에 기업은 단기적으로 어떤 형태로든 제품이 시장에 공급되어 재고가 회전되고 수익이 확보되며 현금이 돌 수 있도록 해야만 한다.

이 문제를 해결할 최선의 방법이 판매다. 이상적인 마케팅의 상태에서 벗어나 불완전한 상태에 있을 때 그것을 극복하여 다시 이상적인 마케팅의 상태로 복귀하려 노력하는 것 또한 마케터의 역할이어야만 한다. 마케팅이 불완전할 때 그 부족한 부분은 반대 개념에 있는 판매가 채워줄 수 있다. 반대로 마케팅이 장점을 발휘할수록 판매는 필요성이 줄어든다. 이 때문에 마케팅 추진 과정에서 발생하는 허점을 일시적 혹은 어느 정도 지속적으로 보완해주는 것은 판매의 역할이 된다. 훌륭한 마케터가 되기 위해서는 마케팅 활동의 보완 기능으로서의 판매 활동을 적절히 조화시키면서 활용할 수 있어야 한다.

마케팅 믹스에 판매적 요소가 포함될 수 있는 두 번째 이유는, 인적 판매와 판매 촉진 또한 판매 관점이 아닌 마케팅 관점에서 해석되고 집행되어야 하기 때문이다. 앞서 말한 바와 같이 이상적인 마케팅에서 벗어난 상황에서는 제품이 저절로 팔려나가지 않는다. 제품이 저절로 팔려나가지 않는 것은 소비자들이 구매할 제품의 가치보다 지불해야 할 돈의 가치가 더 높다고 판단하기 때문이다.

이러한 상황을 극복하기 위해 기업이 취할 수 있는 행동은 두 가지이다. 하나는 아직 소비자가 인지하지 못한 제품의 가치를 적극 알려야 한다. 또 하나는 고객이 구매하는 제품의 가치와 지불하는 돈의 가치 사이의 균형을 다시 맞추어야 한다.

고객에게 그들이 아직 알지 못하는 제품의 진정한 가치를 적극 알리는 가장 강력하고 효과적인 방법은 대면 접촉이며 이것이 인적 판매다. 제품 가치와 돈 가치의 균형을 맞추는 방법은 제품 가격을 낮추거나 가격은 유지하면서 가치 있는 무엇인가를 덤으로 제공하는 것이다. 이러한 방법으로 소비자의 구매 욕구를 증대시키는 노력이 판매 촉진이다. 따라서 판매의 대표 수단인 인적 판매와 판매 촉진도 마케팅 관점하에서 수행되어야만 한다.

아무리 유능한 마케터라도 이상적인 마케팅의 상황을 항상 만들어내고 유지할 수는 없다. 이 때문에 마케터는 상황에 따라 판매를 적절하게 활용할 수 있어야 한다. 마케팅 믹스에 인적 판매와 판매 촉진이라는 대표적인 판매 활동이 포함되는 것도 이러한 차원에서 이해해야 한다.

하지만 인적 판매와 판매 촉진은 판매 지향적 사고로부터 출발해서는 안 되며 반드시 마케팅 지향적 사고를 기반으로 해야만 한다. 그렇게 해야만 다른 마케팅 활동과 충돌하지 않고 상호 보완해줄 수 있으며 고객의 가치를 훼손시키지 않는다.

마케팅 관점에서 마케팅 활동과 판매 활동을 조화시키고 고객과의 관계를 유지해나갈 수 있다면 이상적인 마케팅 상태에 도달하기 위한 노력을 이어갈 수 있을 것이다.

생산 지향적 관점과
고객 지향적 관점은 무엇이 다른가

"우리는 풀 마케팅pull marketing도 해보았고 푸시 마케팅push marketing도 해보았으므로 그 두 가지를 모두 다 구사할 줄 안다."

이전에 잠시 몸담았던 회사에서 어떤 사업본부장과 대화를 나누다가 들은 이야기이다. 무슨 뜻인지 잘 이해가 가지 않아 그가 풀 마케팅과 푸시 마케팅을 어떤 뜻으로 말하고 있는지 물어보았다. 그 사업본부가 제품을 판매하기 위해 활용하는 유통은 두 가지 형태가 있었다. 하나는 대리점 또는 직매장 형태의 점두 매장road shop이며, 또 하나는 영업 사원을 통한 직접 판매direct selling 방식이었다.

그 사업본부장은 점두 매장 유통을 풀 마케팅으로 이해하고 직접 판매 방식을 푸시 마케팅으로 이해하고 있었다. 왜 그렇게 생각하는지를 물어보았다. 그랬더니 점두 매장 판매 방식은 매장을 차려놓고 고객이 방문하기를 기다리기 때문에 고객을 끌어당긴다는 의미에서 풀 마케팅이고 직접 판매 방식은 고객이 있는 곳으로 찾아가 판매하므로 푸시 마케팅이라는 것이다.

일단 풀과 푸시라는 단어를 마케팅과 결합하여 새로운 용어를 만들어낸 것부터가 당혹스러웠다. 여기에 나를 더 불편하게 만든 게 하나 더 있었다. 설사 그런 이상한 용어들이 실제로 존재한다고 하더라도 유통은 마케팅의 일부일 뿐이다. 그런데 유통의 여러 형태를 지칭하는 데 마케팅이라는 용어를 사용했다는 사실이다. 그뿐만 아니라 이러한 용어와 개념은 그 사업본부장 개인의 지식이나 견해에서 그치지 않고 그 회사 전반에서 공유되고 있었다.

이전 글에서 점심을 먹기 위해 식당 문을 밀고 들어갔는지 당기고 들어갔는지 기억하느냐고 이야기한 적이 있다. 푸시와 풀은 분명히 구분될 뿐만 아니라 완전히 반대되는 개념이다. 푸시 마케팅과 풀 마케팅을 동시에 구사한다고 말하는 것은 백 번 양보해도 잘못된 표현이다. 이는 내가 오늘 식당 문을 밀면서 동시에 당겨서 열고 들어갔다는 황당한 이야기와 하나도 다를 바 없다.

나는 마케팅 전문가로 인정받는 사람들이 푸시 마케팅이나 풀 마케팅이라는 용어를 사용하는 경우를 한 번도 본 적이 없다. 마케팅에서 푸시와 풀이라는 용어를 사용할 때는 기업이 고객이나 시장과 어떻게 상호작용하는가에 초점을 맞추는 것이 일반적이다. 다시 말해 푸시와 풀은 기업이 시장과 고객에 대해 가지고 있는 관점과 패러다임을 설명하기 위한 개념이다.

이 때문에 푸시와 풀은 마케팅 기법을 설명하는 용어로 해석되어서는 안 된다. 마케팅 분야에서 푸시와 풀은 '프로덕트 푸시product push'와 '마켓 풀market pull'이라고 해야 정확한 표현이다. 그런데 이 용어들은 우리말로 해석하기가 꽤 어렵다. 그래서 여기서는 영어 표현을 있는 그대로 쓰겠다.

프로덕트 푸시는 기업이 이미 생산해놓은 것을 시장과 고객의 방향으로 밀어내듯이 판매하여 매출을 증가시키고 제품 재고를 줄여가는 것을 말한다. 이는 '만들면 팔린다'는 공급자 주도 시장의 논리이자 생산자 관점 또는 생산 지향적 패러다임과 거의 비슷한 의미라고 할 수 있다.

반면에 마켓 풀은 기업이 시장과 고객이 필요로 하는 것을 파악하고 이를 충족시킬 수 있는 제품을 만들어 고객이 끌려오듯이 스스로 찾아와 구매하도록 하는 것을 의미한다. 이것은 '저절로 팔린다'는 이상적 마케팅의 다른 표현이라고 할 수 있다. 또한 고객이 구매의 주도권을 가진 상황인 구매자 주도 시장에 적합한 논리다. 그리고 고객 창출이라는 기업의 목적에 충실한 고객 관점 또는 고객 지향적 패러다임과 같은 의미로 해석할 수 있다. 이렇게 푸시와 풀을 기업이 고객과 시장을 바라보는 관점이나 패러다임으로 해석하면 하나의 기업이 두 가지를 동시에 행하는 것은 말이 되지 않음을 쉽게 알 수 있다. 관점과 패러다임이 달라지면 기업의 운영방식이 전혀 다르게 형성되고 활동의 우선순위가 달라지며 조직 문화 또한 이에 맞게 변화하는 경향을 찾아볼 수 있다. 그중 하나는 제품 재고와 관련된 것이다.

　공급이 수요를 따라가지 못하는 공급 부족 상태에서는 대개 생산자 관점을 갖는다. 이때 제품 재고는 매우 중요한 자산 중 하나로 인식된다. 만들기만 하면 팔릴 것이므로 제품 재고가 많은 것은 별로 문제가 되지 않는다. 이 경우 프로덕트 푸시는 최선이자 유일한 전략이 된다. 재고는 금방 현금으로 바뀔 것이다. 오히려 재고가 많다는 사실은 판매 여력이 많으며 공장은 높은 생산성을 유지하고 있고 매출은 신장하고 있음을 의미한다. 지금도 대차대조표에 재고자산이 중요한 유형자산 중 하나로, 게다가 고정자산이 아닌 유동자산으로 표시되고 있는 것은 이러한 생산자 관점이 유효하던 시절에 형성된 규칙의 영향이라 할 수 있다.

　공급과 수요가 역전되어 공급 과잉이 되면 상황이 달라진다. 팔려나가는 것 이상으로 보유한 과잉 재고는 더는 중요한 자산이 아니며 오히려 골칫덩어리일 수밖에 없다. 공급 부족 상황에서는 재고의 증가가 매출 성장과 연결된다. 하지만 공급 과잉 상황에서는 재고 증가가 매출 증대로 바로 연결되지 않으므로 과잉 상태가 나타난다. 그 결과 오히려 현금이 재고에 묶여 유동성의 문제가 발생하고 재고의 장기 보관으로 품질 저하, 파손,

보관 비용 증대 등 손실이 눈덩이처럼 불어난다. 이러한 상황에서도 기존 방법을 고수하면서 최대의 생산성을 발휘하여 최대로 생산하는 관행을 지속하면 어느 순간 기업 전체가 위기에 빠진다.

과잉 재고를 자산이 아니라 비용으로 인식하는 것은 기존의 전통적 회계 방식으로는 어렵다. 그래서 제약 이론이나 린$_{lean}$ 생산 방식 등에서는 과잉 재고 발생을 원천적으로 차단하고, 재고를 자산이 아니라 비용이자 리스크로 인식하는 스루풋 회계$_{throughput\ accounting}$와 같은 새로운 관리회계 방식을 제안하고 있다.

과잉 생산에서 비롯된 재고 과다 보유 상황을 탈피하는 방법은 두 가지밖에 없다. 하나는 기존 방식을 유지하여 생산을 계속하면서 단기적으로 재고를 처분할 수 있는 여러 가지 방법들을 동원하는 것이다. 이미 시장 상황은 프로덕트 푸시가 잘 통하지 않는 상황이 되었으므로 더욱 강력하게 푸시하는 게 필요할 것이다. 가장 쉽게 택할 수 있는 방법은 과감한 가격 할인, 공격적인 판매 촉진, 유통망을 대상으로 하는 밀어내기 방식의 출고 등이다.

물론 이러한 방법들을 통하여 단기적으로는 어느 정도 효과를 거둘 수 있다. 하지만 이 방법들은 중장기적으로는 부메랑이 되어 더 큰 문제를 발생시킨다. 경쟁사들과의 과당 가격 경쟁이 유발되기도 한다. 또 가격 인하로 발생한 이익률 저하를 극복하기 위해 무리한 비용 절감을 하여 제품과 서비스의 품질이 저하되기도 한다. 더욱이 유통망에 아쉬운 소리를 하거나 강압적으로 행동하여 영향력이 감소하거나 신뢰를 잃는 상황이 발생할 수도 있다.

재고 과다 보유 상황을 해결하는 또 하나의 방법은 생산을 덜 하는 것이다. 다시 말해 팔리는 양만큼만 생산하는 것이다. 이는 기업의 운영 방식과 관점을 마켓 풀로 전환하는 것을 의미한다. 고객이 원하는 만큼만 생산하므로 재고는 적정량만큼만 보유하게 되고 가격도 유지된다. 유통망에 대한 무리한 밀어내기도 필요 없다. 그렇다면 이러한 의문이 생긴다. 팔리는 양만큼만 생산하면 그 즉시 마켓 풀로 전환된다는 말인가? 그렇게 간단하게 고객 관점에 기반을 둔 완전한 마케팅을 실현할 수 있다는 것인가?

그러나 실제로 현실을 들여다보면 그렇게 간단하지 않음을 알 수 있다. 그나마 기업이 생산하는 제품이 시장에서 아직 경쟁력을 가지고 있다면 팔리는 만큼만 생산하더라도 큰 문제가 되지 않을 수도 있다. 그러나 팔리는 만큼만 생산하였더니 매출이 크게 감소하고 설비의 가동률이 50퍼센트 이하로 떨어진다면 어떻게 할 것인가? 기업은 이미 투자해놓은 고정자산이 있고 이미 뽑아놓은 인력들이 있다. 매출과 가동률이 급감하면 이 부분을 탄력적으로 줄일 수 있어야 하는데 그것이 고무줄 늘이고 줄이듯 쉽게 되지 않는다.

따라서 제품 경쟁력을 잃은 상태에서 아무런 조치 없이 팔리는 만큼만 생산하는 체제로 전환한다면 기업의 생존 자체가 위협받을 수 있다. 이를 피하기 위해서는 어쩔 수 없이 저절로 팔려나가는 양 이상으로 생산하면서 잉여분을 시장에 푸시할 수밖에 없다.

따라서 프로덕트 푸시 체제에서 마켓 풀로 급진적인 전환을 하는 것은 매우 어렵다. 때로는 여기에 상당한 비용과 위험이 수반된다. 그러므로 마켓 풀의 전제 조건은 기업이 제공하는 제품과 서비스의 가치가 경쟁력을 갖는 것이다. 그러한 경쟁력 확보를 위해서는 상당한 기간의 노력과 투자가 필요하다. 경영자의 결심 하나만으로 오랜 기간 지속되어온 생산자 관점에서 벗어나 일거에 고객 관점으로 기업의 운영 체제를 바꾸어낼 수는 없다.

생산자 관점에서 고객 관점으로 전환하고 프로덕트 푸시에서 마켓 풀로 전환하는 것은 소위 말하는 패러다임 시프트 paradigm shift, 그중에서도 180도의 정반대 방향 전환에 해당한다. 따라서 엄청나게 많은 에너지와 노력이 필요하다. 이는 기업의 규모가 클수록 더욱 어려운 문제가 된다.

패러다임 시프트는 흔히 바다에서 배를 반대 방향으로 돌리는 데 비유된다. 작은 보트는 어렵지 않게 방향을 바꿀 수 있다. 그러나 중형 선박은 그렇게 민첩하게 움직이기 어렵다. 만약 배가 유조선이라면 180도 방향을 바꾸는 데 상당한 동력이 필요할 뿐더러 회전 반경이 대단히 클 것이다. 따라서 많은 시간에 걸쳐 서서히 진행할 수밖에 없다. 그뿐만 아니라 회전하는 과정에서는 반드시 속도를 상당히 줄여야만 한다. 속도를 줄일수록 회전이 빨라지지만 기존 속도를 유지하려 하면 할수록 더욱 큰 회전 반경이 필요하고 완전히 회전하는 데 걸리는 시간도 길어진다.

마찬가지로 기업의 패러다임을 전환하기 위해서는 차별화된 경쟁력이라는 새로운 동력이 필요하다. 그런데 이를 확보하기 위해서는 많은 시간이 소요된다. 따라서 전환 기간 중 시장 점유율이 떨어지거나 추가적인 비용이 투입되는 등의 일시적인 슬럼프를 겪을 가능성이 높다.

그렇다면 이러한 패러다임 시프트의 고통을 겪지 않거나 여기서 자유로울 수 있는 방법은 없을까? 유일한 방법은 사업 시작 초기 단계부터 마켓 풀이나 고객 관점에 입각하여 활동을 전개하는 것이다. 기업이 패러다임의 혼란에 빠지는 이유는 생산만 많이 하면 모두 팔려나가는 상황을 너무나 당연한 현상으로 받아들이고 오랜 시간 동안 길들여져 고객이라는 개념을 머릿속에서 지웠기 때문이다. 생산만 하면 팔리는 상황을 고객은 알아서 사주는 존재들이니 무시하고 잊어버려도 좋다는 의미로 해석하면 안 된다. 어떠한 상황에서도 고객의 요구가 최우선 고려 사항이 되어야만 한다.

그런데 공급 부족인 상황에서 고객의 최우선적인 요구는 프로덕트 푸시라고 할 수 있다. 즉 기업이 최대한 많이 빨리 공급하여 그 제품을 구매할 수 있도록 해주는 것을 간절히 기대한다는 말이다. 다시 말해 공급 부족을 해결해주는 것이 최대의 고객 만족이다. 이러한 상황에서는 생산자 관점은 고객 관점과 양립할 수 있다. 다시 말해 '만들었으니 팔아내야 한다'는 의미로 프로덕트 푸시를 해석할 것이 아니라 고객이 진정으로 원하는 것이 공급 부족 해소이니 그 요구를 충족시키기 위해 최대한 많이 생산하여 공급해야 한다는 의미로 해석해야 한다는 말이다. 이렇게 된다면 공급자 주도 시장에서의 프로덕트 푸시도 고객 관점의 패러다임에서 실행할 수 있다.

또한 이전에 언급한 바와 같이 이상적인 마케팅을 구현하는 것은 쉽지 않다. 마케팅은 언제든지 불완전해질 수 있다는 사실을 항상 염두에 두어야 한다. 따라서 고객 창출이라는 기업의 목적을 달성해나가는 과정에서 마케팅의 불완전성을 보완해주고 더 나은 이상적인 마케팅을 향해 나아가면서도 기업의 생존을 유지하는 방법으로서 프로덕트 푸시를 적절히 활용할 수 있다. 그러면 프로덕트 푸시에 대한 잘못된 집착에서 벗어날 수 있다. 이와 함께 프로덕트 푸시는 마케팅의 반대 개념이므로 배척하고 타파해야 한다는 또 다른 오해로부터도 자유로울 수 있을 것이다.

생산자 관점은 애당초 존재한 적이 없는 패러다임이며 오로지 고객 관점만이 유일하게 유효한 관점이자 패러다임이라고 할 수 있다. 생산자 관점은 한편으로는 잘못된 상황 판단으로, 또 한편으로는 기업의 이기심과 과거 성공 경험을 반복하려는 안일함으로 인해 생겨난 오해에 불과하다.
고객 관점은 고객 창출이라는 기업의 목적에 충실하면서 고객이 필요로 하는 것을 충족시키는 것이다.
공급 부족 상황에서도 기업의 단기적인 매출을 확대하고 이익을 극대화하기 위해서가 아니라 진정으로 그 시대의 고객이 요구하는 것을 충족시키기 위해 최대한 많은 양을 시장에 공급하는 책임을 수행한다는 발상을 갖는 게 바람직하다. 그러면 어떤 경우에도 고객 관점을 잃지 않게 된다. 또한 뒤늦게 생산자 관점에서 고객 관점으로 패러다임을 전환할 필요가 없으며 이로 인한 불필요한 고통과 비용을 감내하지 않아도 된다.
결국 어떤 경우에도 고객 관점을 잃지 않으면서 마켓 풀을 기본으로 하되 상황에 따라 프로덕트 푸시를 적절히 조화시킬 수 있는 융통성을 발휘할 수 있을 것이다.

Business Management User's Guide

마케팅은 고객의
니즈와 원츠로부터 출발한다

고객이 밀려들어와서 저절로 구매가 일어나는 마켓 풀의 상황, 즉 이상적인 마케팅의 상황을 구현하기 위해서는 고객이 간절히 찾는 무엇인가를 충족시켜줄 수 있어야만 한다. 이상적인 마케팅에 대해 피터 드러커가 설명한 내용을 다시 한 번 살펴보기로 하자.

진정한 마케팅은 고객으로부터, 즉 현실, 욕구, 가치로부터 출발한다. '고객에게 무엇을 팔고 싶은가'가 아니라 '고객이 무엇을 사고 싶어 하는가'를 따지는 것이다. '생산된 제품이나 서비스로 가능한 것이 이것이다'가 아니라 '고객이 가치를 느끼고 필요로 하며 간절히 찾고 있는 만족이 이것이다'라고 말해야 한다.

즉 고객이 처한 상황에서(현실), 간절히 바라는 것을(욕구), 충족시켜 줄 수 있는 중요한 것(가치)을 창출하여 제공하는 것이 진정한 마케팅으로 가는 관문이다. 이 문구의 마지막에 나오는 기업이 충족시켜야 할 '고객이 가치를 느끼고 필요로 하며 간절히 찾고 있는 만족'이라는 의미에 근접한 용어로 니즈needs와 원츠wants가 있다. 이 두 단어 모두 중학교 1학년이라면 배우는 너무도 기본적인 영어 단어들인데 마케팅에서는 핵심 개념으로 꼽힌다. 하지만 마케팅 분야에서 종사하는 사람들조차도 이 두 가지 의미를 쉽게 혼동하며 제대로 구분하지 못하는 경우가 많다. 게다가 이 단어들에 대한 우리말 해석도 각양각색이다.

우리말로 니즈는 '욕구' '필요' 등으로 해석하고 원츠는 '바람' '요구' '필요'와 같이 상황에 따라 다양하게 해석된다. 우리말의 '필요'라는 단어를 영어로 번역할 때도 누구는 'needs'라고 하고 누구는 'wants'라고 한다. 그나마 needs를 '욕구'로 wants를 '바람'으로 옮기는 것이 정확하다. 하지만 이렇게 혼란스러울 바에야 굳이 우리말로 옮기지 않는 편이 더 나을 수도 있다. 그래서 여기서는 '니즈'와 '원츠'라는 말을 그대로 사용하겠다.

니즈와 원츠의 정확한 의미를 설명하기 전에 먼저 간단한 질문을 해보겠다. 진정한 마케팅에 이르기 위해 기업이 초점을 맞추고 충족시켜야 할 것은 고객의 니즈인가 아니면 원츠인가? 먼저 답해보기 바란다. 실제로 강의 중에 이 질문을 던져보았더니 마케팅 분야에서 종사하는 사람들 사이에서조차도 의견이 엇갈리고 상당히 혼란스러워했다.

위의 질문에 답했다면 이번에는 다른 질문을 던져보겠다. 점심때가 되어 배가 고파져 무언가를 먹으려고 식당에 갔다. 그렇다면 이때 느끼는 것은 니즈인가 원츠인가? 점심을 배불리 먹고 나서 식당에서 나와 돌아오는 길에 커피숍과 아이스크림 가게가 있다. 디저트를 먹을까 말까, 먹는다면 어떤 것을 사 먹을까 생각한다. 이 경우에는 니즈를 가지고 있는 것인가 원츠를 가지고 있는 것인가?

이 두 가지 질문에 대한 답을 찾는다면 니즈와 원츠는 그다지 혼란스러운 개념이 아님을 알 수 있다. 실제로 강의 중 질문을 던졌더니 거의 모든 사람이 첫 번째 질문에 대한 답으로는 니즈, 두 번째 질문에는 원츠라는 정답을 찾아냈다. 그런데 왜 막상 니즈와 원츠의 의미를 문장으로 설명해 보라고 하면 어려움을 느낄까? 두 가지 다 무언가를 필요로 하고 있다는 공통분모를 가지고 있다면 과연 그 차이는 어디에 있을까?

그 답은 바로 '결핍deficiency'에 있다. 결핍은 있어야 할 것이 없거나 모자라서 채워질 필요가 있는 상태를 말한다. 마케팅은 충족된 니즈나 충족된 원츠를 대상으로 하지 않는다. 마케팅은 결핍을 충족시키는 것이다.

니즈와 원츠 모두 결핍 상태에 이를 수 있다. 그렇다면 어떤 결핍이 더 절박할까? 배고픈데 음식을 먹지 못한 것은 니즈가 충족되지 않은 상태에 있다. 디저트를 먹고 싶은데 돈이 모자라 사 먹을 수 없다면 원츠가 충족되지 못한 것이다. 사람들은 어떤 것을 더 견디기 어려워할까? 사람들은 니즈가 결핍 상태에 이르면 최선을 다해 충족시키려고 노력한다. 하지만 원츠의 결핍은 가급적 충족시키려 하지만 상황이 허락하지 않는다면 충족 노력을 중단하거나 유보한다.

고객은 니즈의 결핍 상태를 견디지 못한다. 이를 해소할 방법이 제시되고 그것을 구매할 능력이 있다면 무조건, 그것도 빨리 구매한다. 배고픈 고객은 음식을 사 먹는다. 하지만 무일푼인 사람은 굶는다. 그 사람이 굶는 이유는 굶는 것을 선택해서가 아니라 그 방법밖에는 없기 때문이다. 니즈가 충족되지 않은 상태로 남아 있는 한 계속 배고픔을 느끼고 음식을 먹고 싶다는 생각이 들 수밖에 없다.

원츠의 결핍 상태에 있을 때에는 선택이 중요해진다. 디저트를 먹기로 선택할 수도 있고 안 먹기로 선택할 수도 있다. 커피를 선택할 수도 있고 아이스크림을 선택할 수도 있다. 하지만 디저트를 안 먹었다고 해서 그 원츠가 미충족 상태로 남아 충족될 때까지 계속 생각나지는 않는다. 아이스크림 대신 커피를 마신 후에도 계속 아이스크림을 먹고 싶은 건 아니다.

그렇다면 다시 첫 번째 질문으로 돌아가보자. 진정한 마케팅에 이르기 위해 기업이 초점을 맞추고 충족시켜야 할 것은 고객의 니즈인가, 원츠인가? 이번에도 답해보기 바란다. 그리고 아까 한 답과 일치하는지 확인해보라. 진정한 마케팅은 고객의 니즈로부터 출발한다. 그리고 그 니즈는 결핍 상태에 있어야만 한다. 기업은 먼저 사람들의 니즈를 확인해야 한다. 그리고 그 니즈를 가지고 있으면서 결핍된 상태에 있는 사람들을 고객으로 삼아 그 결핍을 충족시켜주는 노력을 해야만 한다.

소니의 워크맨 사례에서 보듯이 때로는 고객이 아직 인지하지 못하는 니즈를 발견하여 고객이 뒤늦게 깨닫게 할 수도 있다. 때로는 새롭고 매력적인 디자인과 기능을 가진 신제품을 계속 내놓아 끊임없이 교체 구매를 유도하는 첨단 기기 업계의 경우처럼 이미 충족된 니즈를 다시 결핍의 상태로 바꿀 수도 있다.

이같이 현재 존재하거나 잠재된 고객의 니즈를 올바로 인지하고 결핍을 찾아내거나 결핍 상태를 유발시켜 충족시켜 줄 수 있는 기업은 저절로 팔려나가는 완전한 마케팅의 상태에 접근해나갈 수 있다.

지금까지의 내용을 읽고 이런 의문이 들 것이다. 그렇다면 원츠는 마케팅에서 별로 의미가 없으며 마케터가 무시해도 좋은 것인가? 마케팅이 니즈에 초점을 맞추어야 한다는 것은 원츠를 무시해도 좋다는 이분법적인 사고를 하라는 의미는 아니다. 마케터는 니즈만큼이나 원츠에도 주의를 기울여야 한다.

원츠는 잠재 니즈의 저수지와도 같다. 원츠를 가지고 있는 고객이 특정 상황에 처하면 원츠는 니즈로 바뀔 수 있다. 초콜릿은 기호 식품이므로 원츠에 해당한다고 할 수 있지만 밸런타인데이와 같이 초콜릿을 구매하지 않으면 안 되는 상황의 젊은이들에게는 니즈로 바뀐다. 폭스바겐 뉴비틀은 고객이 선택할 수 있는 여러 자동차 중 하나였지만 올드 폭스바겐에 대한 향수를 지닌 사람들에게는 니즈를 유발시켰다고 할 수 있다.

또한 원츠를 가지고 있는 사람들은 그것과 관련된 메시지를 경청attention하는 경향이 있다. 사람들은 정보의 홍수 속에서 살고 있으며 삶 속에서 접하는 정보 중 자신과 관련 없다고 생각하는 것에는 관심을 두지 않고 흘려보낸다. 기업은 소비자들에게 무엇인가를 끊임없이 알리려 하지만 대부분의 노력이 별 효과 없이 낭비된다. 이 때문에 경청을 확보하면 메시지 전달은 절반 이상 이루어진 것이나 다름없다.

사람들이 별다른 목적 없이 그냥 모여 있다면 '대중masses'일 뿐이다. 대중이 거래를 위해 모인 곳이 '시장market'이며 그곳에 속한 사람들은 '소비자consumer'가 된다.
소비자 중 기업이 초점을 맞추는 니즈와 원츠를 가진 사람들은 그 기업의 '목표 고객target customer'이라 할 수 있다. 그리고 기업이 그 니즈와 원츠를 충족시킴으로써 실제 구매 행위를 하는 사람들이 고객이 된다.
이 때문에 기업은 목표 고객에 집중하면서 가치를 끊임없이 혁신하여 니즈를 충족시키고 원츠를 결핍 상태로 유도하는 노력을 기울여야 한다. 그리고 그것을 고객이 만족하는 수준으로 충족시킬 수 있어야 한다. 이렇게 하는 데 성공하는 기업은 완전한 마케팅의 상태에 접근해갈 수 있다.

Business Management User's Guide

고객은 제품이 아니라 가치를 구매한다

앞서 밝힌 바와 같이 진정한 마케팅은 고객의 니즈에서 출발한다. 고객은 니즈가 결핍된 상태가 되면 무언가 문제가 발생했다고 생각하며 그 문제가 최대한 빨리 해결되기를 간절히 바라게 마련이다. 그러므로 고객은 이러한 결핍된 니즈를 충족시키고 문제를 해결해주는 것이면 무엇이든 가치 있다고 생각한다. 만약 그것이 어떤 기업이 제공하는 제품이라면 고객은 그 제품의 가치를 인정하고 구매하게 된다.

고객은 겉으로 보기에는 어떤 제품을 구매한 것이 분명하다. 그래서 우리는 어떤 '제품을 팔았다'나 '제품을 샀다'와 같이 표현한다. 하지만 사실 고객은 제품 자체라기보다는 그 제품이 제공하는 가치를 구매한 셈이다. 그렇다면 제품을 구매하는 것과 가치를 구매하는 것은 어떤 차이가 있을까? 몇 가지 예를 보자.

어떤 사람이 가게에 가서 1000원을 주고 백열전구 1개를 샀다. 그런데 집에 와서 소켓에 전구를 끼워보니 불이 들어오지 않는다. 자세히 살펴보니 백열전구 안에 필라멘트가 끊어져 있다. 다시 가게에 가서 백열전구가 불량이라고 따졌다. 그러자 가게 주인은 백열전구 전체의 원가에서 필라멘트가 차지하는 비중이 10퍼센트라고 주장하면서, 100원을 돌려주겠으니 그냥 전구를 가지고 가라고 이야기한다.

당신이라면 이 제안을 받아들이겠는가? 너무나 황당하고 어리석은 질문이어서 대답할 가치가 없다고 생각할지도 모른다. 그렇다면 가게 주인의 논리가 말이 되지 않는다는 것을 설득력 있게 설명할 수 있어야 한다. 제품이 불량이니까 당연히 바꾸어주어야 한다는 논리만으로는 부족하다. 예를 하나 더 보자.

자동차를 샀는데 오디오가 불량이어서 소리가 나지 않는다. 그렇다고 자동차 회사에 자동차를 통째로 새것으로 바꾸어 달라고 할 수 있는가? 회사가 과연 이 요구에 응하겠는가? 만약 회사가 오디오의 가격만큼을 돈으로 보상해주겠다고 한다면 그 제안은 말이 안 되는 것일까? 이 제안이 일리 있다면 백열전구에서 망가진 필라멘트의 가격만큼 보상하겠다는 것은 왜 말이 안 되며 도저히 받아들일 수 없는 제안이 될까?

고객이 제품을 구매한다는 관점만을 가지고 있다면 이 두 가지 경우에 대해 왜 다른 보상 기준이 적용되어야 하는지를 적절히 설명할 방법이 없다. 다시 말해 오디오 가격만을 보상하겠다는 자동차 회사의 제안만큼이나 필라멘트 가격만을 보상하겠다는 가게 주인의 제안도 합리적이라고 주장할 수 있다. 그런데 제품이 제공하는 가치에 초점을 맞추면 이야기가 달라진다.

다시 앞의 예로 돌아가자. 고객이 가게에서 구매했던 것은 무엇일까? 그가 집으로 돌아와서 가족들에게 "백열전구를 사 왔다"라고 말한다면 그것은 '우리가 원하는 공간을 원하는 시간에 밝혀줄 수 있는 빛$_{light}$을 사 왔다'는 의미로 받아들여야 할 것이다. 이를 다른 말로 표현하면 그 사람은 전구라는 제품을 구매한 것이 아니라 그 전구가 가져다줄 것으로 기대하는 '빛'이라는 가치를 구매한 것이다. 그리고 그 가치는 경제학에서 말하는 효용과 유사한 의미라고 할 수 있다. 필라멘트가 손상된 백열전구는 빛이 전혀 나오지 않는다. 따라서 고객이 얻고자 했던 가치 혹은 효용은 제로가 되어버렸다. 이 때문에 그 고객이 가게 주인에게 전구를 교환해달라고 요구하는 것은 그 가치와 효용을 보상해달라는 것으로 해석해야 한다. 당연히 가게 주인은 필라멘트라는 부품 가격이 아니라 빛이라는 전체 가치를 보상해주어야 한다.

그렇다면 고장 난 오디오가 포함된 자동차를 산 고객의 예를 다시 한 번 살펴보자. 고객은 어떤 가치를 구매한 것일까? 자동차는 사람을 한 곳에서 다른 곳으로 데려다주는 이동 수단이다. 따라서 이동 수단이라는 가치는 자동차의 가장 기본적이고 핵심적인 가치라고 할 수 있다. 그 외에도 구매 고객의 성향이나 차량 가격 등의 요소가 개입되면 안전성, 안락함, 경제성, 디자인, 편리함 등의 여러 요소들이 가치에 포함될 수 있다. 만약 이러한 가치가 그대로 유지된 상태라면 구입한 자동차의 오디오가 고장 났다고 해서 자동차가 전혀 가치가 없는 무용지물이 되었다고 볼 수는 없다. 이 때문에 합리적인 가격이 제시된다면 고객은 고장 난 오디오에 대한 금전적 보상을 받아들이게 된다.

하지만 오디오가 자동차 구매의 핵심적인 가치이자 고객의 중요한 니즈를 형성하는 경우라면 전혀 다른 상황이 된다. 예를 들어 그 자동차에만 유명 브랜드의 최고급 오디오 시스템이 독점적으로 장착되어 있다고 하자. 그리고 그 자동차 회사가 그 오디오 시스템을 장점으로 부각시켜 구매 욕구를 자극하는 광고 활동을 적극 전개한 결과 오디오 마니아가 자동차를 구매했다고 하자. 이 경우 오디오는 다른 모든 가치보다 우선시되는 가장 핵심적인 구매 가치가 된다. 따라서 오디오 마니아에게는 오디오가 고장 났다는 사실이 그 자동차가 가지는 가치가 모두 없어진 것으로 받아들여질 수도 있다. 만약 고객이 금전적 보상을 받더라도 다른 곳에서 똑같은 오디오를 구매하여 자동차에 장착할 방법이 없다면 자동차를 통째로 바꾸어달라고 요구할 수 있으며 회사는 이러한 요구에 응해야만 할 수도 있다.

이상의 예로 볼 때 진정한 마케팅, 즉 제품이 저절로 팔리는 상태를 목표로 하는 기업은 고객이 필요로 하는 가치에 맞도록 제품과 서비스를 구성하여 고객에게 제공해야만 한다. 이렇게 기업이 고객에게 제공할 가치를 구성하는 것을 '가치 제안value proposition'이라 한다.

'고객은 제품을 구매한다'는 사고에서 벗어나지 못하는 기업은 먼저 제품을 만들고 어떻게 고객에게 그 제품의 장점을 설득하여 판매할 것인지를 고민할 수밖에 없다. '고객은 가치를 구매한다'는 관점은 기업이 제품을 만들기 전에 어떤 가치와 효용이 고객의 결핍된 니즈와 원츠를 충족시켜 줄 수 있을지 고민하게 한다. 즉 이로부터 모든 경영 활동이 시작될 수 있게 해준다.
이것이 고객 관점, 고객 지향적 패러다임 그리고 '고객 창출'이라는 기업의 목적을 실현하는 진정한 마케팅의 출발점이 되어야만 한다.

Business Management User's Guide

가치 제안을
올바르게 정의하고 구성하라

고객은 제품 그 자체가 아니라 제품이 제공하는 가치를 구매한다. 그 사실은 고객에게 어떤 가치를 제공할 것인지가 기업의 가장 중요한 고민이 되어야 함을 의미한다. 기업은 고객에게 하나의 가치만을 제공할 수도 있고 여러 가치를 묶어서 제공할 수도 있다.

기업이 제공하는 가장 핵심적인 가치는 제품 자체의 성능과 품질이 된다. 기업은 제품의 차별적 경쟁력이 매우 높을수록 제품 하나만으로도 고객을 만족시킬 가능성이 높다. 예를 들어 음식 맛 좋기로 소문난 식당이 조금 지저분하고 종업원이 불친절한데도 사람들이 먼 길을 찾아가서 몇십 분씩 기다리는 경우를 생각하면 된다. 하지만 전자제품을 사면 집에 배달하여 설치해주고 무상 보증 애프터서비스까지 제공한다. 그처럼 제품과 함께 거기에 무언가를 더하여 고객에게 제공하는 것이 더 일반화되어 있다고 할 수 있다.

이같이 기업이 고객의 니즈를 충족시키기를 기대하면서 제시하는 가치들의 전체 합$_{sum}$ 혹은 패키지$_{package}$를 '가치 제안'이라고 한다. 때로는 '가치 명제'라고 번역되기도 한다. 필립 코틀러는 '어떤 제품이 제공하겠다고 약속한 체험의 총화(전체의 합)'로 가치 제안을 정의하였다. 가치 제안은 가장 단순한 형태인 제품의 성능에서부터 부가적인 가치가 모두 더해

제4장 마케팅과 전략적 사고 **187**

진 최대치까지에 이르는 스펙트럼상에서 고객의 기대 수준 충족과 기업의 코스트 효율화를 고려한 최적점을 찾아내어 이에 맞도록 가치를 패키징packaging하는 것이라 할 수 있다.

한 가지 분명히 해야 할 것은 여기에서 말하는 제품은 유형의 물건만을 의미하지 않는다는 점이다. 기업이 고객에게 제공하는 가치의 모음 중 가장 근본이 되고 몸체에 해당하는 핵심적인 부분을 대표적으로 표현하기 위해 제품이라는 용어를 사용했음을 이해해주기 바란다.

제품이라는 표현은 유형의 제품이 아닌 순수 서비스만을 판매하는 기업의 가치 제안을 나타내기에는 적절치 않을 수 있다. 그럼에도 '제품과 서비스'가 아니라 '제품'으로 표현하는 이유는 서비스 자체가 핵심 상품인 경우와 그 핵심 상품에 부가적으로 제공되는 서비스를 분명히 구별하기 위해서다. 따라서 여기서 제품은 직접적인 구매 대상이 되는 핵심적인 제품과 서비스를 모두 포함하는 개념이다. 또한 서비스라 하면 단독으로는 구매 대상이 아니지만 핵심적인 제품과 서비스에 부가적으로 더해지는 서비스를 말한다고 이해하면 된다.

집에서 사용할 컴퓨터를 구입하는 방법을 예를 들어 가치 제안을 더 자세히 살펴보기로 하자. 상점, 인터넷 쇼핑몰, 카탈로그 등에서 적절한 컴퓨터를 찾아 적당한 가격에 사면 된다고 생각하면 매우 간단할 수도 있다. 하지만 실제로는 컴퓨터를 구매하는 방법은 다음과 같이 다양하다. 물론 고객의 취향, 컴퓨터 전문 지식, 구매의 목적 등에 따라 각 방법의 취사선택은 조금씩 달라질 수 있다.

① 필요한 컴퓨터 부품을 사 모아서 직접 조립한다.
② 컴퓨터 조립에 필요한 부품 한 세트를 모아놓은 키트kit를 사서 직접 조립한다.
③ 모든 부품의 조립이 완료된 컴퓨터 하드웨어만을 구매한다.

④ 소프트웨어까지 포함된 컴퓨터를 구매하여 직접 연결·설치한다.
⑤ 컴퓨터와 함께 소프트웨어를 설치하고 연결하여 즉시 사용할 수 있게 해주는 서비스까지 구매한다.
⑥ 무상 보증, 컴퓨터 교육, 중고 컴퓨터 보상 등 부가 서비스까지 포함하여 구매한다.

물론 이 외에도 더 다양한 옵션들을 생각할 수 있겠지만 여기서는 이 여섯 가지 정도만 고려하겠다. 각각의 구매 방법마다 고객 니즈가 달라지므로 기업 입장에서는 방법마다 적절한 가치의 패키지를 구성해야 한다.

예를 들어 ②의 경우를 보자. 이 방법을 택하는 고객은 전문가 수준은 아니더라도 컴퓨터에 대해 어느 정도의 기본 지식과 지적 호기심을 가지고 있는 사람들일 가능성이 높다. 컴퓨터 회사는 컴퓨터를 간편하게 조립하는 데 필요한 최적의 부품 모듈 조합을 만들어 키트화하고 조립 방법을 설명한 매뉴얼과 함께 고객에게 제공할 것이다. 만약 키트 내 포함된 부품이 문제가 있거나 매뉴얼이 없거나 매뉴얼에서 설명한 대로 조립했는데도 문제가 발생했다면 업체가 책임을 져야 한다. 하지만 조립 중 부주의에 따른 부품의 파손, 컴퓨터 조립 후 설치 및 가동, A/S 등은 고객이 전적으로 책임져야만 한다. 이 경우 업체가 고객에게 제공하는 가치 제안은 '최적화된 컴퓨터 부품 키트로 고객이 컴퓨터를 직접 조립하여 소유하는 기쁨을 경험할 수 있도록 하는 것'과 '상세한 매뉴얼을 통해 조립을 쉽게 할 수 있도록 도와주는 것' 정도로 표현될 수 있다.

업체의 입장에서 가장 많은 것을 제공하게 되는 ⑥의 경우는 컴퓨터에 대해 기초 지식이 거의 없는 고객이 선택하게 될 가능성이 높다. 이 정도의 구매 방법을 고객에게 제시할 수 있는 업체는 분명히 브랜드를 가진 큰 기업일 것이다. 유명 브랜드에다가 많은 서비스를 제공하므로 컴퓨터의 가격 또한 비쌀 가능성이 높다. 고객은 분명한 본인 귀책 사유가 아닌 한, 구매한 컴퓨터와 관련하여 발생하는 거의 모든 문제를 업체에 연락하여 해결할 수 있을 것이다. 이 경우 업체가 고객에게 제공하는 가치 제안은 '신뢰할 수 있는 좋은 컴퓨터를 즉시 사용 가능한 상태로 만들어 제공하며 사용 중 발생하는 어떤 문제라도 해결해주는 것' 또는 '컴퓨터에 관한 모든 걱정으로부터 자유롭게 해주는 것'이라고 표현할 수 있다.

이처럼 같은 제품이라고 하더라도 고객의 니즈와 그리고 기업의 역량에 따라 가치 제안의 구성이 달라진다. 또한 가치 제안이 어떻게 결정되는지에 따라 목표 고객도 바뀔 수 있으며 마케팅 전략도 상당 부분 변화한다. 최적으로 구성된 가치 제안은 제품이 저절로 팔려나가는 진정한 마케팅의 상태에 도달하는 원천이라 할 수 있다. 기업이 고객에게 제공할 수 있는 가치들의 스펙트럼상에서 최적화된 가치 제안을 찾아내기 위해서는 다음과 같은 몇 가지 내용을 반드시 이해해야만 한다.

구매자의 영향력이 강할수록 가치 제안은 강화되어야 한다

공급자 주도 시장에서는 가치 제안이 제품만으로 구성되어 있어도 진정한 마케팅에 근접할 수 있다. 예를 들어 소금으로 치아를 닦던 시절이라면 치약을 만들어 부지런히 공급하기만 하면 저절로 팔려나간다. 이와 같은 예는 마차가 주된 교통수단이었고 자동차는 엄청나게 비쌌던 시절인 1900년대 초에 포드 자동차가 볼품없는 디자인의 검은색 T-car를 대량 생산하여 획기적으로 싼값에 공급했을 때 사람들이 열광한 사례에서도 찾아볼 수 있다.

하지만 경쟁이 치열해져 공급 과잉이 발생하고 구매자 주도 시장이 열리면 상황이 달라진다. 고객의 니즈를 충족시켜 줄 제품은 넘쳐난다. 고객은 그중 자신에게 더 높은 가치를 준다고 생각하는 것을 선택한다. 이제는 고객의 니즈를 충족시켜 줄 수 있느냐가 아니라 얼마나 어떻게 충족시켜 줄 것인지가 더 중요해진다. 고객의 선택을 받지 못하고 경쟁에서 밀리는 공급자는 도태될 수밖에 없다. 가격을 인하하면 일시적으로 고객의 눈을 끌 수는 있다. 하지만 가격 인하는 필연적으로 경쟁사의 대응을 유발시켜 결국 시장 전체가 공멸하는 누구도 바라지 않는 결과를 낳을 수 있다.

이 때문에 구매자 주도 시장에서는 제품 자체의 가치에 다른 가치를 더하여 구매의 총 가치를 증가시키는 게 중요해진다. 제품 하나만으로는 가치 제안을 구성하기 어렵다. 경쟁사 들과 차별화될 수 있는 가치들을 개발하여 가치 제안에 포함시켜야만 한다.

가치 제안은 고객에 대한 약속이므로 반드시 지킬 책임이 있다

자동차 회사가 10년간 무상 보증 서비스를 제공하는 정책을 수립해놓고도 알리지 않는다면 고객은 자신이 어떤 가치를 제공받고 있는지 전혀 알지 못할 것이다. 이처럼 고객에게 알리지 않은 것은 가치 제안에 포함될 수 없다.

일단 가치 제안이 고객에게 제시된 후에는 반드시 지켜야만 할 약속이 된다. 그리고 고객과의 약속을 지키기 위해서는 당연히 그것을 문제없이 해낼 수 있는 역량을 갖추어야만 한다. 피자 업체가 제대로 된 배달 체계도 갖추지 않은 상태에서 전국 어디든지 10분 내 배달할 것을 선언한다면 지킬 수 없는 약속을 한 것이다. 보유 역량을 초과하거나 아직 준비가 덜 되어 약속을 지킬 수 없는 것은 아무리 가치 있고 매력적인 요소라고 하더라도 가치 제안에 포함시켜서는 안 된다. 만약 그것이 가치 제안에 반드시 포함되어야 할 핵심적인 요소라면 고객에게 제시하기 전에 약속을 지켜낼 수 있는 역량을 우선적으로 확보해야 할 것이다.

가치 제안은 기업의 관점이 아니라 고객 인식의 관점에서 구성되어야 한다

기업과 고객은 가치에 대한 관점과 이해관계가 다를 수 있다. 그뿐만 아니라 고객의 구매 과정에는 기업에서는 쉽게 파악하기 어려운 인간의 감정이라는 복잡하고 불확실한 요소가 강력하게 개입한다. 따라서 고객은 기업이 생각하는 것보다 가치를 더 느낄 수도 있고 덜 느낄 수도 있다. 다시 말해 기업이 제공하는 가치 제안의 가치 총합은 고객이 인지하는 가치 총합과 다를 수 있다는 뜻이다.

예를 들어 기업이 가치 제안에 A, B, C, D의 가치를 포함시켜 고객에게 제시하였는데 고객은 A와 B만을 가치 있다고 생각하고 C와 D에는 별 관심이 없을 수 있다. 그러면 구매 가격 중 가치를 느끼지 못하는 C와 D에 대해 매겨진 금액은 불합리하다고 느낄 것이다.

이와 반대로 기업 입장에서는 아주 사소하게 생각했던 가치인 E와 F를 고객 스스로가 가치 있다고 생각하여 가치 제안을 A, B, E, F로 인식할 수도 있다. 이런 경우 고객 입장에서는 오히려 가격이 싸다고 생각할 수도 있다. 그리고 기업의 원래 의도와는 다른 고객이 창출될 수도 있다. 예를 들면 온라인 게임에서 사용되는 아이템이 오프라인에서 아주 비싼 값에 거래되기도 한다. 이를 뒤늦게 깨달은 게임 회사가 아이템 거래 서비스를 제공한다면 새로운 사업을 전개할 수도 있을 것이다.

경쟁력 있는 가치 제안의 구성은 판매 활동이 없이도 저절로 팔려나가는 진정한 마케팅의 상태로 나아가기 위한 중요한 출발점이다. 하지만 고객의 구매 가치를 높이기 위한 목적으로 무조건 많은 요소를 가치 제안에 포함시키는 것은 바람직하지 않다. 고객은 기업이 제시한 가치 제안을 약속으로 받아들이며 책임질 것을 요구한다. 고객은 약속하고도 지키지 못하는 기업을 애당초 약속을 하지 않았던 기업보다 더 못하다고 인식하는 경향이 있다. 따라서 기업은 약속을 반드시 지킬 수 있는 역량 범위 내의 최댓값으로 가치 제안을 구성할 필요가 있다.

이와 더불어 기업이 가치 제안을 고객에게 제공하는 데 따르는 비용을 감당하지 못한다면 고객의 니즈는 충족시켰을지 모르나 궁극적으로는 기업이 생존하지 못할 것이다. 무엇보다도 중요한 점은 가치 제안은 기업의 관점, 즉 공급자의 시각이 아니라 시장의 관점, 즉 고객의 시각을 통해 정의되어야 한다는 것이다.

Business Management User's Guide

고객이 누구인가는
가치 제안에 의해 결정된다

앞서 여러 차례 언급한 대로 기업의 목적은 고객 창출이며 마케팅은 그 목적을 달성하기 위한 기능이다. 진정한 마케팅은 고객의 니즈와 원츠를 파악하여 충족시킬 수 있는 가치 제안을 구성하는 것으로부터 출발해야만 한다.

그러므로 마케팅을 위해서는 기업이 가치를 제공해야 할 대상인 고객이 누구인지를 아는 것이 필수다. 고객이 누구인지 모른다면 잘못된 니즈를 파악하여 마케팅 전략의 일관성을 확보하기 어려워지고 추진 과정에서 많은 혼란과 시행착오를 겪게 된다.

일반적으로 고객이라는 말을 들으면 최종 사용자$_{end-user}$를 떠올린다. 이것은 우리에게 일반적으로 익숙한 소비자라는 용어를 고객과 혼동한 데서 기인한다. 소비자라는 용어는 가치를 만들어내는 사람이 아니라 '누군가가 창출한 가치를 사용하는 사람'이라는 의미를 담고 있다. 그러므로 최종 사용자라는 용어와 완전하게 일치한다고 보기는 어렵더라도 어느 정도 동의어 취급을 해도 좋으리라 생각한다.

사실 어떤 사업이든 그 사업이 속한 가치 사슬$_{value\ chain}$의 최종 종착점은 최종 사용자가 될 수밖에 없다. 다시 말해 모든 기업 활동의 궁극적인 수혜자는 최종 사용자라고 할 수 있다. 예를 들어 산에서 나무 한 그루가

베어져 가구가 되기까지 많은 당사자가 개입하는 여러 단계의 가공과 유통 과정을 거친다. 그런데 결국 소비자 또는 최종 사용자가 그 가구를 사용한다.

최종 사용자가 기업의 고객이 되는 경우는 매우 흔하다. 한 사람의 소비자로서의 우리 자신을 생각해보자. 지금 내 눈앞에 놓여 있는 커피 한 잔, 필기도구, 컴퓨터, 신문과 잡지 등 모든 것이 소비자, 즉 최종 사용자인 우리를 고객으로 인식하여 제공된 것들이다. 하지만 그렇다고 해서 최종 사용자가 모든 기업의 고객이 되는 것은 아니다. 산에서 나무 벌채를 하는 기업이 가구를 사용하는 최종 사용자의 니즈를 파악하면서 나무를 자를 수는 없는 일이다. 아마도 그 기업은 자신의 목재를 사용하는 재제소가 어떤 목재를 원하는지에 더욱 관심을 두고 그 니즈를 충족시키려 노력할 것이다. 그렇다면 그 벌목 회사의 고객은 제재소라고 할 수 있다.

결국 특정 기업의 고객은 최종 사용자 또는 소비자가 될 수도 있지만 그렇지 않을 수도 있다. 최종 사용자가 고객이 아닌 경우라면 그 기업으로부터 최종 사용자에게 이르기까지의 가치 사슬 과정에 참여하는 당사자 중 어느 누군가가 고객이 될 것이다. 그렇다면 그 여러 당사자 중 누가 고객인지를 어떻게 알아낼 것인가? 그 해답은 바로 '가치 제안'에 있다.

이전 글에서 고객은 제품이 아니라 가치를 구매한다는 것과 기업이 고객에게 제공하는 가치의 총합을 가치 제안이라고 한다는 이야기를 했었다. 가치 제안에서 가장 중요한 가치는 '제품 자체의 효용'이다. 이는 가치 제안을 구성하는 데 없어서는 안 될 필수 요소이므로 가치 제안의 '본질적 가치$_{basic\ value}$'가 된다. 가치 제안을 구성하는 데 필수 요소는 아니지만 본질적 가치에 더해져 가치 제안을 더욱 풍성하게 해주는 가치는 '부가적 가치$_{additional\ value}$'라고 할 수 있다. 따라서 가치 제안은 본질적 가치에 부가적 가치를 더하여 구성한다.

기업이 구성한 가치 제안 중에는 최종 사용자에게까지 그대로 전달되지 않는 것이 많다. 가구 회사가 재제소에서 가공된 목재로 탁자를 만드는 것처럼 최종 제품이 소비자에게 도달하는 과정에서 어떤 기업이 창출한 가치 제안에 누군가가 다른 가치를 더하거나 빼서 가치 제안을 새롭게 구성할 수 있기 때문이다. 철광석을 원재료로 하여 냉연강판을 만들고 그 강판을 원재료로 하여 자동차용 차체를 만드는 것처럼 본질적 가치 자체를 변화시키는 경우도 있다. 한편 외주 업체로부디 운동회를 구매하여 자사의 브랜드를 붙여 더 높은 가격에 판매하는 것처럼 본질적 가치는 그대로 두고 부가적 가치를 더하여 가치 제안을 변화시키는 경우도 존재한다.

이와 더불어 가치 제안은 고객에 대한 기업의 약속이며 기업은 그 약속을 반드시 지켜야 할 책임이 있다는 것도 이미 설명한 바 있다. 그런데 이 말을 뒤집어보면 기업은 고객에게 약속하지 않은 가치는 책임을 지지 않는다는 의미가 된다. 예를 들어 산에서 나무 벌채를 한 기업이 그 목재로 만든 가구를 사용하고 있는 최종 사용자에 대하여 책임을 질 수는 없다. 다시 말해 기업이 약속을 지킬 수 있는 범위 바깥에 있는 존재는 고객이 아니다. 따라서 고객이 누구인지를 알기 위해서는 기업이 구성한 가치 제안이 어디까지 수정되지 않고 도달할 수 있는지를 파악하는 게 매우 중요하다.

결국 고객이란 '기업으로부터 최종 사용자에 이르기까지의 가치 사슬 과정에서 기업이 구성한 가치 제안이 수정되지 않고 도달할 수 있는 최종 수혜자'라고 할 수 있다. 만약 기업이 구성한 가치 제안이 수정되지 않고 가치 사슬의 맨 마지막까지 도달한다면 최종 사용자가 기업의 고객이 되는데 이러한 사업을 B to C$_{business\ to\ consumer}$ 사업이라 한다.

만약 가치 사슬 과정 중간에서 누군가가 기업의 가치 제안을 수정하여 그다음 과정으로 진행한다면 그 수정한 당사자가 기업의 고객이 된다. 그 고객 이후의 거래 과정에서 변경된 가치 제안에 대한 책임은 가치 제안을 변경한 주체들의 몫이 된다.

고객이 최종 사용자가 아니라면 다른 사업체가 고객일 가능성이 높으며 이 경우는 B to B(business to business) 사업이 된다. 또한 기업과 그 기업의 고객 사이에서 가치 제안을 변화시키지 않고 단지 전달하는 역할을 하면서 활동하는 존재들은 유통망이 된다.

이에 대한 이해를 돕기 위해 주거용 마루 사업을 예로 들어보겠다. 주거용 마루 사업은 마루 제조 업체나 수입 업체 제품이 대리점과 인테리어 전문점을 거쳐 최종 사용자에게 제공되는 형태로 이루어진다. 또한 주거용 마루를 깔기 위해서는 전문 인력에 의한 시공이 필요하며 시공 후 발생한 문제에 대해서는 A/S를 해주어야 한다. 이 경우 주거용 마루 자체의 효용은 본질적 가치이며 시공과 A/S는 부가적 가치가 된다. M사가 주거용 마루 사업에 진출했다고 가정하고 M사의 고객은 누구인지 생각해보자.

M사는 사업 초기 시장 진입을 위해 대리점을 모집하여 주거용 마루 자재를 공급하기 시작하였다. M사로부터 마루를 공급받은 대리점은 인테리어 전문점의 요청에 따라 시공 전문 인력을 확보하여 시공하고 시공 후 문제에 대한 A/S 또한 담당하게 되었다.

이 경우 M사의 가치 제안은 본질적 가치만으로 구성되며 그 가치의 최종 수혜자인 고객은 대리점이라고 할 수 있다. 대리점은 M사가 제공한 가치 제안에 시공 서비스와 A/S라는 부가적 가치를 더하여 가치 제안을 변화시켰고 그 수혜자인 인테리어 전문점이 대리점의 고객이 된다. 인테리어 전문점은 대리점이 제공한 가치 제안에 자신의 디자인 서비스를 더하여 아름답고 조화로운 인테리어 공간의 완성이라는 가치 제안으로 변화시켰기 때문에 그 수혜자인 최종 사용자를 고객으로 갖게 된다. 그러므로 이 경우 본질적 가치, 즉 제품 자체에서 발생한 문제는 M사의 책임이다. 하지만 시공, A/S, 인테리어 디자인 등 부가적 가치에서 발생한 문제에 대해서 M사는 최종 소비자에게 약속한 바도 없고 책임을 질 필요도 없다.

사업 초기 시장 진입에 성공하여 시장에서 어느 정도 점유율을 확보한 M사는 업계 선두로 발돋움하고자 했다. 그래서 차별화 전략으로 시공의 품질을 높이는 것이 매우 중요한 요소라고 판단하였다. 하지만 대리점이 보유한 전문 시공 인력들은 시공의 수준도 높지 않은데다 시공 품질의 편차도 너무 심했다. M사는 이 문제를 시급히 해결하지 않으면 안 된다는 결론을 내렸다. 이에 따라 M사는 시공 전문 인력을 직접 고용하여 운영하기로 결정하였다.

이 경우 M사는 본질적 가치인 '주거용 마루 자체의 효용'에 부가적 가치 중 하나인 '시공 서비스'를 결합하여 가치 제안을 새롭게 구성한 셈이다. 그러면 M사의 고객은 새롭게 구성한 가치 제안의 최종 수혜자인 인테리어 전문점으로 바뀐다. 이때 대리점은 고객이 아니라 유통망이 된다. 따라서 시공된 결과에 대한 인테리어 전문점의 요구와 불만에 대해서는 즉각 대응해야 할 것이다.

제품과 시공을 결합한 새로운 가치 제안을 통해 업계 1위를 달성하고 자신감을 얻은 M사는 이제는 업계 선도 위치를 확실하게 굳히기 위한 전략 수립에 착수하였다. 이에 따라 업계 선도의 위상과 품질에 대한 강한 자신감을 바탕으로 모든 구매 고객에게 5년간 무상 A/S를 보증하는 워런티warranty 프로그램을 도입하기로 결정하였다. 그리고 이것을 대규모의 광고와 홍보 활동을 통해 알리면서 브랜드 인지도를 높이기 위해 노력하였다.

이렇게 되면 M사는 본질적 가치에다 업계 최고 브랜드가 제공할 수 있는 최대한의 부가적 가치를 가치 제안에 부여하여 구매 고객에게 모든 것을 책임지겠다고 약속한 셈이다. 이 경우 시공 직후 최종 사용자가 제기하는 문제는 인테리어 전문점이 대응해줄 수 있지만 5년 무상 보증은 주거용 마루 제조업체가 직접 수행하지 않으면 안 된다. 따라서 M사의 변화된 가치 제안에 따라 고객은 최종 사용자로 바뀐다. 만약 M사가 전국을 대상으로 하는 A/S망과 콜센터 체제를 갖추고 있지 못하다면 고객과의 약속을 지키지 못할 것이며 고객을 잘못 이해하고 감당 못할 가치 제안을 한 셈이 된다.

가치 제안이 변화하면 고객도 변화한다. 가치 제안이 본질적 가치만으로 구성되면 고객은 가치 사슬의 초기 단계에 존재할 가능성이 높다. 가치 제안에 부가적 가치가 더해질수록 고객은 최종 사용자에 가까워진다.
이를 뒤집어 생각해보면 기업이 니즈와 원츠를 충족시킬 고객이 누구인지를 결정했다면 그에 맞는 가치 제안을 구성해야 함을 알 수 있다. 따라서 일단 가치 제안이 구성된 이후에는 그것이 어디까지 도달하는지를 확인하여 그 가치 제안의 최종 수혜자가 자신이 목표로 했던 고객과 일치하는지를 확인해야 할 것이다.

Business Management User's Guide

누가 구매에 가장 큰 영향력을 행사하는가

앞의 글에서 고객을 가치 제안이 변형되지 않고 도달되는 최종 수혜자라고 정의한 바 있다. 예를 들어 컴퓨터용 메모리 반도체 제조 회사의 고객은 컴퓨터 제조 업체임이 분명하다. 그런데 기업 간 거래에서 실제 구매 행위는 회사가 하는 것이 아니라 그 회사에 속한 '누군가'가 하는 것이다. 그 '누군가'는 그 고객사의 사장이 될 수도 있고 구매본부장이 될 수도 있다. 어쩌면 구매부 김 부장이나 이 과장이 될 수도 있다. 따라서 기업이 상대해야 할 고객이 개인으로서 누구인지를 구체적으로 알지 못하면 니즈와 원츠를 파악하기 어려워지고 마케팅은 실패할 수밖에 없을 것이다.

하지만 문제는 하나의 구매 과정에도 여러 사람이 개입할 수 있으며 그 사람들 중 누가 가장 큰 영향력을 행사하는지를 알기 어려울 때가 많다는 것이다. 아주 단순한 구매라면 한 사람이 모든 구매 과정을 수행하는 게 일반적이다. 반대로 제품이 복잡하거나 비싸거나 하는 등의 이유로 구매에 많은 시간과 탐색의 노력이 필요한 경우에는 구매 과정에 관여하는 사람들이 늘어난다. 이런 경우 여러 사람이 협력하여 하나의 구매를 수행하는 것과 같은 현상이 나타난다. 게다가 이렇게 구매에 참여하는 각각의 사람은 서로 다른 이해관계, 관점, 니즈, 원츠를 가지고 있는 경우가 많아 상황은 더욱 복잡해진다.

　이를 좀 더 쉽게 설명하기 위해 어떤 가정에서 막내아들이 사용할 자전거를 구매하는 과정을 예로 들어보겠다. 이 가정은 할아버지, 할머니, 엄마, 아빠, 첫째 딸, 둘째 딸, 막내아들의 3대가 함께 살고 있다. 어느 날 가족이 다 함께 모인 자리에서 다음과 같은 대화가 진행되었다.

첫째 딸: 이번에 막내가 초등학교에 입학하게 되었으니 생일 선물로 자전거를 사주는 게 어떨까요?
둘째 딸: 제가 인터넷에서 찾아보았는데 막내에게 맞는 건 A 브랜드와 B 브랜드가 있어요.
할머니: 옆집 아이 엄마한테 들었는데 A 브랜드가 정말 좋다던데.
아빠: 그래, 그럼 막내에게 A 브랜드 자전거를 사주기로 하지.
할아버지: 이번 막내 자전거 살 돈은 애비가 준 용돈으로 내가 내마.
엄마: 그럼 제가 오늘 근처 자전거 상점에 가서 적당한 걸 살게요.
막내아들: 야, 신난다. 학교에 타고 가서 친구들에게 자랑해야지.

　이 경우를 보면 7명의 가족 구성원 전원이 어떤 형태로든 구매 과정에 참여하고 있음을 알 수 있다. 그리고 구매 과정에서 각 구성원이 수행하는 역할과 구매에 영향을 미치는 정도가 다름도 볼 수 있다. 이 예에서 보듯 구매 과정에 참여하는 사람들은 일곱 가지 역할 중 하나를 수행한다. 구매 과정에 포함되는 각각의 역할, 그 의미를 위의 예에서 각 가족 구성원이 어떤 역할을 수행했는지를 통해 살펴보면 다음과 같다.

　① 첫째 딸: 어떤 제품의 구매 필요성에 대해 최초로 발의하는 사람 Proposer
　② 둘째 딸: 어떤 제품이 적절한지 탐색하는 사람 Searcher

③ 할머니: 본인이나 타인의 사용 경험을 근거로 특정 제품을 강력히 추천하는 사람 Influencer
④ 아빠: 구매의 최종 의사결정을 하는 사람 Decision Maker
⑤ 할아버지: 구매 대금을 지불하는 사람 Payer
⑥ 엄마: 실제로 제품 구매 행위를 하는 사람 Buyer
⑦ 막내아들: 구매한 제품을 실제로 사용하는 사람 User

사실 위의 예는 하나의 구매 과정에 최대한 많은 사람이 관여하는 극단적인 경우이다. 반대의 경우는 한 사람이 모든 구매 과정을 수행할 때이다. 실제 자전거의 구매는 한 사람이 구매의 모든 과정을 수행하는 것으로부터 구매 과정에 포함되는 모든 역할을 서로 다른 7명의 사람이 수행하는 것에 이르는 양 극단 사이의 조합 중에서 결정된다.

구매 과정이 단순할수록, 구매 금액이 적을수록, 그리고 B to C 거래일수록 구매 과정에 참여하는 사람의 숫자는 줄어든다. 반대로 구매 과정이 복잡할수록, 구매 금액이 클수록, B to B 거래일수록 구매 과정에 더 많은 사람이 참여하게 된다.

구매 과정에 2명 이상의 사람이 참여한다면 어떤 참여자에게 초점을 맞추어야 할 것인지가 매우 어려운 문제가 된다. 위의 자전거 구매의 예에서 첫 번째 딸이 최초 제안을 하지 않았다면 구매 과정은 시작도 되지 않았다. 두 번째 딸은 몇 개의 브랜드로 구매 대상을 축소하여 구매 과정의 번거로움과 복잡성을 줄였다. 할머니는 A 브랜드 구매에 상당히 강력한 영향력을 행사하였다. 아빠는 구매 자체의 의사결정을 하였다. 할아버지는 자전거 구매에 드는 예산의 규모를 결정하고 금액을 부담하였다. 그리고 실제로 모든 조건을 충족하는 자전거를 골라 구매하는 행위는 엄마가 했다. 그리고 막내아들이 그 자전거의 주인이 되었다.

만약 최종 사용자를 고객으로 본다면 위의 예에서는 막내아들이 된다.

그런데 실제로 막내아들은 구매 과정에는 거의 영향을 미치지 않았고 그저 최종 수혜자가 되었을 뿐이다. 구매에 영향을 미친 사람들은 막내아들을 제외한 6명인데 그중 누구의 영향력이 가장 컸는지는 위의 예만 보고 알기는 어렵다.

하지만 자전거 회사들이 고객에게 제시하는 가치 제안이 어떻게 구성되어 있는지를 파악해보면 구매 과정에서 누구의 영향력이 더 컸는지를 짐작할 수 있다. 예를 들어 A 브랜드는 디자인이 훌륭한 고가 제품이고 B 브랜드는 가격이 저렴한 보급형 제품이다. 만약 할아버지가 손자를 위해 지출할 비용이 많지 않았다면 할머니가 A 브랜드를 강력하게 제안했지만 실제로는 B 브랜드를 구매할 가능성이 높다. 이를 바꾸어 이야기하면 기업은 구매 과정에 개입하는 사람 중 누구의 니즈와 원츠에 초점을 맞출 것인지를 결정하여 그에 맞는 가치 제안을 구성해야 한다.

이러한 구매 과정에서의 역할 분리 현상은 기업 간 거래인 B to B에서 더욱 뚜렷하게 나타난다. 예를 들어 X 회사가 Y 회사의 연구소에서 사용할 실험 기기를 납품하기 위해 Y 회사 구매 부서와 거래를 시도한다고 가정하자. 명목상의 고객은 Y 회사이지만 실제 구매 결정은 Y 회사 소속의 어떤 개인들에 의해 이루어진다. 과연 X 회사는 Y 회사 내 어떤 사람에게 초점을 맞추어 마케팅 활동을 해야만 할까? 이 구매 과정에서 가장 결정적인 영향력을 행사하는 사람은 누가 될 것인가? 실제 구매 과정에 참여하는 고객사의 담당자들은 다음과 같이 역할이 분리될 수 있다.

① Suggester: 연구소의 실무팀장
② Searcher: 연구소 기획팀장
③ Influencer: 동종 업계 연구소 연구원
④ Decision Maker: 연구소장 또는 고위 경영자
⑤ Buyer: 구매 부서장

⑥ Payer: 경리 부서장

⑦ User: 연구소 연구 요원

구매 과정에서 해당 기기에 대한 전문성이 더 많이 필요할수록 연구소의 영향력이 커지며 범용 기기일수록 구매 부서의 영향력이 커진다고 추측할 수 있다. 또한 기기의 가격이 높아질수록 경영진이나 경리 부서장의 개입이 더 커질 수 있으며 일정 금액을 초과하는 경우 연구소장보다 더 높은 경영진이 의사결정을 할 가능성이 높다. 사용상의 편의성이 가장 중요한 요소라면 연구소 연구 요원이 큰 영향력을 발휘할 것이다. 이러한 점을 이해하지 못하고 고객사의 담당자들과 막연하게 접촉한다면 그 영업 활동은 그다지 효과를 발휘하지 못하게 될 것이 자명하다.

가치 제안을 올바르게 구성하기 위해서는 고객이 누구인지를 알아야 하며 이들의 니즈와 원츠를 정확히 파악해야만 한다. 하지만 구매 과정에는 여러 개인이 참여하여 영향력을 발휘할 수 있다. 따라서 이들 중 누가 구매 과정에 가장 많은 영향력을 행사할지를 아는 게 매우 중요하다. 이들이 누구이며 무엇을 원하는지 파악하여 가치 제안을 구성한다면 진정한 마케팅에 한발 더 다가갈 수 있을 것이다.

Business Management User's Guide

가격은 가치 제안의 구성 요소가 될 수 없다

지금까지 효과적으로 구성된 가치 제안은 고객의 구매를 유발시키는 핵심 요인이 된다는 사실을 살펴보았다. 또한 가치 제안은 제품과 서비스 자체가 제공하는 가치, 즉 본질적 가치와 여기에 더해져서 구매 가치를 증대시키는 서비스인 부가적 가치의 두 가지 요소로 구성된다는 점도 이해했다.

그런데 여기서 우리는 중요한 의문에 봉착하게 된다. 일반적으로 고객의 구매를 유발하는 가장 강력한 요소는 저렴한 가격이 아닌가 하는 생각이다. 다시 말해 고객은 저렴한 가격에 대해 분명히 가치를 느낀다고 할 수 있다. 그런데 왜 가치 제안에는 이렇게 강력한 가치라고 할 수 있는 가격과 관련된 내용이 포함되지 않을까?

이 질문에 답하기 위해서는 고객이 어떤 원리를 따라 구매하는지를 이해해야 한다. 고객이 어떤 제품이나 서비스의 구매를 고려하고 있을 때는 마음속에 천칭 저울을 가지고 있는 것이나 마찬가지다. 천칭 저울의 한쪽에는 구매 대상을 올려놓는다. 그리고 다른 한쪽에는 지불할 금액, 즉 구매 대상에 매겨진 가격을 올려놓는다. 만약 천칭 저울이 구매 대상 쪽으로 기울어지면 구매 대상의 무게가 가격보다 무겁기 때문에 고객은 구매할 것이다. 반대로 천칭 저울이 가격 쪽으로 기울어지면 비싸다고 생각해서 구매를 포기할 것이다.

천칭 저울 한쪽에 올라가는 '구매 대상'에 대해 좀 더 자세히 살펴보자. 이미 여러 차례에 걸쳐 고객은 제품이 아니라 가치를 구매한다는 점을 언급했었다. 또한 기업은 고객의 니즈와 원츠를 충족시키기 위한 가치의 조합을 창출하여 고객에 제공하는데 그것을 가치 제안이라고 한다는 점도 설명했다. 그러므로 고객이 천칭 저울의 한쪽에 올려놓는 '구매 대상'이란 바로 '가치 제안'이라고 할 수 있다. 고객의 천칭 저울에 올라가는 가장 작은 형태의 구매 대상은 본질적 가치만으로 구성된 가치 제안이 된다. 그리고 여기에 부가적 가치를 하나둘씩 더해갈 때마다 구매 대상, 즉 가치 제안의 무게가 조금씩 증가한다.

천칭 저울의 다른 한쪽에 올라가는 지불 금액, 즉 가격에 대해서도 그 의미를 좀 더 자세히 살펴볼 필요가 있다. 여기서 '가격'은 구매 대상 제품이나 서비스의 가격표$_{price\ tag}$에 표시된 금액이라기보다는 기업이 고객에게 가치 제안의 대가로 제시하는 '가격 조건'을 의미한다.

가격과 가격 조건은 일견 같은 말처럼 들릴지 모른다. 하지만 고객에게 구매가 이루어진 후에 금전적 혜택의 일부를 되돌려주는 페이백$_{payback}$과 같은 기업의 일시적인 판매 촉진 활동에 의해 표시된 가격과 고객이 실제로 지불하는 금액이 달라질 수 있다. 예를 들어 50만 원 이상을 구매한 고객에게 5만 원의 상품권을 지급한다면 가격은 50만 원이지만 가격 조건은 45만 원이 된다. 따라서 고객의 천칭 저울에는 가격보다는 가격 조건이 올라가 가치 제안과의 무게를 비교하게 된다.

다시 정리하면 고객은 구매 여부를 판단하기 위한 마음속 천칭 저울의 한쪽에는 기업이 제시하는 가치 제안을 올려놓고 다른 한쪽에는 그 가치 제안에 대한 대가로 요구되는 가격 조건을 올려놓는다. 가치 제안의 무게가 더 나가면 구매하기로 결정하고 가격 조건의 무게가 더 나가면 구매를 중단한다. 만약 가치 제안과 가격 조건의 무게가 똑같아서 균형을 이룬다면 고객은 구매를 망설이게 될 가능성이 높다. 이 상황에서 가치 제안에 다른 부가적 가치가 더해지면 천칭 저울은 가치 제안 쪽으로 기울기 때문에 구매가 유발될 가능성이 높아진다. 가치 제안을 변화시키지 않는다면 가격 조건을 고객에게 조금 유리하게 해주어 무게를 낮추는 방법으로 구매가 이루어질 가능성을 높일 수 있을 것이다.

가치 제안의 무게가 가격 조건의 무게에 비해 더 나갈수록 고객의 구매 확률은 높아지지만 기업 입장에서는 기회 손실의 규모가 증가한다. 굳이 더 이상의 가치를 부여하지 않더라도 구매가 이루어질 수 있는 상황인데도 지나치게 많은 혜택을 부여한 셈이기 때문이다. 이런 경우라면 기업은 가치 제안의 무게를 줄여 비용을 절감하거나 가격 조건을 강화하여 수익을 증대시켜야 한다. 이렇게 볼 때 가격 조건보다 가치 제안이 약간 더 무거워 천칭 저울이 가치 제안 쪽으로 조금 기울어진 상태가 바람직하다고 할 수 있다. 따라서 고객의 구매를 유발하면서도 기회비용을 최소화할 수 있는 최적의 균형점을 찾아내는 일이 매우 중요하다.

그럼 서두에 제기했던 문제로 돌아가보자. 왜 가격은 가치 제안에 포함되지 않을까? 만약 가치 제안에 저렴한 가격이라는 요소를 포함시키면 다음과 같은 몇 가지 문제가 발생한다.

첫째, 가치 제안의 가치를 측정할 객관적인 방법이 없어진다. 가격 조건은 가치 제안의 가치를 비교 측정하기 위해 천칭 저울의 다른 한쪽에 올라가야 한다. 그런데 가격 조건이 가치 제안에 포함되어 저울 한쪽에 모두 올라간다면 천칭 저울의 원리가 무너져버린다.

둘째, 저렴한 가격은 가치 제안에 포함된 다른 부가적 가치들을 모두 압도하는 경향이 있다. 단기적으로는 가격을 낮춤으로써 쉽게 고객의 구매를 유도할 수 있다. 이렇게 되면 굳이 가치 제안이라는 것을 애써 구성할 필요가 없으며 저렴한 가격 하나만을 무기로 삼아 고객의 구매를 유도하려는 유혹을 받게 된다.

셋째, 가장 결정적인 문제는 경쟁자 역시 가격 인하로 대응하게 되어 가격 경쟁이 유발되며 최악의 경우에는 공멸의 수순을 밟게 된다는 것이다. 가격 인하로 인해 경쟁자에 대해 일시적으로 상대적 우위를 점하더라도 곧바로 경쟁자들이 대응에 나서면 인하된 가격은 가치를 상실한다. 이렇게 되면 경쟁 우위를 증가시키지 못한 상태에서 업계 전체의 생존 능력을 악화시키는 결과를 낳는다. 다만 경쟁자들보다 압도적인 원가 경쟁력의 우위를 가지고 있다면 가격 인하가 중요한 경쟁 수단이 될 수는 있다.

여기까지의 내용으로 보면 천칭 저울 개념에 입각한 고객의 구매 결정의 원리는 매우 간단하여 고객의 구매를 유발하면서도 수익을 최대화하는 최적 균형점을 쉽게 찾아낼 수 있을 것처럼 보인다. 하지만 실제 상황에서는 그것이 그리 쉽지 않다. 구매는 사람이 하는 행동이며 다음과 같은 요인들로 모든 고객을 만족시키는 최적 균형점을 찾아낸다는 것은 사실상 불가능에 가깝다.

가치 제안의 무게를 객관적으로 측정하기 어렵다

고객의 구매 결정 과정을 천칭 저울에 비유하다 보니 '무게'라는 용어를 사용하게 되었지만 가치 제안이나 가격 조건 모두 실제로 무게를 잴 수 있는 대상이 아니다. 고객이 비교하는 것은 가치 제안과 가격 조건의 '무게'라기보다는 '인지된 가치 perceived value'라고 하는 게 좀 더 정확한 표현일 것이다. 그런데 그 인지된 가치는 각 개인이 느끼는 주관적 판단에 의존하는 경향이 있어 객관적 측정이 불가능하다.

돈의 가치를 측정하는 데에도 주관성이 개입된다

가격 조건은 표준화된 화폐 단위를 사용하기 때문에 객관적으로 측정된다고 할 수 있다. 그러므로 이론적으로는 같은 가격 조건이라면 모든 사람에게 똑같은 가치를 가진다고 주장할 수 있다. 하지만 소득 수준의 차이, 구매의 필요성, 긴급도의 높고 낮음에 따라 돈의 가치에 대한 개념이 달라지는 것을 흔히 볼 수 있다. 하루하루를 힘겹게 살아가는 사람이 인식하는 100만 원과 한 달에 수천만 원을 벌고 쓰는 사람들의 100만 원은 그 가치가 크게 다를 수밖에 없다.

사람의 선천적·후천적 요인과 처한 상황에 따라 가치가 달라진다

사람의 성격, 라이프스타일 등은 같은 가치 제안을 다르게 인식하게 하는 요인이 된다. 실용성이 강조된 가치 제안은 화려하고 고급스러운 삶을 선호하는 사람들보다는 합리적인 성향을 지닌 사람들에게 훨씬 더 높게 평가될 가능성이 높다. 또한 사람들이 처한 환경과 살아가면서 겪는 여러 가지 경험은 가치의 우선순위를 변화시킨다. 예를 들어 보험의 가치에 대해 젊고 건강한 사람과 건강을 염려하는 중년의 태도가 전혀 다르게 나타난다. 또한 같은 중년이라도 안정적인 직장을 다니는 사람과 실직을 걱정하는 사람은 같은 가치 제안에 대해서 전혀 다른 판단을 할 것이다.

이전의 구매 경험과 개인적인 감정이 개입될 수 있다

예전에 어떤 회사가 싫다는 이유만으로 그 회사의 제품은 아예 쳐다보지도 않는 사람을 만난 적이 있다. 이처럼 같은 가치 제안이라고 하더라도 그것을 제공하는 기업에 대해 어떤 감정을 지녔는지에 따라 가치 제안에 대한 판단이 달라질 수 있다. 또한 평소 그 기업에 좋은 감정을 가지고 있다가도 어느 날 형편없는 A/S를 받거나 매장 판매 직원들의 불친절로 태도가 180도 변할 수도 있다. 그뿐만 아니라 구매 시점에서의 개인적인 심리 상태도 영향을 미친다. 사람은 일시적인 감정에 의해 행동이 얼마든지 변화할 수 있다는 점을 인식해야 한다.

구매가 이루어질 때 고객 마음속에 있는 천칭 저울의 원리를 이해하면 가치 제안과 가격 조건의 균형을 최적화시키려는 노력을 끊임없이 경주하게 된다. 만약 이 균형이 무너져 가격 조건 쪽으로 천칭 저울이 기울면 저절로 팔려나가는 형태의 구매는 이루어지지 않는다. 이를 극복하기 위해서는 단기적으로는 판매를 통해 불완전한 마케팅을 극복하면서 궁극적으로는 가치 제안의 무게를 더 높여 다시 균형을 회복해야 한다.

흔히 가격 인하를 통해 이런 불균형 상황을 극복하려는 유혹을 받는다. 불완전 마케팅으로 말미암아 단기적인 판매 촉진을 위해 일시적으로 유리한 가격 조건을 제공하는 것은 이해할 수 있다. 하지만 가격 자체를 지속적인 경쟁 수단으로 삼는 것은 차별적인 원가 경쟁력을 보유하고 있는 경우가 아니면 대단히 위험한 결정이다.

가격은 천칭 저울의 반대쪽에 올라가 가치 제안의 가치를 측정하는 수단이므로 저렴한 가격 자체를 가치 제안에 포함시키는 요소로 간주해서는 안 된다.

Business Management User's Guide

지속 가능 경영을 위한
생존 부등식의 원리

앞에서 천칭 저울을 비유로 고객이 구매 결정을 하는 원리에 대해 설명했다. 저울이 가치 제안 쪽으로 조금 기울어진 상태가 구매를 유발하면서도 기회비용을 최소화할 수 있는 최적 균형점임을 이야기했다. 또한 천칭 저울의 기울기를 찾아내는 게 그리 쉽지 않음도 언급했다.

만약 기업이 가치 제안과 가격 조건을 임의대로 변경할 수 있고 시장과 고객 또한 그것을 문제없이 받아들여준다면 최적 균형점을 찾는 건 그리 어렵지 않을 것이다. 마치 천칭 저울 양쪽에 조금씩 무게를 가감하면서 여러 차례의 시행착오를 거쳐 원하는 균형점에 도달하는 것처럼 말이다. 가치 제안과 가격 조건 양쪽의 가치를 조금 높여보기도 하고 조금 낮추어보기도 하면서 고객이 실제로 자발적 구매를 하려 하는지 기업 입장에서 만족할만한 수준의 매출과 이익이 발생하는지를 검증해볼 수 있을 것이다.

하지만 실제 상황에서 이러한 시도는 불가능하다. 고객은 기업이 가치 제안과 가격 조건을 멋대로 계속 변경하는 것을 참지 못한다. 변덕스러운 가치 제안은 기업이 고객에게 약속을 지키지 않는다는 것으로 해석된다. 가격 조건의 잦은 변화 또한 가치 제안과의 무게 비교를 불가능하게 만들어 고객의 천칭 저울을 혼란스럽게 만든다.

그뿐만 아니라 가격 조건의 변경은 필수적으로 경쟁자들의 적극적인 대응을 유발한다. 가격을 인상하면 경쟁자들은 이 틈을 이용하여 고객을 유치하기 위한 적극 공세를 펼칠 것이다. 반대로 가격을 인하하면 경쟁자들은 고객을 잃지 않기 위해 역시 가격 인하로 대응하며 이 때문에 업계 전체의 수익성이 저하될 수밖에 없다.

이러한 이유로 기업은 시장과 고객을 대상으로 하는 반복 실험과 시행착오를 통해 가치 제안과 가격 조건 간의 최적 균형점을 찾아내는 것을 포기할 수밖에 없다. 결국 기업은 최종적인 가치 제안과 가격 조건을 시장과 고객에게 내놓기 전에 합리적인 방법을 찾아내어 이 최적 균형점의 문제를 해결해야만 한다.

이러한 문제에 대한 통찰력과 합리적인 논리를 제공하는 이론으로 '생존 부등식the inequality for survival'이 있다. '생존 부등식'은 우리나라 경영학계의 구루로 인정받는 윤석철 교수가 경영에 관한 그의 사상과 이론을 담은 저서 『경영학의 진리 체계』에서 자세히 설명한 이론이다. 이 이론은 매우 단순하면서도 경영의 기본 원리와 경영 의사결정의 핵심을 명확하게 설명해주고 있어 반드시 숙지해야 한다고 생각한다. 이것은 가치 제안과 가격 조건 간의 문제뿐만 아니라 경영의 거의 모든 분야에 대입해보면서 활용할 만한 가치가 있다.

생존 부등식의 본질을 이해하기 위해서는 '기업의 목적은 고객 창출'이라는 가장 근본적인 내용에 대한 이해로 돌아가야 한다. 이미 살펴본 바와 같이 '고객 창출'이라는 기업의 목적을 달성하기 위해서는 '마케팅'과 '혁신'이라는 두 가지 기능이 필수다. 이 두 가지 기능 외의 활동들은 기업의 목적에 직접 기여하지 못하며 비효율을 증가시키는 요인이므로 최대한 억제하고 낭비 요소를 절감하면서 조직 전체의 효율을 증대시켜나가는 '생산성 향상'의 노력이 필요하다.

이렇게 보면 기업이 목적을 달성하면서 생존을 지속해나가는 데 의미 있는 활동은 '마케팅' '혁신' '생산성 향상'의 세 가지라고 할 수 있다. 따라서 이 세 가지 영역에 기여하는 것만이 진정한 성과이며 기여하지 못하는 것은 낭비적인 활동이 된다. 그렇다면 이 세 가지 요소들이 기업의 목적 달성과 지속 생존에 어떻게 기여하게 될까?

'마케팅'은 고객 창출에 직접 기여하는 기능이다. 고객 창출을 위해서는 고객이 누구인지, 그리고 이들의 니즈와 원츠가 무엇인지를 파악하고 그것을 충족시키는 가치 제안을 구성해야만 한다. 진정한 마케팅, 즉 이상적인 마케팅은 제품이 저절로 팔려나가는 상태이며 이를 위해서는 기업이 고객에 제공하는 가치 제안의 가치가 고객이 기업에 지불하는 가격 조건의 가치보다 커야만 한다. 이를 나타내면 다음과 같은 부등식이 된다.

$$V > P$$

cf) V: value(제품의 가치), P: price (제품의 가격)

윤석철 교수는 V를 '제품의 가치', P를 '제품의 가격'으로 지칭하고 있다. 하지만 그 용어에 내재된 의미만큼은 '가치 제안의 가치'와 '가격 조건의 가치'로 이해하는 것이 좋다고 본다. 이 부등식은 기업 활동에서 고객의 관점을 나타내는 것이라 할 수 있다. 윤석철 교수는 이 공식을 기업이 목적을 달성하기 위한 '마케팅 솔루션marketing solution'이라고 설명하고 있다.

'생산성 향상'은 기업의 목적 달성에 이바지하지 못하는 모든 비효율을 제거함으로써 조직 전체의 효율을 높이고 생존과 성장에 필요한 이윤의 규모를 확대하는 활동이라고 할 수 있다. 이를 위해서는 마케팅 솔루션을 통해 벌어들이는 돈이 그 활동을 전개하는 데 사용한 비용보다 더 커야만 한다. 이를 수학적으로 표시하면 다음과 같은 부등식이 된다.

$$P > C$$

cf) P: price(제품의 가격), C: cost(제품의 비용)

윤석철 교수는 P를 '제품의 가격'으로 표현하고 C를 '제품의 비용'으로 표현하고 있다. 좀 더 본질적으로 해석한다면 P는 '가격 조건의 가치'로 C는 '지출하는 비용의 가치'라고 할 수 있다. '비용의 가치'란 표현이 어색하지만 '지출한 금액 자체뿐만 아니라 그 금액을 지출함으로써 발생하는 기회비용까지 포함하는 가치'라는 의미로 이해하면 된다. 이 부등식은 기업 활동에서의 기업의 관점을 나타낸다. 윤석철 교수는 이 공식을 기업이 생존하기 위해 필요한 '수익성 솔루션profit solution'이라고 설명한다.

'혁신'은 '기업의 목적 달성과 지속 생존을 위해 부를 창출할 수 있는 더 나은 역량을 확보하는 활동'으로 정의할 수 있을 것이다. 이 때문에 '혁신'은 마케팅 솔루션과 수익성 솔루션 양쪽 모두에서 전개될 수 있다. 다시 말해 기업의 목적을 이전보다 더 훌륭하게 달성할 수 있도록 하는 활동과 기업의 생존 능력을 이전보다 더 낫게 개선하는 활동은 모두 혁신의 영역에 해당한다고 할 수 있다. 위에서 살펴본 두 부등식에서 다음과 같은 네 가지 종류의 혁신 활동이 가능하다.

마케팅 솔루션(V>P)　① V(제품의 가치)를 높인다
　　　　　　　　　　② P(제품의 가격)를 낮춘다

수익성 솔루션(P>C)　③ P(제품의 가격)를 높인다
　　　　　　　　　　④ C(제품의 비용)를 낮춘다

그런데 여기서 ②와 ③에서 보는 바와 같이 제품의 가격과 관련된 혁신 항목은 상충됨을 알 수 있다. 결국 고객의 관점인 마케팅 솔루션과 기업의 관점인 수익성 솔루션은 서로 갈등 관계에 있으며 그 중심에 있는 것이 P(제품의 가격)이다. 따라서 P를 어떻게 합리적으로 결정하는지가 매우 중요한 문제가 될 수밖에 없다. 이렇게 보면 가격을 높이고 낮추는 것은 혁신이 될 수 없으며 정책이나 전략으로 다루어져야 한다. 작은 부등식 모두 P를 포함하고 있으므로 P를 중심으로 두 부등식을 결합하면 하나의 부등식이 만들어지는데 그 형태는 다음과 같다.

$$V > P > C$$

cf) V : 제품의 가치, P: 제품의 가격, C: 제품의 비용

이것이 바로 생존 부등식이다. 기업이 목적을 달성하기 위한 '마케팅'(마케팅 솔루션)과 기업이 지속적으로 생존하기 위한 '생산성 향상'(수익성 솔루션)의 두 가지 개념을 하나로 결합한 형태이다. 여기서 목적 달성을 더욱 강화하기 위해 V를 높이는 활동과 지속적 생존 능력을 더욱 강화하기 위해 C를 낮추는 활동은 '혁신'에 해당한다. 따라서 이 부등식은 '고객 창출'이라는 기업의 목적을 위한 세 가지의 핵심 기능, 즉 '마케팅', '혁신', '생산성 향상'을 모두 포함한 개념이다. 생존 부등식에서 가장 어려운 부분은 P(제품의 가격)의 최적 균형점을 찾아가는 것인데 이에 대해서는 다음 글에서 논의하겠다.

생존 부등식의 개념을 이해하면 기업의 목적과 기업의 활동 사이의 인과관계를 명확히 이해할 수 있다.
생존 부등식 'V>P>C'에서 'V>P'는 '마케팅 솔루션', 'P>C'는 '수익성 솔루션'이며 각각 '마케팅'과 '생산성 향상' 기능에 해당한다. V를 높이는 활동과 C를 낮추는 활동은 '혁신'에 해당한다. 따라서 기업은 생존 부등식에 입각하여 경영 활동을 관리함으로써 기업의 본질적 목적을 달성하면서 지속적으로 생존해나갈 수 있는 세 가지의 핵심적 기능인 '마케팅', '혁신', '생산성 향상' 모두를 적절히 수행할 수 있다.

Business Management User's Guide

승-승 원칙에 따라
최적의 가격을 결정하라

생존 부등식, 즉 V〉P〉C의 개념을 다시 정리하면 '기업이 목적을 달성하면서 지속적으로 생존하기 위해서는 제품의 가치는 제품의 가격보다 높아야 하고 제품의 가격은 제품의 비용보다 높은 상태가 유지되어야 한다'로 요약될 수 있다.

생존 부등식의 좌측 부등식인 V〉P, 즉 제품의 가치가 제품의 가격보다 높아야 함은 '고객 창출'이라는 기업의 목적을 달성하여 제품이 저절로 팔려나가는 진정한 마케팅을 전개하기 위한 전제 조건이다. 이 부등식은 고객 관점의 기업 활동이자 마케팅 솔루션이라고 할 수 있다. 이를 얼마나 잘 수행하는지에 따라 기업의 합목적성, 즉 목적 달성 능력이 결정된다.

또한 우측 부등식인 P〉C, 즉 제품의 가격이 제품의 비용보다 높아야 한다는 것은 기업이 목적을 지속적으로 달성해나가는 데 필요한 생존 능력, 즉 이윤을 확보해야 함을 의미한다. 이 부등식은 기업 관점의 기업 활동이자 수익성 솔루션이라고 할 수 있으며 얼마나 잘 만족시키는지에 따라 기업의 효율성이 결정된다.

기업이 목적 달성(합목적성)과 지속적 생존(효율성)을 모두 달성하려면 제품의 가치를 높이고 제품의 비용을 낮추는 혁신 활동을 계속 전개해야 한다. 다시 말해 V와 C의 간격, 즉 V-C의 값이 더 커질수록 기업은 경쟁력이 높아진다고 할 수 있다. 이 V-C 값의 크기는 기업이 경영 활동을 통해 창출한 순혜택net benefit 또는 부가가치이다. 이러한 순혜택은 기업이 '고객 창출'의 목적을 달성하는 과정에서 얻은 것이므로 정상적일 뿐만 아니라 정당한 것이다.

그런데 여기서 V와 C의 중간에 있어야 하는 제품의 가격을 어디쯤 위치시킬지가 매우 어려운 문제가 된다. 이것은 결국 소비자의 구매를 위한 천칭 저울의 기울기를 얼마로 결정해야 하는지와 같은 문제라고도 할 수 있다.

V와 C가 고정되어 있다고 가정할 때 P가 V에 가까울수록 소비자의 구매 동기는 작아지지만 단위당 이윤은 증가하며 P가 C에 가까울수록 그 반대의 상황이 발생함은 쉽게 이해할 수 있다.

P의 적절한 위치를 찾아내기가 어려운 이유는 생존 부등식의 좌측 부등호인 마케팅 솔루션은 끊임없이 P를 낮출 것을 요구하고 우측 부등호인 수익성 솔루션은 끊임없이 P를 높일 것을 요구하기 때문이다. 기업의 생존을 위해 반드시 필요한 이 두 솔루션 사이의 딜레마를 해결하는 것이 P의 적절한 위치를 찾는 작업이며 가격 결정pricing의 핵심이 된다.

우선 생존 부등식의 좌측 부등호인 V>P를 보자. V와 P의 차이가 클수록, 즉 V-P 값의 크기가 클수록 고객의 구매는 더 강하게 유발된다. 따라서 기업은 저절로 판매되는 진정한 마케팅에 근접할 가능성이 높아진다. 이를 위해서는 V를 높여도 되고 P를 낮추어도 된다. 물론 두 가지를 모두 할 수 있다면 효과는 더욱 극대화된다.

V-P>0의 의미는 기업이 고객이 지불하는 가격 이상의 가치를 갖는 가치 제안을 제공함을 의미한다. 그러므로 V-P 값은 기업이 고객에게 무상으로 제공하는 추가적인 혜택이 된다. 윤석철 교수는 이를 소비자 순혜택consumer's net benefit이라고 지칭하였다. 이를 다르게 말하면 기업이 창출한 전체 순혜택 중 일부를 소비자에게 돌려주는 것을 의미한다.

이번에는 생존 부등식의 우측 부등호인 P>C를 살펴보자. P와 C의 차이가 클수록, 즉 P-C 값의 크기가 클수록 기업은 더욱 많은 이윤을 얻으며 매우 효율성이 높은 탁월한 운영 능력을 갖추게 된다. 이를 위해서는 P를 높일 수도 있고 C를 낮출 수도 있으며 두 가지 모두라면 더욱 훌륭한 결과를 얻는다.

P-C>0의 의미는 기업이 가치를 창출하기 위해 지출한 금액보다 더 큰 금액을 고객으로부터 받을 수 있음을 의미한다. 그러므로 P-C 값은 기업이 고객에게 가치를 제공하는 과정에서 얻는 정당한 혜택이라고 할 수 있다. 윤석철 교수는 이를 공급자 순혜택supplier's net benefit이라고 부른다. 이는 기업이 창출한 전체 순혜택 중 일부를 기업 자신에게 돌리는 것을 의미한다. 이상과 같은 내용을 정리하면 다음과 같은 도식이 된다.

V ← 소비자 순혜택 → P ← 공급자 순혜택 → C
전체 순혜택 = 소비자 순혜택 + 공급자 순혜택

결국 P의 적절한 위치를 결정하는 문제는 기업이 정상적인 경영 활동을 통해 창출한 정당한 순혜택을 소비자의 몫과 기업 자신의 몫으로 어떻게 나눌지로 귀결된다. 가격 전략에서는 소비자 순혜택이 클수록 박리다매 전략이고 공급자 순혜택이 클수록 명품 전략이라고 할 수 있다.

소비자 순혜택이 지나치게 커서 공급자 순혜택이 전혀 없거나 오히려 마이너스가 된다면 소비자와 기업 간에는 승-패, 즉 '너 살고 나 죽고'의 결과가 초래된다. 반대로 공급자 순혜택을 극대화하여 소비자 순혜택이 없거나 마이너스가 된다면 소비자와 기업은 패-승, 즉 '너 죽고 나 살고'의 상황에 직면하게 된다. 최악은 고객 불만 속에서도 기업이 적자를 내 소비자 순혜택과 공급자 순혜택 모두 문제가 발생하는 패-패의 경우일 것이다. 이렇게 보면 가장 최적화된 나눔은 승-승, 즉 '너 살고 나 살고'의 결과

여야 한다.

하지만 소비자 순혜택과 공급자 순혜택은 서로 갈등 관계에 있다. 그러므로 이 둘 사이를 최적으로 구분하는 P의 위치를 단번에 찾아내는 것은 대단히 어렵다. 그렇다면 이러한 구조에서 가장 바람직한 승-승의 접점을 찾아내는 방법은 무엇일까?

이러한 결정 상황에서 기업들이 쉽게 범하는 오류는 '기업의 목적은 이윤 추구'라는 믿음을 기반으로 하는 것이다. 이런 생각을 지닌 의사결정자들은 공급자 순혜택을 먼저 손에 쥐려고 하는 경향이 있다. 이것은 '주고 받음'이라는 우리가 사는 세상의 기본적 원리를 망각하고 '받고 줌'을 택하는 것과 같다. 또한 소비자 순혜택과 공급자 순혜택이 사실은 독립된 것이 아니라 서로에게 영향을 미쳐 선순환과 악순환을 유발하는 상호 인과관계를 이해하지 못하는 것이다.

공급자 순혜택의 증가는 당연히 소비자 순혜택의 감소를 유발하고 고객의 구매 동기를 약화시켜 판매량의 감소를 유발한다. 판매량의 감소는 기업의 가동률을 저하시키고 간접비 비중을 증가시켜 제품의 비용을 증가시키며 결과적으로 P-C 값의 크기, 즉 공급자 순혜택이 줄어든다.

결국 '주고 받음'의 원리에서 벗어나 '받고 줌', 즉 패-승을 선택한 결과 기업이 창출하는 전체 순혜택의 파이 크기가 지속적으로 줄어드는 현상이 발생한다. 그 결과 소비자를 패배자로 만드는 것은 물론이고 결과적으로 기업 자신도 패배자가 되는 패-패 상황이 전개된다.

따라서 '주고 받음'의 원리에 충실하여 소비자 순혜택을 먼저 제공하는 차원에서 결정이 이루어져야 한다. 물론 구매가 원활하게 이루어지는 데 지장을 초래하지 않으면서 과도하지 않은 수준을 택해야 할 것이다. 소비자 순혜택의 확대는 고객의 구매 동기를 유발시켜 판매량을 증가시킨다. 판매량의 증가는 기업의 생산성을 높여 제품의 비용을 낮추며 결과적으로 공급자 순혜택, 즉 이윤을 증가시키는 효과를 불러온다.

결국 먼저 주고 나중에 받음으로써 전체 순혜택의 파이 크기를 증가시키는 선순환을 발생시켜 소비자와 공급자의 혜택이 모두 증가하는 승-승이 실현된다. 이와 같은 원리를 이해하면 기업이 제품 가격의 최적 위치 결정과 관련한 바람직한 의사결정은 다음과 같이 자명해진다.

첫째, 제품의 가치를 높이고 제품의 비용을 낮추는 혁신 활동을 지속적으로 전개하여 V-C 값의 크기, 즉 전체 순혜택의 파이를 키워나간다.

둘째, 소비자 순혜택을 먼저 확대하여 고객의 구매 동기를 유발한다.

셋째, 판매량 증대를 제품의 비용 감소로 연결시켜 공급자 순혜택을 확보한다.

넷째, 늘어난 공급자 순혜택을 제품의 가격에 반영하거나 제품의 가치를 높이는 투자를 하여 소비자 순혜택을 더 한층 증가시킨다.

> 기업이 경영 활동에서 창출한 순혜택은 소비자 순혜택과 공급자 순혜택으로 구분된다. 이윤 극대화를 위해 공급자 순혜택 증가를 우선시하는 경영자는 결국 소비자와 기업이 모두 불행해지는 악순환의 고리에 빠진다.
> '고객 창출'이라는 기업의 목적에 충실하면서 '주고 받음'의 원리를 따르는 경영자는 소비자 순혜택을 먼저 증가시킴으로써 전체 순혜택의 파이를 키우고 소비자와 기업 모두가 최적의 혜택을 얻을 수 있는 승-승의 상황을 만들어낼 수 있다. 그러면 기업이 본연의 목적을 달성하면서 생존을 지속할 수 있는 가장 바람직한 생존 부등식의 조합을 찾아낼 수 있을 것이다.

Business Management User's Guide

상품 구색 증가는
판매 부진의 해법이 될 수 없다

아마도 우리나라만큼 음식점 밀도가 높은 나라도 별로 없을 것이다. 퇴직 후 '나도 식당이나 차려볼까' 하는 생각으로 음식점을 시작하는 사람들이 많아서인 것 같다. 아마도 음식점은 누구나 쉽게 운영할 수 있고 욕심만 내지 않으면 큰돈도 들지 않을 것 같다고 생각하는 모양이다. 그런데 사람들이 만만하게 보고 도전하는 음식점 사업에서 성공하는 게 그리 쉽지는 않다. 5년 생존율이 20퍼센트를 넘지 못하고, 최종 생존율이 6퍼센트밖에 안 된다는 주장이 있을 정도다.

그런데 이렇게 치열한 경쟁 상황을 좀 더 자세히 들여다보면 재미있는 현상을 발견할 수 있다. 음식점이 밀집한 곳에 가보면 어떤 음식점 앞에서는 손님들이 몇십 분이고 줄을 서서 기다리는데 그 주변 다른 음식점들은 파리만 날리고 있는 장면을 흔히 볼 수 있다. 기업 경영에서와 마찬가지로 음식점 업계에서도 업주의 전략과 운영 능력이 성공과 실패를 가르는 중요한 요인임을 짐작할 수 있다. 따라서 음식점 업계의 성공과 실패 요인을 비교·분석해보면 기업 경영에 대한 상당히 많은 시사점을 얻을 수 있으리라 생각한다. 우선 손님이 별로 없어 파리만 날리는 음식점을 살펴보면 다음과 같은 특징이 발견된다.

① 다른 업소 혹은 심지어 일반 가정에서도 흔히 볼 수 있는 평범한 음식을 제공한다.
② 메뉴가 전문화되어 있지 않고 무엇을 골라야 할지 모를 정도로 메뉴의 종류가 많다.
③ 손님이 다 끊기는 늦은 시간까지 음식점을 운영한다.

이 세 가지를 마케팅적으로 요약하면 경쟁력 없는 가치 제안(①)을 기반으로 하여 메뉴를 늘려서(②) 모든 사람을 대상으로 제공하고 있다(③). 이미 여러 차례 경쟁 우위를 가지는 가치 제안이 마케팅의 핵심 요소라는 것은 밝혔으니 가치 제안이 취약하면 음식점이 잘 되지 않는다는 사실을 쉽게 추론할 수 있을 것이다.

그런데 다양한 메뉴를 준비해서 모든 사람에게 제공하려는 게 실패하는 음식점의 특징이라는 점은 쉽게 납득하기 어려울 수도 있다. 한두 가지의 전문화된 메뉴만으로는 고객의 범위가 제한되기 때문에 어떤 손님이든지 받을 수 있도록 상품의 '구색$_{assortment}$'을 갖추는 것이 매출 증대에 더 유리하지 않겠는가 하는 믿음을 갖는 것도 무리는 아니다.

하지만 이와 같은 생각하는 사람은 '구색'의 진정한 의미와 본질을 잘못 이해하고 있는 셈이다. '구색'은 사전적으로는 '여러 가지 물건을 고루 갖춤. 또는 그런 모양새'라고 정의되어 있다. 그런데 '구색'이라는 말을 들으면 매장에 없는 것 없이 이것저것 진열해놓은 다음, 방문한 고객이 "혹시 ○○○ 있나요?"라고 물을 때 전혀 문제없이 진열된 것 중에서 꺼내 와서 판매하는 상황이 쉽게 연상된다. 이 때문에 많은 사람이 '구색을 늘리면 판매가 증가한다'는 가설을 가지고 있다. 그런데 이는 마케팅과 관련된 가장 흔한 오해 중 하나라고 할 수 있다.

그렇다면 다양한 메뉴를 모든 사람을 대상으로 제공하려는 음식점이 왜 잘 안 되는지를 분석해보자. 우선 집에서 요리하던 솜씨로 쉽게 만들 수 있는 것 중 자신 있는 몇 가지 메뉴를 준비하여 음식점을 시작한다. 김치찌개, 된장찌개, 곱창전골, 삼겹살, 냉면 등 우리가 집에서 흔히 해 먹는 음식이다. 이렇게 전문성이 떨어지는 음식들로는 고객들이 충분히 만족할 수 있을 만한 수준에 도달하기는 쉽지 않다. 그러므로 핵심 경쟁력이 취약하여 평범한 상태에서 사업을 시작한다. 게다가 그나마 준비한 몇 가지 메뉴에는 공통분모가 별로 없다. 다시 말해 음식점의 주메뉴가 무엇인지, 무엇을 전문으로 하는 곳인지가 분명하지 않다.

고객이 음식점에 방문하는 경우는 두 가지라고 할 수 있다. 그 집을 기억하고 찾아오거나 지나가는 길에 배가 고파 우연히 들른 경우이다. 그런데 영업이 잘되는 음식점은 고객들이 지나가다 들르기보다는 먼 길을 마다치 않고 찾아와 줄을 서서 기다려서라도 좋아하는 음식을 먹고 가는 특징이 있다. 다시 말해 잘되는 음식점은 '고객 창출'에 성공하고 있다.

반면에 핵심 경쟁력이 취약하고 전문화되어 있지 않은 음식점은 고객들에게 왜 그 음식점을 가야만 하는지에 대한 이유를 제공하지 못한다. 다시 말해 '고객 창출'을 유발하는 경쟁력 있는 가치 제안을 구성하지 못한다. 그 결과 집객集客에 실패한다. 설사 기가 막히게 홍보를 잘해서 개업 초기에 사람들이 몰려왔더라도 일단 음식 맛과 서비스에 실망하면 다시는 찾아오지 않는다. 설사 큰 불만 없이 식사를 했더라도 그 집의 주메뉴가 무엇인지가 불분명하면 다음에 그 집을 기억해내서 다시 찾아오기는 어려울 것이다.

사람들이 잘 오지 않으면 가끔 오는 고객 한 사람도 아쉬울 수밖에 없다. 그런데 그 고객들 대부분은 지나가다 우연히 들른 것이므로 취향이 다양하다. 주인은 고객 한 사람이 아쉬운 상황에서 그들이 찾는 메뉴가 없어 그대로 나가버리면 문제라는 생각을 하게 된다. 이 때문에 주인은 그나마 온 손님을 그냥 보내지 않기 위해 메뉴를 하나둘씩 늘려간다. 이른바 상품의 '구색'이 증가한다. 하지만 그럴수록 그 음식점은 어떤 음식을 잘하는 곳인지에 대한 정체성을 점점 더 잃어간다. 자발적으로 찾아오는 고객의 수는 점점 감소하고 한 번 방문했던 고객마저 다시 찾을 확률이 줄어든다.

게다가 메뉴의 종류가 늘어나면 운영 비용이 증가할 수밖에 없다. 마치 다품종 소량 생산 공장에서 다양한 원자재를 보유하듯 식자재를 다양하게 보유해야만 한다. 시자재 가가의 하루 소진량이 얼마 되지 않다 보니 식자재의 보관 기일이 늘어나면 상해서 못 쓰게 되는 부분도 증가한다. 오래된 식자재를 사용하면 음식 맛은 더욱 저하되어 그나마 조금이라도 남아 있던 본질적 가치마저 사라져버린다. 그뿐만 아니라 다양한 메뉴를 만들어내는 것은 마치 제조 공장에서 사양 변경에 따른 준비 교체가 빈번하게 일어나는 것과 같은 문제를 발생시킨다. 즉 음식 주문을 받아 고객에게 제공할 때까지의 리드 타임lead time을 증가시킨다. 한마디로 말해 생산성은 저하되고 비용은 급격히 증가한다.

이렇게 되면 그 음식점은 경영 압박을 받을 수밖에 없다. 만약 이익을 확보하기 위해 가격을 올리면 우연히 방문하는 고객들마저 감소한다. 반대로 고객을 확보하기 위해 가격을 인하한다면 앞서 설명한 생존 부등식의 오른쪽, 즉 공급자 순혜택(P-C)에 문제가 생겨 곧바로 파산 위험에 직면할 수도 있다. 그렇다면 이러한 악순환을 개선할 방법은 없을까? 영업을 잘하는 음식점의 특징을 살펴보면 이에 대한 답을 얻을 수 있다. 잘나가는 음식점은 다음과 같은 특징이 있다.

① 독특하고 수준 높은 조리법을 보유하고 있다.
② 메뉴의 수가 많지 않고 전문화되어 있다.
③ 구색 증가는 전문화된 범위 내에서의 파생 상품에 한정한다.
④ 당일 필요한 식자재를 당일 구매하여 전량 소진하며 그 이후에는 더는 손님을 받지 않는다.

결국 이들은 잘 안 되는 음식점과는 거의 모든 것을 반대로 하고 있다. 경쟁력 있는 가치 제안을 기반으로 선택과 집중을 통해 전문화하는 것이 핵심이다. 물론 그러한 가치에 합당한 가격이 제시되어야 한다. 무엇보다 중요한 점은 고객이 그 음식점의 특징, 맛, 가치를 기억하도록 하여 자발적으로 반복해서 찾아오게 하는 것이다. 이러한 음식점들은 준비된 식자재가 모두 소진되거나 영업 마감 시간이 되면 문을 닫으면서 기껏 온 손님을 그냥 돌려보내기까지 한다. 그런데 그 손님들은 화가 나서 그 음식점을 외면하기보다는 오히려 다음번에는 더 일찍 와서 반드시 그 음식을 먹고 말겠다는 생각을 품는다. 또한 이런 음식점들은 혹시라도 식자재가 남으면 당일에 모두 처분하고 다음날은 신선한 식자재를 다시 구입하여 사용한다.

이렇게 보면 무분별한 구색의 증가는 판매 증대와는 전혀 관련이 없음을 알 수 있다. 오히려 기업 경영의 초점을 흐리고 자원을 분산시킴으로써 비용을 증가시키고 운영상의 혼란을 초래한다. 궁극적으로 매출을 감소시키고 기업을 위기에 빠뜨리는 원인이 된다. 구색의 증가는 성공을 어느 정도 확장시켜줄 수는 있어도 실패를 성공으로 전환시켜줄 수는 없다. 다음 글에서는 구색의 진정한 의미는 무엇이며 어떻게 하면 올바로 활용할 수 있는지 알아보겠다.

'고객 창출'에 실패한 상태에서 판매 증대를 기대하면서 제품이나 상품의 구색을 증가시키는 것은 자살 행위나 마찬가지다. 무분별한 구색의 증가는 경영의 복잡성을 증대시키고 기업 정체성의 혼란을 가져와 고객에게 기업이 제공하는 가치가 무엇인지를 각인시키는 데 실패하게 만든다.
고객은 구색의 다양성 때문에 그 기업과 브랜드를 선택하는 것이 아니라 경쟁력 있는 가치 제안과 그 가치에 합당한 가격이 제시되기 때문에 선택한다.
고객의 자발적이고 반복적인 방문과 구매를 유발하는 핵심 요인은 생존 부등식의 왼쪽 부분, 즉 소비자 순혜택(V-P)이라는 점을 잊지 말아야 한다.

Business Management User's Guide

구색의 다양화는
성공적인 가치 제안이 전제 조건이다

'구색의 증가'를 '다양성의 확대'라고도 정의할 수 있다. 무분별한 구색의 증가는 생존 부등식을 약화시킬 수 있다. 하지만 달걀을 한 바구니에만 담는 게 위험하듯이 어느 정도의 다양성은 분명 경영에 도움이 되는 측면이 있다. 그런데 '다양성의 확대'는 기업 경영에서 아주 중요하게 다루어지는 '선택과 집중'에 대립하는 주제이다. 그러므로 이 중 어떤 것을 더 중요하게 보아야 할 것인지는 매우 중요하고 어려운 문제다.

다양성을 확대할수록 고객에게 더 넓은 선택의 폭을 제공할 수 있다. 또한 이를 통해 더 넓은 범위의 고객을 확보할 가능성이 높아진다. 하지만 뚜렷한 킬러 아이템 killer item이 없어 정체성이 모호해질 수 있다. 그리고 자원이 분산되고 운영의 복잡성과 난이도가 높아져 비용이 증가한다. 반면에 선택과 집중을 강화할수록 킬러 아이템이 분명해져 자원을 집중할 수 있고 효율을 높일 수 있다. 하지만 고객들의 다양한 요구에 일일이 대응하기에는 한계가 생긴다. 결국 '다양성의 확대'와 '선택과 집중' 간의 균형을 이루는 최적의 조합을 찾는 것이 문제 해결의 핵심 요소다. 이 문제의 해결에 대한 이해를 돕기 위해 내가 예전에 다니던 직장 근처에 있었던 음식점 중 아주 잘나가던 몇몇 점포의 사례를 살펴보겠다.

첫 번째 사례는 부추비빔밥집이다. 이 집의 메뉴는 부추비빔밥 단 한 가지뿐이었다. 맛도 꽤 괜찮았지만 무엇보다 가격이 매우 합리적이어서 항상 줄을 서서 기다려야 했다. 메뉴가 단 한 가지밖에 없으니 그 음식점에 들어가거나 줄을 서는 것 자체가 주문과 마찬가지다. 주방에서는 같은 음식을 끊임없이 만들어내고 줄 서서 기다리던 사람들이 앉기가 무섭게 음식이 나온다. 한 테이블의 식사가 시작된 후 다음 손님들이 앉을 때까지 15분 이상이 걸리지 않는다.

두 번째 사례는 라면집이다. 이 집은 아침을 거르고 일찍 출근하는 직장인들을 대상으로 해장라면이라는 메뉴를 개발해서 성공을 거두었다. 또한 해장라면에서 파생된 다양한 종류의 라면들을 제공하였다. 다시 말해 해장라면을 주력으로 하되 라면의 범주를 벗어나지 않는 범위 내에서 구색을 갖추어 선택의 폭도 제공한 케이스다.

세 번째 사례는 평범한 메뉴를 취급하는 한식집이다. 이 집은 당시 직장에서 실시했던 설문조사에서 서비스가 가장 좋은 음식점으로 강하게 추천된 적이 있었다. 합리적인 가격에 김치찌개, 된장찌개, 전골 등 다양한 메뉴를 갖추고 있었다. 그리고 설문조사 내용대로 주인과 종업원의 서비스 수준은 매우 높았다. 이 음식점은 메뉴의 구색은 매우 다양했지만 주특기는 없었고 각각의 음식들은 괜찮은 수준이었지만 특별하다고 말하기는 어려운 집이었다.

이 세 음식점을 분석해보면 구색, 즉 다양성 측면에서는 한식집→라면집→부추비빔밥집 순서이다. 선택과 집중 측면에서는 정반대로 부추비빔밥집→라면집→한식집의 순서라고 할 수 있다. 그렇다면 각 점포의 실제 영업 성과는 어떠했을까? 부추비빔밥집은 거의 매일 줄을 서서 기다려야 했다. 라면집은 그 정도까지는 아니었지만 그래도 항상 북적거렸다. 한식집은 꾸준하게 손님이 있었지만 근처 평범한 음식점들의 평균보다 좀 더 붐비는 수준이었다.

사례를 통해 구색의 증가만으로는 구매의 증대를 유발하지 못한다는 것을 확인할 수 있다. 오히려 경쟁력 있는 메뉴를 중심으로 선택과 집중을 한 음식점이 더 좋은 성과를 냄을 알 수 있다. 음식점에서의 경쟁력 있는 메뉴는 가치 제안 중 본질적 가치에 해당한다. 반면 구색이나 친절한 고객 서비스는 부가적 가치라고 할 수 있다. 결국 고객의 자발적 구매를 유발하는 핵심은 구색의 다양성이 아니라 가치 제안에 포함된 본질적 가치의 경쟁력이라는 것이 자명해진다. 부추비빔밥집의 사례에서 보듯이 본질적 가치가 강력하면 구색과 같은 부가적 가치가 부족하더라도 고객들을 줄 세우는 진정한 마케팅에 접근할 수 있다. 한식집처럼 본질적 가치를 제대로 갖추지 못하면 음식의 구색을 아무리 늘리고 고객 서비스를 강화하더라도 평균을 조금 넘는 정도의 성과밖에는 내지 못한다.

그런데도 구색을 추가하면 고객의 수가 늘고 매출이 증가할 것이라는 생각을 버리기는 어렵다. 이러한 믿음을 가진 사람 중 일부는 대형 유통점의 예를 들기도 한다. 실제로 대형 유통점은 얼마나 다양한 상품의 구색을 갖추느냐가 경쟁력의 중요한 요소 중 하나라고 할 수 있다. 대형 유통점 입장에서는 방문한 고객이 원하는 물건이 없어 구매하지 못했다면 그 자체가 기회손실이 된다. 이 때문에 '모든 사람에게 모든 상품을 제공 all things to all people'하는 전략이 유효하다고 생각하기 쉽다.

하지만 여기에는 몇 가지의 중대한 오류가 있다. 우선 어떤 유통점도 '모든 사람'을 목표로 하지는 않는다. 대형 유통점도 백화점, 할인점 등과 같이 고객의 구매 성향이나 취급하는 상품의 가격 수준 등에 따라 여러 형태를 보인다. 고급품부터 최저가 상품까지를 망라해서 취급하는 유통점은 존재하지 않는다. 또한 '모든 상품'을 취급하는 유통점도 존재하지 않는다. 오히려 '카테고리 킬러 category killer'라고 하는 전문점이나 양판점의 형태가 더 일반화되어 있다. 상품 구색을 최대한 넓힌 대형 종합 유통점이라도 취급하는 상품의 범주가 어느 정도 이상의 범위를 넘지는 못한다.

대형 유통점의 다양한 구색과 관련한 오해의 근본 원인은 앞서 여러 글에서 설명한 마케팅의 본질과 기본에서 벗어난 관점에 있다고 생각한다. 다시 말하자면 마케팅의 정반대 편에 서 있는 판매 중심적 사고와 제품 중심적 사고에서 벗어나지 못하기 때문이다. 이러한 사고를 가진 사람들은 고객이 대형 유통점을 찾는 이유를 구색의 완벽함에서 찾는다. 하지만 고객이 동일한 제품을 구매할 수 있는 곳은 많다. 그럼에도 굳이 그 유통점에 가는 이유는 구색 때문이 아니라 다른 차별화된 가치가 있기 때문이다. 방문한 고객이 구색 때문에 장바구니를 좀 더 채울 수는 있을지 몰라도 구색 자체가 고객의 방문을 유발하는 요인이 될 수는 없다. 결국 유통점에서도 고객의 방문을 유발하는 것은 가치 제안이며 그중에서도 본질적 가치의 장점이 두드러진다. 유통점의 본질적 가치는 제품이 아니라 서비스에 있다고 할 수 있다. 대형 유통점일수록 신뢰성, 편리함, 합리적인 가격의 제품군 등의 가치가 중요해지며 중소형일수록 접근성, 개별화된 서비스, 친근감 등의 가치가 중요하다.

합리적인 가격의 제품을 편리하게 대량 구매를 할 수 있는 것을 중요한 가치 제안으로 삼는 대형 할인마트에서 구색을 늘리기 위해 명품 코너를 만들어 보석, 화장품, 액세서리 등을 판다면 어떨까? 핵심적인 가치 제안과 갈등을 일으켜 정체성이 훼손되고 매출 증대에 거의 도움이 되지 않을 것이다. 마찬가지로 제품과 서비스의 고급화를 지향하는 백화점에서 최저가 할인 제품을 취급한다면 백화점의 격이 떨어져 고객이 떠나가게 마련이다. 이렇게 보면 다양한 상품 구색을 갖추고 있는 대형 유통점조차도 일정 범위 내에서는 선택과 집중을 하고 있음을 알 수 있다. 이와 같은 음식점과 유통점의 예를 종합하여 가치 제안을 구성하는 데 '선택과 집중'과 '구색의 다양화'를 어떻게 조화시킬 것인지를 모색해보자. 다음과 같은 몇 가지 원칙을 발견할 수 있다.

'선택과 집중'을 통해 명확하고 차별화된 가치 제안을 확보한다

부추비빔밥집의 예처럼 가치 제안의 본질적 가치가 강력할수록 부가적 가치의 역할은 작아진다. 강력한 가치 제안에 적절한 가격 조건이 결합한다면 사람들은 줄을 서서라도 구매하려고 한다. 본질적 가치가 최고 수준에 도달한 경우라면 굳이 구색을 늘릴 필요가 없으며 최대한 메뉴를 단순하고 경영 효율을 높이는 게 낫다. 아울러 줄 서 있는 고객들의 대기 시간을 단축할 수 있도록 리드 타임과 생산성을 높이고 테이블의 회전율을 극대화하면서 한꺼번에 몰리는 고객을 시간대별로 분산시키는 전략을 취하는 것이 옳다. 본질적 가치가 취약하여 발생한 문제를 구색의 다양성으로 극복하려는 시도는 성공할 수 없을 것이다.

본질적 가치의 성공을 확장하고 고객 만족도를 증가시키기 위해 구색을 다양화한다

라면집의 경우처럼 상당히 경쟁력 있는 본질적 가치를 가지고 있지만 고객의 다양한 취향을 받아들여야 할 때는 구색 다양화를 고려할 수 있다. 고객이 그 라면집을 찾는 이유는 주로 해장라면 때문이지만 같은 해장라면 중에서도 선택의 폭이 넓어지면 구매 만족도가 증가한다. 하지만 콩나물해장국이나 설렁탕과 같이 라면이 아닌 메뉴를 찾는 고객의 요구까지 고려하여 구색을 갖출 필요는 없다. 콩나물해장국과 설렁탕은 해장라면과는 가치 제안에서의 본질적 가치가 다르다고 볼 수 있다. 따라서 이를 메뉴에 추가하는 것은 선택과 집중의 원리에서 벗어난다.

경영 효율을 고려하여 구색 다양화의 범위를 결정한다

구색 확대를 통해 본질적 가치의 다양성을 확장하는 것은 고객의 만족도를 증가시키고 재방문의 가능성을 높여준다. 하지만 다양성이 증가할수록 경영 효율은 떨어진다. 해장라면 하나만 만들 때보다는 다양한 종류의 라면을 만들 때 효율이 떨어지는 것은 당연하다. 이 때문에 구색을 증가시킬 때는 세 가지 요인을 고려해야만 한다.

첫째, 고객에게 제시한 다양한 메뉴를 충분히 소화해낼 수 있을 정도의 역량을 보유하고 있어야 한다. 둘째, 구색이 서로 중복되거나 지나치게 세분화되어 불필요하게 메뉴가 늘어나는 방식으로 다양화하면 안 된다. 셋째, 구색의 증가로 인해 얻는 혜택이 경영 효율 감소로 발생하는 손실보다 더 커야만 한다.

고객은 기업이 제공하는 가치 제안의 본질적 가치 때문에 구매를 고려한다. 본질적 가치에서 벗어나지 않는 범위 내에서 구색을 다양화하면 이미 구매를 고려하고 있는 고객의 구매 결정을 쉽게 해주고 선택의 폭을 넓혀 구매 만족도를 증가시킨다.
반면에 본질적 가치와 관련 없는 상품을 추가하는 방식으로 구색을 늘려가는 것은 선택과 집중의 원리에 위배된다. 이것은 기업의 정체성을 모호하게 하고 경영 효율을 저하시키는 요인이 된다.
구색은 구매를 유발시키기 위한 핵심 요소가 아니라 고객의 구매 과정을 돕고 만족도를 증가시키는 수단으로 간주되어야 한다.

Business Management User's Guide

마이클 포터의 경쟁 우위 확보를 위한 본원적 전략

이전 글의 음식점의 예에서 라면집의 경우와 같이 가치 제안의 경쟁력을 계속 높여가는 것은 생존 부등식의 소비자 순혜택을 증가시키기 위해 고객 가치를 높이는 전략이다. 이것은 '차별화differentiation'를 통한 경쟁 우위 확보 방안이라고 할 수 있다. 반면에 부추비빔밥집과 같이 운영 효율을 극대화하여 단일 메뉴를 상당히 경쟁력 있는 가격에 제공하는 것은 비용 절감을 통해 얻은 순혜택의 상당 부분을 가격 인하를 통해 소비자 순혜택으로 전환하는 것이다. 또한 '낮은 원가'를 기반으로 하여 경쟁 우위를 확보하는 방안이라고 할 수 있다.

이렇게 보면 결국 기업의 경쟁 우위 확보 방안은 '차별화'와 '낮은 원가' 둘 중 하나가 된다. 현대 경영학의 3대 구루 중 하나로 칭송받는 마이클 포터 교수는 1980년도에 출판된 저서 『경쟁 전략』에서 이러한 원리에 입각한 '본원적 전략generic strategy', 그리고 경쟁의 구도를 분석하고 대응하기 위한 '다섯 가지 요인5 Forces'이라는 중요한 개념들을 통해 경쟁 전략 분야의 가장 체계적이고 일관된 토대를 구축했다.

포터 교수의 '본원적 전략'은 바로 '차별화'와 '낮은 원가'라는 두 가지 경쟁 우위 요소를 중심으로 하는 전략 선택 모델이다. 포터 교수에 의하면 차별화와 낮은 원가는 서로 트레이드 오프적인 관계에 있다. 따라서 기업이 경쟁 우위를 확보하기 위해서는 이들 중 하나를 반드시 선택해야만 한다. 차별화를 위해서는 추가적인 투자나 비용 지출이 필수이므로 차별화와 낮은 원가를 동시에 추구하는 것은 장기간 지속하기 어렵기 때문이다. 이러한 이유로 경쟁 우위를 차별화와 낮은 원가 중 어느 쪽 방향으로 잡을 것인지는 선택과 집중에서 가장 중요한 결정이라고 할 수 있다.

포터 교수는 '모든 상품을 모든 사람에게' 제공하려는 전략은 차별화와 낮은 원가 어느 쪽도 달성할 수 없어 전혀 경쟁 우위를 가질 수 없다고 보았다. 그래서 이 전략은 무대책의 전형이며 아무리 잘해도 평균 정도의 성과밖에는 거둘 수 없다고 주장한다. 앞서 한식집의 예에서 이러한 모습을 볼 수 있었다. 메뉴를 증가시킬수록 운영 비용이 증가하므로 낮은 원가의 경쟁 우위를 확보할 수 없었다. 그리고 메뉴 자체도 일관성이 없고 특별한 데가 없다 보니 차별화 또한 경쟁 우위가 될 수 없다. 이 때문에 아무리 친절한 서비스로 이를 만회하려 해도 평균 정도의 성과에 그칠 수밖에 없다.

기업이 차별화 또는 낮은 원가 중 하나를 확보하면 경쟁에서 우위를 점할 수 있는 기반은 확보된 셈이다. 하지만 목표 시장을 분명히 하고 그 시장의 요구를 정확히 파악하지 못한다면 기껏 확보한 경쟁 우위를 제대로 발휘할 수 없다. 이 때문에 기업이 경쟁 무대로 삼고자 하는 시장의 범위를 어디까지로 정할지가 매우 중요해진다. 그러한 경쟁 무대는 시장 전체가 될 수도 있고 특정한 요구에만 한정되는 좁은 틈새시장$_{niche\ market}$이 될 수도 있을 것이다. 결국 기업은 경쟁 전략 수립에서 경쟁하고자 하는 무대, 즉 경쟁 범위와 관련된 또 하나의 선택과 집중 결정을 해야만 한다.

전체 시장을 무대로 삼으려면 매우 보편화된 요구를 충족시킬 수 있어야 하며 상당한 자원을 투입할 능력이 있어야 한다. 경쟁자의 수도 많고 경쟁의 강도 또한 매우 높을 수밖에 없다. 이 때문에 경쟁자와의 상대적인 격차를 충분히 확보하고 규모의 경제를 실현할 수 있어야 한다. 이러한 어려움과 제약 조건이 있지만 경쟁에서 승리했을 때의 보상은 엄청난 규모로 커지기도 한다. 틈새시장을 무대로 삼았다면 투입되어야 할 자원도 많지 않고 경쟁도 아주 치열하지 않겠지만, 특화된 요구를 정확히 포착해야 하며 성공했을 때의 성과의 규모도 제한적일 수밖에 없다.

이렇게 보면 기업은 경쟁 전략과 관련하여 '차별화'와 '낮은 원가' 중 어떤 것을 경쟁 우위의 요소로 선택할 것인지와 '넓은 시장'과 '좁은 시장' 중 어떤 경쟁 범위를 경쟁의 무대로 할 것인지의 선택과 집중에 귀힌 복합적인 의사결정을 해야만 한다. 이를 '본원적 전략 선택 모델'이라고 하며 2×2 매트릭스로 다음과 같이 도식화할 수 있다.

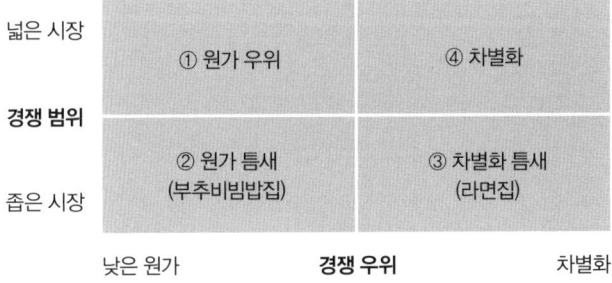

매트릭스의 좌측 상단인 ① 영역은 기업이 택할 수 있는 본원적 전략 중에서 가장 확실하고 강력한 전략이다. 그만큼 구현하기가 매우 어렵다. 원가 우위는 고객이 수용할 수 있는 가치 제안의 본질적 가치를 유지하면서 동종 업계 최저의 원가 경쟁력을 갖추는 것을 말한다. 이 전략을 택하는 기업들은 원가 경쟁력을 지나치게 추구하다가 본질적 가치가 훼손되지 않도록 경계해야 한다.

이러한 경쟁 구도에서는 가장 강력한 원가 경쟁력을 가진 극소수의 경쟁자가 최종 승리자가 되어 가장 많은 시장 점유율을 확보하게 된다. 경쟁자보다 조달과 유통에서 탁월한 원가 경쟁력을 지향하는 월마트나 델컴퓨터가 그 사례다.

매트릭스의 좌측 하단인 ② 영역은 틈새시장을 낮은 가격으로 공략하는 전략이다. 이 전략을 택하는 기업들은 범용 제품을 공급하는 기업들이 대응하기 어렵거나 큰 관심을 두지 않는 특정 세분 시장의 독특하고 희소성 있는 요구를 대상으로 한다. 이러한 특별한 요구들이 존재하는 시장에서는 작은 몸집과 경영의 스피드로 발 빠른 대응을 할 수 있는 업체들이 유리한 고지를 점한다. 앞서 예로 들었던 부추비빔밥집은 높은 운영 효율을 통해 낮은 원가 경쟁 우위를 확보하여 한 가지 메뉴만으로 좁은 시장에 적용한 경우라고 할 수 있다.

매트릭스 우측 하단인 ③ 영역은 틈새시장을 차별화를 무기로 공략하는 전략이다. 기업이 차별화에 성공하면 경쟁자에 비해 가격 프리미엄을 받을 수 있다. 예를 들어 이전 글의 라면집은 해장라면이라는 차별화된 메뉴로 아침 식사를 거른 직장인이라는 좁은 시장을 겨냥했다. 다른 라면집보다 더 비싼 가격을 제시했는데도 성공을 거둘 수 있었다. 대부분의 고가 명품 사업은 이 카테고리에 포함된다고 할 수 있다.

매트릭스 우측 상단인 ④ 영역은 대부분의 고객이 인식하고 높이 평가하는 독창적인 가치를 창출하여 넓은 시장을 대상으로 제공하는 전략이다. 차별화를 위한 창의력과 기술, 넓은 시장에 공급할 수 있는 규모와 역량, 대규모의 마케팅 커뮤니케이션을 할 수 있는 능력 등이 필요하다. 따라서 가장 난이도가 높은 반면 그 결과에 대한 보상도 가장 큰 전략이라고 할 수 있다. 소니의 워크맨이나 애플의 아이폰처럼 마니아층을 형성할 정도의 차별적 가치를 만들어 전체 시장에 대량 유통함으로써 큰 성공을 거둔 예는 많다.

진정한 마케팅은 선택과 집중을 통해 전략을 선명하게 정하고 목표를 분명히 함으로써 실행할 수 있다.

목표를 분명히 한다는 것은 목표 외의 것은 과감하게 버리는 것을 의미한다. 경쟁력을 발휘할 수 없는 부분을 포기하지 못하고 '모든 상품을 모든 사람에게'에 대한 미련을 버리지 못하는 경영자는 경쟁 우위 구축에 실패하고 자원을 낭비하며 조직 구성원들이 방향성을 잃고 우왕좌왕하게 함으로써 궁극적으로 실패의 길로 가게 된다.

Business Management User's Guide

STP를 통해 목표 시장과 경쟁 우위를 선택하고 집중하라

지금까지 살펴본 바와 같이 강력한 가치 제안을 구성하면 제품이 저절로 팔려나가는 진정한 마케팅에 가까워진다. 그런데 자발적으로 찾아와 구매하는 고객은 반드시 충족하고자 하는 니즈와 원츠를 가지고 있게 마련이다. 다시 말해 기업이 진정한 마케팅을 지향한다면 고객의 자발적인 구매 욕구를 자극할 수 있도록 가치 제안을 구성해야 한다.

세상 모든 사람을 고객으로 삼고 모두가 열광하는 제품과 서비스를 제공하고 싶어 하는 것은 모든 기업의 꿈일 수도 있다. 하지만 이미 살펴본 바와 같이 고객의 범위와 상품 구색을 최대한으로 넓히는 '모든 사람에게 모든 상품을 제공'하려는 전략은 매우 무모하고 위험하다. 시장은 수많은 불특정 다수의 소비자로 구성되어 있으며 사람마다 매우 다양한 의도와 목적을 가지고 있다. 따라서 시장의 모든 고객의 니즈와 원츠를 동시에 충족시킬 수 있는 가치 제안을 구성하는 것은 사실상 불가능하다. 이는 사격을 할 때 모든 목표물을 겨냥하면 어떤 목표물도 겨냥하지 못하는 것과 같다.

시장은 하나의 기업이 감당하기에는 도저히 불가능한 수준의 다양한 요구를 가지고 있다. 이 때문에 '모든 사람'을 목표로 하는 것은 허황된 욕심일 뿐이다. 그런데도 미련을 버리지 못하면 다양한 요구를 충족시키기 위해 필연적으로 '모든 상품'의 방향으로 나아갈 수밖에 없다. 앞서 강력한 가치 제안에 기반을 두지 못한 '모든 상품' 개념의 구색 확장은 매우 잘못된 결정임을 살펴보았다. 따라서 이러한 상황을 피하기 위해서는 가치 제안이 더욱 명확해지고 차별화될 수 있도록 목표 고객의 범위를 정의하고 선택과 집중을 해야만 한다.

이전에 살펴본 음식점들의 예를 다시 보면 부추비빔밥집은 고객을 가장 좁게 정의한 사례다. 맛있는 부추비빔밥을 먹고 싶어하는 사람들만을 고객으로 간주한다. 취향이 맞지 않는 사람들은 다른 음식점으로 갈 수밖에 없다. 다시 말해 목표 고객 외에 다른 사람들의 만족은 포기하고 목표 고객에만 집중하여 철저히 만족시키려는 전략이다. 해장라면집의 고객 정의는 이보다는 좀 더 넓다고 할 수 있다. 간편하면서도 어느 정도는 든든한 아침 식사를 하고 싶어 하는 직장인을 목표 고객으로 정의하였다. 해장라면을 주력 가치 제안으로 하되 조리법과 맛을 조금씩 변화시켜 구색을 확대함으로써 고객에게 선택의 다양성을 부여함은 물론 좀 더 폭넓은 고객층을 확보할 수 있었다. 반면 한식집은 목표 고객을 아예 정하지 않았거나 정했더라도 너무나 넓게 정한 경우이다. 그러다 보니 이것저것 메뉴를 추가하여 구색이 지나치게 다양화되고 가치 제안의 일관성을 잃어 '모든 사람에게 모든 음식을' 식의 운영이 되고 말았다.

이와 같이 기업은 구매 행동이나 요구가 유사할 것으로 기대되는 고객 집단을 확인하고 이를 목표로 삼아 최적의 가치 제안을 구성해야 한다. 유사성이 높은 고객군을 파악하여 목표 고객을 정하고 그 요구를 충족시킬 수 있는 강력한 가치 제안을 구성하는 일련의 과정을 STP(segmentation, targeting, positioning)라고 한다. STP는 가치 제안의 초점을 목표 고객에 맞추어 마케팅 전략을 수립하고 일관성 있게 추진해나갈 수 있도록 하는 '선택과 집중'의 과정이라고 할 수 있다. 이것은 다음과 같은 몇 가지 단계를 따라 이루어진다.

마케팅 활동을 전개하려는 시장의 확인

새로운 제품이나 서비스를 개발하기 위해서는 어떠한 시장에서 사업을 전개할 것인지를 결정해야만 한다. 이미 제품이나 서비스를 가지고 있는 경우라면 활동해야 할 큰 시장은 결정되어 있다고 볼 수 있다. 예를 들어 자동차에 관심 있는 고객을 대상으로 의류 제품을 판매할 수는 없다. 하지만 제품의 용도 전환, 확대, 융합 등을 통해 기존 시장의 범위를 확장하거나 다른 시장으로의 전환을 이룰 가능성은 얼마든지 열려 있다.

시장 세분화

활동 전개 시장을 정했더라도 그 시장 전체가 똑같은 특징을 갖는 건 아니다. 이 때문에 동질성을 가진다고 판단되는 여러 개의 집단으로 시장을 구분해야 한다. 이를 시장 세분화market segmentation라고 한다. 그리고 이렇게 잘게 나누어진 개별 시장을 세분 시장market segment이라고 한다. 시장을 세분화하는 방법은 매우 다양하다. 예를 들어 지리적 영역을 기준으로 세분화할 수도 있고 연령대별로 구분할 수도 있다. 소득 수준, 학력, 라이프스타일 등에 따라 구분할 수도 있다. 어떤 한 가지의 유일한 방법은 존재하지 않는다. 사업의 성격과 동질성 높은 집단을 구분하기 위한 기준의 적절성에 따라 결정된다.

목표 시장의 선택

여러 개로 나누어진 시장 중에서 어떤 세분 시장을 사업 대상으로 할지를 결정하는 것을 목표 시장 선택market targeting이라고 하며 이렇게 선정된 시장을 목표 시장target market이라고 한다. 기업의 규모가 크고 자원이 풍부하며 경영 역량이 높을수록 목표 시장의 범위를 더 크게 설정한다. 반면에 그러한 역량을 갖추고 있지 못하는 기업은 대기업에는 별로 매력이 없지만 작은 기업이 충분한 수익성을 실현할 수 있는 틈새시장을 목표로 설정하게 된다.

차별화된 가치 제안의 구성

목표 시장이 결정되면 그 목표 시장의 고객에게 어떠한 차별화된 가치를 제공할 것인지를 결정해야 한다. 이는 가치 제안의 본질적 가치를 무엇으로 할 것인지와 관련되어 있다. 고객은 제품이나 서비스 그 자체가 아니라 그 제품과 서비스가 제공하는 가치를 구매하므로 경쟁자들과 분명히 구별되는 제품과 서비스의 본질적 가치는 목표 시장에서의 차별적 경쟁우위를 가져다준다.

포지셔닝을 통한 가치 제안의 완성

제품과 서비스의 본질적 가치 차별화에 성공했더라도 목표 시장 고객에게 어떠한 이미지로 인지시킬 것인지의 문제는 여전히 남는다. 기업의 입장에서 바라보는 가치와 고객이 인지하는 가치는 분명히 다를 수 있다. 따라서 기업이 제공하는 제품과 서비스를 경쟁자와 분명히 구별되는 존재로서 목표 시장 고객의 마음과 기억 속에 자리 잡게 하는 노력을 기울일 필요가 있다. 이를 포지셔닝positioning이라고 한다. 이러한 포지셔닝 과정을 통해 제품과 서비스의 본질적 가치에 대한 고객 관점에서의 가치가 더 분명해진다. 그리고 여기에 부가적 가치가 더해져 가치 제안이 완성된다. 이렇게 완성된 가치 제안에 따라 생존 부등식에서 살펴본 소비자 순혜택의 크기가 결정된다.

따라서 시장을 확인하여 세분화하고 목표 세분 시장을 정하며 목표 세분 시장 고객을 대상으로 가치 제안을 차별화한 다음 이를 고객의 마음속에 포지셔닝하는 것은, 경쟁 수단과 활동 무대를 선택하고 집중하여 경쟁 우위를 점하고 소비자 순혜택을 극대화하여 진정한 마케팅을 구현하기 위한 필수 단계라고 할 수 있다.

STP의 본질은 어떤 고객에게 팔 것인지를 결정하기보다는 어떤 고객에게 팔지 않을 것인지를 결정하는 데 있다. 다시 말해 목표 시장에만 선택과 집중을 하면서 그 시장을 제외한 나머지 세분 시장은 아예 쳐다보지도 않는 것이다.
목표 세분 시장에 집중하여 그 고객만큼은 최고의 만족감을 제공하겠다는 신념을 바탕으로 가치 제안을 구성하여 마케팅 활동의 일관성을 확보하고 판매가 저절로 이루어지는 진정한 마케팅을 구현하는 것이 STP의 기본 사상이라고 할 수 있다.

Business Management User's Guide

시장 세분화와 목표 시장 선정의 구체적인 방법

앞서 살펴본 바와 같이 판매가 저절로 이루어지는 진정한 마케팅을 위한 효과적 전략의 핵심은 시장에서의 경쟁 우위를 확보하기 위해 선택과 집중을 하는 것이다. 이때 고객은 시장 세분화와 목표 시장 선택에 의해 결정되며, 가치 제안은 차별화와 포지셔닝을 어떻게 할 것인지에 의해 구성된다. 이렇게 보면 흔히 STP라고 일컬어지는 마케팅 전략 수립 과정은 어쩌면 STDP(세분화, 목표 시장 선택, 차별화, 포지셔닝)라고 부르는 게 더 자연스러워 보인다. 가치 제안에 대해서는 이미 여러 차례 설명했다. 여기서는 고객을 올바르게 선정하기 위한 시장 세분화와 목표 시장 선택에 대해 중요한 포인트를 살펴보겠다.

시장을 어떻게 세분화할 것인가?

시장 세분화를 적절하게 수행하기 위한 유일한 방법은 없다. 기업이 운영하는 사업의 성격과 시장의 특성에 따라 다양한 방법을 적용할 수 있다. 가장 쉬운 방법은 시장을 물리적 공간으로 이해하여 지리적 단위를 기준으로 구분하는 것이다. 이를 지리적 세분화 geographic segmentation라고 한다. 예를 들어 행정구역별로 시장을 나눌 수도 있고 동서남북의 개념을 이용하여 나눌 수도 있다. 또는 본사, 공장, 물류센터 등의 거점으로부터 물리적으로 떨어져 있는 거리를 기준으로 나눌 수도 있다.

지리적 세분화와 더불어 흔히 사용되며 쉽게 적용할 수 있는 또 하나의 방법은 인구통계학적 세분화demographic segmentation다. 이는 연령, 성별, 소득, 직업, 종교 등의 인구통계학적 변수를 근거로 시장을 나누는 것이다. 일반적으로 인구통계학적 변수들은 정부 기관이나 다양한 조사 기관을 통해 통계치를 쉽게 구할 수 있다. 그래서 많은 기업이 이를 활용하고 있다.

그런데 이 두 가지의 세분화는 적용이 쉽지만 그렇게 나누어진 각각의 세분 시장이 분명히 구별될 수 있는지에 대한 의문이 언제든 제기될 수 있다는 약점을 가진다. 복잡한 시장을 지나치게 단순화하여 접근하기 때문이다. 따라서 지리적 세분화와 인구통계학적 세분화는 그 기준에 의해 시장의 요구가 비교적 잘 구별될 수 있다는 전제가 있을 때만 유효성이 확보된다.

예를 들어 하나의 국가는 대부분 문화의 동질성이 있으며 국가끼리는 서로 문화가 다르다. 따라서 문화에 민감한 상품의 글로벌 판매 전략을 구사하는 기업이라면 국경을 기준으로 지리적 세분화를 사용하는 것은 상당히 일리 있는 개념이 될 수 있다. 마찬가지로 주택은 연령이나 소득에 따라 크기나 가격이 결정될 가능성이 높으므로 인구통계학적 세분화가 유용할 수 있다.

이 두 가지 세분화 방법의 한계를 극복하기 위해 소비 성향, 행동 특성, 라이프스타일, 사회 계층 등을 기준으로 시장을 세분화하는 방법이 다양하게 시도되고 있다. 이러한 방법들은 각 세분 시장의 동질성을 확보하는 측면에서 앞서 본 두 가지 방법보다 분명히 더 낫다고 할 수 있다. 하지만 세분 시장의 규모와 상세 구성을 파악하기 위한 정확한 데이터와 통계를 얻을 수 있는지가 관건이 된다.

이러한 이유들 때문에 시장 세분화를 위한 완벽한 방법은 없다. 상황에 따라 가장 적합하다고 판단되는 방법을 택하거나 2개 이상의 방법을 복합적으로 사용하는 것을 권장한다. 이를테면 고급 스포츠용품 회사는 인구통계학적 변수를 활용하여 시장을 구분한 다음에 각 세분 시장 고객의 여가 활용 라이프스타일을 분석하여 시장을 재차 세분화한다. 그런 다음 이를 다시 지역별로 세분화할 수 있다. 이렇게 다양한 방법을 통해 시장을 세분화하디리도 실제 마케팅 활동을 전개하기 위해서는 세분 시장이 몇 가지 조건을 충족하는지를 확인해야만 한다. 필립 코틀러는 세분 시장의 조건을 다음의 다섯 가지로 정의하고 있다.

① 측정 가능성measurable: 세분 시장의 규모와 상세 구성을 파악하고 측정할 수 있는가?
② 접근 가능성accessible: 세분 시장이 실제로 접근 가능하며 만족시킬 수 있는가?
③ 규모의 적정성substantial: 세분 시장이 충분하고 적정한 규모와 수익성이 있는가?
④ 차별화 가능성differentiable: 각 세분 시장은 가치 제안 차별화가 가능하도록 구분되는가?
⑤ 활동 가능성actionable: 기업의 현실과 역량으로 그 세분 시장에서 활동이 가능한가?

어떤 목표 시장을 어떻게 정할 것인가?

하나의 세분 시장만을 목표로 삼을 필요는 없다. 강력한 독점적 경쟁력을 가진 기업이라면 시장의 모든 고객을 목표로 삼아 마케팅을 전개할 수도 있다. 이러한 기업은 세분 시장의 개별적 차이는 무시하고 시장 전체가 가지는 보편적인 가치에 초점을 맞추어 '모든 사람에게 하나의 상품을' 개념의 전략을 택한다. 예를 들면 '무언가 마시고 싶은 사람은 누구든지 코카콜라를 드세요'와 같다. 하지만 어떤 경우에도 '모든 사람에게 모든 상품을'을 지향하는 방식만은 피해야만 한다. 이와는 반대로 세분 시장마다 분명한 차이가 있음을 인정하고 각각의 요구를 충족시키기 위해 가치 제안의 차별화를 시도할 수도 있다. 예를 들면 '운동하다가 갈증이 나면 게토레이를 드세요'와 같다. 단순화된 가치 제안을 차별화하여 1개의 좁은 세분 시장만을 공략할 수도 있고 가치 제안을 다양화하여 복수의 세분 시장을 동시에 공략할 수도 있다.

이렇게 볼 때 넓은 시장을 목표로 할 것인지, 좁은 시장을 목표로 할 것인지는 중요한 판단 기준이 된다. 이와 더불어 전체 시장의 공통된 요구에 초점을 맞출 것인지 세분 시장의 특별한 요구에 초점을 맞출 것인지 또한 중요한 판단 기준이 될 수 있다. 이러한 두 가지 판단 기준을 근거로 다음과 같은 2×2 매트릭스를 구성할 수 있다. 그리고 이에 따라 세 가지의 목표 시장 전략을 도출할 수 있다.

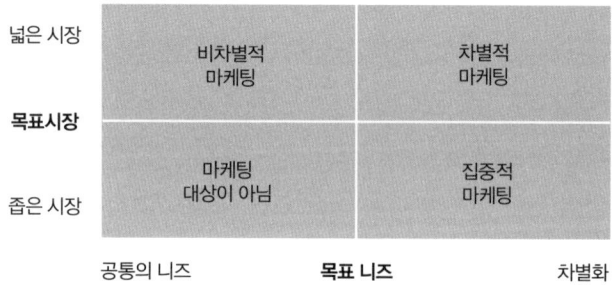

전체 시장의 공통적인 니즈 충족을 목표로 하는 비차별적 마케팅undifferentiated marketing은 매스 마케팅mass marketing이라고도 한다. 이것은 공급자 주도 시장에서 주로 가능한 방법이다. 사실 공급자 주도 시장은 마케팅이라는 개념조차 그다지 의미가 없을 정도로 공급보다 수요가 많아 저절로 팔려나가는 상황이다. 이 경우에는 STP가 굳이 필요하지 않을 수 있다. 반대로 수요자 주도 시장에서 비차별적 마케팅을 전개하려 한다면 효과를 거두기 어렵다.

차별적 마케팅differentiated marketing은 전체 시장을 대상으로 하되 경쟁자와 차별화되는 가치 제안을 구성하여 고객에 접근한다. STP는 필수지만 전체 시장 공략을 전제로 이루어진다. 치열한 경쟁이 이루어지는 큰 시장을 무대로 하여 경쟁 우위를 점하기 위한 전략이므로 지출되는 비용 규모 또한 상당히 클 수밖에 없다. 넓은 시장의 다양한 요구를 조사하고 가치 제안의 차별성을 확보해야 한다. 그리고 이를 시장에 널리 알릴 수 있어야 하기 때문이다. 따라서 이 전략을 택하는 기업은 기술이나 운영 측면에서 선도적인 위치를 점하고 있을 가능성이 높다.

집중적 마케팅concentrated marketing은 틈새 마케팅이라고도 한다. 이것은 특정한 요구를 지닌 세분 시장에만 집중하여 가치 제안의 차별화로 승부하는 전략이다. 기업이 소규모이며 자원이 제한적일 경우 적합한 전략이라고 할 수 있다. 이 전략을 기반으로 업계에서 선도적 위치를 차지하는 기업들을 카테고리 킬러라고 한다.

이러한 세 가지 전략 외에 모든 개인을 하나의 세분 시장으로 보고 각 개인의 개별적인 요구를 만족시키는 마이크로 마케팅micro marketing도 하나의 전략이라고 할 수 있다. 컴퓨터 업체가 홈페이지를 통해 개별 구매자의 요구대로 맞춤형 컴퓨터를 판매하는 것 등이 대표적인 사례이다.

시장 세분화와 목표 고객의 선정은 진정한 마케팅에 접근하기 위해 선택과 집중, 차별화를 하기 위한 핵심 과정이다. 그 과정에서는 고객의 요구를 중심으로 접근하는 것이 필수다.
아무리 목표로 하고 싶은 시장이 있더라도 고객 요구가 기업의 핵심역량과 거리가 있다면 문제가 된다. 그렇게 되면 그 시장에 맞는 가치 제안을 구성하고 차별화를 시도하는 게 불가능하다고 할 수 있다.

Business Management User's Guide

경쟁 전략 수립을 위한
다섯 가지 기본적인 고려 요인

지금까지 살펴본 STP(혹은 STDP)를 적절하게 수행했더라도 원래의 의도대로 실행되지 않는 경우를 흔히 볼 수 있다. 무언가 중요한 것이 고려 대상에서 빠진 것이다. 가장 흔한 오류 중 하나는 경쟁자의 움직임을 염두에 두지 않는 것이다. 이렇게 경쟁자의 존재와 움직임을 간과하는 것은 마치 혼자 두는 바둑과도 같다. 경쟁자를 고려하더라도 상대방이 내가 읽은 수대로 따라와 줄 것으로 간주하는 경우도 있다. 하지만 사업이란 절대로 혼자 하는 게임이 아니다. 반드시 자유의지를 가지고 행동하는 하나 이상의 경쟁자가 존재하게 마련이다. 이 때문에 마케팅 전략의 수립에서는 자신의 의도대로 움직이지 않는 경쟁자가 존재한다는 것을 인정하고 그 대응을 올바르게 예측하는 것이 필수다.

  어떤 기업이든지 자신의 사업에서 경쟁자가 누구이며 어떤 행동을 하는지를 면밀하게 들여다보고 있을 것이다. 하지만 지금 눈에 보이는 경쟁자만을 꼼꼼히 분석하여 전략에 충분히 반영하는 것만으로는 불충분하다. 예를 들어 KTX 열차의 경쟁자는 새마을호 열차인가 아니면 국내선 비행기 또는 고속도로인가? 원자재 가격이 오르면 누가 더 경쟁에서 유리해질까? 인터넷의 발달로 소비자가 모든 제품의 품질과 최저 가격을 쉽게 비교할 수 있게 된 상황에서 경쟁의 구도는 어떻게 바뀔까?

경쟁에는 현재의 경쟁자 외에도 이렇게 복잡한 요인들이 작용한다. 따라서 경쟁에 영향을 미치는 모든 요인을 감안한 경쟁 전략의 수립이 필요하다. 이러한 복잡한 경쟁 전략 수립 모델을 가장 효과적으로 정립한 사람은 마이클 포터 교수라고 할 수 있다. 포터 교수는 경쟁에 결정적 영향을 미치는 요인들을 단순화하여 '다섯 가지 경쟁 요인five competitive forces'이라고 명명하였다. 경쟁 전략 수립에서는 이러한 다섯 가지 경쟁 요인을 빠짐없이 고려하여야 한다. 다섯 가지 경쟁 요인 개념은 이전에 언급한 '경쟁우위를 위한 본원적 전략'과 더불어 포터 교수가 정립한 경쟁 전략의 핵심을 이루는 두 축이 된다. 이를 그림으로 나타내면 다음과 같다.

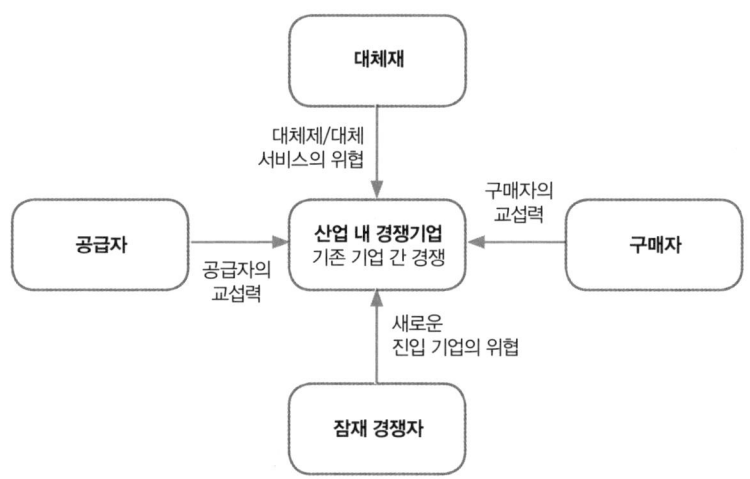

위의 그림에 표시된 기업 경쟁 전략 수립의 핵심 요소인 다섯 가지 경쟁 요인은 다음과 같이 정리할 수 있다.

① 동일 산업 내의 기존 기업 간 경쟁
② 공급자의 교섭력
③ 구매자의 교섭력

④ 대체재의 경쟁 위협
⑤ 잠재 경쟁자의 진입 위협

이 다섯 가지 경쟁 요인을 설명하기 전에 위의 그림의 전체적인 구조를 이해할 필요가 있다. 그림을 보면 가로축과 세로축이 교차하는 십자가의 모양이 형성되어 있다. 우선 가로축을 보면 '공급자-산업 내 경쟁자-구매자'로 연결되어 있다. 이는 가치 사슬을 의미한다. 세로축은 '대체재-산업 내 경쟁자-잠재 경쟁자'로 연결되어 있다. 실제 경쟁 관계에 있거나 경쟁 가능성이 있는 모든 존재들을 망라하고 있다. 그리고 가로축과 세로축 모두 가운데에 '산업 내 경쟁자'를 공통으로 포함하고 있으므로 두 축을 십자 모양으로 교차시키면 5개의 요인으로 정리된다.

다시 말해 다섯 가지 경쟁 요인은 경쟁 환경 내에 존재하는 가치 사슬상의 참여자들은 물론 모든 잠재적 경쟁자들까지 고려하는 경쟁 전략 수립 방법론이라 할 수 있다. 다섯 가지 경쟁 요인 각각의 세부적인 내용은 다음과 같다.

동일 산업 내의 기존 기업 간 경쟁

현재 시장에서 이미 경합 중인 기업들과의 경쟁을 의미한다. 앞서 설명한 바 있는 STP와 본원적 경쟁 우위 전략(차별화 또는 원가 경쟁력) 등을 통해 목표 시장에 대한 강력한 가치 제안을 구축함으로써 기존 경쟁자들과 효과적으로 경쟁할 수 있다.

가치 사슬 상에서의 힘의 균형의 변화

공급자의 교섭력

원자재나 부자재를 공급하는 기업이 자신의 고객이 되는 전방 기업(최종 고객의 방향에 가까울수록 전방이다)에 대한 영향력이 강해지는 경우가 발생하기도 한다. 원자재 공급 부족이 발생하여 가격이 급등하고 공급이 원활하지 못하거나 공급자가 차별화된 기술을 보유하고 있어 다른 공급자로 대체할 수 없는 경우 등이 대표적인 예라고 할 수 있다. 이러한 경우 공급자는 전방 기업에 대해 강력한 교섭력을 가진다. 그리고 두 당사자 간의 거래는 공급자가 주도하는 방향으로 흘러갈 가능성이 낮다. 이는 전방 기업의 원가 상승을 불러와 경쟁력을 약화시키는 원인으로 작용한다. 이러한 상황이 매우 심각하며 앞으로도 계속 위협이 될 것으로 판단하는 기업은 직접 투자나 인수합병 등을 통해 후방의 공급자를 확보하는 후방 통합 backward integration을 시도할 수 있다.

구매자의 교섭력

구매자 혹은 고객이 자신에게 제품과 서비스를 공급하는 후방 기업에 대해 영향력이 강해지는 경우도 발생할 수 있다. 인터넷은 기업에 대한 일반 소비자들의 교섭력을 증대시키는 요인으로 작용할 수 있다. 정부의 소비자 보호 또는 친환경 규제의 강화 등도 기업에 대한 구매자의 교섭력을 증가시킨다. 또한 안정적인 대량 구매를 할 능력이 있는 기업 고객은 공급자에 대해 막강한 교섭력을 행사할 수 있다.

강력한 유통을 보유하고 있는 기업도 공급자에 대해 많은 것을 요구할 수 있다. 예를 들어 이마트와 같은 대형 할인점이 독자적인 브랜드 PB: private brand를 개발할 수 있는 것도 대량 구매, 진열 방법 등의 수단을 통해 공급자를 대상으로 강력한 교섭력을 행사할 수 있기 때문이다. 구매자의 교섭력이 경쟁에 매우 중대한 위협이 되며 앞으로 지속될 것으로 판단하는 기업들은 직접 투자나 인수합병 등의 방법을 통해 이러한 기능들에 대한 전방 통합 forward integration을 시도할 수 있다.

현재의 경쟁 무대 밖에 있는 경쟁자들의 위협

대체재의 경쟁 위협

기업이 현재 눈에 보이는 경쟁 구도에만 지나치게 집중하여 기술과 트렌드 변화를 읽지 못하다가 생각지도 못한 대체재의 출현으로 일거에 위기를 맞는 경우를 간혹 볼 수 있다. 심한 경우에는 하나의 산업이 전혀 새로운 경쟁 구도로 재편되기도 한다. 예를 들면 진공관을 일거에 대체한 트랜지스터 기술, IBM을 위기에 빠뜨렸던 개인용 컴퓨터 기술의 급속한 발전, 인터넷을 포함한 뉴미디어의 출현으로 기존 매체의 영향력이 축소된 사례 등이 있다.

이러한 위험을 피하기 위해서는 기술 발전과 사회 변화를 폭넓게 예의 주시할 필요가 있다. 또한 기업이 영위하는 사업의 영역을 좀 더 포괄적으로 정의해야 한다. 미국 서부 개척의 주역이었던 철도 산업이 자신의 사업을 철도에만 좁히지 않고 운송이라는 좀 더 넓은 개념으로 정의했다면 자동차, 비행기, 화물 운송, 택배 등 다양한 사업 분야로 발전할 수 있었을 것이다.

잠재 경쟁자의 진입 위협

경쟁에서 '진입 장벽 entry barrier'은 매우 핵심적인 요소다. 시장 지배력을 지속적으로 행사하려면 경쟁자가 쉽게 넘을 수 없는 높은 진입 장벽을 반드시 구축해야 한다. 만약 수익성이 매우 좋은 시장인데도 진입 장벽이 낮다면 빠른 속도로 다수의 새로운 경쟁자가 진입하여 경쟁이 치열해지고 수익성이 급속도로 악화된다. 진입 장벽은 기업이 보유한 핵심역량을 기반으로 구축된다. 보유한 핵심역량의 차별적 경쟁력이 크고 그 핵심역량을 확보하는 데 많은 시간과 노력이 요구될수록 진입 장벽은 높아진다고 할 수 있다.

따라서 기업은 자신이 보유한 핵심역량을 더욱 강화하여 진입 장벽을 높여나가야 한다. 더불어 자신과 유사하거나 동등한 수준의 핵심역량을 갖추고 있거나 갖추게 될 가능성이 높은 경쟁자들을 유심히 관찰해야 한다.

경쟁자를 무시한 혼자만의 수읽기로 마케팅 전략을 수립해서는 안 된다. 올바른 경쟁 전략을 수립하기 위해서는 현재 존재하는 경쟁자들뿐만 아니라 경쟁 구도에 영향을 미칠 수 있는 모든 요소를 고려해야 한다.
마이클 포터의 5요인을 검토함으로써 가치 사슬상에서의 교섭력의 변화가 경쟁에 미치는 요인, 잠재 경쟁자, 대체재 출현 가능성 모두를 고려한 균형 있는 경쟁 전략을 수립할 수 있을 것이다.

Business Management User's Guide

마케팅 믹스란 무엇인가

마케팅에 관심이 있는 사람들이라면 모두 4P에 대해 들어보았을 것이다. 4P는 마케팅 활동을 구성하는 4개 중요 요소들인 제품, 가격, 유통, 프로모션의 영문 첫 글자가 모두 P로 시작하기 때문에 이런 이름이 붙었다. 그리고 4P의 공식 용어는 마케팅 믹스이다.

그런데 여기서 믹스라는 개념에 주목할 필요가 있다. 여러 가지 과일과 야채를 믹서기에 넣고 갈아서 하나의 음료를 만들어내듯이 마케팅 믹스는 P로 시작하는 4개의 요소, 즉 4P를 최적으로 조합하여 하나로 만들어낸다는 의미이다. 즉 4개의 P는 개별적으로 작동하는 요소들이 아니라 상호작용하고 서로 보완하여 최적의 마케팅 믹스 조합을 만들어내는 구성요소들이라고 이해해야 한다.

그런데 사람들이 4P라는 용어의 의미와 내용을 흥미롭게 받아들이면서도 정작 마케팅 믹스라는 용어의 의미에는 그다지 집중하지 않는 것은 이상한 일이다. 그러다 보니 4P 각각의 부분적 활동에만 몰입하면서 4P의 조화로운 상호작용을 통해 마케팅 전략 성공에 이바지한다는 가장 중요한 포인트를 놓친다. 다시 말하면 마케팅 믹스의 본질보다는 4P라는 나름대로 재미있어 보이는 용어에 집중하면서 이 의미마저도 자의적으로 해석하는 것이다. 마케팅 믹스와 관련해 발생하는 가장 흔한 문제는 이러한 몰이해에 기인했다고 보인다.

　가장 흔히 볼 수 있는 경우는 마케팅 전략의 하위 활동이자 전술적 개념인 4P를 마케팅의 본질이거나 전부인 것처럼 생각하는 것이다. 이런 경향은 마케팅에 대해 이해도가 낮은 사람들뿐 아니라 심지어 마케팅을 업으로 삼는 사람들에게서도 흔히 발견할 수 있다. 심시어는 4P 중 하나에 불과한 프로모션을 마치 마케팅의 전부인 것처럼 이해하는 사람들도 많다. 그래서 프로모션의 하위 요소 중 하나에 불과하며 마케팅의 본질과는 오히려 반대의 개념인 판매 촉진을 마케팅으로 오해한다. 오랫동안 판매 촉진을 했다는 사실로 자신을 마케팅 전문가라고 생각하는 사람들이 꽤 많다. 앞에서 설명한 바 있듯이 판매는 마케팅과 정반대의 개념이며 판매 촉진은 마케팅이 아니라 판매에 속하는 활동이다. 단지 이상적인 마케팅을 구현하기 어려워 부족한 부분은 판매 활동으로 보완해야 하기 때문에 마케팅에서 판매 촉진을 다루고 있다고 이해해야만 한다.

　기업에서 흔히 볼 수 있는 마케팅 믹스나 4P와 관련된 또 다른 오해는 마케팅 부서의 업무를 4P로 구분하고 각각의 담당자를 따로 두는 경우이다. 다시 말하면 제품 담당자, 가격 담당자, 유통 담당자, 프로모션 담당자로 마케팅팀을 구성하는 것이다. 이러면 믹스라는 본질적 개념이 배제되고 4P 각 요소가 각개약진하는 부분 최적화를 초래하게 된다. 마케팅 믹스가 제대로 된 성과를 내기 위해서는 하위 요소들이 상호작용하면서 마케팅 전략의 목적을 달성하기 위한 최적의 조합을 만들어내는 전체 최적화가 필수이다. 따라서 이런 구성은 큰 장애가 될 수밖에 없다.

　그러나 마케팅 믹스와 관련된 무엇보다도 큰 오해는 4P를 구성하는 각각의 용어들을 잘못 해석하는 데서 기인하는 것 같다. 다시 말해 제품, 가격, 유통, 프로모션이라는 4개의 용어를 단어의 뜻 그대로 해석하고 이해하기 때문에 오해가 발생한다. 4P를 구성하는 각각의 요소를 마케팅의 본질과 연관하여 이해하지 못한 채 글자 그대로 해석하면 4P는 제품을 만들고 가격을 붙여서 유통을 통해 흘려보내고 잘 팔리도록 광고와 판매 촉진을 한다는 의미가 되어버린다. 이는 공급이 수요를 따라가지 못하여 만들기만 하면 대부분 팔려나가는 상황인 생산자 관점 또는 공급자 주도 시장의 논리와 일맥상통한다. 대단히 시대착오적인 생각이 아닐 수 없다.

4P에 관하여 이러한 시대착오적 사고를 불러온 원인은 두 가지 정도로 추정해볼 수 있다. 하나는 마케팅 믹스라는 개념이 본격적으로 부각되기 시작한 1970년대까지도 시장을 지배하는 논리는 대량 생산, 대량 판매의 방식이었다는 점이다. 앞서 시대의 변화에 따라 마케팅의 개념 또한 계속 진화해왔다는 것을 살펴보았다. 최소한 1970년 이전만 해도 시장에서는 만들기만 하면 팔린다는 논리가 지배적이었다고 할 수 있다. 1970년대에 들어 이러한 논리가 서서히 퇴색되어갔지만 마케팅 믹스의 개념과 용어도 초기에는 기존에 시장을 지배하던 논리의 영향을 상당히 받을 수밖에 없었을 것이다.

또 하나의 원인은 마케팅 믹스의 네 가지 요소를 쉽게 기억하기 위해 유사한 단어 또는 각 요소를 대표하는 단어 중 P로 시작하는 단어를 찾아내어 한데 묶은 데 있지 않나 생각한다. 그러다 보니 각 요소를 대표하는 단어만으로는 전체의 의미를 모두 전달하기 어렵게 되었을 것이다. 게다가 마케팅 믹스 개념이 생성된 초기의 공급자 주도 시장에서는 4P의 사전적 의미만으로 당시의 상황을 충분히 설명할 수 있었을 것이다. 하지만 구매자가 주도하는 시장에서 고객 관점에 입각한 마케팅을 전개할 수밖에 없는 상황이 되고 나서는 사전적 의미와 본질적 의미 간에는 큰 차이가 나게 되었다. 그럼에도 '마케팅 믹스=4P'라는 등식이 너무나 오래 뿌리 깊게 박혀 있다 보니 상황 변화에 따라 마케팅 믹스의 각 요소를 적절히 재정의하지 못하고 기존의 의미 또는 사전적 의미를 고수하면서 시대착오적인 해석을 하고 있는 것으로 보인다.

이 때문에 최근 들어 마케팅 믹스를 4P가 아니라 4C(Customer value, Cost to the customer, Convenience, Communication)의 개념으로 재해석해야 한다는 주장이 설득력을 얻고 있다. 4P를 마케팅의 본질적 관점에서 어떻게 재해석할 것인지, 그리고 4P와 4C는 어떻게 연관되는지 등은 다음 글에서 다루겠다.

4P는 그 구성 요소들 각각을 따로 떼어놓고 생각해서도 안 되고 각 요소의 의미를 사전적 의미로 이해해서도 안 된다. 4P 각각의 의미보다는 마케팅 믹스라는 개념에 좀 더 집중하면서 그 본질을 이해해야 한다.
4P의 각 요소는 독립적으로 작용해서는 안 된다. 또한 최적으로 조합된 마케팅 믹스를 통해 사업의 목적 달성에 이바지하는 전체 최적화의 관점에서 운영되어야 한다. 과거에 형성되어 이미 유통기한이 지난 시대착오적인 생산자 중심적 관점에서 탈피하여 고객 중심적 관점을 바탕으로 새롭게 정의되어야 한다.

Business Management User's Guide

4P와 4C는 무엇이고 어떻게 상호작용하는가

예전에 다양한 업종에서 마케팅을 담당하고 있는 사원과 간부 10여 명을 대상으로 강의한 적이 있었다. 참석자들에게 4P에 대해 질문을 하였다. 마케팅을 업으로 삼고 있는 사람들이었는데 결과는 그리 만족스럽지 못했다. 사람(person 혹은 people)을 4P 중 하나로 포함시키는 사람도 있었고 더듬더듬한 끝에 간신히 4개의 요소를 기억해낸 사람들도 여럿 있었다. 이미 알다시피 정답은 '제품, 가격, 유통, 프로모션'이다. 단지 두 사람만이 이 네 가지 요소를 위의 '순서대로' 대답했던 것 같다.

흔히 4P를 이야기할 때 4P에 포함되는 네 가지 요소들은 알고 있으면서 그것들에 순서가 있다는 것을 모르는 경우가 대부분이다. 4P는 제품→가격→유통→프로모션의 순서대로 나열되어야만 한다. 순서가 아무것도 아닌 것 같지만 4P가 이 순서대로 나열될 때와 그렇지 않을 때는 하늘과 땅 차이가 난다. 4P 요소들의 순서를 이해할 때 4P의 진정한 의미와 본질을 이해할 수 있다. 4P가 고객 창출이라는 기업 목적의 달성, 진정한 마케팅을 구현하기 위한 고객 중심 관점, STP의 개념에 어떻게 연결되는지도 이해할 수 있다.

바로 앞의 글에서 언급했듯이 4P를 잘못 해석하는 것은 4P 각각을 독립적인 요소로 이해하여 마케팅 믹스를 간과하고 4P의 사전적 의미에 집착하여 각각을 좁은 개념으로 단순하게 이해하기 때문이다. 공급 과잉, 생산자 주도 시장이 주류를 이루던 시절에서 비롯된 오해에서 탈피하여 4P 각 요소를 다음과 같이 마케팅의 본질에 바탕을 두고 재해석해야 한다.

제품

마케팅은 고객에게 판매할 무언가가 있어야만 의미를 갖기 시작한다. 제조업이 주류를 이루던 공급자 주도 시장에서는 바로 제품 그 자체가 판매의 대상이었다. 따라서 '제품'이라는 용어만으로도 설명이 충분했을 것이다. 하지만 서비스를 판매의 대상으로 하는 사업은 어떻게 할 것인가? 또한 제품에 여러 가지 서비스나 부가물들이 더해지는 경우는 어떻게 이해할 것인가?

이전에 여러 차례 언급했듯이 고객이 구매하는 것은 제품 그 자체가 아니라 제품을 통해서 전달되는 가치라고 할 수 있다. 그 가치가 요구를 충족시키지 못하면 고객으로부터 선택되지 못할 것이다. 고객이 가치를 인정하면 구매 욕구가 생겨난다. 따라서 마케팅 믹스는 고객의 자발적인 구매 욕구를 유발하는 가치의 총합을 구성하여 제공하는 것이 출발점이 될 수밖에 없다.

이렇게 보면 '제품'이라는 표현이 매우 부적절하거나 부족하다는 것을 이해할 수 있을 것이다. 이 때문에 4C를 지지하는 사람들은 마케팅 믹스의 첫 번째 요소를 '고객 가치 customer value'라고 정의해야 한다고 주장한다. 내 생각에도 이것이 훨씬 더 설득력 있고 적절한 용어로 보인다.

하지만 굳이 이러한 새로운 용어가 아니더라도 이미 학습한 용어 중 '고객의 자발적인 구매 욕구를 유발하는 가치의 총합'이라는 개념을 아주 잘 표현한 것이 있다. 바로 '가치 제안'이다. 따라서 4P의 첫 번째 요소인 '제품'은 '가치 제안'이라는 개념으로 해석되어야만 할 것이다.

가격

훌륭한 가치 제안이 제시되면 고객은 구매 욕구를 느낀다. 하지만 구매 욕구를 느낀다고 해서 바로 구매로 이어지는 것은 아니다. 정말 훌륭한 명품 가방이 있는데 가격이 1,000만 원이라면 웬만한 사람들은 구매할 엄두를 낼 수 없을 것이다. 고객은 마음속에 가치를 비교하는 천칭 저울을 가지고 있어 기업이 제시하는 가치 제안과 이를 소유하기 위해서 지불해야만 하는 돈의 가치라는 두 가지 요소를 비교하여 합리적이라고 판단될 때 구매한다. 이 때문에 4C 개념을 지지하는 사람들이 '고객이 감당할 비용cost to the customer'이라는 용어를 대신 사용하는 것은 일리가 있다.

고객이 얻는 가치가 지불하는 비용보다 클수록 구매로 이어질 가능성이 높다. 그러므로 가치 제안이 똑같다면 가격이 낮을수록 더 많은 고객을 확보할 수 있다. 하지만 가격을 낮추는 것은 한계가 있다. 아무리 많이 팔려도 기업이 생존하지 못한다면 아무 소용이 없다. 따라서 기업의 생존은 가격 결정에 중요한 제약 조건이 된다. 생존 부등식 원리에 따르면 기업은 가치(V)보다는 낮고 비용(C)보다는 큰 수준에서 가격(P)을 결정해야 한다. 결국 두 번째 4P 요소인 '가격'은 잘 구성된 가치 제안을 실제 구매로 연결시키기 위해, 고객 마음속의 천칭 저울과 기업의 생존 부등식이라는 두 가지 원리를 통해, 최적의 가격 조건을 부여하는 것이라고 할 수 있다.

유통

훌륭한 가치 제안에 의해 고객은 구매 욕구를 갖게 되었다. 또한 고객은 구매 가치보다 낮은 수준의 가격 조건이 제시됨으로써 적극 구매에 나서게 되었다. 그런데 막상 그 고객이 구매하러 가보니 원하는 제품을 찾을 수 없다면 여전히 구매는 불가능해진다. 이 때문에 고객이 구매하러 가는 곳에 제품과 서비스를 위치시키는 일이 절실하다. 이것이 바로 유통이다. 그리고 고객이 제품과 서비스를 구매할 수 있는 장소들을 확보하여 유기적으로 연결한 것을 유통망이라고 한다.

그런데 이 유통망이라는 개념에 대해서는 많은 오해가 있다. 가장 문제는 유통망을 판매망으로 이해하는 것이다. 이 때문에 그저 그런 수준의 제품에 적절하지 않은 가격을 붙인 다음 유통망을 향해 밀어내는 행위가 흔히 벌어지곤 한다. 유통망으로 밀어낸 제품이 아직 최종 고객에게 판매되지 않았다면 그것은 매출이 아니다. 본사에서는 유통망에 밀어내는 순간 매출로 인식하고 싶겠지만 본질적으로는 재고가 본사 창고에서 유통망 창고로 이동한 것일 뿐이다.

결국 가치 제안과 가격이 적절치 못하면 유통은 마케팅의 본질과는 반대 개념에 있는 판매망으로 전락할 수밖에 없다. 하지만 훌륭한 가치 제안을 구성하고 적절한 가격을 매긴 경우라면 유통망은 판매망이라기보다는 '도달망'이라고 인식하는 게 옳다. 가치 제안과 가격이 올바르게 구성되었다면 구매를 희망하는 고객은 줄을 선다. 이제 고객이 그 제품과 서비스를 편리하게 구매할 수 있도록 '도달'시키기만 하면 실제 구매로 이어진다. 이 때문에 4C에서는 '고객 구매 편리성Convenience'이라는 용어를 사용한다.

이렇게 볼 때 제대로 된 유통망의 구축은 훌륭한 가치 제안과 이를 적절한 가격에 제공할 수 있는 능력, 즉 4P 중 앞쪽의 2P가 올바르게 형성되었다는 전제가 있어야만 한다. 고객의 가치를 소홀히 하고 가격 경쟁력도 확보하지 못한 채 유통망 구축에만 열을 올리고 그 유통망을 향해 제품을 강제로 밀어내는 데만 혈안이 된 기업들은, 마케팅의 본질과 전혀 반대되는 방향으로 움직이는 셈이며 결국 경쟁에서 패배하게 된다.

프로모션

훌륭한 가치 제안과 적절한 가격이 제시되어 고객이 자발적으로 구매하려 하고 제품과 서비스가 편리하게 구매할 수 있도록 도달되면 구매는 저절로 성사된다. 하지만 그러한 가치 제안이 존재하는지를 소비자들에게 제대로 알리지 못했다면 구매는 이루어지지 못할 것이다. 때로는 '촉진'이라고도 번역되는 '프로모션'은 이미 수행한 3P를 많은 사람에게 널리 알리는 역할을 수행한다. 그래서 4C에서는 프로모션을 '의사소통$_{communication}$'으로 이해한다.

결국 프로모션은 앞의 3P가 올바르게 수행되었을 때에만 진정한 의미를 갖게 된다. 이 경우 프로모션은 기업이 제공하는 가치가 무엇인지, 어디서 구매할 수 있는지 등을 고객에게 널리 알리고 소통하는 활동이 된다. 하지만 3P가 적절히 수행되지 못한 상황이라면 프로모션은 마케팅이 아니라 판매의 수단이 되어버린다. 고객의 자발적인 구매 욕구를 유발시키지 못하기 때문에 여러 가지 판매 기법들을 통해 고객을 유인하고 설득하여 판매를 수행한다. 이러면 고객이 진정으로 만족하기 어려우며 반복 구매를 하는 충성 고객 또한 확보할 수 없다.

프로모션의 하위 요소로 광고, 홍보 또는 공중 관계, 인적 판매, 판매 촉진의 네 가지가 흔히 거론된다. 그런데 이 중 광고와 홍보는 '진정한 가치를 널리 알린다'는 의미에서 진정한 마케팅 믹스를 구성하기 위한 4P의 상호작용과 맥을 같이한다. 하지만 인적 판매와 판매 촉진은 마케팅이라기보다는 판매의 개념이라고 할 수 있다. 마케팅과 판매가 반대되는 개념임에도 이 두 가지 요소가 마케팅 믹스의 하위 활동 요소로 포함된다. 이는 앞서 수차례 언급했듯이 단기적으로 마케팅의 부족한 점을 보완하기 위한 수단으로 이해하면 된다.

이 때문에 4P의 맨 마지막 요소인 프로모션만을 마케팅인 것처럼 오해하고 있거나, 그중에서도 마케팅이라기보다는 판매에 가까운 판매 촉진이라는 단 하나의 기능을 수행하면서 자신이 대단한 마케팅 전문가라고 생각하고 있는 사람들은 마케팅의 본질과 마케팅 믹스에 대해 엄청난 오해를 하고 있는 것이다.

마케팅 믹스로 4P가 옳은지 4C가 옳은지, 그 하위 요소의 명칭이 어떠해야 하는지는 논란이 많지만 사실 중요한 문제가 아니다. 진정으로 중요한 일은 마케팅 믹스가 마케팅의 본질과 어떻게 연결되어 있으며 마케팅 믹스의 하위 요소들이 어떻게 상호작용하는지를 이해하는 것이다.

훌륭한 가치 제안을 적절한 가격 조건으로 제공하면 고객은 자발적으로 구매하려 한다. 그다음으로 할 일은 고객이 구매할 수 있도록 제품과 서비스를 고객에게 도달시키고 그 가치 제안과 구매 방법을 많은 사람에게 널리 알리는 것이 다.

Business Management User's Guide

제5장

혁신의 개념과 성공·실패 요인

Business Management User's Guide

혁신이란 무엇인가

'혁신Innovation'이라는 용어를 처음 사용한 사람은 오스트리아 출신의 미국 경제학자 조지프 슘페터라고 한다. 슘페터는 혁신을 '창조적 파괴creative destruction'라고 표현한 바 있다. 하지만 혁신革新의 한자어를 들여다보면 그 진정한 의미를 깨닫는 데 더 큰 도움이 된다. 한자 혁신은 '가죽 혁革, 새 신新'의 두 글자로 이루어져 있다. 내 나름대로의 뜻풀이는 '가죽을 벗겨내고 새살이 돋게 하는 것'이다. 한편으로는 평범해 보이는 해석이지만 깊이 생각해보면 매우 많은 의미가 내포되어 있다.

먼저 생각해봐야 할 것은 '가죽이 벗겨져야 하는 대상이 누구인가'이다. 다른 사람의 가죽을 벗겨낸다면 끔찍하지만 내가 고통을 당하거나 크게 손해 볼 것은 없을 수도 있다. 하지만 혁신은 나 자신이 바로 가죽이 벗겨져야 하는 대상임을 의미한다.

두 번째로는 '누가 가죽을 벗길 것인가'에 관한 것이다. 내 가죽이 벗겨지더라도 다른 누군가가 그것을 한다면 그나마 낫다. 아프고 고통스럽겠지만 가죽을 벗기는 작업의 어려움, 고충, 마음의 고통은 겪지 않아도 된다. 하지만 혁신은 가죽을 벗기는 당사자 또한 나 자신임을 의미한다. 다시 말해 혁신이란 '나 스스로 나의 가죽을 벗겨 새로운 살이 돋게 하는 것'

이다. 당연히 혁신은 몸과 마음 모두가 무척 괴로울 수밖에 없다. 가죽이 벗겨지는 고통과 가죽을 벗기는 어려움이 겹쳐져 괴로움은 증폭된다. 따라서 혁신에 성공하기 위해서는 몇 가지의 마음가짐이 필수적이다.

우선 혁신은 용기가 필요하다. 나 스스로 나의 가죽을 벗기는 일은 진정한 용기가 없이는 불가능하다. 또한 혁신은 인내심이 필요하다. 가죽을 벗겨내면 매우 아플 수밖에 없다. 그리고 새살이 돋아 제 기능을 발휘하기 위해서는 상당한 시간이 필요하다. 그 아픔과 새살이 돋아날 때까지의 시간을 인내할 수 있어야 한다. 그뿐만 아니라 새로 돋은 살은 흉하여 보기 싫고 때로는 매우 불편하다. 이러한 새로움을 변화로 수용하고 적응할 수 있어야 한다.

이쯤 되면 혁신은 웬만하면 하고 싶지 않은 일이 될 수밖에 없다. 그렇다면 왜 혁신을 하지 않으면 안 될까? 이러한 고통을 감수하고서라도 혁신을 해야 하는 이유는 혁신의 본질이 '서서히 죽는 것을 극복하기 위해 단기간에 겪는 고통'이기 때문이다. 이 부분은 슘페터의 '창조적 파괴'와 맥락을 같이한다.

결국 혁신이 조직에 주는 메시지는 이것이다. "너 스스로를 파괴하라. 그렇지 않으면 누군가가 너를 파괴할 것이다." 결국 조직은 지속적으로 생존해나가기 위해 혁신이라는 작업을 통해 자기 자신을 파괴하지 않으면 안 된다.

너무나 고통스러운데 하지 않으면 안 되는 것. 이것이 혁신의 본질이라면 혁신은 과연 어떤 방법으로 해야 할까? 사람들이 왜 때로는 사서 고생을 하거나 고통을 기꺼이 감내하는지를 생각해보면 답을 얻을 수 있다. 에베레스트 등정이나 극지 탐험 같은 것이 대표적인 예이다. 너무나 고통스러운 일인데도 도전하는 사람들은 그 경험을 매우 즐거워하며 반복해서 시도하고 싶어 한다. 다시 말하면 즐거움이 혁신의 중요한 성공 요인이 된다.

그렇다면 왜 사람들은 그런 어려움 속에서도 즐거움을 느낄까? 그것은 바로 분명한 목표와 비전이 있고 그 목표와 비전을 주도적으로 달성해나 갈 수 있기 때문일 것이다. 또한 그 과정을 통해 크나큰 성취감과 배움을 얻으며 자아실현의 경험을 할 수 있기 때문일 것이다.

혁신의 성공 조건도 이와 같다. 힘들고 어려운 혁신의 과정을 사람들이 감내하도록 하기 위해서는 혁신을 통해 도달하고자 하는 명확한 목표와 비전이 있어야 하고 그 것을 공유하여야 한다. 그리고 밀어붙이기식으로 사람들을 변화시키려 하지 말고 그 들이 주체적으로 변화에 참여하게 하여 그 과정에서 성장과 성취를 경험하도록 해야 한다.
이럴 때 사람들은 기꺼이 혁신에 동참하고 고통보다는 즐거움을 느끼면서 혁신의 열 렬한 지지자가 된다.

Business Management User's Guide

혁신 활동은
다양한 영역에서 전개된다

조직에서의 혁신 활동은 여러 가지 형태로 나타난다. 혁신의 주제와 규모도 다양하고 조직 전반에 미치는 영향도 천차만별이다. 조직에 가장 큰 영향을 미치는 혁신부터 가장 범위가 작은 혁신까지 순서대로 정리해보겠다.

조직의 존재 이유와 정체성의 혁신 'Who are we?'

어느 조직이나 존재 이유가 있다. 기업의 존재 이유를 이윤 창출이라고 생각하는 사람들이 뜻밖에 많다. 하지만 인간의 존재 이유가 돈을 버는 것이 아닌 것처럼 조직이 존재하는 이유 또한 돈을 버는 것일 수는 없다. 다만 삶의 목적을 위해 돈이 필요한 것처럼 기업도 자신의 존재 이유를 지속시키기 위해 이윤을 창출한다.

기업은 자신들이 지속해서 추구해야 할 목적을 규정하는데 '사명'이라고 한다. 또한 그 사명을 올바르게 달성해나갈 때 그려지는 미래 이미지를 '비전'이라고 한다. 이러한 사명과 비전의 달성을 위해서는 모든 구성원이 공유하고 실천해나가는 가치관과 신념이 필요하다. 이러한 사명, 비전, 공유된 가치관과 신념은 그 조직의 정체성이 된다.

이 모든 것은 결국 '우리는 누구인가' 하는 질문에 대한 대답이다. 이 대답이 명확하지 않거나, 구성원들이 공유하고 실행할 수 없는 경우에는 조직은 방향을 잃게 된다. 또한 조직이 명확한 방향을 가지고 있더라도 사회 공동체의 보편타당한 가치에 어긋나거나 내부에서 정의한 정체성과 외부에서 인식하는 정체성이 상이할 경우에도 문제가 된다.

조직의 존재 이유와 정체성을 혁신하는 것은 다시 창업하는 것처럼 과거와는 전혀 다른 조직으로 탈바꿈한다는 것을 의미한다. 따라서 최고경영자가 아니면 할 수 없는 영역이며 상당한 위험을 수반한다. 다음 단계로의 중요한 도약이 필요하거나 조직의 정체성이 흔들리는 위기 상황을 극복해야 할 때 주로 시도된다.

사업 구조의 혁신 'What is our business?'

기업이 자신의 존재 이유인 사명을 지속적으로 수행하기 위해서는 지속적으로 성장해야 한다. 이를 위해서는 운영하는 사업을 항상 경쟁력 있게 유지하는 것이 필요하다. 이것은 결국 '우리가 무엇을 하며 생존할 것인가?' '무엇으로 먹고살 것인가?' 하는 문제이다.

이를 위해서 경영자는 새로운 미래 성장 동력을 지속적으로 확보하기 위해 끊임없이 노력한다. 가장 좋은 예로는 애플의 스티브 잡스 회장이 아이팟을 통해 MP3 플레이어 시장에 진출했던 것을 들 수 있다. 애플은 이를 통해 기존의 매킨토시 컴퓨터 사업보다 더 큰 성공을 일구어낼 수 있었다. 그리고 아이팟을 진화시킨 아이폰을 통해 스마트폰 시대를 열었다. 이를 통해 애플은 스마트폰 시장에 지각변동을 일으켰고 세계 최고의 기업으로 도약할 수 있었다.

기존 사업의 폐기, 매각, 통폐합, 인수합병 등을 통해 사업의 구조를 바꾸는 것도 혁신의 영역이라 할 수 있다. GE의 CEO로 취임한 초기에 1, 2등이 될 가능성이 없는 모든 사업을 매각 대상으로 삼아 중성자탄이라는 별명을 얻었던 잭 웰치의 선택과 집중 전략이 대표적이다. 이러한 혁신은 대규모의 사업 구조조정과 감원 등을 수반하는 경우가 많다. 상당 기간 조직 전체가 혼란과 고통에 빠질 수도 있다.

조직 운영 구조의 혁신 'How effective is our structure?'

어느 조직이나 사업이 운영되는 구조를 가지고 있다. 그 구조에는 조직 구조, 의사결정 구조, 커뮤니케이션 구조, 권한과 책임의 구조 등 여러 가지 영역이 존재한다. 조직의 규모가 커질수록 구조 또한 크고 복잡해진다. 따라서 그대로 내버려두면 운영 효율이 지속적으로 저하되게 마련이다. 그리고 이러한 비효율이 임계점을 넘어가는 순간 조직은 급격하게 관료화되고 공룡처럼 몸집이 둔해져 몰락의 길을 걷게 된다. 따라서 조직 구조를 효율적이고 날렵한 형태로 유지하는 것은 매우 중요하다.

이를 위해 많은 조직이 3단계 의사결정, 권한과 책임의 위양, 팀제, 프로젝트 조직 운영 등의 다양한 노력을 한다. 따라서 이러한 혁신의 영역은 권한과 책임, 부서와 개인의 역할, 계층 구조 및 의사결정 구조 등을 효율적이고 합리적으로 재설계하는 것을 의미하며 '우리의 모습은 어떠한가?' '우리 조직의 기반 구조는 양호한가?'에 관한 것이다.

가치 제안의 혁신 'What is our value proposition?'

마케팅이나 기술의 개발로 혁신이 이루어지는 경우도 많다. 우리가 혁신적인 제품, 서비스, 디자인 혁신 등에 관해 이야기할 때는 동일 제품군이나 산업 내에서 경쟁자가 생각하지 못한 새로운 가치 제안을 구성하여 고객에게 제공하는 경우를 의미한다. 아이팟과 아이폰은 기존 제품과는 확연히 구별되는, 누구도 상상하지 못한 디자인과 탁월한 기능을 바탕으로 마니아층을 형성하고 새로운 트렌드를 만들어냈다. 따라서 이러한 영역의 혁신은 '우리가 고객에게 제공하는 가치를 어떻게 차별화할 것인가' '어떻게 고객이 우리를 선택하게 할 것인가'에 관한 것이다.

가치 창출 프로세스의 혁신 'How smart do we work?'

조직 내에서 가장 흔히 언급되는 혁신의 영역은 프로세스 혁신PI: process innovation이다. 조직이 가치를 창출하고 성과를 만들어내는 구조와 방법을 더 나은 것으로 변화시키는 것이다. 다시 말해 '우리 조직이 더 현명하게 일하는 방법은 무엇인가'에 관한 것이다.

프로세스 혁신은 미국의 마이클 해머 박사가 1990년 주창한 BPRbusiness process re-engineering 이론에 의해 전 세계적으로 확산되었으며 '전사적 자원 관리'라고 부르는 정보 시스템인 ERPenterprise resources planning가 접목되면서 한 차원 높은 수준으로 발전되었다. 보통은 경영혁신이라 하면 프로세스 혁신을 일컫는 경우가 많다. 경영혁신팀, PI팀 등의 전담 조직을 구성하여 추진하는 경우가 일반적이다. 프로세스 혁신은 사업 구조의 혁신과 더불어 구성원들의 거부감과 저항이 가장 많이 발생하는 영역이다. 이 때문에 혁신의 성공을 위해 '변화 관리자change agent' 역할을 하는 유능한 리더의 존재가 필수이다.

개인이 일하는 방법의 혁신 'How smart do I work?'

조직에서 흔히 시도되는 혁신의 영역 중 하나가 사무 혁신이다. 프로세스 혁신이 조직의 일하는 방법에 초점을 맞추고 있다면 사무 혁신은 사무실에서 일하는 지식근로자 개인의 생산성을 향상시키는 데 중점을 두고 있다. 다시 말해 '내가 더 현명하게 일하는 방법은 무엇인가'에 관한 것이다. 다른 사람과 커뮤니케이션하고 정보를 공유하고 문서를 작성하고 보고하고 결재를 받고 문서를 보관하고 활용하는 것들은 개인이 사무실에서 일하는 과정에서 일상적으로 발생하는 업무다. 이러한 일을 하는 과정에서 발생하는 불필요한 일을 줄이거나 없애고 중요한 일에 집중하도록 하여 목표 달성 수준과 효율을 높이고자 한다.

개인과 개인이 연결되어 이루어지는 일의 흐름을 '워크플로우workflow'

라고 한다. 이러한 워크플로우 혁신을 지원하는 정보 시스템을 '그룹웨어groupware'라고 하는데 주로 이메일과 전자결재, 일정 관리, 문서 관리, 정보 공유와 같은 기능을 지원한다. 1990년을 전후하여 출시된 로터스 노츠Lotus Notes가 그룹웨어의 효시이며 그 후 MS 익스체인지MS Exchange 등 다양한 그룹웨어들이 개발되면서 이 영역의 혁신이 가속화되었다.

자기 혁신 'Who am I?'

조직에 직접 미치는 영향은 적지만 개인에게는 가장 많은 변화가 요구되는 것이 자기 혁신이다. 자기 혁신은 생각, 행동, 습관을 바람직한 방향으로 바꾸어 한 단계 나은 성품과 역량을 보유하기 위한 개개인의 자발적인 노력이라고 할 수 있다. 다시 말하면 '나는 누구인가?'를 재발견하는 것이다. 자신의 현재 모습을 돌이켜보고 미래의 바람직한 모습을 설계하며, 어떠한 학습을 해나가야 하는지를 알게 된다. 사람들은 자기 혁신의 결과로서 새로운 변화를 수용하기도 하고 삶의 태도가 바뀌기도 하며 인격적으로 성숙해지기도 한다.

자기 혁신은 다른 사람들과의 직접적인 갈등을 유발하지 않으므로 어떻게 보면 가장 쉬울 것 같다. 하지만 사실은 가장 어려운 혁신이다. 그 이유는 자발적으로 혼자서 해야 하며 자기 자신의 부족함을 인정하고 아픔과 불편함을 감수해야 하는 혁신이기 때문이다.

조직 구성원 대부분이 집중해야 할 혁신은 일하는 방법에 관한 혁신이다. 조직의 성과에 가장 큰 영향을 미치는 것이 조직과 개인의 일하는 방법의 경쟁력이기 때문이다. 최고경영자가 아무리 좋은 신규 사업을 창출하고 사업 구조를 혁신하더라도 조직이 이를 뒷받침하여 성과를 창출하고 지속시킬 수 있는 역량을 갖추고 있지 못하다면 소용이 없다.

Business Management User's Guide

사람은
혁신의 대상이 아니다

혁신 과정에는 주체와 대상이 있게 마련이다. 사업 구조 혁신과 같이 최고경영자 자신이 주체가 될 때도 있고 디자인 혁신과 같이 기능 조직에서 혁신을 주도할 때도 있다. 또한 PI팀과 같은 경영혁신 전담 조직이 별도로 구성되어 혁신의 주체로서 활동하는 일도 흔하다. 물론 자기 혁신에서는 개개인이 혁신의 주체가 된다.

혁신 주체들은 대개 혁신 초기에 매우 의욕적으로 출발한다. 혁신의 목적, 목표 의식, 비전이 분명하다. 또한 혁신 주체들은 혁신에 필요한 여러 지식을 미리 학습하여 준비하기 때문에 다른 조직 구성원보다 다양한 측면에서 앞서게 된다. 새로운 제도, 시스템, 기법을 도입할 때는 상당히 깊은 수준의 이론적 학습을 하기도 한다.

새로 배우는 이론과 방법론은 꽤 매력적이다. 혁신 주체들은 학습 과정에서 이러한 지식에 심취하게 되고 마치 전가의 보도를 얻은 듯한 뿌듯함을 느낀다. 하루속히 이 지식을 적용하여 회사를 변화시키고 성취감을 맛보고 싶은 충동이 생긴다. 그러나 변화라는 것은 그리 쉽지 않다. 자기 혁신을 통해 나 스스로를 변화시키기도 어렵다. 그런데 하물며 다른 사람을 변화시키는 것은 얼마나 어렵겠는가? 이러다 보니 변화에 대해 거부감이 있거나 잘 따라오지 못하는 사람들을 답답하게 여기고 한심하게 생각하게 마련이다. 그러다 보면 더 강하게 변화를 요구하게 된다. 그러면 그럴수록 사람들은 더욱 위축되면서 방어적 태도를 취한다.

이러한 상황이 지속될수록 혁신 주체들은 이런 사람들이 변화하지 않고 조직 내에 존재하는 한, 혁신을 성공시킬 수 없다고 여긴다. 결국 혁신 주체들은 변화에 저항하는 사람들을 혁신의 대상으로 삼게 되고 두 세력 간의 갈등이 깊어지면서 조직이 분열되어 한 방향으로 전진할 수 없게 된다.

혁신 주체들이 혁신 과정을 통해 배우는 도구와 방법론에 심취해 다른 사람들을 한 수 아래로 보면서 가르치려 하면 본말이 전도되고 초심을 잊어버리기 쉽다. 이쯤 되면 혁신 주체들은 다시 한 번 스스로 다음과 같은 질문을 해야만 한다. "혁신을 시작했던 목적은 무엇인가?" "우리는 무엇을 변화시키려고 했을까?" "변화를 통해 얻고자 했던 것은 무엇인가?"

혁신의 목적은 '창조적 파괴를 통해 단기적인 고통을 감수하면서 서서히 죽어가는 상황에서 벗어나 더욱 강한 생존 능력과 경쟁력을 확보하는 것'이다. 결국 조직 전체의 생존 능력과 경쟁력이 한 차원 높아지지 않는다면 부분적인 성공을 거두었더라도 혁신이 성공했다고 할 수는 없다.

그렇다면 왜 혁신을 해야만 하는 것일까? 그것은 조직의 현재 성과 창출 구조로는 더는 기대하는 성과를 달성할 수 없거나 조만간 그렇게 되리라 예상되기 때문이다. 다시 말해 조직 시스템의 작동 방식이 '합목적성'과 '효율성'을 상실하였기 때문이다. 조직은 여러 형태의 성과 창출 구조로 구성되어 있다. 그 구조는 1명의 개인이 될 수도 있고 특정 프로세스일 수도 있고 조직 전체일 수도 있다. 어떤 경우든 경쟁력을 상실한 구조를 더 나은 구조로 변화시키기 위한 것이 혁신이다. 이 때문에 혁신의 대상은 '경쟁력을 상실한 성과 창출 구조'가 되어야만 한다. 또한 혁신을 통해서 '경쟁력 있는 새로운 성과 창출 구조를 확보하고 그 구조를 통해 탁월한 성과를 지속적이고 반복적으로 얻는 것'을 목표로 삼아야 한다.

그런데 많은 혁신의 주체가 성과 창출 구조보다는 사람 자체를 혁신의 대상으로 삼는 오류를 범한다. 사람은 혁신의 대상이 아니라 혁신의 과정에 참여함으로써 역량이 향상되고 성취를 경험할 수 있도록 도움을 주어야 할 대상이다. 사람들이 변화를 수용하지 못하는 것은 그 변화의 결과로 얻어지는 성과와 성공이 자신과 관계없을 거란 생각을 하기 때문이다. 변화는 어렵고 두렵다. 그런 만큼 그 어려움과 두려움을 상쇄시켜줄 만큼의 기대되는 혜택이 있어야만 변화를 받아들이게 된다.

혁신의 주체 세력이 변화에 뒤처지는 사람들을 변화에 동참시키지 못하고 비난하고 질책하면서 혁신의 대상으로 삼으려 한다면 이미 자격을 잃은 것이다. 혁신의 주체들은 자신의 성공이 아니라 조직과 구성원들의 성공을 위해 일해야만 한다.

자격 미달인 혁신 주체들은 그들 자신이 바로 혁신의 대상이다. 따라서 그들의 첫 번째 과제는 자기 혁신이 되어야만 한다. 변화 주체로서의 사명과 정체성을 이해하지 못하면서 다른 사람을 변화로 이끌 방법은 없기 때문이다.

혁신은 변화에 적응하지 못하는 사람을 제거하거나 불이익을 주기 위해 하는 것이 아니다. 물론 혁신 과정에서 불이익을 받는 사람들이 생겨날 수는 있다. 하지만 혁신의 대상은 사람 자체가 아니라 경쟁력이 없는 성과 창출 구조와 시스템이 되어야 한다.
혁신은 조직과 그 구성원들을 성공시키기 위한 것이다. 그리고 그러한 성공은 강제로 주어지는 것이 아니라 자발적인 참여 과정을 통해 획득되어야만 한다.

Business Management User's Guide

혁신은 왜 실패하는가

혁신을 추진하는 방법에도 원칙과 절차가 있어야 한다. 원칙과 절차가 배제된 혁신은 실패 가능성이 매우 높으며 성공하더라도 많은 시행착오를 거칠 수밖에 없다. 개인이나 조직이 변화를 학습하여 수용하기 위해서는 여러 단계가 필요하다. 예를 들어 신제품이나 신개념의 확산 과정$_{diffusion\ process}$ 이론에 의하면 변화는 '인식$_{awareness}$ → 관심$_{interest}$ → 평가$_{evaluation}$ → 시행$_{trial}$ → 수용$_{adoption}$'과 같은 복잡한 단계를 거쳐 수용된다고 한다. 혁신을 주도하는 사람들은 조직 구성원들이 이러한 과정을 순조롭게 밟을 수 있도록 추진해나가야 한다.

변화 관리 분야의 최고권위자인 존 코터 교수는 저서 『기업이 원하는 변화의 리더』에서 경영혁신은 다음과 같은 8단계에 걸쳐 수행되어야 한다고 역설하였다.

1단계: 위기감 조성
위기의식이 없이는 사람들은 변화의 필요성을 느끼지 못한다.
2단계: 혁신을 주도할 강력한 팀의 구성
강력한 혁신 주도 세력이 없다면 혁신은 중심을 잃게 된다.
3단계: 비전의 개발

5분 내에 공감과 이해를 얻어낼 수 있는 비전을 개발하라.

4단계: 새로운 비전을 널리 알리기

조직 내 모든 커뮤니케이션 채널을 이용하여 비전을 전파하라.

5단계: 임파워먼트

실행을 위한 권한을 부여하고 장애물들을 제거해주어야 한다.

6단계: 단기간에 가시적인 성과 얻기

가시적 성과가 빨리 나타나지 않으면 혁신은 명분이 약해진다.

7단계: 변화 가속화하기

가시적 성과에 만족하지 말고 변화와 혁신을 더욱 확산하라.

8단계: 새로운 제도의 정착

혁신의 결과가 조직 문화로 완전히 정착될 때까지 지속하라.

혁신을 추진하는 과정에서 한 단계를 건너뛰거나 소홀히 하고 나서 다음 단계로 나아가면 반드시 문제가 잉태된다. 그러한 문제는 어느 순간 튀어나와 조직을 혼란에 빠뜨리며 혁신의 성과를 반감시킨다. 심한 경우에는 혁신이 실패로 끝나게 한다. 조직에서 흔히 일어나는 혁신의 실패 유형은 다음과 같다.

그들만의 리그

이는 위기의식이 충분히 조성되지 못하거나 명확한 비전과 구체적인 전략의 제시와 공유가 제대로 이루어지지 않았을 때 발생하는 현상이다. 부분적으로는 혁신의 성공을 거두었으나 그 성과를 전사적으로 확산하는 데 실패했을 때도 나타난다. 혁신 주체들은 열심히 움직이지만 구성원들의 공감대를 얻지 못하여 더욱 크고 근본적인 변화가 이루어지지 못한다.

사람들은 현재의 익숙한 상황을 안전지대로 인식하는 경향이 있으며 여기서 좀처럼 벗어나려 하지 않는다. 사람들을 자신만의 안전지대에서 강제로 벗어나게 하려면 엄청난 에너지가 필요하다. 일시적으로 벗어나게 만들었다고 해도 그대로 두면 일정 시점이 지나 다시 원래의 위치로 복귀해버린다. 따라서 진정한 변화가 되기 위해서는 사람들이 자발적으로 판단하여 선택하도록 해야 한다.

어떤 사람이 집 안에만 틀어박혀 있다고 가정하자. 그는 결국 몸과 마음의 건강이 나빠져 서서히 죽어갈 것이다. 어떻게 해서든 그 사람을 집 바깥으로 나오게 해야 한다. 하지만 그 사람에게 집 안은 너무나 익숙한 안전지대이다. 어떤 방법을 써야 할 것인가?

첫 번째 방법은 강제로 끌어내는 것이다. 하지만 아마도 엄청난 저항에 부딪칠 것이다. 설사 끌어냈다 하더라도 기회만 되면 다시 집 안으로 들어가버릴 것이다. 고생만 했을 뿐 아무것도 개선되지 않고 오히려 반감과 내성만 키우고 만다.

두 번째 방법은 바깥세상이 얼마나 좋은지를 알려주는 것이다. 이는 훌륭한 비전과 전략을 개발하여 충분히 공유하는 것에 해당한다. 집 안에 있는 것보다 바깥세상이 더 즐겁고 얻을 수 있는 것이 훨씬 더 많다면 바깥으로 나가고 싶은 생각이 들 것이다. 그런데도 집 안은 현실이고 바깥은 불확실하다. 그래서 이것만으로는 부족하여 나갈까 말까 망설이게 될 것이다.

세 번째 방법은 집에 불을 질러버리는 것이다. 자신이 타 죽을지 모른다는 생각이 들면 일단 탈출하게 된다. 다른 것은 생각해볼 필요도 없다. 집 안이 편한 것은 현실이지만 불이 난 것은 당장 닥친 위험이고 더 큰 현실이 된다. 따라서 이대로는 안 된다는 위기감이 행동을 유발하게 한다.

따라서 위기의식을 불러일으키는 것은 조직의 혁신을 추진하는 첫 단계가 되어야만 한다. 때로는 없는 위기도 일부러 만들어 위기감을 조성할 필요가 있다. 다만 사람들에게 겁주는 데서 그치지 않고 변화에 동참하는 바람직한 방향으로 나아가도록 하려면 새로운 비전, 구체적인 전략의 제시, 공감대 형성이 필수적으로 뒤따라야 한다.

하드웨어의 변화를 혁신으로 인식하는 착시현상

다시 말하지만 혁신은 성과를 창출하는 구조를 더 나은 것으로 바꾸는 것이다. 그런데 그 구조에는 공장, 설비, 정보 시스템 등과 같은 하드웨어도 있고 프로세스, 제도와 절차, 커뮤니케이션 구조 등 일하는 방법 등과 같은 소프트웨어에 해당하는 것도 포함되어 있다. 이 두 가지가 적절히 조화를 이루지 않는다면 올바른 구조가 형성되었다고 볼 수 없다. 그런데 하드웨어는 눈에 보이고 소프트웨어는 잘 보이지 않는다. 그래서 하드웨어가 새롭게 변화한 것만으로 혁신이 완성되었다고 믿는 경우가 많다. 하지만 진정한 혁신은 사람들의 행동, 상호작용, 조직 문화에 더 큰 영향을 주는 소프트웨어가 근본적으로 변화할 때 완성된다.

이 때문에 강력하되 사심 없는 혁신 주체 구성의 필요성이 절실해진다. 혁신 주체들은 조직 전체의 성과에 초점을 맞추고 다른 사람들의 변화를 돕는 데 집중해야 한다. 자신의 업적과 역량을 빛내기 위해 피상적인 문제 해결이나 하드웨어 구축과 같은 겉보기에 화려한 변화를 혁신의 성과로 포장해서는 안 될 것이다.

혁신 피로도의 가중

변화와 혁신 과정은 본질적으로 어렵고 고통스러우며 오랜 시간이 걸릴 수밖에 없다. 기존 방식으로는 위험하다는 판단과 더 나은 미래가 있다는 생각 때문에 힘든 길을 나서긴 했지만 가도 가도 끝이 보이지 않는다면 결국 지친다. 게다가 어렵게 시도한 변화의 성과를 제대로 얻지 못한 상태에서 또 다른 종류의 변화와 혁신이 요구된다면 피로도는 가중된다. 변화에 대한 신념, 열정, 용기를 잃지 않게 해주는 것은 힘든 여정 가운데에서 맛보는 작은 성취들이다. 혁신에 참여하는 사람들은 그러한 작은 성취들을 통해 보람을 느끼고 옳은 길을 가고 있다는 확신이 점차 높아진다. 이렇게 작은 성취들이 하나둘씩 쌓아가다 보면 어느덧 큰 성공에 다다르게 될 것이다.

혁신의 요요현상

일단 변화에는 성공했지만 새로운 제도의 정착에 실패하여 일정 기간이 지나 다시 원래대로 돌아가는 것을 말한다. 구성원들의 자발적인 동참이 아니라 혁신 주체들만의 힘으로 변화가 이루어진 경우, 변화된 상태를 지속시킬 수 있는 적절한 운영 체계가 갖추어지지 못한 경우, 혁신이 마무리된 후 혁신 주체들이 금방 해체되어 새로운 변화의 사후 관리가 이루어지지 못한 경우 등 여러 원인이 있다. 사람들은 예전에 편안함을 느꼈던 자신들만의 안전지대로 돌아가려고 시도한다.

> 혁신의 성과는 혁신 주체들의 변화가 아니라 구성원들의 변화를 통해 이루어진다. 혁신 주체들은 그들의 변화를 돕는 사람들이다.
> 조직의 변화를 위한 학습에는 여러 단계가 있으며 단계마다 시간이 소요된다. 따라서 혁신은 속도전으로 성공시킬 수 없다. 시간이 걸리더라도 근본적이고 철저하게 변화하는 것이 핵심이다.
> 이러한 점들이 무시되고 결과를 빨리 얻기 위해 속도를 낸다면 결국 소화할 수 없는 음식을 먹은 것처럼 체한다. 오히려 큰 부작용을 겪게 된다.

Business Management User's Guide

올바른 위기의식은
혁신의 동기이자 출발점이다

성공적으로 경영혁신을 이루어낸 실제 사례 또는 이와 관련된 주제를 다룬 소설을 읽어보면 공통점을 찾을 수 있다. 주인공은 어떤 사업장 운영 책임을 새로 맡는다. 그런데 그 사업장은 망하기 직전의 형편없는 곳이다. 실적은 엉망진창이고 직원들의 사기는 땅에 떨어져 있다. 상부에서는 목표 기한을 주고 그 시점까지 정상화를 시키지 못하면 문을 닫고 모든 사람이 해고될 것이라고 위협한다. 당장 변화하지 않으면 죽을 수밖에 없는 벼랑 끝에 몰린 상황이다.

주인공은 직원들을 변화시키기 위해 노력하면서 해결책을 찾으려 하지만 좌절의 연속일 뿐이다. 그런데 도움을 줄 사람이 홀연히 나타난다. 그 사람이 가르쳐주는 경영의 원리와 방법들을 배워 적용하면서 하나둘씩 변화를 일으켜간다. 지지하는 직원들이 하나둘 늘어나면서 변화가 가속화된다. 결국 모든 직원들이 혁신에 동참하면서 성과가 본격적으로 가시화되고 조직 문화가 긍정적으로 변화하여 결국 최고의 사업장으로 거듭난다. 정말로 소설 같은 이야기지만 전혀 불가능하지는 않다. 내가 직접 수행했던 몇 차례의 기업 회생 경험도 이 스토리 라인과 크게 다르지 않았다.

그렇다면 주인공이 이렇게 극적인 변화를 시도하고 다른 구성원들 또한 변화시킬 수 있었던 원동력은 무엇이었을까? 그것은 바로 위기의식이다. 삼성 그룹이 국내 최고의 기업을 넘어 세계 초일류 기업의 반열에 오를 수 있었던 원동력도 잘나가고 있을 때에 위기의식을 고취하여 한때의 성공에 안주하지 않고 혁신을 지속해나갔기 때문일 것이다.

그러므로 위기의식은 모든 혁신의 출발점이다. 앞서 소개한 바 있는 변화 관리 분야의 최고 권위자 존 코터 교수의 경영혁신 8단계에서도 위기감 조성에서부터 1단계를 출발했었다. 그런데 문제는 많은 경영자가 별로 효과가 없는 방식으로 위기의식 고취를 시도한다는 점이다. 예를 들면 다음과 같은 내용이다.

"우리의 대외 여건은 점점 더 악화되고 있고 매출과 이익은 급감하고 있습니다. 반면 경쟁은 더욱 치열해지고 있습니다. 우리가 지금까지 겪어보지 못한 위기가 우리 앞에 있습니다. 임직원 모두가 최선을 다해 극복해나가야 합니다."

이러한 말을 들은 직원들은 '언제는 위기 아니었나? 내가 입사한 이래 한 해도 위기라는 말을 들어보지 않은 적이 없다'고 생각하면서 별로 대수롭지 않게 받아들인다. 직원들은 문제는 정작 내부의 부조리, 불합리, 경영진의 무능함, 리더십 부족에 있는데 엉뚱하게도 외부의 핑계를 댄다고 생각할 수 있다. 그리고 외부로부터 오는 도전은 경영자가 잘하면 되는 일이고 자신들이 할 수 있는 것은 별로 없다고 생각한다.

일종의 '늑대와 양치기' 우화 또는 긍정 심리학에서 이야기하는 '학습된 무기력'과 같은 현상이다. 다시 말해 위기에 대해 너무나 반복적으로 듣다 보니 위기라는 말이 더는 어떤 동기도 유발하지 못하는 위기 불감증에 빠지는 것이다. 위기를 이야기하는 경영자 자신이 무엇이 정말 위기인지를 잘 이해하지 못하고 있기 때문에 일어나는 일이다.

기업이 직면하는 진정한 위기는 매출이나 이익의 감소가 아니다. 강력한 경쟁자의 출연도 아니다. 환율, 유가 변동, 경기 침체 등 경제 여건의 악화도 아니다. 혁신의 동기가 될 수 있는 진정한 위기의식은 단 한 가지밖에 없다. 그것은 바로 자신이 무능해졌음을 깨닫는 것이다. 지금까지 성공을 보장해주었던 방식이 이제는 더 이상 통하지 않으며 기존의 것을 버리고 더 나은 것을 새로 배워 거듭나야만 한다는 것을 깨닫는 것이다. 그래서 아무리 어렵더라도 스스로 자신의 가죽을 벗기는 고통을 견디고 새 살이 돋아 완전히 내 것이 될 때까지 인내하겠다는 결심을 하는 것이다.

위기란 본질적으로 현재 상황이 안전하지 않으며 무언가를 하지 않으면 안 된다는 절박함이다. 그런데 안전을 위협하는 원인이 외부 요인 때문이라고 생각한다면 지금까지의 방식은 잘못된 것이 없다는 결론이 된다. 그렇다면 그 방식을 버릴 이유가 없다. 단지 외부 요인이 만만치 않으니 더욱 정신 무장하고 더욱 열심히 노력해나가면 될 것이다.

하지만 이런 상황에서는 어떠한 변화도 일어나지 않는다. 콩 심은 데 콩 나고 팥 심은 데 팥 나는 법이다. 같은 씨앗을 심으면 같은 열매가 열린다. 방식이 같다면 결과도 같다. 이전의 방식을 똑같이 반복하면서 다른 결과가 나오기를 기대한다면 바보 같은 짓이다.

따라서 변화와 혁신을 끌어내는 진정한 위기의식은 지금까지 의존해온 방식을 바꾸지 않으면 결국 죽는다는 사실을 깨닫는 것이다. 그러면 해야 할 일은 외부 도전에 대한 대응이 아니라 내부 혁신이 된다. 다시 말해 열매를 바꾸기 위해 다른 씨앗을 심는 일이다.

경영자가 이러한 관점에서 자기 자신부터 먼저 돌아보면서 구성원들과 진정한 위기를 공유할 때 변화와 혁신은 시작된다. 직원들의 정신력과 노력을 강조하기 위해 겁주는 방식으로 위기의식을 고취하려 한다면, 아무런 효과를 발휘하지 못하고 오히려 조직 전체를 무기력증에 빠뜨리게 된다.

하지만 조직이 무능함의 함정을 피하는 것은 생각보다 쉽지 않다. 외부로부터 오는 위기는 빠르게 인지되고 쉽게 파악되는 반면 내부로부터의 위기는 좀처럼 감지되지 않기 때문이다. 그래서 근본적인 혁신에 대해 망설이면서 머뭇거리다가 큰 곤경에 처하게 된다. 회사의 모습이 누가 보아도 위기인 것이 분명할 정도의 상황이 되면 이미 늦은 것인지도 모른다. 이런 상황이 되면 도약과 발전을 위해서가 아니라 당장 생존의 문제를 해결하기 위해 변화와 혁신을 해야 한다. 정말로 다시 돌아나기 어려운 생살이나 팔다리를 잘라내는 구조조정의 아픔을 겪어야만 한다.

따라서 경영자는 자신이 운영하는 조직의 무능화를 방지하기 위한 메커니즘이 있어야 한다. 조직의 운영 방식을 주기적으로 재검토하면서 여전히 미래를 담보해줄 수 있는 방식인지를 냉정하게 평가하고 끊임없이 개선해나가는 습관을 조직 내에 정착시키는 것이다. 겉으로 보기에 전혀 위기가 아닌 상황에서 경영자가 외부로부터의 위기를 부르짖으면 사람들은 전혀 받아들이지 못한다. 따라서 예방 차원에서의 위기의식은 자신의 현재를 돌아보게 하고 미래를 위해 새로운 지식과 역량을 습득하도록 하는 것이 되어야만 한다.

> 위기는 기업이 순항하는 데 큰 장애물이지만 반대로 기업의 근본적 혁신을 촉진하는 가장 강력한 동기가 되기도 한다.
> 진정한 위기는 외부로부터 오는 것이 아니라 내부 역량의 무능화로부터 온다. 따라서 지금까지 해왔던 방식을 버리고 더 나은 방식을 배워서 갈아타야만 한다는 것을 깨닫는 것이 중요하다.
> 하지만 위기가 닥친 후에 변화를 시도하는 것은 너무 늦다. 혁신은 선도적으로 이루어져야 한다. 그러기 위해서 경영자는 내부 역량을 수시로 점검하여 위기를 사전에 인식해야 한다. 때로는 인위적으로 위기를 만들기도 해야 한다.

Business Management User's Guide

결핍이 혁신을
유발한다

'배수의 진'이라는 말이 있다. 누구나 알고 있고 흔히 사용하는 말이지만 굳이 뜻을 해석하자면 '최선을 다해 죽기 살기로 싸우기 위해 더는 물러설 데가 없다는 위기의식과 절박함을 부여하다' 정도가 될 것이다. 위기의식과 절박함을 고취시키기 위해서는 택할 수 있는 행동을 자발적으로 제한하고 퇴로를 차단한다. 다시 말해 자기 자신을 강하게 '속박'하여 익숙한 선택지를 사용할 수 없는 '결핍' 상태로 몰아가서 물러서거나 적당히 타협하지 못하게 하는 것이다.

흡연자가 담배를 끊는 방법은 많겠지만 선택하기 전에 반드시 해야 할 일이 있다. 바로 가족을 포함한 주변 사람들에게 금연 결심을 알리고 한 번이라도 흡연을 한다면 어떤 불이익도 감수하겠다고 선언하는 것이다. 영어를 잘할 수 있는 가장 좋은 방법은 영어 외에는 다른 언어를 사용할 수 없는 환경 속으로 들어가는 것이다.

만약 오른손잡이가 왼손을 잘 사용하고 싶다면 어떻게 해야 할까? 가장 먼저 해야 할 일은 오른손을 사용하지 못하도록 아예 묶어버리는 것이다. 그렇게 오른손을 속박하면 능숙하게 사용할 수 있는 손이 없는 결핍 상태에 빠진다. 어쩔 수 없이 왼손을 사용하게 되면서 왼손의 운동 능력이 크게 향상될 수 있다.

제5장 혁신의 개념과 성공·실패 요인 **285**

남몰래 노력하여 담배를 끊은 후 사람들을 놀라게 하거나, 한국 사람들과 쉽게 어울릴 수 있는 곳에서 영어 실력이 크게 늘거나, 양손을 자유롭게 써가면서 저절로 왼손을 잘 쓰게 되는 사람을 본 적이 없다. 자신에게 부여한 강력한 속박이 익숙하고 손쉬운 방법이 없는 결핍 상태를 만들어 절박함을 유발하고 최선을 다해 변화하도록 한다.

기업도 마찬가지다. 월 매출 목표 달성에 보너스가 걸려 있으면 사람들이 최선을 다할 것이라 생각할 수 있다. 하지만 상황이 좋지 않아 매출 목표 달성이 어렵게 되면 더 나은 방법을 찾기보다는 보너스를 포기해버리는 것이 마음 편하다. 만약 애당초 매출 목표가 현재의 방법으로는 도저히 달성할 수 없는 정도의 높은 수준으로 제시된다면 시작도 하기 전에 코웃음을 치면서 외면해버릴지도 모른다.

하지만 매출 목표를 달성하지 못할 경우 회사 문을 닫을 수밖에 없는 상황이라면 사정이 달라진다. 이제는 선택지 중 하나를 포기하는 문제가 아니라 생존의 문제가 된다. 그런데 이미 알고 있는 방법으로는 목표 달성이 불가능하다. 당연히 변화에 대한 절박함이 생기게 되고 최선을 다해 목표를 달성하기 위한 올바른 방법을 찾게 된다.

사업 책임자들이 기존에 해왔던 방법으로 그저 열심히 일하면서 목표 달성에 실패하고 나면 "최선을 다했지만 어쩔 수 없었다. 사업 환경이 너무나 좋지 않았고 회사로부터의 지원도 충분치 않았으며 운도 따르지 않았다"라는 변명을 늘어놓는 경우를 흔히 본다. 이는 사업 책임자들에게 어떠한 속박도 주어지지 않은 채 목표 달성만 요구했기 때문이다. 굳이 힘들여 새로운 지식과 방법을 찾아 배워야 하는 결핍이 없었기 때문에 다른 요인들을 핑계 삼아 목표 달성 실패를 합리화하는 것이다.

따라서 혁신에 절박함을 부여하기 위해서는 조직 구성원들이 쉬운 선택지를 사용하지 못하도록 속박하고 결핍 상태로 몰고 가는 게 필요하다. 그리고 그러한 속박과 결핍은 생존 차원에서 설정되어야 한다. 이를 위해서는 최악의 상황이 닥치더라도 조직의 생존이 유지될 방법을 찾도록 해야 한다. "과연 매출 수량이 30퍼센트 급감하더라도 우리 조직은 여전히 생존할 수 있겠는가?"와 같은 질문이다.

예를 들면 지금의 운영 방식으로 매출 100억 원까지는 생존이 가능한 회사가 매출 70억 원에도 생존할 수 있는 구조를 구축하도록 노력하는 것이다. 이러한 목표는 기존의 방식과 구조를 획기적으로 바꾸지 않고서는 달성할 수 없다. 손쉬운 선택지를 속박하고 대안의 결핍 상태를 만들면 더욱 절박하게 새로운 대안을 찾아 학습과 혁신을 하게 된다.

속박과 결핍이 없으면 구성원들은 '할 수 있는 일'에만 집중한다. 그리고 그 결과가 좋지 않을 때도 최선을 다했다고 이야기하면서 책임을 회피하거나 분산시켜버린다. 물러서거나 타협할 수 없도록 '배수의 진'으로 자신을 속박하고 사용할 방법이 마땅치 않은 결핍 상태에 들어가면 구성원들은 '할 수 있는 일'이 아니라 '해야 하는 일'에 초점을 맞추게 된다. '할 수 있는 일'만 하는 조직과 '해야 하는 일'에 집중하면서 학습하고 변화해나가는 조직의 경쟁력 차이는 불 보듯 뻔하다.

물러서거나 타협할 수 없는 '속박'과 '결핍'이 부여되지 않아 절박함이 없는 조직에서는 이미 익숙한 방법을 통해 '할 수 있는 일'에만 집중하게 되므로 변화와 혁신이 일어나지 않는다.
도전적인 목표를 달성하기 위해 타협할 수 없는 '배수의 진'을 치고 새로운 방법을 찾아 문제를 극복하고 과제를 수행하는 것을 혁신의 목표로 설정하라. '속박'과 '결핍'은 혁신을 성공적으로 실행시키는 전제 조건이자 강력한 추진 동력이 된다.

Business Management User's Guide

벤치마킹이란 무엇인가

상당히 오래전에 "당신의 경쟁자는 누구입니까?"라는 주제의 TV 공익 광고를 본 기억이 난다. 그 광고에서는 다양한 직업을 가진 여러 사람이 등장하여 자신의 경쟁자가 누구인지를 밝힌다. 예를 들어 평범하게 보이는 한 직장인이 자신의 경쟁자가 같은 회사에 다니는 동료가 아니라 세계를 무대로 뛰는 선진국 일류 업체의 유능한 사원이라고 말하는 식이다. 이 광고가 나왔을 때는 나도 혈기왕성한 젊은 사원 시절이었다. 그 메시지가 꽤 설득력이 있었던지 그 이후로도 나태해질 때마다 나 자신을 다잡는 계기로 삼아왔던 것 같다. 내가 지금까지 참 경영을 실천하는 경영자가 되기 위해 국내 최고 수준의 회사를 경영하는 CEO들을 내 나름대로의 경쟁 대상으로 삼아온 이유이기도 하다.

이렇게 사람이든 조직이든 자신이 활동하고 있거나 목표로 하는 분야에서 누가 최고이고 그 수준이 어느 정도인지를 파악하는 것은 담대한 도전 목표 설정의 필수적인 요소가 된다. 그리고 그 수준에 도달하기 위한 노력을 통해 새로운 방법을 학습하고 커다란 발전을 이루게 된다.

학교에서 공부를 잘하는 방법 중 하나는 공부 잘하는 친구와 친하게 지내고 곁에서 지켜보면서 공부하는 방법을 따라 해보는 것이다. 그 친구가 이미 학습한 지식은 내 것으로 만들 수 없을지라도 학습 방법은 얼마든지 따라 하여 내 것으로 만들 수 있다.

이와 마찬가지로 기업이 일류가 되기 위해서는 일류 기업들이 하는 행동들과 일하는 방법들을 분석하여 따라 해볼 필요가 있다. 최고가 되기 위해서는 궁극적으로는 남들이 가지지 못한 독창적인 무엇인가를 개발해야 한다. 하지만 최고 이전의 단계까지는 최고 수준을 분석하여 좋은 점을 따라 하는 것이 최선의 지름길이 된다. 이처럼 최고 수준에 도달한 사람이나 조직의 경영 방식, 전략, 프로세스, 제도, 일하는 방법 등을 파악하여 자신과의 차이를 확인하고 채택할 만한 좋은 것들을 배워 따라 하는 것을 벤치마킹benchmarking이라 한다.

여기서 조심해야 할 점은 다른 회사가 보유한 어떤 것이든 베껴내는 것이 벤치마킹이라고 오해하는 것이다. 예를 들어 다른 회사가 연구개발하여 대외비로 정한 고유 기술을 몰래 빼내 사용하는 것은 벤치마킹이 아니라 심각한 절도 행위이다. 다른 회사의 독창적인 디자인을 베껴 똑같은 외형의 제품을 만드는 것 또한 지적 재산권을 침해하는 범죄 행위이다.

이렇게 그 회사만이 가지고 있는 핵심역량에 해당하는 고유의 기술 지식, 디자인을 상대 회사의 허락이나 대가 없이 도용하는 경우는 벤치마킹의 범주에 포함되지 않으며 오히려 범죄로 간주되어 처벌받게 된다.

반면에 경쟁사의 제품을 분해하여 구조를 분석한 후 유사한 구조로 제품을 만들어 판매하는 것은 소위 '리버스 엔지니어링reverse engineering'이라는 공학의 한 분야로 당당히 인정받고 있다. 이는 고유의 핵심 기술 자체를 모방한 것이 아니라 이미 존재하는 범용 기술을 통해 어떻게 새로운 구조를 만들었는지를 모방한 것이기 때문에 문제가 되지 않는다.

마찬가지로 선진 기업의 인사 제도를 연구·모방하여 똑같은 모습으로 도입했다고 해서 문제가 되지는 않는다. GE가 6시그마를 도입하여 경영혁신을 한 경우도 마찬가지이다. 이 과정에서 GE가 6시그마를 처음 시작했던 모토로라의 허락을 받았거나 로열티를 지불한 적은 없었다.

이렇게 이미 존재하는 이론과 원리를 성공적으로 적용한 실천 사례라면 다른 기업의 것을 똑같이 베껴도 전혀 문제가 없다. 오히려 역사적으로 수많은 경영자와 기업들이 행해온 좋은 방법들을 계승하고 배워 시행착오를 최소화하면서 더 나은 발전을 이루는 가장 바람직하고 효과적인 방법이 될 수 있을 것이다.

기업이 혁신 전략을 추진하는 과정에서 벤치마킹은 필수적인 활동이다. 벤치마킹을 통해 기업은 최고 수준과의 격차를 확인하게 되며 도전해야 할 목표를 설정할 수 있다.
벤치마킹은 대상 기업이 보유한 고유의 기술과 지적 재산을 무단으로 베끼는 게 아니다. 이미 존재하는 이론, 원리, 방법론을 어떻게 적용하여 성과를 창출하고 최고 수준에 도달하게 되었는지를 배우고 따라 하는 것이다. 또한 최고 수준에 도전하는 과정에서 발생할 수밖에 없는 시행착오를 최소화하기 위한 것이어야 한다.

Business Management User's Guide

어떻게
벤치마킹할 것인가

도요타자동차는 생산과 물류 운영 수준, 신차 개발, 직원들의 자발적인 개선 활동 등 프로세스 운영과 관련된 거의 모든 분야에서 자타가 공인하는 세계 최고라고 할 수 있다. 이제는 경영학의 한 분야처럼 자리를 잡은 TPS_{Toyota production system}라는 용어에 도요타의 이름이 당당히 포함된 것만 보아도 알 수 있다.

그렇다 보니 항상 도요타자동차는 벤치마킹 영순위이다. 수많은 국내 기업의 임원과 실무자들이 도요타를 방문하였고 지금도 도요타를 배우기 위한 여러 형태의 연수 프로그램이 여기저기서 진행 중이다. 그토록 많은 사람이 도요타에 가서 배웠다면 당연히 그에 필적할 만큼 훌륭한 운영을 하는 회사가 많아야 할 것이다. 그런데 실상은 전혀 그렇지 않다. 그렇다면 그들은 도요타를 배운 것이 아니라 그냥 관광이나 하고 왔다는 말인가?

틀림없이 도요타를 방문했던 사람들마다 많은 것을 보고 배웠을 것이며 자신들의 현장에 접목하기 위해 노력했을 것이다. 하지만 아직까지 알려진 성공 사례는 그리 많지 않다. 많은 회사에서 안돈(각 공정에서 문제가 발생했을 때 작업자가 알리기 위한 경고 장치)을 활용한 라인 스톱 제도[line stop system], JIT[just in time], 후공정 인수 방식과 간판 시스템 등 TPS를 구성하는 여러 가지 핵심 요소들을 배워 도입을 시도했지만 대부분 실패하고 말았다. 오히려 기존 운영 방식과 충돌하면서 많은 문제를 일으켜 적용을 중단할 수밖에 없었다. 그 결과 요란하게 시작된 도요타 배우기는 흐지부지 끝나버리는 경우가 많았다.

왜 이런 결과가 나왔을까? 그 이유는 벤치마킹의 본질을 올바로 이해하지 못하고 잘못된 방법으로 실행한 데 있다. 벤치마킹을 올바로 실행하려면 다음과 같은 몇 가지 부분에 유의해야 한다.

벤치마킹의 목적과 분야를 사전에 분명히 하라

벤치마킹을 할 때는 '무엇'을 배울 것인지가 최우선적으로 고려되어야 한다. 배워야 할 것은 선진 기업의 경영 이념과 문화가 될 수도 있고 인재 양성 시스템이 될 수도 있으며 운영 프로세스가 될 수도 있다. 경영혁신을 성공시킨 변화 관리 사례일 수도 있으며 조직 운영 전략이나 마케팅 전략이 될 수도 있다. 실시하는 목적이 분명치 않으면 벤치마킹은 시장조사 또는 견학이나 시찰이 되어버리고 만다.

목적에 맞는 적절한 벤치마킹 대상을 선정하라

목적이 정해지면 그것을 '누구'로부터 배울 것인지를 결정해야 한다. 가장 쉽게 생각하면 동종 업계에서 선두에 있는 기업을 대상으로 삼을 수 있다. 그러나 이렇게 동종 업계의 범주를 벗어나지 못하는 벤치마킹은 효과를 거두기 어려운 경우가 많다. 게다가 이미 그 업계의 선두에 올라 있는 기업의 경우에는 동종 업계에서 더 이상 배울 만한 대상을 찾기 어렵다.

그 업계에서 가장 앞서가는 회사만 찾을 것이 아니라 업계의 경계를 넘어 벤치마킹의 목적을 가장 잘 달성할 수 있는 기업을 선정해야 한다. 예를 들어 업종이 다르더라도 리더 육성 방식을 배우고 싶다면 GE를 대상으로 할 수 있다. 고객 감동 서비스가 목적이라면 노드스트롬백화점 같은 회사를 선정할 수 있다. 지식과 경험의 축적과 공유가 목적이라면 엑센추어나 이랜드의 지식관리_KM: knowledge management_ 시스템을 벤치마킹 대상으로 삼을 수 있다.

비용 대비 효과가 가장 높은 적절한 방법을 선택하라

가장 적은 비용으로 가장 많은 내용을 배우는 것이 최선의 벤치마킹이다. 일반적으로 벤치마킹이라 하면 대상 기업을 직접 방문하는 것을 떠올리는데 사실 직접 방문은 시간과 비용이 꽤 많이 드는 방법 중 하나이다. 벤치마킹 대상으로 빈번히 거론되는 회사들에 대해서는 이미 많은 벤치마킹 사례들과 연구들이 나와 있다. GE나 도요타의 경우처럼 책으로 출간된 경우도 많다. 회사 선배들이 과거에 조사하고 연구했던 자료들이 이미 존재할 때도 있다. 이러한 것들을 모아서 분석하고 연구하기만 하더라도 웬만한 수준의 벤치마킹은 해낼 수 있다.

자료 수집과 분석만으로는 부족하다면 직접 방문하여 실제 현장을 접하고 담당 실무자들과 경영자들을 만나 대화하면서 상세 내용을 파악하는 방법을 택해야 한다.

경쟁사에 대한 벤치마킹은 정상적인 방법으로는 좀처럼 정보에 접근하기 어렵다. 대상 기업의 거부감이 강할 수밖에 없다. 이러한 경우에는 컨설팅을 활용하는 것이 좋은 방법이 될 수 있다. 명망 있는 컨설팅 업체들은 이미 상당히 많은 벤치마킹의 사례를 보유하고 있어 굳이 방문하지 않고도 많은 정보를 얻을 수 있다. 또한 해당 기업을 방문해야만 할 경우에도 컨설팅 업체를 통하면 상대방의 경계심을 완화시킬 수 있다.

사전에 벤치마킹에 필요한 기본 지식과 사례를 학습하라

벤치마킹은 비교적 짧은 시간에 집중적으로 행하게 된다. 게다가 업체를 직접 방문할 때는 보통 단 한 번의 기회만 주어진다. 이 때문에 사전에 철저한 준비와 학습이 필요하다. 사람의 눈에는 아는 것만큼만 보이는 법이다. 따라서 더 많은 것을 제대로 보려면 선행 학습이 필요하다. 직접 실행해본 경험이 있다면 금상첨화가 될 것이다.

예를 들어 도요타를 벤치마킹하고자 하는 사람들은 TPS에 대해서 상당한 지식을 사전에 쌓아야만 한다. 그 뿐만 아니라 도요타의 역사, 기업 개요는 물론 도요타 웨이Toyota way라고 불리는 도요타의 핵심 가치, 경영 이념, 기업 문화까지도 어느 정도 학습해야만 한다. 사전 공부가 부족한 상태라면 중요한 내용과 개념을 제대로 이해하지 못하고 눈에 보이지 않는 부분을 놓치기 십상이다.

성과 창출 시스템에 내재된 신념과 경영 패러다임을 파악하라

사람의 가치관과 인생철학이 삶의 방식에 영향을 주듯이 기업에서도 경영 이념, 공유된 가치, 신념, 조직 문화 등이 구성원들의 행동 양식에 영향을 미친다. 그 기업의 시스템이나 제도에 내재된 공유 가치, 신념, 조직 문화 등을 이해하지 못하고 벤치마킹하면 납득하기 어려운 일들이 많을 수 있다. 이런 상황에서는 제대로 배우기도 어려울 뿐더러 따라 하더라도 효과를 볼 수 없다.

예를 들어 듀폰은 다른 사람들의 눈에는 비정상적으로 보일 정도로 안전을 강조하는데 모든 경영 활동 하나하나에 이것이 녹아들어 있다. 듀폰의 창업 초기 사업 중 하나가 화약 사업이었는데 수많은 폭발 사고를 경험하였다. 그러다 보니 안전이 듀폰의 최우선 가치가 되었다. 이 점을 이해하지 못한다면 듀폰의 안전 최우선의 활동은 공연한 호들갑이나 과잉 대응처럼 느껴질 수 있다. 또한 생산량 극대화를 최우선으로 생각하는 생산자 중심 사고를 가진 회사에서 고객 중심 사고를 가진 회사를 벤치마킹하면 행동 방식을 도저히 이해하기 어려울 수 있다. 과잉 재고를 언제든지 팔아낼 수 있는 자산이라 생각하고 겁내지 않는 회사는 도요타의 JIT 개념을 도저히 이해하기 어려울 것이다.

'무엇을 하는가'보다 '어떻게 하는가'에 집중하라

이웃에 아주 행복하게 사는 가족을 벤치마킹한다고 가정하자. 조사 결과 가장이 알짜 기업체를 운영하고 있고 고급 식탁과 TV가 있으며 고급 자동차 2대가 있다는 것을 알았다. 만약 이 가족이 그러한 요인들로 우리 가족보다 행복하다고 결론짓는다면 올바른 벤치마킹이 되었다고 할 수 있을까? 그 가족이 가지고 있는 철학과 신념, 행동 방식, 좋은 습관, 가족들 간의 관계와 커뮤니케이션 등 어떻게 삶을 살아가고 있는지를 알아야만 우리 가족의 행복 증진에 도움이 되지 않겠는가?

기업을 벤치마킹할 때도 마찬가지다. 그 기업이 보유하고 있는 좋은 설비, 복리후생 시설, 훌륭한 정보 시스템 등 '무엇'을 하고 있는지가 중요한 요소가 아니다. 그 회사가 그런 것들을 '어떻게' 운영하고 있는지가 더 중요하다. 똑같은 정보 시스템을 도입하더라도 운영 방식에 따라 도입 효과는 몇 배 이상 차이가 날 수 있다.

벤치마킹 결과에 대한 최악의 보고는 "그 회사는 품질을 최우선으로 하고 있습니다." "그 회사는 고객 만족에 목숨을 거는 것 같았습니다." 등의 대답을 내놓는 경우이다. 너무나 기본적이고 당연한 것을 마치 처음 발견한 듯이 이야기하는 것은 넌센스다. 그러한 기본적인 것들은 몰라서 못하는 것이 아니라 실천하기 어렵기 때문에 못하는 것이다. 따라서 그 회사가 어떠한 과정과 노력을 거쳐 남들은 실천하기 어려운 일을 더 잘하게 되었는지를 알아내지 못한다면 엉터리 벤치마킹이라고 할 수 있다.

눈에 보이는 모습보다 감추어진 영역에 집중하라

벤치마킹 대상이 된 기업은 당연히 핵심 경쟁력을 보유하고 있다. 그런데 진정한 핵심 경쟁력은 겉으로는 보이지 않는다. 그래서 진정으로 경쟁력이 있는 기업들은 벤치마킹을 위한 방문에 선뜻 응하여 회사의 구석구석을 보여준다. 하지만 정작 중요한 것은 눈에 보이지 않는 법이다. 이 때문에 눈에 보이는 것과 귀로 들은 것에만 의존하여 벤치마킹하면 정말로 핵심적인 부분을 놓칠 수밖에 없다. 감추어진 영역을 벤치마킹 대상 기업 담당자의 도움을 받지 않고 파악하는 것은 상당히 어려운 일이다. 그들이 자발적으로 도와줄 리도 없다. 하지만 어느 정도 보완을 할 수는 있다.

벤치마킹을 하기 전 충분한 사전 학습을 하여 방문 시에 작은 부분도 놓치지 말아야 한다. 또한 면담하는 과정에서는 그들이 하는 이야기를 일방적으로 듣기보다는 적극적으로 질문하여 답을 얻어내야 한다. 이와 더불어 눈에 보이지 않는 영역의 핵심적인 내용을 추론해내는 경험과 통찰력이 필요하다. 그러므로 벤치마킹은 숨겨진 영역을 파악하는 역량이 있는 사람이 할수록 더 큰 효과를 볼 수 있다.

대상 기업이 현재 모습이 되기까지의 학습 기간과 시행착오를 고려하라

선진 기업의 현재 모습은 단번에 만들어진 것이 아니다. 그들도 오랜 시간에 걸쳐 시행착오를 반복하면서 한 발씩 발전해온 것이다. 아무리 제대로 지름길을 배워 실천하더라도 남들이 수 년이나 수십 년에 걸쳐 도달한 것을 단번에 복제해낼 수는 없다.

아무리 빨리 가더라도 거쳐가야 할 단계는 반드시 거쳐야 한다. 기업의 성장 과정에서 '속성반'은 가능하지만 '월반'은 불가능하다. 벤치마킹 대상 기업의 현재 모습과 베스트 프랙티스를 파악하는 것도 중요하다. 하지만 현재 상태에 도달하기까지의 과정과 노력을 집중적으로 연구하여 그중 어떤 단계에 도달하는 것을 단기적인 목표로 할 것인지를 정할 필요가 있다.

자신에게 맞도록 커스터마이징하라

똑같은 원리라도 회사의 규모, 업종, 산업 등에 따라 실제 적용에서는 다를 수 있다. 직원 1만 명이 넘는 기업의 베스트 프랙티스가 1000명이 안 되는 기업에 잘 들어맞지 않는다고 해서 하나도 이상할 것이 없다. 어쩌면 벤치마킹 대상 회사가 수년 전 1000명 정도 규모였을 때의 제도, 운영 체제, 변화 관리 노력 등을 파악하여 적용하는 것이 더 옳을지도 모른다.

제조 부문을 아웃소싱하고 유통만 가지고 있는 회사가 자체 제조 시설을 운영하는 회사와 똑같이 움직일 수는 없을 것이다. 마찬가지로 제조업 A/S 부문의 고객 감동 서비스를 위해 호텔 사업을 벤치마킹했다면 적용에서 상당한 융통성이 필요하다.

인내심을 가지고 지속적으로 실천하라

벤치마킹은 한 번 연구하여 따라 해본다고 끝나는 것이 아니다. 진정한 벤치마킹은 장기적으로 도달해야만 할 베스트 프랙티스나 발전 모델을 찾는 것이다. 따라서 벤치마킹을 통해 올바른 방향과 도전 목표를 수립하고 나면 어떠한 어려움이 있더라도 그 수준에 도달하고야 말겠다는 의지와 노력이 필요하다. 어찌 보면 신념을 가지고 시행착오가 거듭되더라도 좌절하지 않으면서 끊임없이 최고 수준에 도전해나가는 실천 노력이 벤치마킹 그 자체보다 더 중요할지 모른다.

벤치마킹은 최고들이 만들어낸 최고의 방법들을 가장 짧은 시간 내에 배워 시행착오를 최소화하면서 내 것으로 만드는 최고의 방법이다.
벤치마킹을 통해 최고 수준과 자신과의 격차를 파악할 수 있다. 또한 현재 상황에 안주하기보다는 도전적인 목표를 설정하고 달성하기 위한 과감한 혁신을 해나갈 수 있다.
하지만 벤치마킹은 겉모습을 모방하는 것으로 이해되어서는 안 된다. 진정한 벤치마킹은 최고를 최고로 만들어준 공유된 가치, 신념, 핵심역량을 파악하는 것이다. 또한 최고 수준에 도달하는 과정에서 겪었던 역경, 시행착오, 그리고 그 극복의 과정과 노력을 배우는 일이다.

Business Management User's Guide

제6장

조직 시스템과 프로세스

Business Management User's Guide

시스템이란 무엇인가

　　　　　　　　　　　조직을 시스템으로 이해한 최초의 인물은 아마도 체스터 버나드일 것이다. 그는 1938년에 저술한 『경영자의 역할』에서 조직을 '협력 시스템cooperative system'으로 이해하면서 "2명 이상의 사람이 모여서 의식적으로 행동이나 힘을 조정하는 시스템"이라고 정의했다. 그리고 이 개념은 지금까지도 가장 훌륭한 정의 중 하나로 받아들여지고 있다.

　조직은 그 자체가 하나의 커다란 시스템이며 그 안에 수많은 하부 시스템을 포함하고 있다. 하부 시스템으로 더욱 깊게 들어가면 최종적으로는 구성원 개개인을 만난다. 그 개인 또한 하나의 시스템이라고 할 수 있다. 따라서 시스템이라는 용어를 이해하지 못하고서는 조직 또한 이해하기 어렵다.

　우리의 일상생활, 특히 직장에서는 시스템이라는 용어를 아주 흔하게 사용한다. 그렇다면 우리 주변에서 찾을 수 있는 시스템에는 어떤 것이 있을까? 놀랍게도 이 질문에 대해 쉽게 대답하는 사람들이 많지 않다. 하지만 세상에는 시스템이 널려 있다. 먼저 우리 인간 자체가 시스템이다. 국가도 커다란 시스템이며 우리가 아침저녁으로 출퇴근할 때 이용하는 대중교통 체계 또한 시스템이다. 예를 들자면 수도 없이 많다. 어찌 보면 이 세상에 존재하며 움직이는 존재들은 모두가 시스템이라 보아도 된다.

그런데 이렇게 자주 접하고 일상 용어처럼 사용하면서도 시스템만큼 그 개념과 원리에 대해 무지한 용어도 별로 없는 것 같다. 그러다 보니 그 개념을 자의로 해석하여 문제가 일어나는 경우도 흔히 볼 수 있다. 그렇다면 시스템의 올바른 개념은 무엇일까? 그리고 조직 시스템은 다른 일반적인 시스템과 어떻게 구별될 수 있을까? 이를 위해서는 먼저 시스템의 일반적인 의미를 살펴볼 필요가 있다. 시스템의 사전적 의미는 '각 구성 요소가 서로 일정한 관계를 맺으면서 형성하는 하나의 전체'라고 할 수 있다. 이 의미를 분석하면 다음과 같은 몇 가지 특징들이 나온다.

- 시스템은 전체를 형성하는 여러 구성 요소들을 가지고 있다.
- 시스템 구성 요소들은 일정한 패턴으로 상호작용한다.
- 시스템의 구성 요소들은 전체 시스템의 하위 시스템이다.

이러한 관점에서 보면 우리가 사는 세상에서 움직이는 거의 모든 사물과 현상들이 시스템이라는 설명이 가능하다. 하지만 이것만으로는 시스템을 완벽하게 설명하지 못한다. 시스템은 활동하는 존재이며 그 활동은 지속되어야만 한다. 시스템이 계속 활동하기 위해서는 다음의 세 가지 특징이 필요하다.

- 시스템은 고유의 목적을 위해 활동한다.
- 시스템은 투입을 처리하여 산출을 만들어낸다.
- 시스템은 피드백을 통해 학습하고 성장한다.

이러한 시스템의 특징들을 종합적으로 정리하면 다음과 같은 몇 가지의 공통점을 찾을 수 있다.

시스템은 고유의 목적을 위해 활동한다

모든 시스템은 고유의 목적이 있다. 목적이 정의되면 시스템의 모든 활동이 그에 맞도록 조정된다. 투입, 산출, 구성 요소들 간의 상호작용 방식이 변화하며 피드백 기준 또한 바뀐다. 따라서 시스템이 목적을 상실하거나 목적 달성에 실패하는 것은 가장 큰 문제라고 할 수 있다. 이는 삶의 목적을 잃은 사람, 운송에 실패한 배달 시스템, 생명체를 유지하기 어렵게 된 생태계와 같다.

시스템이 고유한 목적을 달성할 때 그 시스템은 '합목적성'을 가지고 있다고 표현된다. 따라서 조직 시스템에서 가장 중요한 문제는 조직의 목적을 올바르게 정의하고 이를 달성할 수 있도록 '목적에 부합하는' 시스템 구조를 만드는 것이 될 수밖에 없다. 앞서 여러 차례 다룬 것처럼 기업의 목적은 '고객 창출'이다. 따라서 조직 시스템의 활동은 고객을 중심에 놓아야 하며 고객 지향적 관점하에 이루어져야 한다.

시스템은 복수의 활동 요소로 구성되어 있다

시스템은 여러 개의 활동하는 구성 요소를 가지고 있다. 다시 말해 구성 요소가 하나뿐이거나 여러 개라고 하더라도 활동하고 있지 않다면 그것은 시스템이 아니다. 예를 들어 한 명의 개인이 운영하는 사업체라면 시스템이라 할 수 없다. 집의 거실은 많은 가구로 구성되지만 가구 각각은 활동하지 않으므로 이 또한 시스템이 아니다.

시스템의 구성 요소들은 일정한 패턴으로 상호작용한다

시스템의 구성 요소들은 상호작용을 한다. 다시 말해 구성 요소들 각각의 활동이 서로에게 영향을 미친다는 의미이다. 활동 요소들이 아무리 많이 모여 있어도 각각 독립적으로 활동한다면 시스템이라 할 수 없다. 또한 시스템 구성 요소들의 상호작용은 일정한 패턴을 가진다. 만약 상호작용에 패턴이 없다면 그 시스템의 모든 활동은 예측할 수 없다. 따라서 혼란에 빠져 금방 소멸하고 말 것이다. 시스템이 지속되기 위해서는 반드시 상호작용의 패턴이 존재해야 한다.

조직 시스템에서는 구성원들이 일하고 소통하는 방법 등이 상호작용 패턴이 된다. 그런 패턴들은 프로세스, 절차, 규정 등의 형태로 나타난다.

시스템의 구성 요소 또한 시스템이다

우리가 사는 세상을 보자. 태양계solar system는 대표적인 시스템이다. 더 위로 올라가면 은하계galaxy system 또한 시스템이다. 밑으로 내려오면 지구도 하나의 시스템이며 모든 생명체가 속해 있는 생태계eco system 또한 아주 커다란 시스템이다. 그 속에 사는 우리 인간human body system도 시스템이다. 우리 몸 속에 있는 소화계digestive system, 순환계circulatory system, 신경계nervous system 등이 모두 시스템이다. 더 깊이 내려가면 세포 하나하나가 다 시스템이라고 할 수 있다.

이처럼 시스템은 계층 구조를 지닌다. 그래서 시스템의 구성 요소는 그 각각이 시스템이다. 이렇게 전체 시스템을 구성하는 단위 시스템을 하위 시스템subsystem이라 한다. 그리고 하위 시스템 또한 하위 하위 시스템들로 구성된다. 하위 시스템 또한 시스템이므로 자체의 목적을 갖는다. 예를 들자면 생산 시스템은 주문 납기 안에 좋은 제품을 합리적인 가격으로 만들어내는 목적을 가진다. 물류 시스템은 만들어진 제품을 고객이 원하는 납기 안에 전달하기 위한 목적이 있다.

더 깊이 내려가면 각각의 기능은 인간이라는 하위 시스템으로 구성된다. 각각의 개인들도 자기 자신의 목적이 있다. 구성원들의 목적이 단위 기능 시스템 혹은 전체 시스템의 목적과 다르면 그 조직은 한 방향으로 작동되기 어려울 것이다. 따라서 시스템의 합목적성을 확보하기 위해서는 하위 시스템들의 목적을 전체 시스템의 목적과 같은 방향으로 일치시키는 것이 매우 중요하다.

시스템은 투입과 산출을 프로세싱한다

모든 시스템은 무언가를 가져와 처리한 다음 산출물을 만들어낸다. 우리 몸이 생존하기 위해서는 공기를 들이마셔 폐를 통해 산소를 취해야 한다. 그리고 음식물을 먹고 소화해 영양분을 섭취해야 한다. 공장은 원·부자재를 투입하여 가공·조립한 다음 제품을 만들어낸다. 이렇게 투입된 것을 산출물로 바꾸는 과정을 프로세싱이라고 하며 그 역할을 하는 것이 프로세서$_{processor}$이다. 따라서 시스템의 활동은 '투입물→프로세싱→산출물'의 형태를 갖는다. 이러한 과정이 일어나지 않는다면 아무리 시스템의 형태를 갖추었더라도 살아 있는 시스템이 아니다. 죽은 사람의 몸이나 파산한 공장이 시스템이 아닌 것과 같은 이치다.

그런데 투입물이 100퍼센트 산출물로 전환되지는 않는다. 프로세싱 과정에서 투입물의 형태나 성분의 변화가 일어나며 일정 부분 손실이 발생한다. 우리 몸도 호흡 과정에서 이산화탄소를 배출하고 음식물을 소화시킨 후에는 일부를 배설한다. 공장에서도 제품이 만들어지는 과정에서 폐기물이 발생한다. 투입물이 산출물로 변화하는 과정에서 손실이나 부작용을 얼마나 최소화하였는지가 바로 그 시스템의 '효율성'이 된다.

조직 시스템에서는 일반적으로 원료가 투입되어 프로세싱을 통해 제품으로 바뀐다. 프로세서인 시스템이 일하는 방식을 '프로세스$_{process}$'라고 정의할 수 있다. 그리고 프로세스의 투입 대비 산출을 '수율$_{yield}$'이라고 표현한다. 투입물이 산출물로 바뀌는 과정에서 손실이 발생한 부분을 로스$_{loss}$라고 한다. 로스가 적고 수율이 높을수록 효율성과 생산성$_{productivity}$이 높다. 또한 프로세싱 과정이 진행될수록 산출물의 가치가 점점 증가하는데 이것을 '부가가치$_{added\ value}$'라고 한다.

시스템은 피드백을 통해 학습하고 성장한다

시스템이 아무리 잘 작동하더라도 현상 유지만을 계속한다면 궁극적으로는 생존할 수 없게 된다. 그래서 시스템은 합목적성과 효율성을 끊임없이 모니터링하면서 결과를 피드백 받아 자신을 끊임없이 조절하고 변화시켜야 한다. 이것은 시스템의 중요한 문제 해결 과정이자 학습 과정이라고 할 수 있다.

시스템의 생존에 피드백이 절대적으로 필요한 이유 중 하나는 시스템이 활동하는 환경이 계속 변화하기 때문이다. 환경이 변화하면 시스템의 생존 조건도 변한다. 그런데도 시스템이 이전의 방식을 계속 고수한다면 결국은 도태되고 말 것이다. 환경에 적응한 종만이 선택되어 살아남는 진화의 법칙이 이를 증명한다.

또 다른 이유도 있다. 바로 시스템 자체의 결함 때문이다. 어떤 시스템도 완벽할 수는 없다. 따라서 언제든지 문제가 발생할 수 있다. 최고의 시스템이라고 할 수 있는 인간의 몸도 여기저기 결함투성이다. 그래서 병에 걸리면 치료하고 건강진단을 통해 질병을 예방하기도 한다. 시스템이 치명적인 문제를 예방하지 못하거나 문제가 발생해도 적절히 해결하지 못하거나 해결하더라도 미봉책에 그쳐 같은 문제가 계속 재발하면 그 시스템은 결국 살아남지 못하게 된다.

시스템의 공통적인 특징을 살펴보았다. 그런데 기업이라는 조직 시스템은 이러한 일반적인 시스템의 특징이 있으면서 다음과 같은 몇 가지의 특징을 추가로 가지고 있다.

조직의 시스템은 재무적 성과 창출을 목표로 한다

조직 시스템의 모든 투입과 산출은 재무적 금액으로 평가할 수 있다. 투입 금액 대비 산출 금액의 차이가 조직 시스템의 효율성과 경쟁력을 결정한다. 필연적으로 발생하는 로스로 인해 수량이나 무게 기준으로는 투입보다 산출이 클 수 없다. 그러나 프로세싱 과정에서 부가가치가 계속 증가하므로 로스가 생기더라도 금액 기준으로는 투입보다 산출이 더 클 수 있다. 이러면 조직 시스템은 성과 창출에 성공한 것이며 투입 금액보다 산출 금액이 적은 경우는 성과 창출에 실패한 것이다.

성과 창출에 실패한 조직 시스템은 생존 부등식이 깨어진 셈이며 성과 창출 능력을 빨리 회복하지 못하면 결국 도태되고 말 것이다. 이러한 능력을 회복시키기 위해서는 조직 시스템 전반을 들여다보고 잘못된 부분은 혁신을 통해 새롭게 변화시키거나 폐기처분해야 한다. 결국 앞에서 설명한 바와 같이 '경쟁력을 상실한 성과 창출 구조'가 혁신의 대상이어야 한다. 그리고 이는 조직 시스템 구성 요소 간의 상호작용 방식, 즉 프로세스를 혁신의 대상으로 삼아야 한다는 것과 같은 의미이다.

조직 시스템은 경쟁에 심하게 노출되어 있다

태양계는 거대한 시스템이지만 다른 경쟁 시스템이 존재하지는 않는다. 우리 몸의 신경계 역시 다른 사람 몸 안의 신경계와 경쟁하지 않는다. 하지만 모든 조직 시스템에는 경쟁 시스템이 있게 마련이다. 조직 시스템이 경쟁 시스템보다 얼마나 우위를 점하고 있는지는 성과 창출 능력, 효율성, 고객 대응 속도 등 여러 가지 방법으로 측정할 수 있다. 물론 이것들은 재무제표, 생산성 지표, 납기 등 구체적인 성과 지표의 형태로 나타난다.

시스템은 엔지니어링 기술에 의해 만들어진다

조직 시스템과 그 하위 시스템들은 모두 사람이 만든 것이다. 이렇게 시스템을 만드는 기술을 엔지니어링이라고 한다. 엔지니어링은 일반적으로는 공학 분야이지만 조직, 프로세스 등의 시스템을 설계할 때도 그 개념을 사용한다. 예를 들어 프로세스를 재설계하는 BPR에서도 엔지니어링이라는 용어를 사용한다.

조직은 협력 시스템이다. 따라서 조직의 활동과 성과를 내는 원리를 이해하기 위해서는 시스템에 대한 이해가 필수다.
조직 시스템은 '공통의 목적을 위해 복수의 구성 요소가 상호작용하여 전체를 이루면서 지속적으로 성과를 창출하고 성장해나가는 구조 혹은 체계'라고 할 수 있다.
조직 시스템의 합목적성과 효율성을 이전보다 더 향상시킴으로써 경쟁 시스템보다 우월한 재무적 성과 수준과 생존 능력을 확보하기 위한 노력이 바로 경영혁신이다.

Business Management User's Guide

왜 선진 시스템 도입에
실패하는가

많은 기업이 선진 기업을 벤치마킹하기도 하고 그곳에서 선진 기업에서 일한 경험이 있는 사람들을 스카우트하기도 한다. 때로는 컨설팅을 받거나 최첨단의 정보 시스템을 도입하기도 한다. 이러한 노력은 무엇을 위한 것일까? 바로 경쟁력 있는 시스템을 갖추기 위해서이다. 조직은 그 자체가 커다란 시스템이자 하부 시스템의 집합이므로 시스템이 선진화되고 경쟁력이 높아지면 조직의 경쟁력도 높아지는 것은 당연하다. 따라서 경영자들은 더욱 경쟁력 있는 시스템을 구축하기 위해 여러 시도와 많은 투자를 한다.

그런데 이러한 노력이 모두 의도한 대로 성공을 거두는 것은 아니다. 컨설팅 업체가 제안하거나 선진 기업이 운영하는 제도 몇 가지를 도입해 운용했다가 효과를 제대로 보지도 못한 채 걷어치우기도 한다. 또 스카우트된 고급 인력은 능력을 제대로 발휘해보지도 못한 채 현장 경험이 없거나 해당 업종을 이해하지 못한다는 이유로 회사를 떠나기도 한다. 컨설턴트는 이해하기 어렵고 실행할 수도 없는 엄청난 양의 보고서를 만들어놓고 떠나버린다. 첨단 정보 시스템을 구축한 후에도 실적은 개선되지 않고 업무의 복잡성만 증가한다.

왜 이런 현상이 발생할까? 그것은 리더들이 시스템이라는 개념을 오해하는 데 기인한다. 앞서 설명한 대로 조직은 시스템이다. 그리고 시스템이란 '성과를 창출하는 구조'라고 할 수 있으며 그 구조는 구성 요소들이 상호작용하는 체계이다.

조직 시스템을 구성하는 요소들로는 사람, 설비, 원료, 도구, 정보 시스템 등이 있다. 그런데 이 중 가장 중요한 요소는 사람이라고 할 수 있다. 실제로 조직 시스템이 활동하기 위한 구성 요소들의 상호작용은 거의 대부분 사람에 의한 것이다. 결국 조직 시스템이 올바르게 구성되고 작동하는 것은 사람들이 서로 일하고 소통하는 상호작용 체계에 달려 있다고 볼 수 있다. 문제는 눈에 보이지 않는 곳에서 작동하는 상호작용이 훨씬 더 많으며 훨씬 더 중요할 수 있다는 사실이다.

하지만 안타깝게도 선진 시스템을 꿈꾸는 많은 경영자에게는 사람들 상호작용의 중요성을 간과한 채 눈에 보이는 요소들에만 집중하는 경향이 있다. 선진 기업의 제도, 선진 기업 근무 경험 인력, 컨설턴트의 방법론과 보고서, 선진 정보 시스템 등의 도입을 통해 선진 기업의 모양새를 흉내 낼 수는 있다. 하지만 사람이라는 가장 중요한 구성 요소들이 상호작용하여 성과를 창출하는 체계와 구조 자체를 복제하지는 못한다.

가장 흔히 벌어지는 시행착오는 겉으로 보이는 하드웨어를 시스템의 전부라고 생각하는 것이다. 다시 말해 생산 설비, 컴퓨터 서버, 정보 시스템 같은 것을 시스템 그 자체라고 오해하는 것이다. 그래서 이런 것들을 최첨단으로 도입하는 게 시스템 경영이며 문제 해결과 성과 창출의 핵심이라고 간주하곤 한다. 물론 이것들 모두가 시스템의 일종이기는 하다. 하지만 그것들이 독립적으로 성과를 만들어내지는 못한다. '성과 창출 구조'는 반드시 사람들의 상호작용을 기반으로 하기 때문이다. 따라서 사람들이 상호작용하는 방식을 개선하지 않은 상태에서 하드웨어나 정보 시스템을 도입한다면 이들은 오히려 조직의 복잡성을 가중시키고 더 많은 문제를 일으킬 수밖에 없다.

예를 들어 PC를 생각해보자. PC 자체는 하나의 시스템이다. 그런데 이 PC에 윈도우즈 같은 운영체제가 설치되어 있지 않다면 고철 덩어리이자 애물단지에 불과하다. 아무리 성능이 좋은 PC라도 운영체제가 탑재되어 있어야만 비로소 시스템으로서 의미를 갖는다. 그런데 사실 운영체제만으로 할 수 있는 일은 몇 가지 되지 않는다. 실제로 워드, 엑셀, 파워포인트와 같은 도구들이 갖추어져야만 일을 할 수 있다. 이러한 소프트웨어가 없는 PC라면 좋은 성능의 시스템이지만 일하기에 적합하다고 할 수 없을 것이다.

그런데 그런 소프트웨어 도구들까지 갖춘 PC를 컴맹인 사람에게 주면 어떻게 될까? 아무리 최첨단 PC라도 일을 하는 데 전혀 도움을 주지 못한다. 오히려 PC를 능숙하게 다루는 사람들이 구형 PC로 일하는 편이 훨씬 더 생산성이 높을 것이다. 또한 워드, 엑셀, 파워포인트를 배우긴 했지만 업무에 어떻게 적용하는지 모르는 사람이라면, 그 역시 성과를 창출하는 데 실패할 것이다. 이런 사람은 차라리 PC를 사용하지 않을 때 일을 더 잘해낼 수 있을 것이다. 이 경우 그 사람에게 시스템은 PC가 아니라 종이, 펜, 계산기와 그것들을 이용할 줄 아는 역량이다.

결국 시스템은 좋은 기계, 하드웨어, 소프트웨어가 아니다. 시스템은 사람들이 상호작용을 통해 성과를 내는 구조로 이해해야 한다. 시스템이 올바르게 작동하는 조직은 최신의 기계나 정보 시스템의 도움이 없이도 성과를 낼 수 있다. 고성능 설비나 정보 시스템 같은 것들은 안 되는 것을 되게 해주지 못한다. 오히려 잘되고 있는 것을 더 잘되게 해주는 것들이다. 다시 말해 성과 창출 구조를 올바르게 갖춘 조직이 이미 잘하고 있는 일을 더욱 빠르고 효율적으로 하도록 도와줄 뿐이다.

많은 경영자가 최첨단 정보 시스템의 도입만으로 조직이 시스템화될 것으로 생각하고 큰 투자를 감행한다. 그러나 이것은 착각이다. 그 조직의 구성원들이 성과 창출에 필요한 일하는 방법의 체계와 기본 역량을 갖추고 있지 못하고 공동의 목적을 위해 상호작용하지 못하고 있다면 최첨단 정보 시스템이나 고성능 컴퓨터는 무용지물이다. 오히려 불합리하고 복잡하기 이를 데 없는 주먹구구식 업무 체계를 자동화하여 고착화시키는 결과를 불러올 뿐이다.

최첨단 설비나 정보 시스템은 안 되던 일, 못하던 일을 어느 날 갑자기 되게끔 해주는 도깨비 방망이가 아니다. 수작업 장부를 통해서라도 재고 입출고를 해낼 수 있는 체계가 잡혀 있지 않은 회사에 좋은 정보 시스템이 도입된다고 해서 어느 날 갑자기 완벽한 입출고와 재고 파악이 이루어지는 건 아니다. 사람들이 서로 제대로 소통하지 못하고 부서 간의 장벽이 높은 조직에 그룹웨어나 프로젝트 관리를 위한 정보 시스템이 도입된다고 해서 갑자기 일의 흐름이 원활해지지는 않는다. 최첨단 시스템은 사람들이 공통의 목적을 위해 상호작용하는 조직 협력 시스템의 일부에 불과하다.

사람들 간의 상호작용이 원활하지 못한 조직은 시스템이라기보다는 개인들의 집단일 뿐이다. 시스템 경영을 위해서는 모든 구성원이 시스템의 개념에 대해 올바로 이해하고 시스템적 사고를 할 필요가 있다.
시스템적 사고는 겉으로 드러난 시스템의 구성 요소들보다는 사람들이 상호작용하는 구조에 초점을 맞추면서 전체 시스템이 달성해야 할 목적과 목표에 집중하는 것이다.
사람들 간의 상호작용은 일의 흐름과 커뮤니케이션 구조가 핵심이며 이러한 구조를 만들어내지 못하는 한 첨단 설비, 제도, 정보 시스템 등을 벤치마킹하거나 도입하는 것은 큰 효과가 없다.
마치 돼지 목에 걸린 진주 목걸이처럼 오히려 외부로 표출되는 조직의 역량을 과대 포장하고 본질을 망각하게 할 뿐이다.

Business Management User's Guide

프로세스의
의미와 본질

회사에서 일하면서 수도 없이 자주 듣는 용어 중 하나가 '프로세스'이다. 업무 프로세스, 프로세스 혁신, 비즈니스 프로세스 리엔지니어링, 가치 창출 프로세스 등 다양한 분야에서 쓰인다. 하지만 프로세스는 사람마다 이해의 폭이 다르고 개념의 혼란을 겪는 대표적 용어이다. 일하는 과정에서 기회가 있을 때마다 사람들에게 프로세스를 어떻게 정의하는지를 물어보았다. 놀랍게도 프로세스 혁신 프로젝트에 참여한 경험이 있는 사람들조차 명확하게 정의를 내리지 못한 경우가 많았다. 제대로 정의를 내리지 못한 개념을 어떻게 구현하거나 개선할 수 있는지 도저히 이해하기 어렵다.

조직 내에서 사람들의 프로세스에 대한 이해는 일반적으로 다음의 세 가지 범주를 크게 벗어나지 않는 것 같다. 첫 번째는 플로 차트 flow chart 이다. 업무가 처리되는 순서도이다. 프로세스라는 말을 들으면 이것을 연상하는 경우가 가장 많다. 두 번째는 절차 procedure 이다. 회사 내에서 어떤 일을 수행할 때 거치거나 준수해야 할 단계, 순서, 행위 등을 말한다. 결재, 합의, 협의, 협조, 매뉴얼, 사내 규정 등과 같은 것들이다. 그나마 개념상 가장 근접한 세 번째 이해는 생산 공정 production process 이다. 프로세스라는 영어 단어를 똑같이 쓰기 때문에 더욱 혼동하기 쉽다.

하지만 이 세 가지 모두 프로세스를 잘못 이해하거나 불충분하게 설명한 것이다. 마이클 해머는 저서 『리엔지니어링 기업 혁명』에서 프로세스를 "한 가지 이상의 투입을 통해 소비자에게 가치 있는 결과물을 만들어내는 활동 모음"으로 정의한 바 있다. 이와 비슷하지만 프로세스에 대한 내 나름의 정의가 있다. 그것은 '고객의 요구를 충족시키기 위해 조직 시스템이 가치를 창출하는 활동들의 흐름'이다. 이 정의에는 여러 요소들이 함축되어 있다.

가장 중요한 첫 번째는 프로세스의 목적이 고객의 요구를 충족시키는 데 있다는 점이다. 다시 말해서 모든 프로세스는 고객 지향적이어야 한다. 그렇지 못한 것은 목적 달성에 실패하게 되므로 프로세스의 자격을 갖추지 못했다. 이 점이 프로세스가 플로 차트, 절차, 공정과 큰 차이가 나는 부분이다. 플로 차트, 절차, 공정은 조직의 정상적인 운영을 위해 해야 할 일의 범위와 규칙을 정해놓은 것이다. 하지만 프로세스는 고객 만족을 위해 조직 시스템이 작동되는 방식을 정의하는 것이다.

두 번째 중요한 점은 프로세스가 고객 가치를 창출한다는 것이다. 절차나 규정, 규칙을 잘 준수하더라도 고객 가치를 창출하지는 못한다. 예를 들어 누군가가 퇴직 절차를 밟는 것이나 위임 전결 규정을 준수하는 것 모두 고객 가치 창출과는 별 관계가 없다. 프로세스의 시작 단계에 가까울수록 창출된 고객의 가치는 작을 것이다. 또한 고객에 가깝게 진행될수록 창출된 가치의 크기는 커지게 될 것이다.

세 번째 중요한 점은 프로세스가 활동들의 '흐름$_{flow}$'이라는 것이다. 다시 말해 프로세스는 활동들의 집합이 아니라 활동들이 연결되어 고객의 방향으로 흘러가는 것이라는 의미이다. 이는 인위적이거나 강제되거나 관리 감독을 계속해야 하는 경우가 되지 말아야 함을 뜻한다. 흐름은 자연스러워야 한다. 관리 감독이 없더라도 조직 구성원들 간에 합의되고 공유된 상호작용 약속에 따라 행동이 이루어진다. 또한 그 흐름의 결과도 상당한 수준으로 예측 가능해야 한다.

네 번째 중요한 점은 아주 혼동하기 쉬운 부분이다. 프로세스는 개인이나 단위 부서가 일하는 흐름이 아니라 조직 시스템이 작동하는 흐름을 정의한다는 점이다. 프로세스를 자칫 개인이 일하는 절차나 기능 조직 간의 협력 체계 정도로 이해하기 쉽다. 하지만 실제로 고객 가치를 창출하는 것은 부서나 단위 조직의 경계를 넘나드는 활동이 대부분이다. 따라서 개인이나 기능 부서가 프로세스상에서 어떤 역할을 해야 하는지는 조직 전체의 목적 달성을 위해 다른 기능들과 어떻게 상호작용해야 하는가에 의해 결정되어야 한다. 단위 조직이 이러한 점을 망각하고 자신만의 효율을 극대화하는 노력을 수행할 때는 전체 프로세스가 무너질 수 있다. 이런 일은 매우 흔히 벌어진다.

고객 가치 창출, 재무적 성과, 생산성과 효율성 모든 측면에서 택할 수 있는 최선에 가장 가까운 프로세스를 '베스트 프랙티스'라고 한다. 베스트 프랙티스와 현행 프로세스 간의 차이가 있을 때 "갭이 존재한다"고 하며 이 차이를 좁혀가는 것이 프로세스 혁신, 비즈니스 프로세스 리엔지니어링과 같은 경영혁신 활동이다.

> 프로세스는 조직 구성원 개인들이 일하는 순서나 절차가 아니다. 프로세스는 조직 시스템이 고객 가치 창출을 하는 흐름이다.
> 프로세스의 목적은 고객 요구 충족이며 철저히 고객 지향적이어야 한다. 물론 합리적 수준의 재무적 성과는 기본 전제가 된다.
> 조직 시스템의 고객 가치 창출을 위한 일의 흐름과 구조를 재설계하고 개선하여 합목적성과 효율성을 더욱 높이기 위한 노력이 프로세스 혁신이다.

Business Management User's Guide

상사의 방향인가, 고객의 방향인가

불후의 명화 중 하나인 「벤허」를 본 사람들에게 어떤 장면이 가장 기억에 남느냐고 묻는다면 아마도 전차 경주 장면을 많이 꼽을 것 같다. 그런데 그 전차 경주를 하게 된 배경 스토리는 잘 기억하지 못한다. 이야기는 이렇다. 주인공 유다 벤허가 난파된 노예선에서 자신을 구출해준 장군의 양자가 되어 신분을 회복한다. 그후 자기 가족들이 사는 고향을 향해 가는 과정에서 아주 멋진 4마리의 백마를 소유한 어떤 아랍인을 만나게 된다. 그의 하인들이 이 말들에게 전차 경주 훈련을 시키고 있었다. (나중에 벤허는 이 말들을 몰아 멧셀라와의 전차 경주에서 승리한다.)

벤허는 전차를 끄는 4마리의 말이 코너를 돌기 직전 "4마리의 말이 하나의 팀을 이루지 못하므로 마차가 코너를 돌지 못할 것"이라고 예측한다. 실제로 그 마차는 코너에서 트랙을 벗어나고 말을 훈련시키던 하인은 대혼란에 빠지고 만다. 주인은 크게 분노하고 하인을 야단친다. 벤허 옆에 서 있던 사람이 그 아랍인에게 벤허를 소개하며 "이 젊은이가 코너를 돌지 못할 것으로 예측했다"라고 일러준다. 그 아랍인이 어떻게 그런 예측을 했는지를 묻자 벤허는 이렇게 대답한다. "속도는 느리지만 가장 힘이 좋은 저 말을 안쪽으로 배치해야 코너를 돌 수 있다." 사실 이 장면은 스토리 전개상 특별히 중요하지 않다. 그럼에도 내가 이를 새롭게 떠올리는 이유는 그것이 조직 시스템과 프로세스의 운영 원리 몇 가지를 학습시키는 매개가 되기 때문이다.

첫 번째 공부거리는 팀워크를 이루는 방법이다. 4마리의 말을 한 몸처럼 조종하기 위해서는 각각의 말들의 장점을 극대화하고 상호작용시킬 수 있어야 한다. 팀워크란 각 구성원의 야점을 없애주는 것이 아니다. 약점이 결합하는 건 더더욱 아니다. 팀워크의 핵심은 구성원의 장점이 결합하는 것이다. 4마리의 말 중 속도가 느리지만 가장 힘이 좋은 말은 안타레스다. 전차가 코너를 돌 때는 안타레스가 맨 안쪽에서 자신의 장점을 발휘하여 힘으로 버텨주고 빠른 말이 바깥쪽에서 달려야 전차가 속도를 크게 잃지 않으면서도 원심력을 버텨낼 수 있다.

두 번째로는 페이스메이커 pacemaker의 개념을 배울 수 있다. 페이스메이커는 마라톤 경주에서 흔히 볼 수 있다. 선수들은 주최 측으로부터 고용된 페이스메이커가 뛰는 속도를 고려해서 뛰면서 자신의 페이스를 조절한다. 나중에 다시 다룰 기회가 있겠지만 기업의 프로세스에서 페이스메이커는 성과 창출의 속도를 결정하는 기능이나 공정을 의미한다. 직선 주행에서 전차는 속도가 가장 느린 안타레스보다 빨리 달릴 수 없으므로 안테레스는 페이스메이커가 된다. 따라서 다른 말들은 안타레스의 속도에 보조를 맞추어 달려야만 한다.

세 번째로 배워야 할 또 하나의 중요한 원리는 4마리의 말이 바라보아야 할 방향과 관련된 것이다. 그 말들은 세 방향을 바라볼 수 있다. 달리는 도중 트랙의 방향을 바라볼 수도 있다. 자신의 동료들인 다른 말들을 바라볼 수도 있다. 그리고 뒤에서 자신들을 조종하는 주인을 바라볼 수도 있다. 그렇다면 말들이 경주에서 이기기 위해서는 어디를 바라보아야 하는가? 그리고 어디를 바라보면 안 되는가? 말들은 달리는 시간 대부분 트랙의 방향을 바라보아야 한다. 그리고 중간중간 틈을 내어 옆 동료를 바라보며 보조를 맞추고 팀워크를 이루어야 한다. 하지만 절대로 전차를 모는 사람을 쳐다보아서는 안 된다. 말과 사람은 눈을 맞출 필요가 없다. 상호 간 정해진 약속대로 훈련한 대로 움직이면 된다.

조직에서도 이와 마찬가지의 원리가 적용된다. 트랙의 방향은 고객 창출의 방향이자 성과가 창출되는 방향이다. 그것은 또한 조직이 나아가는 사명과 비전의 방향이기도 하다. 주행 중 가끔 쳐다보아야 하는 동료 말의 방향은 협력과 협업의 방향이다. 올바른 방향으로 나아가는 동안 수시로 동료와 소통해야 한다. 또한 공동의 목표에 헌신하는 과정에서 때로는 자신의 장점을 최대한 발휘하여 팀에 기여하고 때로는 희생하면서 팀워크를 이루어내야만 한다.

사람의 방향은 보스 혹은 상사의 방향이다. 상사와는 조직의 목적, 목표와 비전, 전략을 공유하고 수행하기 위해 상호 약속된 원칙과 절차, 프로세스를 통해 상호작용할 수 있어야 한다. 만약 상사의 지시에 의존하여 일하면 말들이 주행 중에 주인을 계속 쳐다보면서 어떻게 할지를 물어보는 것과 같아져서 방향을 잃게 되고 팀워크도 깨진다. 리더를 자주 쳐다보면 볼수록 고객과 동료는 눈에서 멀어진다. 따라서 조직의 리더는 구성원들이 리더의 존재를 의식하지 않으면서 고객을 바라보며 고객이 요구하는 것에 집중하도록 해야만 한다.

사람들은 조직에서 어느 방향을 바라보며 일하는가? 시선을 윗사람에게 맞추려고 노력하고 있지 않은가? 조직 전체의 목표 달성과 팀워크보다는 개인이나 단위 조직만의 이해관계를 위해 노력하고 있지는 않은가? 혹은 게임의 룰을 잘못 이해하여 트랙을 거꾸로 돌고 있는 것은 아닌가?
이 모든 것들은 고객의 방향에서 어긋나며 그 조직의 경쟁력을 떨어뜨린다. 뿐만 아니라 불필요하거나 공정하지 못한 경쟁이 유발되어 게임 전체를 혼란스럽게 만들 수도 있다.

Business Management User's Guide

조직 시스템의
3개의 활동축

앞서 전차 경주의 예에서 4마리의 말들에게는 트랙, 동료, 사람이라는 세 가지 방향이 있다고 했다. 이를 기업의 활동에 적용한다면 각각 가치 창출의 방향, 팀워크의 방향, 의사결정의 방향이라고 할 수 있을 것이다. 그런데 기업 조직은 협력 시스템이다. 따라서 이 세 가지의 방향 역시 시스템 개념에 따라 설명할 수 있어야 할 것이다.

앞서 이미 살펴본 바와 같이 조직 시스템은 '공통의 목적을 위해 복수의 구성 요소가 상호작용하여 전체를 이루면서 지속적으로 성과를 창출하고 성장해나가는 구조 혹은 체계'이다. 이 정의 속에서 가장 중요한 키워드 세 가지를 꼽으라고 한다면 '시스템의 목적' '구성 요소들의 상호작용' '성과 창출'이 된다. 다시 말해 조직 시스템 활동의 타당성은 구성 요소들의 상호작용이 목적을 달성하는지와 올바른 성과를 창출하는지로 결정된다고 할 수 있다.

앞서 살펴본 것처럼 조직 시스템 구성 요소들의 상호작용이 목적 달성에 맞을 때 '합목적성'이 있다고 한다. 또한 그 상호작용의 생산성이 높고 부작용은 최소화할 수 있다면 '효율성'이 높다고 한다. 그렇다면 조직 시스템이 합목적성과 효율성 모두가 높게끔 운영되기 위해서는 어떤 요소들이 어떻게 상호작용해야 할까?

조직 시스템의 합목적성은 가치 창출을 통해 고객 요구에 부응할 때 달성될 수 있다. 이러한 활동은 프로세스를 통해 이루어진다. 한편 조직 시스템은 두 가지 측면에서의 효율성이 필요하다. 하나는 각각의 기능 부서들이 높은 생산성의 팀워크를 발휘하며 역할을 하는 것인데 이를 '오퍼레이션operation'이라 한다. 또 다른 하나는 계층 구조 또는 명령 체계를 통해 효율적인 의사결정이 이루어지는 것이다. 다시 말해 조직 시스템의 모든 활동은 프로세스, 오퍼레이션, 의사결정 구조라는 세 가지의 방향성을 가지고 있는 3차원의 구조로 해석되어야 한다. 이를 그림으로 표현하면 다음과 같다.

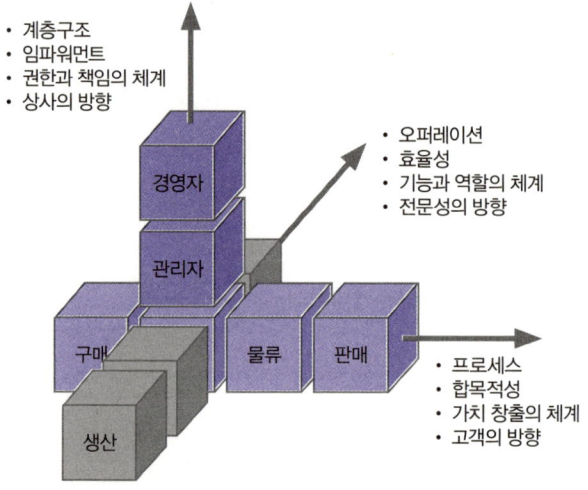

조직 시스템에서 가장 중요한 방향성은 '프로세스'이다. '고객의 요구를 충족시키기 위해 조직 시스템이 가치를 창출하는 활동들의 흐름'이라는 프로세스의 정의를 기억해보자. 이는 시스템의 목적 달성 즉, '합목적성'과 관련되어 있으며 조직의 가치 창출 체계이자 고객의 방향이기도 하다. 전차 경주의 예에서는 트랙의 방향에 해당한다고 생각하면 된다. 4마리의 말들과 전차를 모는 사람은 이 트랙의 방향으로 가장 빨리 달릴 수 있도록 최선을 다해 협력해야 한다.

두 번째로 중요한 방향성은 '오퍼레이션'이다. 이는 '조직 시스템의 프로세스 상에서 역할을 수행하는 조직이나 기능의 고유한 활동들의 집합'을 말한다. 말하자면 구매, 인사, 총무, 물류, 영업 등과 같은 것이다. 따라서 이는 기능과 역할의 체계이자 전문성의 방향이기도 하다. 전자 경주의 예에서는 네 마리의 말이 각자의 전문성을 발휘하면서 기능과 역할을 하는 것과 비슷하다.

세 번째의 방향은 '계층 구조hierarchy'이다. 어느 조직이나 자원을 활용하고 중요한 사안을 의사결정하기 위한 권한과 책임의 체계를 가지고 있다. 모든 조직 구성원들은 이러한 계층 구조와 권한과 책임 체계 속에서 임파워먼트를 받아 활동한다. 따라서 이는 상사의 방향이기도 하다. 이는 전차 경주의 예에서 전차를 모는 사람의 방향과 같다.

> 조직 시스템의 개념과 본질을 이해하지 못하면 자신이 하는 업무가 조직 전체에 무엇을 기여하며 어떻게 다른 요소들과 상호작용하는지를 깨닫지 못하게 되어 성과 창출에 실패한다.
> 조직 시스템 내의 모든 활동은 '프로세스→오퍼레이션→계층 구조'라는 세 가지 방향성의 순서대로 구조화되어야 한다.
> 하지만 권위주의적인 문화를 가지고 있는 조직에서는 이러한 순서대로 활동들이 구조화되기 어렵다. 상사의 지시로 움직이고 책임을 회피하며 부서 간 장벽이 높은 조직 문화 속에서는 '계층 구조→오퍼레이션→프로세스'의 순서로 방향성이 결정되기 때문이다.

Business Management User's Guide

프로세스와 오퍼레이션의
상호작용을 이해하라

앞서 설명한 조직 시스템의 3차원 구조에서 프로세스와 오퍼레이션은 대단히 중요한 개념이며 조직의 성과에 결정적인 영향을 미치는 요인이다. 하지만 매우 혼동하기 쉬운 개념이므로 더욱 자세히 살펴볼 필요가 있다. 이 두 개념을 제대로 이해하지 못하면 성과 창출에 실패함은 물론 때로는 파국으로 치닫기도 한다. 이해를 돕기 위해 하나의 예를 들어보자.

생산 프로세스가 A 공정과 B 공정으로 구성된 어떤 제조업체가 있다고 하자. A 공정에서 부품을 가공하여 B 공정으로 공급하고 B 공정은 완성품으로 가공하여 제품으로 출하한다. 이 회사는 이러한 라인을 2개 가지고 있다. A 공정에서 B 공정으로 보내는 용기에는 50개의 부품이 채워진다. 부품 피더$_{feeder}$라고 불리는 물류 담당 직원이 부품 용기의 이동을 담당한다. B 공정으로의 이동이 완료되면 빈 용기를 회수하여 A 공정으로 돌아온 다음에 다시 50개의 부품이 채워진 다른 용기를 이동시킨다. 라인이 가동되는 동안 이러한 작업을 계속 반복한다. 생산 라인은 두 곳이므로 이러한 역할을 하는 부품 피더는 두 사람이다.

어느 날 이 회사의 사장이 현장을 돌아보다가 부품 피더의 작업 상황을 보고는 부품 피더들의 생산성이 매우 낮은 것 같은 생각이 들었다. 물류 부서장을 불러 개선하라는 지시를 내렸고 물류 부서장은 다음과 같은 조치를 했다.

- 한 번에 50개씩 나르던 부품의 개수를 100개로 늘리고 이동 횟수를 반으로 줄인다.
- 부품 피더를 한 명으로 줄인 다음 라인 두 곳의 부품 용기 이동을 모두 맡긴다.

그 결과 부품 이동 인건비를 반으로 줄였고 부품 피더의 생산성은 2배가 되었다. 물류 부서장은 경영자에게 이러한 개선 실적을 보고하였고 우수 혁신 사례로 선정되어 포상을 받았다. 자, 그렇다면 3년 후에 이 회사는 어떻게 되었을까? 이 개선 조치는 회사를 더 좋게 만들었을까, 아니면 나쁘게 만들었을까? 놀랍게도 이 회사는 결국 문을 닫고 말았다. 다른 것은 아무것도 바뀐 것이 없는데 물류 부서의 개선 조치가 회사를 망가뜨린 것이다. 도대체 왜 이런 일이 발생했을까?

물류 부서장의 개선 조치는 공정간 1회당 부품 이동 수량, 즉 부품 이동의 배치batch 사이즈를 2배로 증가시킨 것이다. 이동 배치 사이즈의 증가는 공정 내 재공품 재고의 규모를 같은 배수만큼 증가시키게 되어 있다. 재공품 재고가 증가하면 이에 따라 완성품 재고와 원자재 재고도 늘어난다. 재고 증가는 현금을 고갈시키고 보관 비용을 증가시키며 곳곳에 비효율을 초래한다.

더 큰 문제는 재고가 증가하는 만큼 제품의 납기가 늦어진다는 것이다. 재공품 재고가 2배로 증가했으니 납기도 2배로 길어져 결국 경쟁자들에게 고객을 빼앗길 수밖에 없었다. 이 외에도 한 번에 이동하는 양이 커질수록 작업자의 활동 효율이 저하되고 취급에 더 많은 주의가 필요해졌다. 결국 불량이 증가했다. 부품 이동 크기를 2배로 키운 사소할 수도 있는 조치로 말미암아 회사 전반에 엄청난 문제가 뒤따랐고 결국 회사는 파국에 이르렀다.

이 예에서 물류 부서는 물류 오퍼레이션의 효율성을 개선했다. 그런데 그 개선은 프로세스의 합목적성을 심각하게 왜곡시켰다. 납기가 길어진 것은 고객의 가치가 심각하게 저하되었음을 의미한다. 또한 부품 피더의 생산성 향상은 1명의 인건비 절감에 그친 반면, 그에 따라 구매, 생산, 창고 운영과 같은 다른 부서들이나 기능들은 생산성이 낮아지고 운영상의 난이도가 높아졌다. 단위 기능의 오퍼레이션에서 취해진 작은 변화가 프로세스 전반에 나비 효과와 같은 훨씬 더 증폭된 영향을 미친 것이다.

이러한 부정적 효과가 증폭되는 이유를 이해하기 위해서는 프로세스와 오퍼레이션의 지향점이 무엇인지를 다시 한 번 되새길 필요가 있다. 프로세스는 고객의 방향이며 합목적성과 관련이 있다. 오퍼레이션은 역할의 체계이자 팀워크의 방향이며 효율성과 관련이 있다. 합목적성이 훼손된다면 효율성 향상은 아무런 의미가 없다. 문제는 조직 내에서 일하는 방법의 개선이 시도될 때 프로세스와 오퍼레이션이 갈등하는 경우가 빈번히 발생한다는 점이다. 그러므로 개선을 할 때는 분명한 원칙과 우선순위를 정할 필요가 있다.

이전에 올바른 성과 창출을 위해서는 '합목적성→효율성→활동량'의 순서대로 일해야 한다고 언급한 것을 기억할 것이다. 따라서 조직 시스템의 개선은 고객 가치 창출 프로세스가 최우선이 되어야만 한다. 단위 부서나 기능의 오퍼레이션 개선은 이미 최적화된 프로세스가 훼손되지 않는다는 전제조건하에서만 이루어져야 한다.

조직의 체계와 역할 구조 또한 프로세스가 원활하게 이루어지는 방향으로 설계되어야 한다. 그럼에도 많은 조직에서 조직 운영의 효율성을 높인다는 명분으로 프로세스의 흐름을 고려하지 않은 채 구매, 물류 등의 공통 기능들을 통합하여 운영하려는 시도를 끊임없이 하고 있다. 이런 결과로 업무 수행의 우선순위가 고객 가치 중심, 프로세스 중심이 아니라 통합 부서의 효율성 중심으로 바뀐다. 조직 내 커뮤니케이션 비용이 증가하여 궁극적으로 고객 창출이라는 기업의 목적에서 멀어진다. 이렇듯 구매나 물류 부서가 생산성 향상이나 원가 절감을 이유로 품질이나 납기를 희생시키는 경우는 어느 조직에서든지 너무나도 흔히 볼 수 있다.

조직 시스템을 개선할 때는 프로세스가 먼저이고 오퍼레이션은 그다음이다. 항상 이를 기억하라. 이는 경영혁신의 가장 기본이 되는 원칙이다.
오퍼레이션 개선은 프로세스의 합목적성을 유지 또는 증대시키는 전제하에서만 의미를 갖는다.
프로세스는 혁신의 대상이며 오퍼레이션은 개선의 대상이다. 탁월한 성과는 혁신에서 나오고 점진적 성과는 개선에서 나온다.

Business Management User's Guide

부분 최적화를 지양하고
전체 최적화를 지향하라

"나는 생각한다. 고로 존재한다"는 명언을 남긴 17세기 사상가 데카르트는 철학뿐만 아니라 과학 분야에서도 한 획을 그은 인물이다. 그의 패러다임은 '요소환원주의$_{reductionism}$'로 대표되는데 20세기 초에 이르기까지 오랜 동안 우리 인류의 과학적 사고의 근간 중 한 축을 형성해왔다. 경영학 또한 최근까지도 그의 과학적 방법론에 큰 영향을 받았다고 할 수 있다.

'요소환원주의'의 기본 사상은 '전체는 언제나 부분의 합과 같다'이다. 다시 말해 전체는 부분으로 나눌 수 있고 그 부분들을 다시 합하면 원래의 전체로 환원된다는 것이다. 이 논리에 의하면 복잡한 전체를 한꺼번에 놓고 분석하기보다는 작은 부분으로 나누어 분석하는 것이 더 효과적이다. 실제로 대부분의 과학적 분석은 이 논리를 따른다. 이는 지금까지 인류의 과학을 획기적으로 발전시켜 온 방법론이기도 하다. 여기서 좀 더 나아가면 전체를 개선하고자 할 때 그 전체를 여러 부분으로 나누어 각각 개선한 다음 다시 합하면, 부분들이 개선된 합계만큼 전체도 개선된다는 논리의 전개도 가능하다.

18세기 중후반 영국의 애덤 스미스가 『국부론』에서 주장한 분업의 이론도 데카르트의 패러다임과 맥락을 같이한다. 애덤 스미스는 노동 생산성 향상이 국민과 국가의 부가 증대하는 원천이라고 보았다. 한 사람의 직공이 모든 작업을 처음부터 끝까지 하던 기존 방식을 탈피하여 작업을 여러 개의 소작업으로 나눈 뒤 여러 직공에게 나누어주어 전문적으로 처리하게 하는 분업을 제창하였다. 작업을 분업화하고 각각의 분업의 생산성을 최대화한 후 다시 합하면 전체 작업의 생산성이 최대화된다는 그의 이론은 '요소환원주의' 관점과 일맥상통한다고 할 수 있다.

이러한 분업화의 논리는 1900년 전후의 '테일러리즘Taylorism'과 '포디즘Fordism'으로 이어진다. 테일러리즘은 '과학적 관리법scientific management'을 통해 '경영학의 아버지'이자 산업공학industrial engineering의 창시자로 불리게 된 프레드릭 테일러의 사상을 말한다. 테일러는 직공들의 작업을 여러 동작으로 분해하여 분석하고 각각의 동작을 개선한 후 다시 합쳐서 전체 작업을 개선하는 방식을 고안하였다. 이를 통해 신입 직공이 불과 일주일도 안 되는 기간의 훈련을 통해 기존에는 수년씩 걸리던 숙련공 수준의 작업 능률에 도달하도록 했다. 생산성 향상의 새로운 경지를 개척한 것이다.

포드자동차의 창업자인 헨리 포드는 분업으로 나누어져 있는 작업 간의 연결을 흐름화하고 이를 자동화하기 위해 '컨베이어 벨트 시스템conveyor belt system'을 창안하였다. 이러한 흐름 생산과 자동화를 통해 생산성과 원가에서 놀라운 혁신을 이루었다. 그 결과 자동차의 가격을 획기적으로 낮추어 보통 사람들도 충분히 구매할 수 있는 상품으로 만들었다.

데카르트로부터 시작된 요소환원주의의 패러다임이 인류의 생산성을 크게 발전시키고 많은 부를 축적할 수 있게 하는 원동력이 되었다. 요소환원주의 관점에서 각 부분의 목표 달성에 최선을 다하는 것을 '부분 최적화'라 한다. 따라서 부분 최적화는 오퍼레이션의 '효율성'을 극대화하는 것이 최대 관심사이다.

그렇다면 요소환원주의와 부분 최적화는 미래 기업 경영에서도 선택할 수 있는 최선의 패러다임인가? 그렇지 않다. 규모가 커지고 복잡성이 높아진 조직, 불확실성이 커진 경영 환경하에서 더는 조직의 성과를 담보할 수 없는 방법이다.

요소환원주의와 대립되는 패러다임으로 '전포괄주의$_{wholism}$'라는 것이 있다. 전포괄주의의 기본 사상은 '전체는 부분의 합보다 클 수 있다'는 것이다. 다시 말하면 전체는 눈에 보이는 부분의 합 외에도 눈에 보이지 않는 무엇인가가 더해진 것이다. 그러므로 전체를 부분으로 쪼개는 순간 상실되는 중요한 무언가가 있다고 본다. 개구리를 빨리 키우기 위해 여러 부분으로 나누어 각각의 부분을 성장시킨 다음 다시 합치려 하는 것이 말이 안 되는 것과 같은 이치다.

그렇다면 부분으로 나눌 때 상실되는 중요한 무언가는 과연 무엇일까? 이것을 알기 위해서는 시스템의 개념을 이해할 필요가 있다. 시스템의 개념에서 가장 중요한 부분 중 하나는 바로 구성 요소 간의 상호작용이다. 요소환원주의는 그 구성 요소들을 분리하는데 그 순간 상호작용은 모두 파괴된다. 개구리가 부분으로 나뉘는 순간 모든 신체 기능 간 상호작용이 파괴되어 생명을 잃는 것과 마찬가지다. 따라서 이미 상호작용을 상실한 부분들을 단순히 합친다고 해서 원래의 상호작용이 복원될 수는 없다.

전포괄주의는 전체를 부분으로 나누어 최적화할 것이 아니라 구성 요소들의 상호작용을 최적화하는 데 초점을 맞추면서 전체적인 시각에서 조직 시스템을 다루는 관점을 취한다. 이러한 패러다임을 '전체 최적화'라 한다. 따라서 전체 최적화는 프로세스의 '합목적성'을 높이는 것을 최대 관심사로 삼는다.

그렇다면 한때 우리 사회에 막대한 부를 안겨주었던 부분 최적화 패러다임이 왜 지금은 제대로 통하지 않게 되었을까? 20세기 중반까지의 경영 환경은 주로 물자가 부족하고 수요가 공급을 초과하는 상황이었다. 생산하기만 하면 팔려나가는 생산자 주도 시장이 형성되었다. 이러한 상황에서는 제품 생산은 매출과 동의어가 된다. 생산자가 주도권을 쥐고 있고 제품 사양도 다양하지 않으므로 대량 생산 방식으로 운영된다. 따라서 최대한도의 생산을 통해 비슷한 제품을 더 많이 만들어내는 것이 가장 중요한 이슈가 된다. 그 외의 다른 조직 기능들은 만들어진 제품들을 열심히 시장으로 밀어내기 위한 역할을 맡는다. 이러한 대량 생산 체제하에서는 분업에 의한 생산량 최대화가 효과적인 방법이 될 수 있다. 부서 간의 상호작용은 그다지 중요하지 않으며 각자가 자기에게 주어진 역할을 최선을 다해 수행하면 된다. 당연히 각 기능 부서들은 부분 최적화를 통해 각자의 오퍼레이션의 효율성을 높이고 각자에게 주어진 목표를 달성하는 데 몰입하게 된다.

하지만 20세기 중반 이후 공급 과잉이 되어 소비자의 선택권이 넓어졌다. 구매자 주도 시장이 시작된 것이다. 이러한 상황에서 제품 생산은 매출과 동의어가 아니라 재고일 뿐이다. 기업은 팔릴 수 있는 제품을 만들어야 하므로 고객 요구에 초점을 맞출 수밖에 없다. 이에 따라 제품 사양도 다양해진다. 이제 더는 대량 생산 체제로는 대응하기 어렵다. 따라서 다품종 소량 생산에 대응할 수 있는 가치 창출 프로세스를 구축하지 않으면 안 된다. 이를 위해서는 모든 기능 부서들의 원활한 정보 소통과 긴밀한 협력이 필수적인 요소가 된다. 그런데 이러한 가치 창출 프로세스를 분업화하고 부분 최적화한다면 구성 요소 간의 상호작용이 흔들린다. 결국 각자는 목표를 달성하더라도 조직 시스템의 전체 목적과 목표는 달성하기 어려워진다.

지금까지 이야기한 것을 다시 정리하면 앞 글에서 강조한 내용처럼 프로세스를 먼저 최적화한 후에 오퍼레이션의 효율을 증대시켜야 한다는 것과 같은 결론에 도달한다. 부분 최적화는 전체 최적화가 전제된 상태에서 실행되어야 하며 고객 가치가 훼손되지 않을 때만 조직 시스템의 목적과 성과에 기여할 수 있다.

사람들은 무의식적으로 '부분 최적화'의 논리에 따라 일한다. 그 이유는 일반적으로 부분 최적화가 사고하고 일하는 데 가장 직관적이며 편한 방식이기 때문이다. 또한 학교 교육을 통해 매우 익숙해져 있는 방식이기도 하다.

이 때문에 각자는 최선을 다해 일하면서 나름대로 성과도 거둔 것 같은데 회사의 상황은 별로 좋아지지 않는 경우가 허다하게 생긴다.

전체의 이익을 위해서는 부분의 효율을 희생할 수 있어야 한다. 그럼에도 오히려 부분의 성과를 극대화하기 위해 전체를 희생하는 경우를 흔히 접할 수 있다.

'전체 최적화'의 관점에서 각 개인과 기능 부서들이 이기심을 버리고 조직 시스템 전체의 목적 달성과 성과 창출을 최우선으로 삼을 때 진정한 팀워크가 발휘되고 탁월한 성과를 창출할 수 있다.

Business Management User's Guide

협업과 협력의 의미를 구분하고 상황에 맞게 활용하라

조직은 사람이 만든 것이다. 어떤 한 사람이 만들었다기보다는 오랜 시간에 걸쳐 여러 사람의 손에 의해 진화해왔다. 그리고 조직을 만든 가장 큰 이유는 아마도 혼자서는 도저히 할 수 없는 일을 하고 이룰 수 없는 성취를 얻기 위해서일 것이다. 이러한 이유로 조직은 여러 사람이 함께 일하는 곳이 될 수밖에 없다. 또한 조직의 성과는 그 조직을 구성하는 개인들 각자의 성과를 단순 합산한 것보다 더 커야만 의미가 있다.

그런데 조직은 아주 뛰어난 사람들로만 구성되어 있지 않다. 구성원 대다수는 매우 평범한 사람들이다. 평범한 사람들은 개인적으로는 평범하게 일할 수밖에 없다. 그럼에도 조직 전체는 탁월한 성과를 거두어야 한다. 이러한 일이 가능하기 위해서는 조직은 집단이나 모임이 아닌 하나의 팀이어야만 한다. 다시 말해 구성원들이 매우 효과적이고 효율적으로 상호작용하는 협력 시스템이어야 한다. 이러한 구성원들의 상호작용을 통해 프로세스와 오퍼레이션이 수행된다.

조직 구성원들이 협력 시스템 속에서 성과 창출을 위해 상호작용하는 방법으로 자주 언급되는 것이 '협력 co-operation'과 '협업 collaboration'이다. 이 두 개념은 거의 동의어처럼 간주되지만 사실은 전혀 다른 개념이다. 이 두 가지 중 어떤 방식으로 상호작용하는지에 따라 일하는 방법이 완전히 달라진다.

'협력'은 이미 정해져 있는 프로세스, 절차, 역할을 수행할 때 다른 사람이나 다른 기능 부서와 도움을 주고받는 것이다. 생산 부서가 구매 부서의 협력을 얻어 원자재를 조달하고 영업 부서가 마케팅 부서와 디자인 부서의 협력하에 영업 활동을 전개하는 것을 예로 들 수 있다. 생산 부서가 시설지원 부서의 도움으로 고장 난 설비를 수리하여 다시 생산을 재개하는 것도 이에 해당한다.

협력은 이미 답이 나와 있는 상황에서 그 답에 가장 부합하도록 조직을 운영하기 위한 차원에서 이루어진다. 그러므로 협력은 일상적인 프로세스와 오퍼레이션의 수행에 필요한 상호작용 방식이다. 경상적이고 반복적으로 발생하는 문제들도 협력을 통해 해결해나갈 수 있다. 협력하기 위해 조직 운영에 변화를 줄 필요는 없다. 기존의 조직 체계 속에서 해야 할 역할을 수행하면서 서로 도움을 주고받으면 된다.

반면에 '협업'은 서로 다른 기능 부서에서 일하는 사람들이 공동의 목표를 설정하고 이를 달성하기 위해 함께 일하는 방식이다. 신제품의 개발, 프로세스 혁신, ERP 정보 시스템 구축, 고질적인 품질 문제 해결과 같은 것들이 여기에 해당한다. 협력이 알고 있는 답을 수행하기 위한 도구라면 협업은 새로 겪는 일의 답을 찾기 위한 방법이다. 다시 말해 협업을 통해 새로운 산출물과 새로운 프로세스와 오퍼레이션이 만들어진다. 또한 비경상적으로 발생하는 문제나 오랫동안 겪어온 고질적인 문제들의 해결도 협업의 영역이다.

따라서 협업은 기본적으로 프로젝트의 수행을 전제로 한다. 그리고 그 프로젝트는 본질적으로 조직의 경계를 뛰어넘으면서 개별 조직의 이해관계에 얽매이지 않는 프로젝트팀의 조직화를 필요로 한다. '다기능팀 CFT: cross-functional team' '태스크포스팀 TFT: task force team' 등으로 불리는 조직이 그

것이다. 프로젝트가 크고 중요할수록 CFT나 TFT를 아예 하나의 조직으로 만들어 팀 구성원들 모두가 풀타임으로 일하게 하는 경향이 커진다. 비교적 짧은 기간에 수행할 수 있는 작은 프로젝트의 경우는 CFT나 TFT를 필요에 따라 수시로 모이는 가상 조직으로 운영하는 경우가 많다. 이때 구성원들 대부분은 파트타임으로 프로젝트에 참여하게 된다. 프로젝트 팀의 리더는 풀타임으로 일하고 다른 팀원들은 파트타임으로 참여하는 경우도 있을 수 있다. 'COP community of practice'라고 불리는 실행 공동체를 구성하는 것도 가상 조직을 활용하여 프로젝트를 수행하기 위해 여러 조직에서 널리 사용하는 방법 중 하나이다.

조직 전체의 성과가 개인들 성과의 단순 합보다 더 크기 위해서는 활발한 '협력'과 '협업'을 통해 팀워크를 이루어야 한다.
'협력'을 통해 프로세스와 오퍼레이션의 흐름을 원활하게 하고 '협업'을 통해 부서의 벽을 허물고 문제를 해결하며 공동의 목표를 달성해나갈 수 있다.
대부분의 조직은 '협력'조차도 원활하지 않은 수준에 머물러 있다. '협력'에 미숙한 조직은 운영 측면에서 문제가 발생한다. 따라서 가치 창출의 효율이 크게 떨어지며 커뮤니케이션 비용이 엄청나게 증가한다.
반면에 '협업'에 미숙한 조직은 혁신 측면에서 문제가 발생한다. 따라서 부서 이기주의를 탈피하기 어렵고 새로운 답을 찾거나 고질적인 문제를 근본적으로 해결하는 것이 어렵다.

Business Management User's Guide

협력이 강화될 수 있도록 구성원에게 역할을 부여하라

어떤 회사가 있었다. 어느 날 그 회사에서 작은 화재가 일어나 재산 손실이 생겼다. 그 후 사장이 모든 임원을 모아놓고 '불조심'을 철저히 하라고 지시하였다. 그러고는 한 달 후 사장이 작업 현장을 돌아다니다가 어느 직원을 만나 무엇을 하고 있느냐고 물어보았다. 그 직원은 '불조심'을 하고 있다고 대답했다. 다른 직원이나 관리자들을 만나 물어보았을 때도 그들의 대답은 한결같이 '불조심'을 하고 있다는 것이었다.

위의 예를 보면서 어떤 생각이 드는가? 당신이 그 사장이라면 지시가 잘 이행되고 있다고 생각하고 만족할 수 있는가? 위의 예에서 모든 직원들은 불조심해야 한다는 것은 물론이고 그것이 사장의 지시라는 것도 알고 있었다. 하지만 사실상 불조심을 위해 아무런 일도 하고 있지 않은 것이나 마찬가지다. 모든 사람이 각자의 '불조심'을 하기 때문이다. 아마도 그들에게는 각기 수행해야 할 역할이 주어진 것이 아니라 방침과 목표만이 주어졌을 것이다. '불조심'이라는 방침과 이번 달 달성해야 할 목표 말이다. 이렇게 되면 '불조심'을 위해 무엇을 어떻게 해야 할지는 각자가 알아서 할 일이 된다.

이처럼 조직 구성원들에게 방침과 목표를 전달하고 실적을 관리하면서 각자의 방법과 노력을 통해 그것을 달성하도록 하는 것을 '목표 분할' 방식이라고 한다. 가장 전형적인 예로는 인적 판매 조직을 들 수 있다. 판매원들은 판매라는 동일한 역할을 수행하는 사람들이며 각자의 판매 목표를 부여받는다. 판매원들 간에는 역할 분담도, 협력과 협업도, 소통도 별로 필요하지 않다. 모든 성과 창출은 개인의 역량과 노력에 달려 있다.

반면에 일을 제대로 할 줄 아는 회사라면 사장의 불조심 관련 시시를 다음과 같이 수행했을 것이다. 우선 임원들은 불조심의 정의, 불조심을 해야 하는 이유, 불조심이 잘되는 사업장의 바람직한 미래 모습과 같은 것들에 대해 고민한다. 그리고 이를 부하들에게 이해시키고 공유하면서 대책 수립을 지시할 것이다. 고위직 간부들은 화재의 유형을 분류하고 각 사업장의 실태를 점검한 후, 화재에 대비한 사전 준비 항목과 화재 발생 시 구체적인 대응 방안이 필요하다고 판단하여 이에 대한 대책 수립을 부하들에게 지시할 것이다.

중간 간부들은 화재에 대비한 사전 준비 사항을 열거하고 화재 발생 시 대처를 위한 매뉴얼 작성과 임직원 교육 계획의 필요성을 파악하고는 부하들에게 실행하도록 할 것이다. 사원들은 소화기를 사기도 하고 매뉴얼을 만들어 비치하기도 할 것이다. 그리고 교육 프로그램을 만들어 운영하고 직접 교육에 참석할 것이다.

이 경우 사장이 불조심을 어떻게 하는지 질문하면 임원부터 사원까지 각기 다른 대답이 나온다. 임원 레벨로 올라갈수록 방침과 원칙에 가까운 대답을 들을 것이며 사원으로 내려갈수록 구체적인 업무 수행에 관해 듣게 된다. 이러한 방식으로 일하는 조직은 조직 내 각 직책과 부서들이 고유의 역할을 가지고 있으면서 협력과 협업, 지속적인 정보 공유와 피드백을 통해 조직 전체의 목표 달성에 이바지한다. 이를 '역할 분담' 방식이라고 할 수 있다.

그런데 실제로는 많은 회사가 역할 분담 방식보다는 목표 분할 방식으로 일한다. 목표 분할 방식으로 일하는 조직 구성원들은 그 일의 성격, 목적, 성과 목표 등을 공유하기 어렵고 팀워크를 형성하지 못한다. 그래서 개인기에 의존하여 일한다. 이런 상황이 흔히 발생하는 이유는 리더가 조직을 협력 시스템으로 이해하지 못하기 때문이다. 협력 시스템에서는 구성원들이 일하는 구조가 성과를 만들어낸다. 그 구조하에서 구성원들은 각자의 역할을 가지면서 상호작용하여 협력 시스템의 성과에 기여한다.

그러므로 리더가 협력 시스템에서 일의 구조와 성과가 창출되는 원리를 이해하지 못한다면 구성원들에게 제대로 된 역할을 부여할 수 없다. 이럴 때는 누구나 생각할 수 있는 가장 쉬운 방법을 사용하게 된다. 목표를 여러 조각으로 나누어 조직 구성원 각자에게 나누어주고 목표 대비 실적 관리를 하는 목표 분할 방식이 그것이다.

이는 부분 최적화가 발생하는 전형적인 케이스이다. 게다가 이것은 구성원들이 협력이나 협업을 하는 대신 경쟁하게 만든다. 심한 경우 여러 가지 편법과 반칙이 난무하고 구성원 간 갈등 구조가 형성된다. 일부 구성원들은 목표 달성에 성공할 수 있지만 조직 전체는 목표 달성에 실패하며 구성원 간 신뢰는 큰 상처를 입는다.

조직 시스템의 개념과 성과 창출 원리를 이해하지 못하는 리더는 목표 분할 방식으로 일하면서 조직을 무능하게 만든다.
역할 분담 방식을 이해하는 유능한 리더는 각 구성원에게 해야 할 일의 목적, 목표, 창출해야 하는 성과, 기대되는 역할이 무엇인지를 이해시키기 위해 지속적으로 노력한다.
또한 구성원 간의 협력, 협업, 원활한 소통과 같은 긍정적인 상호작용을 촉진함으로써 팀워크를 기반으로 탁월한 성과를 달성할 수 있도록 노력한다.

Business
Management
User's Guide

제7장

프로세스
혁신

Business Management User's Guide

프로세스 혁신의 목적

프로세스 혁신은 간단하게 PI라고 한다. 이것은 조직이 시도하는 여러 가지 경영혁신 중 가장 대표적이고 규모가 크며 변화 관리의 난이도가 높다고 간주되고 있다. 따라서 경영혁신이라고 하면 바로 PI를 떠올리는 사람들이 많다. 한때 마이클 해머의 BPR이 거의 표준이 되다시피 한 적이 있었는데 최근에는 PI라는 용어가 더 보편화된 것 같다.

많은 기업이 PI를 한다는 명분으로 정보 시스템을 도입하고 새로운 설비 투자를 하기도 하며 대규모 조직 개편을 수행하기도 한다. 하지만 효과는 미지수다. PI 작업이 완료된 후에도 뭔가 나아진 것 같지 않다. 그래서 혁신의 효과에 대해 혁신 책임자에게 질문한다. 인력은 얼마나 감축했고 비용은 얼마나 절감되었으며 생산성은 얼마나 늘었는지 등에 대한 보고를 요구한다. 하지만 혁신 책임자 또한 만족스런 대답을 하지 못하고 다음과 같이 얼버무리고 만다.

"이번 혁신은 근본적이고 장기적인 변화를 목표로 한 것이기 때문에 단기적 관점에서 평가해서는 안 됩니다.", "조직 내 불필요한 일이 많이 사라지고 더 중요한 일에 선택과 집중을 할 수 있게 되었습니다.", "혁신을 통해 고속도로를 깔아놓은 셈이므로 그 도로를 달려가는 것은 이제부터의 과제이고 각 부서의 책임입니다."

그래서 혁신 성과에 대한 엄정한 평가도 없이 혁신 완료를 선언하고 공로자들을 포상하고, 혁신팀을 해체한다. 그러면 혁신팀 구성원들은 원래 소속 부서로 돌아간다. 그들이 남겨놓은 작품은 그 이후로 모든 구성원을 속박하여 그 방식대로 일하게 만든다. 혁신에 참여했던 사람들은 중요한 전문가 경력이 이력서에 추가되었으므로 경쟁 업체나 대기업 또는 컨설팅 업체의 스카우트 목표가 되어 어느 날 더 높은 연봉을 받고 떠나버린다. 경영자는 장기적인 안목과 인내심을 가지고 성과가 나기를 기다려보지만 그런 일은 일어나지 않는다. 시간이 흘러도 성과를 측정할 방법이 없고 설사 측정되었더라도 객관성이 결여되어 신뢰할 수 없다. 결과에 대한 책임을 물을 사람도 조직 내에 존재하지 않는다.

왜 이런 일이 발생하는가? 그것은 PI가 시작될 때부터 목적과 비전이 결여되었거나 공감대 형성에 실패했기 때문이다. 경영자는 PI를 통해 인력과 비용의 절감, 생산성 향상과 같은 성과를 얻으려 했다. 혁신 주체들은 멋진 방법론과 선진 정보 시스템에 매력을 느끼고 자신의 역량이 향상되는 것에 즐거워하면서 한심스러운 방법으로 일하는 다른 동료들을 한 수 가르치려 했다.

하지만 PI의 진정한 목적은 '고객에게 더 나은 가치를 더 나은 방법으로 제공하기 위한 것'뿐이다. 즉 고객에게 제공하는 가치를 높이며 가치를 만들고 전달하는 것을 더 잘할 방법을 찾는 게 PI의 목적이자 본질이다. 이렇게 본다면 PI가 추구하는 고객 가치는 '좋게' '싸게' '빠르게'의 세 가지 범주를 벗어나지 않는다. 이 세 가지 가치는 품질$_{quality}$, 비용$_{cost}$, 물류$_{delivery}$의 세 가지로 해석되기도 하며 각각의 영문자 첫 자를 따서 QCD라고도 한다. 물론 고객 가치가 이 세 가지만 있는 것은 아니다. 명품 브랜드, 획기적인 디자인 등을 통해 고객에게 감성적인 즐거움을 갖게 하는 것 등 다양한 예가 존재한다. 하지만 이것들은 프로세스를 통해서라기보다는 마케팅이나 전략을 통해 창출되는 가치라고 할 수 있다.

좋게

이것은 기업이 제공하는 제품과 서비스의 가치를 더 높이는 것을 말한다. 그리고 그 가치는 공급자의 눈이 아니라 고객의 눈에 의해 판단되는 가치여야 한다. 제품의 품질은 당연히 가장 중요한 요소가 된다. 하지만 그것만이 '좋게'의 전부는 아니다. 예를 들어 품질 좋은 TV를 팔면서 A/S를 하지 않는 기업보다 품질이 조금 떨어지는 후발 주자가 철저한 A/S를 통해 종합적인 '좋게' 측면에서 더 우월한 평가를 받을 수도 있다. A/S가 똑같이 제공되더라도 그 서비스 수준의 품질이 차이가 나는 경우도 마찬가지다.

실제로 1990년대에 당시에는 압도적인 품질 경쟁력을 가지고 있었던 소니 TV의 국내 영업을 삼성전자와 LG전자 두 회사가 전국 A/S 망과 수만 명에 달하는 A/S 요원들의 활동을 통해 성공적으로 방어해낸 바 있다. 결국 '좋게'는 고객의 요구를 올바르게 정의하는 것이 핵심이다.

싸게

이는 '좋게'에 의해 창출된 가치를 경쟁력 있는 가격으로 제공하는 것을 말한다. '싸게'의 다른 표현은 영어로 코스트이다. 이 단어는 '원가'보다는 '비용'으로 번역해야만 한다. 그리고 그 비용은 공급자 입장에서의 비용이 아니라 고객 측면에서의 비용임에 주의한다.

고객은 비용을 지불하고 가치를 구매한다. 기업이 제공하는 가치에 비해 비용이 더 들면 구매하지 않을 것이고 지불하는 비용보다 더 많은 가치를 얻을 수 있다고 생각하면 구매하려 할 것이다. '좋게'에 의해 확보된 고객 가치가 '싸게'에 의해 가격 경쟁력을 지니면 고객의 구매 의사로 연결된다.

빠르게

'좋게' 만들어져 '싸게' 팔지만 고객이 원하는 시점에 구매할 수 없다면 이 역시 문제가 된다. '빠르게'는 고객이 원하는 제품이나 서비스를 원하는 시점에 손에 넣을 수 있도록 하는 것이다.

만약 고객이 기업 고객이라면 '빠르게'는 납기 단축이 된다. 다시 말해 고객이 주문한 시점부터 납품하는 시점까지의 기간을 단축하는 것이다. 원재료 투입부터 고객 구매에 이르기까지의 시간을 단축하고 회전율을 높이는 것은 고객 대응 능력을 강화시킬 뿐만 아니라 재고 보유 수준을 줄임으로써 기업의 경쟁력을 향상시키는 매우 중요한 열쇠가 된다.

프로세스 혁신의 목적은 '좋게' '싸게' '빠르게'라는 가치들로 요약된다. 이 모든 가치는 고객의 입장에서 바라본 가치여야 한다.
또한 이 세 가지 가치는 상호 보완적이며 동시에 추진되고 달성되어야 한다. 하지만 굳이 중요도 측면에서 우선순위를 정한다면 '좋게→싸게→빠르게'의 순서라고 할 수 있다. 물론 기업 간 거래에서는 '좋게→빠르게→싸게'가 될 때도 있다.
하지만 어떤 경우든 '좋게'가 가장 중요한 가치다. '싸게'와 '빠르게'도 중요한 가치임이 틀림없지만 이를 위해 '좋게'가 희생되어서는 안 된다.

Business Management User's Guide

프로세스를 혁신하기 전에 패러다임부터 혁신하라

기업의 경영혁신을 이야기할 때 거의 빠짐없이 등장하는 용어로 '패러다임'이 있다. 패러다임은 미국의 과학사학자이자 철학자인 토머스 쿤이 1962년에 자신의 저서 『과학 혁명의 구조』에서 제시하여 보편화된 개념이다. 쿤은 패러다임을 '한 시대를 지배하는 과학적 인식, 이론, 관습, 사고, 관념, 가치관 등이 결합된 총체적인 틀 또는 개념의 집합체'로 정의하였다. 그가 과학 분야에서 일어나는 대변혁의 본질과 과정을 파헤치기 위해 제시한 패러다임의 개념은 그 이후 정치, 사회, 경제를 망라하는 거의 모든 분야로 확장되었다. 그러다 보니 기업의 혁신 추진 과정에서도 단골로 등장하는 용어가 되어버린 것 같다.

기업 현장에서 일반적으로 사용하는 패러다임의 개념은 쿤의 정의와는 차이가 있다. 하지만 조직 구성원이 공통적으로 가지고 있는 고정관념이나 사고 체계라는 의미로 받아들여지는 것이 일반화되어 있다. 그래서 패러다임을 그냥 그런 의미로 써도 큰 문제가 없을 것 같다.

어떠한 조직이나 집단이나 공동체 등에 이미 형성되어 있는 패러다임은 그 구성원들의 사고의 틀을 결정짓는다. 이에 따라 구성원들은 유사한 패턴의 행동 양식을 취하게 된다. 반대로 구성원 대다수가 유사한 사고와 행동 패턴을 오랫동안 반복할 경우 그 결과로서 패러다임이 자연스럽게 형성되기도 한다.

　패러다임은 한 번 형성되면 좀처럼 바꾸기 어렵다. 더군다나 어떠한 패러다임하에서 어느 정도의 성과가 지속된다면 구성원들은 그 패러다임을 자신들의 '성공 공식'으로 받아들이게 된다. 그 성공 공식에 대한 신념이 점점 강해지면 어떤 상황에서든지 똑같은 공식을 적용하여 성공을 복제하려 시도한다.

　문제는 패러다임은 절대적인 진리가 아니며 영원불멸의 성공 공식도 될 수 없다는 데 있다. 패러다임은 특정 시점에서 당시 지식 수준과 사회 전반의 조건을 기반으로 우리가 살아가는 세상을 이해하는 방식이다. 그러므로 새로운 사실이 발견되거나 더 진보된 지식 체계가 탄생하거나 사회 전반의 상황이 바뀌면 유지되기 어렵다. 기존 패러다임으로 더는 우리가 사는 세상을 설명할 수 없다. 그러면 기존의 낡은 패러다임은 더 이상 성공 공식이 될 수 없다.

　그런데 더 큰 문제는 패러다임이 오랜 기간 존속되면 아예 습관이 되어 버린다는 점이다. 개인이든 조직이든 생각이 행동을 바꾸고 행동이 좋은 결과를 얻으면 그 행동을 반복한다. 그리고 반복된 행동은 습관으로 굳어진다. 생각은 바꾸는 것은 한순간의 결심으로 가능하다. 행동을 바꾸는 데에는 의지와 용기가 필요하다. 하지만 습관을 바꾸려 한다면 상당한 시간 동안의 노력과 인내가 필요하다.

　이러한 이유 때문에 이미 용도 폐기되어야 할 패러다임을 버리지 못하고 습관적으로 반복하게 된다. 이는 기업 경영에서도 심각한 위기를 불러온다. 기업을 둘러싼 사업 환경의 변화, 새로운 강력한 경쟁자의 출현, 첨단 기술의 개발 등의 변화는 단기간에 이루어지지만 조직과 그 구성원들의 습관을 변화시키는 데는 상당한 시간이 걸릴 수밖에 없기 때문이다.

　어느 시점부터 부진한 성과가 계속되어 무언가 잘못되었다는 것을 감지한 경영자는 이를 극복하기 위해 혁신이라는 명분으로 다양한 노력을 시도한다. 문제의 근본 원인은 기존 패러다임의 유통 기간이 끝난 것이다. 하지만 경영자 자신을 포함한 구성원들은 여전히 기존의 패러다임에 따라서 사고하고 행동한다. 새로운 지식과 방법을 받아들일 때 기존 패러다임은 일종의 필터로 작용한다. 다시 말해 이해가 잘 가거나 마음에 드는 것은 택하고 그렇지 못한 것은 아예 거부해버리는 취사선택을 하게 된다.

기존 패러다임을 바꾸지 못한 상태에서 새롭고 혁신적인 방법론과 기법들을 도입하면, 새로운 성공 공식을 구축할 수 있을까? 안타깝게도 그렇지 못하다. 혁신적인 방법론과 기법을 통해 이미 경쟁력을 상실한 패러다임을 강화하는 상황이 벌어지기 때문이다. 결국 거창하게 추진되던 혁신 프로젝트들은 성과를 내지 못하고 용두사미로 끝나고 만다.

패러다임은 조직과 그 구성원들이 사고하고 행동하는 준거가 된다. 또한 패러다임은 조직이 외부 요인들과 상호작용하여 사업 환경에 적응해나가는 방식을 결정한다. 따라서 패러다임은 조직 활동의 '합목적성'에 절대적인 영향을 미친다. 잘못된 패러다임은 조직의 목적 달성에 큰 장애물로 작용할 수밖에 없다.

조직 시스템이 목적을 달성하기 위한 일의 흐름은 바로 프로세스이다. 따라서 프로세스는 패러다임의 직접적인 영향을 받는다. 프로세스가 작동하는 방식이나 구성원들이 상호작용하는 방식은 그 조직이 공유하고 있는 패러다임에 따라 모습이 결정되게 마련이다. 만약 시대착오적인 패러다임에 근거하여 사업을 전개한다면 그 기업의 프로세스는 더 이상 올바른 고객 가치를 창출하지 못할 것이며 시간이 갈수록 성과는 악화 일로를 걷게 된다.

이러한 상황에서는 프로세스 혁신이 전혀 성과를 거둘 수 없으며 시간, 노력, 돈만 낭비하게 된다. 세상에 나와 있는 프로세스 혁신의 기법과 도구들은 이미 유통 기한이 끝난 패러다임을 지원하지 않는다. 따라서 프로세스 혁신 프로젝트가 시작된 후 새로 도입을 검토하는 프로세스들은 기존 패러다임과 모든 면에서 충돌한다. 이러한 상황에서 프로세스 혁신이 기존 패러다임을 변화시키지 못하고 타협을 한다면 혁신되기는커녕 기존 패러다임이 강화된다. 한층 더 복잡하고 비효율적인 프로세스로 변질해 버린다.

따라서 낡은 패러다임을 폐기하고 시대에 맞는 새로운 패러다임으로 바꾸는 게 프로세스 혁신의 전제 조건이 된다. 그리고 그 패러다임의 전환은 최고경영자의 책임이다. 최고경영자가 가지고 있는 패러다임이 조직 전체의 패러다임의 대부분을 결정짓기 때문이다. 따라서 최고경영자 자신의 성찰과 자기 혁신 없이 구성원들과 조직의 변화를 기대하는 것은 혁신 실패에 대한 보증수표를 받아 든 것이나 다름없다.

어찌 보면 PI는 '패러다임 혁신$_{paradigm\ innovation}$'이 되어야 할지 모른다. 패러다임 혁신이 프로세스 혁신보다 훨씬 더 어려운 작업이다. 패러다임 혁신이 이루어지고 나면 프로세스 혁신은 좀 더 수월하게 성공시킬 수 있기 때문이다.

> 누차 강조한 대로 잘못된 방향과 목적을 위해 가장 효율적으로 최대한 열심히 일하는 것보다 더 나쁜 결과를 만들어내는 경우는 없다. 경영자가 아무리 혁신을 밀어붙이더라도 이미 오랜 습관으로 굳어져 성공 공식이 되어버린 패러다임은 혁신이 쉽게 추진되지 못하도록 만든다.
> 패러다임의 전환이 이루어지지 않은 상태에서의 프로세스 혁신은 결국 실패하게 된다. 새로운 프로세스를 도입하더라도 기존 패러다임과 지속적으로 충돌하면서 많은 갈등을 일으키기 때문이다.
> 만약 프로세스 혁신이 유통 기한이 끝난 패러다임과 타협한다면 고객 가치 창출에 심각한 문제가 발생한다. 궁극적으로는 시장과 고객이 이를 용서하지 않을 것이다.

Business Management User's Guide

생산자 관점을 폐기하고
고객 지향 패러다임으로 이동하라

회사 경영 회의 도중 현재 처한 상황에서 생산자 관점과 고객 관점 중 어떤 방향을 택하는 것이 적합할지 논의되었던 적이 있다. 사실 이론으로 보나 사례로 보나 너무나 뻔한 결론이어서 당연히 쉽게 의견이 통일될 줄 알았다. 하지만 놀랍게도 두 관점을 지지하는 사람들로 갈려 의견이 부딪히는 상황이 발생하였다. 30여 분을 논쟁한 끝에 "현재 우리의 운영 방식은 생산자 관점인 것이 분명하지만, 아직 두 관점 중 어떤 관점이 우리에게 유리한 것인지 알 수 없으며 좀 더 연구가 필요하다"는 결론을 맺으며 끝나버렸다.

안타깝게도 아직 이러한 사고를 지닌 기업들이 너무 많은 게 현실이다. 생산자 관점과 고객 관점은 선택의 문제가 아니며 비교의 대상도 아니다. 기업이 취할 수 있는 유일한 관점은 고객 관점이다. 기업 경영에서 고객 관점 외에는 다른 관점이 있을 수 없다. 기업은 고객이 있기 때문에 존재하며 고객을 창출하고 만족시키는 것이 모든 활동의 출발점이 되기 때문이다. 앞에서 프로세스를 '고객의 요구를 충족시키기 위해 조직 시스템이 가치를 창출하는 활동들의 흐름'이라고 정의한 것을 상기해보자. 그렇다면 조직 시스템의 프로세스는 고객 관점에서 벗어난 순간 존재하지 않거나 의미 없는 것이 되어버린다. 따라서 고객 관점이 적절한지, 고객 관점과 생산자 관점 중에서 어떤 것을 선택해야 하는지를 논의한다는 자체가 어리석은 일일 수밖에 없다.

그럼에도 생산자 관점은 여전히 존재하며 많은 기업이 신념이든 습관이든 이 관점에 기반을 두고 운영되고 있다. 게다가 그저 실제 모습 정도에 그치지 않는다. 심지어 생산 중심적 패러다임이라고 불리며 고객 지향적 패러다임과 대립하는 패러다임 중 하나인 듯 언급되기도 한다. 그러다 보니 기업 경영에서 패러다임 전환이 필요하다는 것은 기존의 생산 중심적 패러다임에서 고객 지향적 패러다임으로 전환해야 한다는 의미인 경우가 대부분이다. 그 반대 방향인 경우는 찾아보기 어렵다. 그러면 도대체 왜 생산자 관점이 신념이나 습관으로 자리를 잡고 심지어 하나의 패러다임으로까지 간주되며 폐기되지 않고 있는 것일까?

경제 발전 초기 단계이거나 새로운 산업이 부흥하기 시작하는 단계에서는 수요는 많다. 하지만 경쟁이 본격화되지 않는다. 따라서 필연적으로 공급이 부족하게 된다. 소위 만들기만 하면 팔리는 '공급자 주도 시장'이 형성된다. 소비자들은 제품을 구매하여 소유하는 것을 중요하게 여긴다. 당연히 생산성과 가동률을 높여 최대한 많이 생산하는 것이 가장 중요한 기업 활동이 될 수밖에 없다. '생산=매출'의 등식이 성립하는 상황이므로 생산 조직이 매출과 이익 창출의 주도권을 갖는다. 영업은 그 물건을 사기 위해 줄 서 있는 고객들에게 배급하는 기능을 수행할 뿐이다.

물건을 달라고 아우성치는 고객들이 많으면 많을수록 기업은 제품의 품질을 향상시키기보다는 최대한 더 많이 만들어 더 많이 공급하는 방향으로 움직인다. 이러한 상황이 오래 지속되면 생산량 확대 외의 다른 고객 가치는 잊어버리거나 무시하는 생산 중심적 사고가 자리 잡는다.

하지만 시장은 하나의 기업이 이러한 수혜를 오래 누리도록 내버려두지 않는다. 만들기만 하면 팔리는 상황은 많은 수익이 기대되므로 자연스럽게 새로운 경쟁자들이 참여하게 만든다. 그 결과 모든 경쟁자가 최대한 많이 생산하여 최대한 많이 팔려 하고 점차 수요와 공급이 비슷하게 맞아들어가는 상황이 전개된다.

그래도 아직은 사정이 나은 편이다. 단순히 배급 활동만 하던 영업 부서가 이제는 열심히 뛰어다닌다. 이 고객 저 고객 찾아다니며 물건을 팔아낸다. 생산 즉시 팔려나가는 행복한 상황은 아니지만 그래도 나름대로 판매도 잘되고 이익도 괜찮으며 재고 회전도 비교적 원활하다. 단지 경쟁이 점점 치열해지다 보니 가격이 많이 낮아져 예전처럼 커다란 이익을 창출하지는 못할 뿐이다.

아직 괜찮은 이익이 창출된다는 말은 여전히 새로운 경쟁자가 참여할 여지가 남아 있다는 뜻이다. 더 많은 경쟁자가 참여하고 경쟁이 격화될수록 공급이 수요를 크게 초과하는 공급 과잉 상황이 된다. 그래서 고객이 거래의 주도권을 쥐는 '구매자 주도 시장'이 형성된다. 이제 공급은 더 이상 고객이 중요하게 생각하는 가치가 아니다. 물건을 공급할 기업은 얼마든지 있다. 고객은 기업에 다른 경쟁자들과 무엇이 다르고 그것 외에 무엇을 더 줄 수 있는지를 묻기 시작한다. 이때 차별화에 실패하고 고객을 만족시키지 못하는 기업은 시장에서 퇴출될 수밖에 없다.

기업들이 이러한 시장의 변화를 읽지 못하고 여전히 공급 부족 시절의 관점과 사고를 가지고 고객 요구의 변화를 외면하면 응징을 받는다. 따라서 고객의 요구에 제대로 대응하기 위해서는 여태까지 해왔던 사고와 행동, 습관과 제도, 운영 방식 등을 통째로 바꾸어야 한다. 조직 구성원 모두가 엄청난 변화의 물결 속으로 들어가서 많은 어려움과 고통을 감내해야만 함을 의미한다. 패러다임 시프트라는 거창한 용어를 동원하지 않으면 안 될 정도의 큰 변화가 요구되는 것이다.

하지만 기업이 활동하기 시작한 초창기부터 고객 관점이 기업 경영의 유일한 패러다임이라는 점을 이해하고 지속적으로 실천해왔다면 시장의 상황이 아무리 변하더라도 이러한 어려움을 피할 수 있다. 공급자 주도의 공급 부족 상황을 보자. 그 단계에서 고객이 진정으로 원하는 것은 필요한 제품의 충분한 구매이다. 가격이나 품질도 중요하기는 하다. 하지만 고객 입장에서는 공급이 워낙 부족하다 보니 제품을 충분히 구매하는 것이 다른 모든 가치를 초월하는 만족이 된다. 따라서 기업으로서는 공급을 최대한 늘리는 것이 최고의 고객 만족 실천이 된다. 다시 말하면 공급 확대를 통해 고객을 창출하고 만족시키는 기업의 목적을 달성할 수 있다는 의미이다.

시장에서 수요와 공급이 역전되어 공급 과잉 상태가 되면 고객의 관심은 다른 곳으로 옮겨간다. 가격과 품질이 점점 중요해지고 차별화된 제품과 서비스 구매를 통해 브랜드, 디자인 등 소유의 자부심을 높이는 쪽으로 고객이 원하는 가치가 변화한다. 고객의 가치를 중심에 두지 못하고 생산을 많이 하여 더 많은 이윤 창출을 하는 데만 주력하던 생산자 관점을 가진 기업은 이해하기도 대응하기도 어려운 상황이 되어버린다. 하지만 처음부터 고객 관점에 입각하여 운영해온 기업에는 별다른 문제가 되지 않는다. 고객이 가장 원하는 가치가 공급 확대에서 다른 것으로 바뀌었기 때문에 그 요구를 파악하여 충족시키기만 하면 되기 때문이다.

모든 경영 활동에서 유일한 패러다임은 고객 관점이다.
공급자 주도 시장에서 생산을 확대하는 것 또한 최대한 많은 고객이 구매의 혜택을 받도록 해야 한다는 고객 관점에서 이해되어야 한다. 이 때문에 생산량 증대와 공급 확대를 명분으로 다른 고객 가치를 희생시켜서는 안 된다.
공급자 주도 시장에서 이윤 극대화를 최우선 목표로 하여 고객의 가치를 경시하고 생산량을 확대하는 데에 주력한다면 시장 상황이 구매자 주도로 변화할 때 위기를 맞는다. 생산자 관점이 신념이나 습관으로 형성되어 고착되기 때문이다.
따라서 생산자 관점 또한 고객 지향 패러다임의 한 형태로 해석되어야 한다. 다만 공급 확대가 최고의 고객 만족인 상황에서만 유효성을 가지는 것이 생산자 관점이다. 이를 기업의 이익 극대화를 위해 약자 입장인 고객의 가치를 희생시켜도 무방한 것으로 오해해서는 안 된다.

Business Management User's Guide

베스트 프랙티스를 구축하고
지속적으로 개선하라

'베스트 프랙티스'라는 용어가 국내에 널리 알려진 것은 아마도 1990년대 중반 이후 'ERP 시스템' 도입의 붐이 일면서부터가 아닌가 싶다. ERP 시스템은 '전사적 자원 관리 시스템'이라고도 한다. 기업 전 분야에 걸친 모든 경영 정보와 자원을 효과적으로 통합하여 프로세스의 효율성과 성과의 극대화를 이루기 위한 정보 시스템 체계를 말한다. ERP라는 개념은 원래 제조 공장에서 생산 계획 달성에 필요한 자재의 소요량을 산출하기 위해 만들어 사용하던 개념인 '자재 소요 계획'이라는 'MRP material resource planning'의 개념과 논리를 전사 차원의 규모로 확대한 것이다.

ERP 시스템은 재무, 생산, 물류, 구매, 영업, 품질, 설비 관리 등 경영 활동의 모든 분야가 가장 최적화된 표준 모듈로 만들어져 있으며, 각각의 모듈들이 서로 긴밀하게 통합되어 일관된 업무의 흐름과 데이터의 일관성이 확보되도록 구성되었다. 그런데 표준화된 사이즈의 레고 블록을 가지고 다양한 형태의 구조물을 만들어낼 수 있듯이, ERP 시스템을 적용하는 기업의 특성에 따라 표준화된 기능별 모듈로 구축할 수 있는 조합 또한 다양하다. 이 때문에 한 기업의 특성에 맞게 설계되어 통합된 업무의 체계가 다른 회사에도 꼭 들어맞는다고 할 수는 없다. 하지만 회사의 업종과 규모가 유사하면 아무래도 공통점이 많아지고 다른 회사의 모듈 통합 방식과 프로세스를 재활용할 기회가 늘어난다.

이 때문에 ERP 시스템을 제공하는 전문 업체는 조립 산업, 장치 산업, 유통업, 서비스업 등 업종별로 가장 최적화된 모듈 통합 방식과 프로세스를 미리 만들어 고객에게 가장 바람직한 모델로 제시하는 것이 일반적이다. 이렇게 성과 창출을 위해 가장 최적화된 형태로 이미 실행이 검증된 업무 수행 방식을 '베스트 프랙티스'라고 한다. 그리고 이는 ERP 시스템의 성공적인 구축을 통해 선진 기업의 일하는 방식을 도입할 수 있는 지름길이라고 평가받고 있다.

하지만 최초에 제시된 베스트 프랙티스대로 ERP 시스템을 구축할 수 있는 경우는 그리 많지 않다. 같은 업종에 유사한 규모라고 해도 회사마다 사업 구조와 일하는 방법의 특성이 얼마간은 다르기 때문에 어떤 형태로든 수정이 필요하다. 그뿐만 아니라 ERP 시스템을 만든 사람들도 신이 아닌 이상 모든 기업을 총망라한 최적의 베스트 프랙티스를 모두 다 미리 만들어 놓을 수는 없다.

이 때문에 실제 ERP 시스템을 구축하고 적용하기 위해서는 해당 기업의 프로세스 전반을 검토하고 새롭게 구축하는 프로세스 혁신을 선행할 필요가 있다. 이 PI 과정을 통해 표준화된 베스트 프랙티스를 기업 고유의 특성이 반영되도록 수정·보완하여 새로운 베스트 프랙티스를 만든다. 이렇게 만들어진 기업 고유의 베스트 프랙티스는 그 기업의 목적을 가장 효과적이고 효율적으로 수행한다. 그리고 그 과정에서 발생하는 모든 경영 정보를 통합하여 제공해주는 바람직한 형태의 업무 수행 방식이자 인프라가 된다.

이 때문에 잘 구축된 베스트 프랙티스는 해당 기업의 '성공 공식'으로 자리 잡는다. 기업의 구성원들은 이 성공 공식을 신뢰하고 그것을 기반으로 일하면서 성과를 창출한다. 그 베스트 프랙티스가 성공 공식임이 분명하다면 그 성과는 지속적이고 반복적으로 창출된다. 그다음으로 해야 할 일은 성공 공식을 유사한 분야나 업무에 복제하여 적용하는 것이다. 성공 공식의 복제와 확장에 성공한다면 성과 또한 비슷한 수준으로 복제되고 확대될 것이며 지속반복된다.

하지만 영원불멸한 베스트 프랙티스란 없다. 기업이 처한 환경, 고객, 시장은 끊임없이 변화한다. 기술은 빠른 속도로 진화하고 새로운 이론과 방법론이 출현한다. 그러므로 한 번 구축된 베스트 프랙티스는 그것이 아무리 훌륭한 성과를 가져다주었더라도 앞으로의 성공 공식으로 여전히 유효한지에 대해 끊임없이 점검하고 피드백 받아야만 한다. 또한 지속적으로 개선해나가야만 한다.

효과적인 성공 공식을 가지고 있지 못한 조직은 성과를 운에 맡기는 것과 같다. 기대되는 성과를 지속반복시켜 줄 수 있는 훌륭한 베스트 프랙티스는 성공 공식이 될 수 있다. 베스트 프랙티스를 유사 분야에 복제하여 확대 적용함으로써 성공 또한 복제할 수 있다.
아무리 훌륭한 베스트 프랙티스라도 지속적인 검토와 보완이 필요하다. 지속적으로 성공 공식을 수정하고 보완해나가는 조직은 경영 환경의 급격한 변화에도 경영 전반의 위험과 시행착오를 줄이고 성공적인 경영을 지속해나갈 수 있을 것이다.

Business Management User's Guide

가치 창출 과정에서 발생하는
총비용을 고려하라

대부분의 기업에서 제조원가(혹은 매출원가) 관리는 매우 중요한 요소로 다루어진다. 따라서 프로세스 혁신, 즉 PI를 추진하면서 원가를 획기적으로 낮출 수 있기를 기대하는 것은 자연스러워 보인다. 원가 절감은 PI의 목적 중 '싸게'를 실현시켜주는 중요한 활동이다. 실제 PI가 성공적으로 이루어지면 원가가 크게 낮아지는 게 사실이기도 하다. 하지만 원가 절감이 PI의 가장 중요하거나 유일한 목표가 되어서는 안 된다. 그보다는 PI가 올바르게 수행된 결과로서 자연스럽게 원가가 낮아진다고 생각해야 한다. '원가'라는 용어를 넓게 해석하면 모든 비용을 포함할 수도 있다. 하지만 여기서는 제조원가 또는 매출원가를 뜻하는 좁은 의미로 사용하겠다.

    PI에는 원가를 낮추기 위한 많은 활동이 포함된다. 하지만 그러한 활동들 각각을 독립된 활동으로 간주하여 각개약진하듯이 추진해서는 안 된다. 조직 시스템의 모든 구성 요소들의 활동은 상호작용한다. 따라서 하나의 원가 절감 활동은 반드시 다른 활동에 영향을 미친다. 이 때문에 '싸게'는 원가 절감만이 목표가 되어서는 안 된다. 그보다는 고객 요구를 '좋게' '빠르게' 충족시키는 데 소요되는 모든 비용, 다시 말해 총비용을 고려해야만 한다.

제조원가나 매출원가 중심의 관점에서 벗어나 고객에게 가치를 제공하기 위해 발생하는 모든 비용, 즉 총비용을 고려하는 관점으로 전환하려는 다양한 접근법들이 존재한다. '활동 기준 원가 계산ABC: activity based costing'도 그중 하나이다. ABC는 상당히 전문화된 관리회계 기법이므로 자세한 설명은 생략하겠다. 다만 기업의 제품과 서비스를 고객에게 제공하기 위해 관여한 프로세스상의 활동을 모두 파악하여 그 비용이 총합을 원가로 관리하려는 노력으로 생각하면 된다.

예를 들자면 공장에서 제조원가를 낮추기 위해 포장비를 줄이면 당연히 포장 품질이 떨어진다. 그 결과 정상 제품이 운송 과정에서 하자가 생겨 고객 불만으로 이어지고 클레임이 발생할 수 있다. 구매 비용 절감을 위해 협력 업체를 쥐어짜면 이 또한 제품 품질 저하의 원인이 되며 장기적으로는 협력 업체의 도산으로 더 큰 피해를 볼 수도 있다. 또한 고객의 소규모 주문을 여러 번 실어 나르지 않고 한데 합쳐서 하나의 차량으로 배송하면 운송비는 절감될 수 있다. 하지만 제품 출고 대기 시간이 길어져 재고 부담이 늘어나고 납기가 지연되어 고객 불만을 불러올 수도 있다.

이렇게 조직에서 발생하는 원가는 여러 다른 형태의 비용과 상호 관련되어 있다. 따라서 다른 비용에 영향을 미치지 않고 독립적으로 원가를 절감할 수 있는 경우는 매우 드물다. 그러한 여러 비용에는 판매비, 일반관리비, 영업 외 비용 등 측정 가능한 비용뿐만 아니라 기회비용처럼 눈에 보이지 않고 측정하기 어려운 비용도 포함된다. 또한 한쪽의 비용 절감이 다른 비용의 증가를 불러오는 상호 트레이드 오프관계에 있는 경우도 많다. 그러므로 담당 부서들이 여러 부분으로 나누어 각자 노력하는 것으로 달성하려 하면 안 된다. 오히려 혼란과 갈등을 야기할 수 있으며 '싸게'의 목적을 달성할 수 없다.

사람 중에 '얼짱'과 '몸짱'이 있듯이 조직도 그렇다. 기업의 손익계산서에서 매출액에서 매출이익에 이르는 부분은 마치 얼굴과 같다. 매출액 증대를 통해 매출 총이익의 규모를 키워가는 기업은 겉으로 보기에 뭔가 있어 보인다. 하지만 손익계산서에서 매출이익 아래로부터 영업이익 혹은 경상이익에 이르는 부분에 표시된 몸통 부분을 소홀히 하면 프로세스상의 비효율이 증가한다. 안타깝게도 그러한 문제의 원인을 제대로 파악하지 못하면서 매출 증대를 통해 문제를 해결하고 위기를 극복하려 하는 경우를 흔히 볼 수 있다.

매출 규모 확대에 집착하면서 매출이익 증대만을 중요시하는 기업은 남들이 보기에 좋은 '얼짱'이 되려는 것과 마찬가지다. 하지만 얼굴은 잘생겼지만 몸이 부실하다면 건강하다고 할 수 없다.
가치 창출 프로세스를 통해 발생하는 총비용을 최적화하는 노력은 조직을 건강하고 균형 갖춘 '몸짱'으로 만들어준다.
'얼짱'은 성장을 보장하지만 '몸짱'은 생존을 보장해준다. 조직은 무엇보다도 생존이 중요하다. 병든 '얼짱'은 위험해질 수 있지만 '몸짱'은 얼굴이 조금 부족하더라도 얼마든지 오랫동안 생존해나갈 수 있다. 물론 '얼짱'이면서 '몸짱'도 될 수 있다면 그것이 가장 최선이다.

Business Management User's Guide

제조원가 절감만을 중시하는 기업들이 범하는 오류

PI를 추진할 때 총비용 관점의 관리가 중요한데도 많은 기업이 제조원가나 매출원가 절감에만 집착한다. 총비용은 측정하기 어려우며 비용 간의 상호 연관성을 명확하게 규명하기도 쉽지 않기 때문이다. 총비용을 고려하지 않고 원가 절감 중심으로 사고하는 조직에서는 흔히 다음과 같은 잘못된 행동 패턴들이 생긴다.

조달과 구매를 가장 중요한 원가 절감 수단으로 생각한다

이는 싸게 만들려면 싸게 사와야 한다는 논리이다. 어느 정도는 타당한 논리이기는 하다. 시장 가격보다 비싸게 구매하는 경우라면 당연히 시장 가격 수준으로 구매할 수 있도록 해야 한다. 또한 공급선supplier에 다른 경쟁자보다 더 좋은 거래 조건을 제시하고 구매 가격을 낮출 수 있는 여지가 있다면 이 역시 긍정적으로 검토할 필요성이 있다. 예를 들면 대금 지급을 더 빨리 해주거나 일정 기간 상당한 물량을 구매할 것을 보장해주면서 구매 가격 할인을 받는다든지 하는 것들이다.

하지만 그러한 여지는 생각보다 많지 않다. 대개 구매 부서는 상시적으로 원가 절감 압박에 시달린다. 그래서 이미 더는 추가로 절감하기 어려울 정도로 납품 업체들을 압박하고 있을 것이다. 오히려 국제 원자재 가격 상승, 인플레이션, 최저 임금 상승 등을 고려하여 구매 가격을 올려주어야 할지도 모른다.

그런데도 전체 원가에서 구매 금액이 차지하는 비중이 워낙 높다 보니 조금만 절감해도 절감 금액이 클 것이라는 막연한 기대감을 버리기 어렵다. 따라서 구매 부서에 원가 절감의 가장 큰 책임을 부과하는 경향이 있다. 하지만 구매 금액 중 비중이 큰 부분은 압력이 먹히지 않는 대형 납품 업체인 경우가 많다. 가격 인하 압력을 행사할 수 있는 곳이라고 해봐야 전체 구매 금액에서 차지하는 비중이 낮은 힘 없는 중소기업들뿐이다. 그런데도 구매 부서는 이러한 영세 업체를 협박도 하고 사정도 해서 구매 가격을 또다시 낮춘다.

하지만 반드시 이 점을 명심하라. "공급선은 구매선의 비합리적인 구매 단가 인하를 품질 저하로 복수한다." 원자재의 품질은 제품 품질에 가장 큰 영향을 미치는 요인이다. 단기적으로는 구매원가를 낮추었을지 모르지만 중장기적으로는 고객과의 관계에서 큰 문제를 일으킬 수 있다. 게다가 공급선이 생존 한계점에 도달해 도산하면 절감한 금액의 몇 배가 되는 피해를 입기도 한다.

단위당 원가를 낮추기 위해 대량 생산과 대량 구매를 한다

원가는 변동비 variable cost 와 고정비 fixed cost 로 구성된다. 변동비는 하나의 단위를 만들 때마다 비례해서 들어가는 비용이다. 원재료비, 외주 가공비, 운영 경비 등이 여기에 해당한다. 고정비는 만드는 양의 많고 적음에 관계없이 고정적으로 지출되는 비용으로 토지, 건물, 설비 등의 감가상각비와 기본 유지 비용 같은 것들이다.

원가에서 주로 이슈가 되는 것은 고정비이다. 같은 고정비로 더 많은 양을 생산한다면 더 많은 단위가 그 비용을 공유할 수 있어 단위당 제조원가가 낮아진다. 유통 업체에서도 마찬가지 상황이 발생한다. 한 번에 더 많은 양을 구매한다면 구매에 수반되는 제반 비용을 훨씬 더 많은 상품에 분산시킬 수 있어 단위당 원가를 낮출 수 있다. 이 논리는 너무나 당연하게 느껴진다. 하지만 사실은 시대착오적 발상이다. 이 논리가 적용될 수 있는 유일한 상황은 공급이 부족해서 만들기만 하면 저절로 팔려나가는 경우뿐이다. 우리가 속해 있는 대부분의 경제 환경에서는 그런 상황은 존재하지 않거나 일시적으로 존재할 뿐이다.

생산자가 칼자루를 쥐고 있는 공급 부족 상황은 생산이 매출과 동의어나 다름없다. 그러나 공급 과잉 상황에서는 고객이 구매의 주도권을 행사한다. 생산을 해도 팔리지 않는다면 악성 재고로 남을 뿐이다. 따라서 판매가 전제되지 않은 상황에서 생산량을 무작정 늘리거나 대량 구매를 한다는 것은 불필요한 재고를 쌓는 일이다. 이것은 자살행위나 다름없다. 겉으로 보기에 단위당 원가는 낮아져 '얼짱'처럼 보이지만 사실은 숫자의 장난일 뿐이다. 총비용 관점에서는 다른 비용들을 엄청나게 증가시켜 조직의 건강을 해친다.

원가를 기반으로 판매 가격을 결정한다

생존 부등식의 원리에 의하면 가격(P)은 고객에게 제공하는 가치(V)와 그 가치를 창출하는 데 드는 비용(C) 사이에서 결정되어야 한다. 따라서 기업의 모든 비용을 상쇄하고도 목표로 한 이익을 확보할 수 있는 수준에서 가격이 결정되어야 함은 너무나 당연해 보인다. 하지만 여기에는 큰 함정이 숨어 있다.

생존 부등식에서 가격의 수준을 결정하는 접근 방법으로는 두 가지가 있다. 하나는 가치로부터 출발하는 것이다. 다시 말해 고객이 기업이 제공하는 가치의 대가로 기꺼이 지불하고자 하는 금액으로 가격을 결정한다. 그리고 그 가격에서 목표 이익을 뺀 나머지 금액이 목표 원가가 된다. 이는 소비자 순혜택을 먼저 결정하고 그 범위 내에서 생산자 순혜택을 확보하려는 노력이다. 또 하나의 접근 방법은 비용으로부터 출발하는 것이다. 다시 말해 기업의 비용에 목표 이익을 더해 가격을 결정한다. 그리고 매출 목표를 세우고 강력한 판매 활동을 전개한다. 이는 생산자 순혜택을 먼저 확보하고 소비자 순혜택은 그다음에 해결하는 방식이다.

이 두 가지 접근 방법은 일견 비슷해 보이지만 전혀 다른 결과를 낳는다. 첫 번째 방법은 고객 가치와 가격의 균형이 잘 이루어진 마케팅적 접근이므로 고객은 자발적인 구매를 하게 된다. 또한 적정 수준의 생산자 순혜택, 다시 말해 목표 이익을 확보하려면 비용을 낮춰야 하므로 혁신 활동을 지속적이고 강력하게 전개할 수밖에 없다.

반면 두 번째 방법은 소비자 순혜택을 전제로 하지 않기 때문에 고객은 자발적인 구매를 하지 않는다. 그러므로 판매를 통해 시장에 접근할 수밖에 없다. 가격에 비용을 이미 다 반영해놓았으므로 비용을 낮추기 위한 혁신보다는 매출 수량을 늘리기 위한 판매 활동의 우선순위가 높아진다.

더 큰 문제는 단위당 원가를 낮추겠다는 생각으로 대량 생산이나 대량 구매를 해서 이미 많은 재고를 쌓아놓았다는 것이다. 그리고 그 재고를 모두 처분하는 것이 매출 수량 목표가 된다. 이 때문에 운영상의 비효율은 그대로 용인된다. 그뿐만 아니라 쌓여 있는 재고의 유지와 처분을 위해 예상치 못한 비용이 큰 규모로 발생한다. 만약 그 재고를 정상적으로 판매하지 못해서 덤핑하거나 폐기 처분해야 한다면 손실은 눈덩이처럼 불어난다.

가격은 당연히 기업이 제공하는 가치가 시장에서 어느 정도로 받아들여질지의 관점에서 결정되어야 한다. 가격은 시장에서 정해져야 하며 기업은 그 가격 수준에서 생존할 수 있어야 한다. 자신이 할 수 있는 수준에 목표 이익을 얹는 방법이 아니라 시장에서 요구되는 것을 하고도 목표 이익을 낼 수 있도록 운영 구조를 혁신해나가야 한다.

영업 전략이 유통망 확장과 활동량 증대에 집중된다

최악의 상황을 생각해보자. 원자재를 싸게 사오다 보니 높은 품질의 제품을 만들기 어렵다. 단위당 고정비 비중을 낮추기 위해 최대한 많이 만들었으니 재고는 엄청나게 쌓여 있다. 목표 이익률은 이미 정해져 있으니 판매가격도 제조원가를 기준으로 정해놓았다. 이미 가치와 가격 간의 균형은 많이 무너진 상황이 되어버렸다. 그렇다면 영업 전략은 이미 쌓여 있는 재고를 정해진 가격에 최대한 많이 팔아 현금화하는 것 외에는 없다. 이때는 영업이 생산의 하수인 역할을 하는 셈이다.

영업 부서가 이미 쌓여 있는 재고를 팔아내는 방법은 두 가지밖에 없다. 하나는 활동 범위coverage를 늘리는 것이고 또 다른 하나는 활동량amount을 늘리는 것이다. 다시 말해 '더 넓은 지역을 더 열심히 뛴다'는 것이다. 구매를 원하는 고객을 하나라도 놓치지 않으려면 최대한 넓은 지역에 판매망을 구축하여 커버해야 한다. 그런데 직매장을 늘리는 것은 선행 투자 비용이 많이 들어 판매가 기대만큼 이루어지지 않을 경우 위험도가 매우 높다. 이 때문에 많은 기업이 대리점을 선호한다. 빠른 속도로 넓은 지역을 커버하기 때문에 쉽고 초기 비용이 많이 들지 않기 때문이다.

영업 부서는 쌓여 있는 재고를 확보된 대리점에 쉽게 밀어낼 수 있으리라 생각한다. 하지만 그것은 착각이다. 대리점은 본질적으로 자사의 유통망이 아니다. 대리점은 이익이 되지 않을 것 같다고 판단하는 순간 통제 범위에서 벗어나버린다. 그러다 보니 재고를 밀어낼 때 가격 할인이나 리베이트를 주지 않을 방법이 없다. 대리점을 통제할 수 있는 경우는 압도적인 브랜드를 가지고 있거나 높은 수익률을 보장할 수 있을 때로 한정되기 때문이다. 하지만 이 두 가지 상황이라면 대리점 유통을 굳이 해야 할 이유가 없다.

넓은 지역을 커버하는 유통망을 구축한 다음에는 영업 사원들의 활동량을 최대한 늘린다. 영업 사원들이 많이 뛸수록 많이 팔린다는 단순한 논리이다. 하지만 이것은 소비자 순혜택이 높아 구매를 원하는 고객이 많을 때만 해당하는 논리이다. 기본적으로 경쟁력이 없는 제품은 아무리 활동량을 늘려도 판매가 늘지 않는 법이다.

이를 극복하기 위해 영업 사원에 대한 판매 촉진 수당을 도입하기도 한다. 하지만 수당을 더 받기 위해 온갖 편법이 난무하고 심지어는 인위적인 숫자 왜곡과 같은 부정이 저질러지기도 한다.

이러한 상황에서는 전형적인 제품 밀어내기 형태로 영업이 전개될 수밖에 없다. 고객의 요구를 파악하여 전략에 반영해야 한다는 원칙은 사치스럽게 느껴진다. 여전히 공장은 그저 그런 제품을 최대한의 속도로 생산하고 있으니 밀어내기를 조금만 늦추어도 즉시 재고가 증가해버린다. 하루하루가 전쟁의 연속이다.

악성 부실이 증가하고 은폐된다

빠른 속도로 많은 양의 제품을 생산해서 재고가 쌓이면 당연히 재고 보유가 장기화되고 보유 기간이 늘어나 부실 재고가 생긴다. 하지만 그 재고들은 출고를 위한 검사가 이루어지기 전까지는 장부에 정상 재고로 기록되어 있다. 설사 그 재고가 부실화되었다는 것을 알아도 누구도 그것을 보고하거나 부실로 처리하지 않는다. 심지어는 품질 기준을 인위적으로 낮추어 문제 있는 제품을 정상 제품으로 둔갑시키기도 한다. 담당 실무자들만이 이러한 내용을 알고 있으므로 진실이 은폐된다. 그 실무자가 퇴사하거나 다른 부서로 이동할 때 당연히 그 내용은 인수인계가 이루어지지 않는다. 먼 훗날 문제가 발생하면 이미 조직 내에는 책임질 사람이 없거나 여러 사람 공동의 책임이 된다. 모든 사람의 책임은 누구의 책임도 아니다.

그뿐만 아니라 많이 팔아내는 것이 영업 부서의 미덕이 된 상황에서는 가공의 매출이 발생하기도 한다. 이때도 영업 사원에게는 판매 수당이 지급된다. 대리점과의 담합을 통해 재고를 싼값에 밀어낸 다음 매출로 잡기도 한다. 때로는 본인이 제품을 직접 떠안기도 한다. 물론 개인적인 손해가 발생하지만 판매 수당으로 벌충할 수 있을 것이다. 떠안은 재고는 적당한 시기에 편법으로 처리하면 된다.

문제는 이러한 행위가 한 번만 생기지 않고 상습적이고 지속적으로 발생한다는 점이다. 그래시 가공 매출로 일어난 부실은 항상 일정힌 규모가 계속 유지된다. 누구도 이 규모를 정확하게 파악하지 못하며 설사 알아도 중단하지 못한다. 이는 마치 카드 돌려 막기와 같다. 중단하는 순간 상당한 매출 실적이 희생되어야 한다. 그 뒷감당을 할 용기가 있는 사람은 거의 없다.

고객과의 신뢰를 바탕으로 한 지속적 관계 형성이 어려워진다

기업의 영업 활동에서 충성도 높은 고정 고객은 매우 중요하다. 기업은 고객들과의 관계를 안정적으로 유지함으로써 반복 구매를 유도하고 매출의 변동성을 낮추면서 위험을 줄일 수 있다. 하지만 고정 고객과의 관계 구축에는 시간이 걸리며 유지를 위해서도 어느 정도의 비용이 발생하게 마련이다. 그런 이유로 기업들이 고정 고객보다는 신규 고객으로 눈을 돌리는 것은 일견 당연해 보인다.

과잉 재고를 최대한 효과적으로 그리고 빠른 속도로 해결하려면 물건을 사겠다는 사람이 나타났을 때 절대 놓치지 말아야 한다. 또한 더 많은 수익을 얻기 위해서는 더 좋은 가격으로 구매하겠다는 고객을 마다할 이유가 없다. 그러다 보니 거래가 전혀 없던 새로운 고객이 더 나은 구매 조건을 제시했을 때 고정 고객의 물량을 축소하거나 관계를 정리하고 새로운 고객으로 전환하는 일이 생길 수 있다.

물론 더 많은 양을 더 좋은 가격에 팔았기 때문에 단기적으로는 이득이 발생할 것이다. 하지만 이런 상황이 반복될수록 고객들과의 신뢰는 깨지고 장기적인 관계 형성은 불가능해진다. 영업 사원들은 마치 철새처럼 더 좋은 조건을 제시하는 고객을 이리저리 찾아다닌다. 고정 고객이 점차 줄어들면서 안정된 주문 또한 함께 줄어든다. 판매 예측은 어려워지고 생산 계획의 불확실성 또한 증가한다. 그 결과 고객이 요구하는 제품은 재고가 부족하여 대응하지 못하면서 잔뜩 재고로 쌓여 있는 물건은 팔리지 않는 상황이 발생한다. 악성 고객으로부터 대규모 클레임이나 부도를 맞는 경우도 비일비재해진다. 결국 실적 부진이 이어지고 "최선을 다해 노력했지만 시황이 나빴으며 운이 따르지 않았다"는 천편일률적인 변명을 늘어놓게 된다.

구매원가의 절감과 생산량 증대를 통한 단위당 제조원가의 절감, 제조원가에 목표 이익률을 더하여 결정되는 판매 가격, 제품의 경쟁력이 낮은 상황에서의 대리점 중심 유통망 확대, 영업 사원의 활동량을 늘리기 위한 판매 수당의 운영 등은 기업이 가장 쉬운 방법으로 문제를 해결하려고 시도할 때 전개되는 활동들이다. 그 결과는 악성 부실 자산의 증가와 고객의 이탈, 재무적 성과의 지속적인 부진으로 이어질 수밖에 없다.

기업은 이렇게 누구나 생각할 수 있는 쉬운 방법을 통해 운영되어서는 안 된다. 프로세스 혁신은 '우리가 무엇을 할 수 있는가'가 아니라 '우리가 무엇을 해야 하는가'로부터 출발한다.

프로세스 혁신의 방향성과 기본 원칙

만들기만 하면 팔리는 공급자 주도 시장에서는 프로세스 혁신이 굳이 필요하지 않을 수도 있다. 그런 어려운 노력을 하지 않고서도 얼마든지 충분한 매출과 이익을 얻을 수 있기 때문이다. 조직 내부의 생산성 저하나 지속적인 비용 증가도 별로 걱정하지 않아도 된다. 그 모든 것을 가격에 얹어 소비자들에게 전가할 수가 있기 때문이다. 그렇게 쉬운 방법이 있는데 효율을 높이고 비용을 줄이기 위해 굳이 프로세스 혁신이라는 어렵고 고통스러운 과정을 자초할 이유가 없을 것이다.

이러한 상황에서는 생존 부등식도 별 의미가 없다. 생존 부등식에서 가격(P)은 고객 가치(V)와 비용(C) 중간 어딘가에 위치를 두어야 한다. 그런데 공급이 절대적으로 부족하면 가격을 어디에 두어도 팔려나간다. 따라서 발생한 비용 위에 원하는 만큼의 마진을 얹어 가격을 결정할 수 있다. 당연히 고객 가치 증대나 비용 절감보다는 얼마나 더 생산할 수 있는지가 더 중요한 관심사가 된다.

하지만 공급 과잉으로 구매자 주도 시장이 되면 기업들은 전혀 다른 게임을 해야만 한다. 제품을 만들더라도 팔리지 않을 수 있다. 따라서 판매를 늘리려면 세 가지 중 하나를 선택해야 한다. 첫째는 단기적으로만 효과가 있는 방법이지만 판매원들을 동원하여 과잉 생산된 제품들을 팔아내는 것이다. 다른 두 가지 방법은 가격을 낮추거나 제품의 가치를 높이는 것이다. 다시 말해 소비자 순혜택을 증가시켜 고객의 구매를 촉진시키는 방법을 말한다.

그런데 문제는 이 세 가지 방법 모두가 생산자 순혜택, 즉 이익을 감소시킨다는 것이다. 인적 판매는 가장 비용이 많이 드는 매출 확대 방법이다. 고객 가치를 증가시키는 것 또한 추가적인 비용이 들 수 있다. 가격 인하 역시 판매량 증가에 따른 이익보다 마진율 감소에 따른 손실이 더 크다면 잘못된 선택일 수밖에 없다.

이런 상황에서는 기업의 무능력과 비효율을 소비자에게 전가할 방법이 없다. 팔리지 않는 제품을 만들어봐야 재고로만 쌓일 테니 시장의 요구만큼만 만들어야 한다. 하지만 그러면 가동률이 저하되고 이미 투자된 고정비를 감당할 수 없어 적자가 난다.

이를 해결하는 유일한 방법은 고객 가치(V)를 높이면서 동시에 비용(C)을 줄여가는 것이다. 이 두 가지를 동시에 하는 건 쉽지 않다. 하지만 충분히 가능한 일이기도 하다. 예를 들어 더욱 신뢰성 있고 결함 없는 제품을 만드는 것, 납기를 단축하는 것 등은 고객 가치를 높이는 동시에 비용 또한 획기적으로 줄여준다. 프로세스 혁신은 바로 이를 위한 것이다. 다시 말해 고객 가치를 높이는 동시에 비용 또한 획기적으로 줄여 성장성과 수익성을 동시에 증가시키기 위한 목적으로 조직 시스템의 구조와 운영 방식을 새롭게 바꾼다.

그렇다면 프로세스를 어떤 모습으로 바꾸어야 할까? 쉬운 이해를 위해 하나의 예를 들어보겠다. 기업의 구조를 아주 단순화하여 돈 만드는 기계라고 해보자. 기계에 원재료를 집어넣으면 마치 현금인출기처럼 돈이 나온다. 이 기계로 최대한 많은 돈을 버는 방법을 생각해보면 몇 가지 아이디어를 얻을 수 있다.

가장 중요한 것은 만들어내는 돈의 가치이다. 같은 원료를 집어넣어 5000원짜리 지폐가 나올 때보다 만 원짜리 지폐가 나오는 경우가 더 큰돈을 번다. 기업에서는 더 높은 가치의 제품을 만들어 더 비싸게 파는 것이 여기에 해당한다. 이것은 기술이나 운영 측면에서 상당한 혁신이 필요한 꽤 어려운 일이다.

다음으로는 돈을 얼마나 빠른 속도로 만들어낼 수 있는지에 관한 것이다. 이는 '사이클 타임'이나 '리드 타임'의 개념으로 이해할 수 있다. 사이클 타임이 짧아질수록 운영에 필요한 재고의 수준은 줄어들고 회전율은 높아진다. 예를 들어 5000원짜리 지폐 한 장을 만들 때보다 만 원짜리 한 장을 만드는 데 3배의 시간이 걸린다면 더 불리한 결과를 얻는다.

또 한 가지 중요한 포인트는 불량이다. 사이클 타임이 동일한 상황에서 만 원짜리 지폐 한 장을 얻기 위해 2장을 불량으로 버려야 하거나 같은 작업을 세 번 정도 반복해야 한다면, 5000원짜리 지폐를 불량 없이 단번에 만들 수 있는 경우보다 불리하다.

똑같은 원재료로 얼마나 많은 수량의 지폐를 만들 수 있는지 또한 중요하다. 가치 창출 과정에서는 어떤 형태로든 '로스'가 발생할 수밖에 없다. 원재료가 최종적인 가치로 전환된 비율을 '수율'이라고 한다. 당연히 수율이 높을수록 로스가 감소하여 비용이 줄고 같은 원재료로 더 많은 지폐를 만들어낼 수 있다.

마지막으로 생각할 수 있는 것은 기계를 운영하는 데 드는 비용을 줄이는 방안이다. 더 싼 기계로 같은 성과를 낸다든가 전기료, 임대료, 인건비 등의 절감을 말한다.

정리하면 더 높은 가치를 더 빠른 속도로 창출하되 불량을 줄이고 수율을 높이며 운영 비용을 최소화할 수 있다면 가장 많은 돈을 번다고 생각할 수 있다. 기업의 운영도 기본적으로는 이 원리와 같다. 하지만 기업의 가치 창출 프로세스는 훨씬 더 복잡하며 좀 더 높은 수준의 원칙들이 요구된다.

'린 방식'이라 불리기도 하는 '도요타 생산 방식TPS'이나 나중에 설명할 '제약 이론'은 고객 가치를 높이면서 비용 또한 최소화하는 프로세스의 운영 원칙과 방법들을 제시한다. 이러한 방법론 체계들을 살펴보면 가치 창출 프로세스 혁신을 위한 기본적인 방향성과 원칙들이 매우 유사함을 확인할 수 있다. 핵심적인 내용을 추출하면 다음의 여섯 가지다.

이러한 방향성과 원칙들은 단지 제조 분야에서만 유효한 것이 아니다. 제품 개발이나 회계를 포함한 모든 종류의 프로세스에 응용하여 적용할 수 있으므로 반드시 이해해야 한다.

동기화

동기화synchronization는 수영 종목 중 싱크로나이즈드 스위밍synchronized swimming과 같이 프로세스를 구성하는 모든 공정과 요소들이 마치 한 몸처럼 고객 가치 창출을 위해 움직이는 것을 말한다. 프로세스상의 모든 공정들을 조직 전체의 성과를 최대화하도록 협력시키고 상호작용시켜 전체 최적화 구조를 확보하는 것이 동기화의 목적이다.

동기화는 모든 프로세스 혁신의 출발점이자 가장 중요한 방향성이라고 할 수 있다. 동기화를 하지 못한 상태에서 이루어지는 어떤 종류의 개선도 목적을 제대로 달성하기 어렵다. 과잉 생산은 모든 낭비의 근원이기 때문에 과잉 생산이 해소되지 않고서는 무엇이 문제인지를 파악하기도 어렵고 개선 효과도 묻혀버리기 때문이다. 동기화의 기본적인 운영 원칙 몇 가지를 열거하면 다음과 같다.

- 가치 창출 프로세스는 전체 최적화의 흐름을 이루어야 한다.
- 프로세스상의 모든 활동은 페이스메이커에 종속되어야 한다.
- 과잉 생산은 최대한 방지되어야 한다.

동기화는 매우 중요한 주제이므로 뒤에 더 많은 지면을 할애하여 기본 원리와 실행 방법을 좀 더 자세하게 설명하겠다.

표준화

기업이 생산성을 높이고 더 좋은 품질의 제품을 만들어내기 위해서는 부족한 점을 끊임없이 보완해나가야만 한다. 그런데 어디에서 무엇이 잘못되었는지를 어떻게 알 수 있을까? 일반적으로 무언가가 잘못되었다고 하는 것은 기준이나 기대에서 벗어났음을 의미한다. 따라서 기준이 미리 정해져 있지 않다면 결과를 측정할 수 없으며 그 결과가 잘못되었는지 아닌지도 알 수 없게 된다.

또 하나 중요한 점은 그 기준에 도달하기 위해 반복적으로 수행되어야 하는 행동은 어떤 것인가이다. 같은 행동이 반복되지 않는다면 결과값은 크게 흔들린다. 행동이 반복되면 결과값도 예측 가능하므로 그 행동이 불러올 문제점을 사전에 파악하여 대응할 수 있다.

이렇게 준수해야 할 목표가 되는 기준을 '표준$_{standard}$'이라 한다. 또한 그 표준에 근접하는 결과를 얻어내기 위해 반복적으로 수행해야 할 행동을 정해놓은 것을 '절차'라 한다. 그리고 가치 창출 프로세스의 운영 과정에서 반복적으로 수행해야 할 모든 활동을 표준과 절차로 정하는 것을 '표준화$_{standardization}$'라고 한다. 표준화는 다음과 같은 몇 가지 기본적인 운영 원칙으로 설명할 수 있다.

- 프로세스 운영상의 모든 활동은 표준과 절차가 있어야 한다.
- 만들어진 표준과 절차는 반드시 준수되어야 한다.
- 준수될 수 없는 표준과 절차는 즉시 개정되어야 한다.

평준화

가치 창출 프로세스 운영의 방향성과 원칙에서 가장 쉽게 간과되며 이해하기 어려운 주제가 바로 평준화leveling이다. 하지만 평준화를 소홀히 하면 가치 창출의 흐름이 커다란 변동성에 직면하게 되어 혼란이 가중되고 자원이 낭비될 수 있다.

평준화는 일의 양이나 자원 활용이 한꺼번에 몰리는 현상을 최소화하여 운영상의 변동성과 위험을 줄이기 위한 노력이다. 다시 말해 일이 가장 많이 몰릴 때와 가장 한가할 때, 재고가 가장 많을 때와 가장 적을 때, 인력이 가장 많이 필요할 때와 가장 적게 필요할 때의 차이를 줄이는 일이다. 평준화를 통해 프로세스 운영의 예측 가능성을 높이고 소요되는 자원을 일정한 규모로 유지할 수 있다.

예를 들어 어떤 식당이 손님이 몰리는 날에는 정신없이 바쁘다가 그렇지 않은 날에는 대부분의 자리가 빈다고 하자. 아마도 이 식당은 매출 발생 패턴이 매우 불안정할 것이다. 식자재도 매일 얼마나 필요한지 예측하기 어려우며 인력도 어떤 때는 부족하다가 어떤 때는 남는 일이 반복될 것이다. 이와는 반대로 항상 손님을 줄 세워 팔 수 있거나 예약을 통해 테이블을 채울 수 있다면 예측 가능성이 높아지고 인력 또한 적정 수준으로 고용할 수 있다.

기업에서 인력이 부족하다고 아우성치는 부서가 있다면 일이 평준화되어 있는지 먼저 살펴보아야 한다. 대개 부서 책임자는 일이 몰리는 피크 타임의 업무량에 맞추어 인력을 확보하려 하기 때문이다. 재고 역시 제품 사양별로 보유 수준이 평준화되어야 한다. 그렇지 않으면 어떤 사양은 재고가 너무 많고 어떤 사양은 거의 없어서 총재고는 산더미 같은데도 수시로 결품이 나는 황당한 상황을 겪을 수 있다. 평준화를 위한 몇 가지 운영 원칙을 열거해보면 다음과 같다.

- 어떤 한 시점에 일이 몰리지 않고 일별, 주별, 월별로 일정한 흐름으로 분산되도록 작업을 설계해야 한다.
- 몇몇 사람에게만 일이 몰리지 않도록 업무량을 적절하게 배분해야 한다.
- 제품의 생산, 이동, 재고 보관에 최대치와 최소치 간의 차이를 축소하기 위해 노력해야 한다.

예방

프로세스 운영에서 비용 절감의 여지가 가장 많은 부분은 무엇일까? 사람들은 보통 그 답을 눈에 잘 띄거나 이해하기 쉬운 부분에서 찾는다. 그래서 구매 비용, 인건비, 판매 관리비, 고객 클레임 같은 데 눈을 돌린다.

하지만 실제로 비용이 가장 많이 낭비되는 부분은 다른 곳에 있다. 그것은 프로세스 운영 과정에서의 실패 비용이다. 다시 말해 불량으로 폐기되는 비용이나 잘못된 작업을 수정하고 복구하는 비용과 같은 것들이다. 이러한 비용의 규모가 엄청난데도 흔히 간과되는 이유는 눈에 잘 띄지 않거나 이해하기 어려운 곳에서 발생하기 때문이다. 6시그마 이론에서는 이러한 비용들의 집합을 '감추어진 공장 hidden factory'이라고 부르기도 한다.

가장 이상적인 해결 방법은 문제를 아예 발생시키지 않는 것이다. 다시 말해 단 한 번의 시도로 의도된 결과를 얻을 수 있도록 완벽하게 일하는 것을 말한다. 그런데 그런 완벽함은 사실상 불가능하다. 그래서 발생한 문제를 다음 단계로 전가하지 않도록 노력하는 게 더 현실적이다. 완벽을 지향하되 어쩔 수 없이 문제가 생겼다면 즉시 해결하여 다음 단계 활동에 지장을 주지 않는 것이다.

이는 문제의 사후적 해결이 아니라 문제의 예방 prevention에 프로세스 운영의 초점을 맞춤을 말한다. 예방이 잘 이루어진 프로세스는 문제가 거의 발생하지 않기 때문에 가치 창출 흐름이 마치 물 흐르듯 흘러간다. 도요타 생산 방식에서는 모든 공정이 다음 공정에 대해 산출물의 품질을 보증한다는 의미에서 '자공정완결自工程完結'이라고 한다. 이를 위해서는 다음과 같은 몇 가지 운영 원칙이 매우 중요하다.

- 프로세스는 고객의 방향으로만 진행되어야 한다.
- 고객 가치는 결함이 제거된 상태로 다음 단계로 흘러가야 한다.
- 가치 흐름의 역류와 결함의 재작업은 최소화되어야 한다.

즉각 대응 능력

공급자 주도인 상황에서는 생산자가 자신의 스케줄대로 생산하면 된다. 원재료가 충분하고 설비나 도구와 같은 생산 수단에 문제가 없다면 최대한 많이 생산하고 문제가 발생하면 그때 조치한다. 그래도 문제가 없다. 문제를 미리 예방하나 나중에 조치하나 어차피 전체 생산 시간의 합계는 똑같고 생산한 제품은 즉시 다 팔리기 때문이다.

하지만 고객이 원하는 만큼만 생산해야 하는 공급 과잉 상황에서는 이야기가 달라진다. 고객의 요구가 없을 때는 원재료나 생산 수단에 아무런 문제가 없어도 가동을 멈출 필요가 있다. 반대로 문제가 발생한 상태에서 고객의 요구가 들어오면 기회를 놓치게 된다. 따라서 필요할 때는 언제든지 생산할 준비를 갖추고 있어야만 한다.

가치 창출 프로세스가 정상적으로 가동되기 위한 요소로 흔히 거론되는 것이 4M이다. 4M은 사람, 설비, 원·부재료와 부품, 도구와 방법을 의미한다. 이러한 가치 창출의 핵심 요소들을 필요할 때 언제든지 가동할 수 있는 즉각 대응 능력readiness을 유지하고 있어야만 한다. 모든 문제는 사전에 조치해두어야 하며 만약 예기치 못한 문제가 발생하더라도 신속히 대응하여 문제 해결 시간을 최소한으로 단축할 수 있도록 해야 한다. 몇 가지 운영 원칙을 살펴보면 다음과 같다.

- 모든 4M은 필요할 때 가동할 수 있게 완벽히 준비해야 한다.
- 가동 후에는 즉시 다음번 가동을 위한 보전과 유지 관리를 해야 한다.

가시화

마지막으로 언급할 것은 가시화visualization이다. 이는 가치 창출 흐름의 모든 활동이 정보로 기록되어야 하며 눈에 잘 띄고 쉽게 이해할 수 있도록 제공되어야 함을 뜻한다. 가시화는 프로세스 운영의 현황과 문제점을 즉각적으로 파악하여 조치할 수 있도록 하기 위해 필요하다. 눈에 보이지 않는 것은 측정할 수도 관리할 수도 개선할 수도 없다.

그런데 아무리 정보가 잘 제공되더라도 정확성이나 유용성에서 문제가 있다면 무용지물이 될 뿐이다. 따라서 가시화가 효과를 거두기 위해서는 다음 세 가지가 전제되어야만 한다.

첫 번째는 너무나 당연하면서도 쉽게 간과되는 것이다. 수불受拂이 완벽하게 이루어져야 한다. 이는 가치 창출 흐름에서 실물의 거래, 가공, 이동이 발생할 때는 반드시 정확한 정보가 생성되어야 함을 의미한다. 실물의 변화는 반드시 정보를 생성해야 하며 그 정보는 실물이 이동할 때에 함께 따라다녀야 한다. 이를 '정물일치情物一致'라고 한다. 따라서 수불과 정물일치는 정보의 정확성을 확보하기 위한 중요한 기반이라 할 수 있다.

둘째, 올바른 핵심 성과 지표KPI: key performance index가 정립되어야 한다. 정확한 정보가 아무리 많이 제공된다고 하더라도 그 정보가 도움이 되지 않는다면 의미가 없다. 따라서 가치 창출 프로세스의 현재 운영 상황과 문제 발생 여부를 쉽게 파악하고 관리할 수 있는 관리 지표들을 선정할 필요가 있다.

셋째, 발생한 문제에 대해 실질적으로 조치와 개선을 할 수 있는 사람에게 올바른 정보를 제공할 수 있어야 한다. 따라서 그러한 사람들이 잘 볼 수 있고 쉽게 이해할 수 있는 형태로 정보와 지표들을 제공해야 한다.

생산 현장의 현황판은 소홀히 하면서도 경영자들이나 관리자들에게 정보 시스템을 통해 현장 정보를 제공하는 데 너무나 많은 노력을 기울이는 경우를 흔히 볼 수 있다. 즉각적인 행동을 취하기 어려운 사람에게는 너무나 많은 정보가 제공된다. 하지만 정작 행동해야 할 사람들은 무슨 일이 벌어지고 있는지조차 전혀 모르고 하던 일만 계속하는 상황이 반복된다. 이는 마치 차를 운전할 때 주행에 관한 모든 정보를 운전석 뒤에 앉은 사람에게 제공한 다음에 그 지시에 따라 운전하겠다는 것과 마찬가지다.

가시화와 관련해서는 다음과 같은 몇 가지 운영 원칙을 제시할 수 있다.

- 모든 가치 창출 활동은 수불이 이루어져야 한다.
- 실물과 정보는 항상 일치해야 하며 함께 이동해야 한다.
- 정보는 정확하게 수집되고 유용한 형태로 제공되어야 한다.
- 정보는 발생한 문제를 실질적으로 조치하고 개선할 수 있는 사람에게 제공되어야 한다.
- 정보는 잘 보이고 이해하기 쉬운 형태로 제공되어야 한다.

프로세스 혁신은 만들면 팔리던 공급자 우위 시대의 가치 창출 프로세스를 필요한 만큼만 만들고도 지속 생존이 보장되는 강건한 프로세스로 변화시키는 노력이다. 이를 실행하는 데에는 몇 가지의 방향성과 원칙이 있다.
가치 창출 프로세스 전체 흐름이 마치 한 몸처럼 움직이면서 표준과 절차를 확립하여 철저히 준수해야 한다. 문제를 사전에 예방하며 모든 생산 수단이 항상 완벽한 대비 상태를 유지해야 한다. 일이 특정 시점이나 특정 사람에게 몰리지 않도록 적절하게 분산해야 한다. 그리고 모든 경영 정보들이 정확하게 확보되고 실질적으로 필요한 사람에게 유용한 형태로 제공되어야 한다.

Business Management User's Guide

프로세스 전체의 밸런스를 구축하고 유지하라

앞에서 조직을 얼짱과 몸짱이라는 단어로 표현한 적이 있다. 이렇듯 조직은 여러 가지 면에서 사람과 유사성이 많다. 조직은 사람의 창조물이니 그럴 수밖에 없을 것이다. 사람은 창조의 습관을 지니고 있다. 그런데 사람이 무언가 움직이는 것을 만들 때는 어떤 형태로든 사람의 모습이나 인체의 메커니즘을 모방하는 경향이 있다. 그것은 아마도 활동하는 시스템 중 우리가 발견할 수 있는 가장 완벽한 것이 바로 인체이기 때문일 것이다. 그러므로 사람의 창조물이며 활동을 하는 존재인 조직 시스템 또한 인체가 작동하는 원리를 따를 수밖에 없다.

이는 조직이 가장 건전하고 좋은 상태로 운영되기 위해서는 건강한 인체와 가장 유사한 상태가 되어야 함을 의미한다. 그렇다면 인체 건강의 핵심은 무엇인가? 한마디로 말하면 밸런스, 즉 균형이다. 인체는 모든 부분이 제 기능을 하면서 밸런스 있게 유지될 때 건강하다. 이성과 감성, 평상심과 스트레스 등이 균형을 이루면 정신적으로 건강해지고 신체 각 부위가 균형 있고 조화롭게 작동하면 육체적 건강이 유지될 수 있다.

만약 어디선가 무리한 활동이 전개되거나 제 기능이 발휘되지 못하는 상황이 되면 밸런스가 무너지고 과잉이나 결핍 증상이 나타난다. 활동량이 필요 수준에 미달하면 과잉이 나타나고 요구되는 활동량 이상으로 활동하면 결핍이 생긴다. 지나치게 영양을 많이 섭취하면 지방이 축적되어 비만이 된다. 반면 활동에 필요한 만큼의 영양이 공급되지 못하면 남아 있는 지방을 모두 태워 수척해진다.

조직의 원리도 이와 똑같다. 조직의 경영 요소들과 프로세스는 인체의 각 부위 및 그 기능과 같다. 조직의 경영 요소들이 서로 조화롭게 밸런스를 이루어 프로세스가 물 흐르듯 흐를 때 건강한 상태를 유지한다. 건강한 신체를 가진 사람이 자유롭고 민첩하게 활동하듯 건강한 조직은 효율적으로 활동하면서 성과를 창출하고 목표를 달성해나간다. 고객 가치 창출 프로세스는 최적화된 베스트 프랙티스를 통해 효율적인 흐름이 구축되고 군살을 점차 제거하면서 민첩한 활동을 할 수 있다.

반대로 조직의 경영 요소 간의 밸런스가 무너지면 인체의 밸런스가 무너진 때와 유사한 상황이 생긴다. 활동량이 많아야 할 기능이 제 활동을 못하면 미처 소진되지 못한 과잉이 발생하고 감당할 수 없는 정도로 활동량이 증가하면 결핍이 나타난다. 운동 부족으로 지방이 쌓이거나 호흡이 가빠 헐떡거리는 경우에 비유할 수 있다.

우리 신체뿐만 아니라 조직에서도 기능 간의 상호작용 밸런스가 무너지면 쌓이거나 모자라는 게 생긴다. 쌓이는 것은 주로 과잉 재고나 미회수 채권 등의 부실 자산 증가다. 모자라는 것은 투자나 운영을 위한 자금이나 인력 부족 등이다.

그렇다면 우리 신체의 밸런스는 어떤 때 흔들릴까? 건강한 사람이 갑자기 몸이 좋지 않은 것을 느낄 때는 무언가 무리를 한 것이다. 무리는 몸이 견딜 수 있는 한계를 넘어 활동한 것을 말한다. 다시 말하면 몸이 지탱할 수 있는 역량을 넘어섰다는 뜻이다. 그런데 그 한계는 신체의 어떤 한 부분이 결정한다. 신체의 모든 부분이 다 똑같은 한계를 가지는 것은 아니기 때문이다. 몸의 근육은 더 달릴 수 있지만 폐의 역량은 감당하기가 어렵다. 이러한 상황에서 근육이 활동량을 늘리면 호흡이 가빠 뛸 수가 없다. 반대로 폐활량은 여유가 있는데 근육이 약하다면 역시 더 달릴 수가 없다.

조직의 경우도 마찬가지다. 제조 공장의 생산 프로세스에서도 가장 생산 능력이 작고 속도가 느린 공정이 전체의 역량과 속도를 결정짓는다. 이 공정의 능력과 속도 이상으로 다른 공정들이 일하면 과잉이 발생하여 불필요한 재고가 쌓이고 생산에 필요한 원자재가 상시로 부족한 결핍 현상을 불러온다. 이는 마치 저수지의 수위가 어디에서 결정되는지와 같다. 저수지의 수위는 댐의 가장 낮은 곳에 의해 결정된다. 가장 낮은 곳이 개선되지 않는다면 다른 부위가 아무리 높아도 수위가 높아지지는 않는다.

프로세스 전체의 밸런스를 고려하지 않고 능력의 여유가 있는 특정 기능의 활동을 최대화하는 부분 최적화의 노력은 과잉 자산의 증가와 자원의 결핍을 일으킨다.
우리 몸이 전체적인 밸런스를 유지할 때 건강하고 날렵한 몸매를 가질 수 있는 것처럼 조직 또한 전체의 밸런스가 잡혀 잘 유지될 때 가장 건강한 상태로 운영된다.
조직 전체의 성과 개선을 하기 위해서는 조직 내에서 역량과 속도가 가장 낮은 부분을 찾아 최우선적으로 개선하는 노력을 지속적으로 전개해나가야만 한다.

Business Management User's Guide

프로세스 동기화와 제약이론

'린 방식'으로도 알려진 '도요타 생산 방식'에서는 가치 창출의 흐름을 방해하는 모든 것들을 '낭비$_{waste}$'로 정의하면서 다음과 같은 7대 낭비를 지속적으로 제거해나갈 것을 권고한다. 쉽게 외우기 위해 7대 낭비에 해당하는 영어 단어의 첫 문자들을 따서 'COMMWIP'라고 한다.

C: 수정의 낭비$_{correction}$
재작업, 추가적인 동작·가공 작업 발생

O: 과잉 생산의 낭비$_{over\text{-}production}$
너무 일찍, 너무 빠르게, 너무 많이 생산하는 것

M: 동작의 낭비$_{motion}$
부가가치 창출에 기여하지 못하는 불필요한 작업 동작

M: 운반의 낭비$_{material\ movement/conveyance}$
물건, 부품, 장비의 불필요한 이동, 저장 또는 재배치

W: 대기의 낭비$_{waiting}$
부가가치 창출 없이 한 곳에 대기하는 것, 비생산적 시간 사용

I: 재고의 낭비$_{inventory}$

불필요한 재고로 인한 공간, 동작, 이동의 낭비, 불용자재화

P: 가공의 낭비processing

제품 생산 과정에서 고객이 대가를 지불하지 않는 작업 수행

그런데 7대 낭비 중에는 '낭비의 어머니'가 포함되어 있다. 다시 말해 다른 여섯 가지 낭비 발생에 모두 영향을 미치는 '낭비 중의 낭비'가 있다는 뜻이다. 도요타 자동차는 '과잉 생산의 낭비'가 바로 낭비의 어머니라고 말한다. 따라서 과잉 생산의 낭비를 제거하지 않고서는 다른 낭비들의 실제 규모와 발생 원인을 제대로 파악하기 어렵다.

그렇다면 어떻게 하면 과잉 생산의 낭비를 효과적으로 제거할 수 있을까? 앞서 살펴본 프로세스 혁신의 방향성과 원칙 중 '동기화'가 그 해법이 된다. 다시 말해 가치 창출 프로세스 혁신은 동기화로부터 출발해야 한다는 의미이다. TPS에서 제안하는 '후공정 인수 방식' '스토어' '간판'과 같은 개념들은 모두 이 동기화를 실현하기 위한 것이다.

그런데 TPS는 동기화뿐만 아니라 프로세스 혁신의 전 분야를 모두 포함하는 방대한 방법론 체계이다. 이것을 이해하고 적용하는 데 상당한 시간과 노력이 필요하다. 그래서 여기서는 배우기 쉽고 실전에 적용하기도 비교적 용이한 방법론인 제약 이론을 중심으로 프로세스 동기화의 핵심 포인트를 살펴보겠다.

'제약 이론'은 주로 TOC theory of constraint라고 한다. 엘리 골드렛 박사가 1990년대 초 창시한 대표적인 프로세스 동기화 이론이다. 또한 그가 저술한 『더 골』이라는 기업 소설 형태의 책이 베스트셀러가 되면서 세상에 널리 알려지게 되었다. TOC는 다음과 같은 여러 장점을 지닌 이론이다.

가장 중요한 장점은 가치 창출 흐름의 복잡한 상호작용을 동기화하는 데 단순하고 이해하기 쉬운 논리와 이론적 체계를 제공해준다는 점이다. TOC는 프로세스의 제약을 파악하고 제약과 관련된 문제를 해결하는 데

에만 초점을 맞춘다. 따라서 쉽게 실행할 수 있을 뿐만 아니라 전략의 일관성을 확보할 수 있다.

TOC의 또 다른 장점은 실전에 적용해서 프로세스를 안정화하고 성과를 얻을 때까지의 시간이 오래 걸리지 않는다는 것이다. 보통 TOC를 적용한 후 6개월 이내에 가시적인 동기화 성과를 거둘 수 있다.

TOC는 또한 생산 분야뿐만 아니라 프로젝트 관리, 문제 원인 분석, 관리회계, ERP 도입 등 다양한 분야에 적용할 수 있는 유연성을 가지고 있다. 따라서 다른 분야의 업무를 수행해야 할 때도 TOC의 원리를 이해하고 있다면 비교적 쉽게 적응할 수 있다.

그뿐만 아니라 TOC의 기본적 사고 체계와 원리는 TPS와도 일맥상통한다. 여기에 비교적 짧은 시간에 쉽게 배울 수 있는 장점이 있다. 따라서 TPS를 공부하고 싶다면 TOC를 먼저 배우는 것이 좋은 방법이다.

동기화가 되지 않은 프로세스는 필연적으로 과잉 생산을 초래한다.
과잉 생산은 모든 낭비 중에서도 최악인 '낭비의 어머니'이므로 이를 제거하지 않고는 다른 낭비들을 개선하기 어렵다. 따라서 가치 창출 프로세스의 혁신은 반드시 동기화로부터 출발해야 한다.
TOC는 프로세스 동기화를 가장 쉽고 단순하게 접근하도록 해주는 이론적 체계를 제공한다.
TOC의 원리는 생산 분야 외의 다양한 분야에도 적용할 수 있다. 그뿐만 아니라 TOC를 이해하고 나면 현존하는 최고의 혁신 방법인 TPS의 기본 원리도 비교적 쉽게 이해할 수 있게 되는 장점이 있다.

Business Management User's Guide

제약이란 무엇인가

TOC는 '제약'에 초점을 맞추어 프로세스를 동기화하고 지속적인 개선을 해나가는 이론적 체계이다. 따라서 TOC를 이해하기 위해서는 제약의 개념을 명확하게 알아야 할 필요가 있다.

TOC에서 말하는 제약을 한마디로 정의하면 '조직이 더 높은 수준의 성과를 달성하는 것을 제한하는 모든 요소'라고 할 수 있다. 다시 말해 제약에 의해 조직 전체의 성과의 크기가 결정된다는 의미이다. 이를 좀 더 깊이 이해하기 위해 몇 가지 예를 들어보겠다.

쇠로 만든 추로 무게를 다는 저울이 있다. 저울의 아래로 쇠사슬이 있고 그 끝에 추를 매달아 무게를 잰다. 이제 추의 무게를 점점 늘려간다. 무게가 어느 한계를 넘어가면 쇠사슬이 끊어진다. 그렇다면 쇠사슬이 어떻게 끊어졌는지를 확인해보자. 무게를 견디지 못할 때 어떤 쇠사슬도 두 군데 이상의 고리가 동시에 끊어지는 경우가 없다. 반드시 한 군데만 끊어진다. 그렇다면 어떤 고리가 끊어졌겠는가?

보나 마나 가장 약한 고리가 끊어졌을 것이다. 그 고리가 바로 이 저울의 제약이 된다. 다시 말해 가장 약한 고리가 저울이 달 수 있는 무게, 즉 성과의 한계를 결정한 것이다. 다른 고리들이 아무리 강해도 제약이 해결되기 전까지는 매달 수 있는 무게의 한계가 늘어나지 못한다.

약한 고리를 더 강한 것으로 보강한다면 달 수 있는 무게, 즉 성과의 한계가 더 커질 것이다. 그래서 가장 약한 고리를 50킬로그램을 더 버틸 수 있는 고리로 교체하였다. 그렇다면 이제 저울은 이전보다 50킬로그램을 더 버틸 수 있을까? 불행히도 그렇게는 되지 않는다. 가장 약했던 고리 다음으로 약한 고리가 있을 것이다. 저울에 매달 수 있는 무게는 그 고리가 버텨낼 수 있는 한계까지만 증가한다. 다시 말해 가장 약한 고리를 해결한 다음에는 그다음으로 약한 고리로 제약이 이동한다.

결국 제약은 절대 제거할 수 없다. 단지 이동할 뿐이다. 제약을 해결할 때마다 성과의 크기는 증가한다. 그리고 다음번 제약을 만난다. 제약을 끊임없이 개선해나가다 보면 자연스럽게 '지속 개선continuous improvement'이 이루어진다.

이해를 돕기 위해 또 다른 예를 하나 들어보겠다. 댐을 쌓는 건설 프로젝트에서 전체를 10개 구간으로 나누어 10개의 건설 업체에 발주를 주었다. 그런데 각 업체의 시공 역량이 천차만별이어서 10개 구간의 댐의 높이가 들쭉날쭉하게 되었다. 그런데 아직 공사가 끝나지 않은 상태에서 큰비가 와서 일단 현재 상태에서 저수지에 물을 담을 수밖에 없게 되었다고 하자. 저수지에 담을 수 있는 물의 양은 무엇에 의해 결정되는가?

답은 당연히 댐의 가장 낮은 부분이 된다. 다시 말해 댐의 가장 낮은 구간이 제약이 되며 그 제약이 성과의 크기를 결정하게 된다는 말이다. 비가 그친 다음 문제의 심각성을 깨달은 건설 프로젝트 감독자가 댐이 저장할 수 있는 한계 수위를 개선하기로 했다면 당연히 가장 낮은 구간을 개선하게 될 것이다. 다른 구간은 아무리 개선하더라도 제약이 개선되지 않는 한 댐이 저장할 수 있는 물의 양, 즉 성과에는 전혀 도움을 주지 못하기 때문이다.

그래서 보강 공사를 통해 댐의 가장 낮은 구간의 높이가 10미터 정도 높아졌다. 그렇다면 댐이 저장할 수 있는 물의 수위도 10미터 높아졌을까? 그렇게 되지는 않을 것이다. 수위는 그다음으로 낮은 구간의 높이까지만 높일 수 있다. 만약 가장 낮은 구간과 그다음 낮은 구간의 높이 차이가 6미터였다면, 수위는 6미터만 높일 수 있고 나머지 4미터는 당장의 성과에는 기여하지 못하는 잉여 높이가 된다. 그리고 제약은 다음으로 낮은 구간으로 이동할 것이며 그 구간이 물의 수위를 결정한다.

그렇다면 기업이 가치 창출 과정에서 직면하는 제약은 어떤 형태로 나타날까? 아마도 무엇이 프로세스 성과의 한계를 결정하는지 살펴보면 답을 얻을 수 있을 것이다. 모크샤군담 스리칸스 박사와 마이클 엄블 박사는 저서 『TOC 동기화 경영』에서 기업의 가치 창출 프로세스에 영향을 주는 제약을 다음과 같이 분류하였다.

물리적 제약

눈에 보이는 유형의 자원이 제약으로 작용할 때 물리적 제약이라고 한다. 물리적 제약에는 능력 제약과 자재 제약의 두 가지가 있다.

'능력 제약'은 시장에서 요구하는 수요를 충족시키기 때문에 생산 능력이 부족하여 제약으로 작용하는 것을 말한다. 보통 캐파$_{CAPA}$ 부족이라고 부르는 것이 여기에 해당한다. 이를 해소하기 위해서는 투자를 통해 캐파를 증대시켜야만 한다.

능력 제약이 발생하는 경우는 두 가지이다. 하나는 고객의 수요가 많고 자재 공급도 원활하여 생산하면 모두 판매할 수 있는 공급자 주도 상황으로서 이 경우 능력 제약은 생산량에 제약으로 작용한다. 또 다른 하나는 주문 생산 체제인 경우인데 여기서는 능력 제약이 주문에 얼마나 빠른 납기로 대응할 수 있는지의 한계를 결정한다.

'자재 제약'은 자재가 부족하여 시장에서 요구하는 수요를 충족시키지 못하는 경우를 말한다. 보유하고 있는 자재 이상으로 생산하여 공급할 수는 없으므로 자재의 조달 수량이 전체의 성과를 결정한다.

시장 제약

회사의 공급 능력이나 자재 조달 수량보다 시장의 수요가 못 미치면 아무리 많이 만들어도 팔리지 않는다. 이것은 공급 과잉에 의한 구매자 주도 시장에서 발생하는 전형적인 상황이기도 하다. 당연히 고객의 한정된 수요가 제약이 되며 전체의 성과를 결정한다. 기업이 해야 할 일은 생산량을 늘리기보다는 고객의 수요를 창출하고 확보하는 활동을 적극 전개하는 것이다.

시장 제약은 가치 창출 흐름의 동기화가 가장 무너지기 쉬운 상황이기도 하다. 고객의 한정된 수요만큼만 생산해야 하지만 그렇게 되면 상당 부분의 생산 능력이 비가동 상태에 들어간다. 이러한 상황에서 추가적인 고객 수요가 없이 회계상의 단위 원가를 낮추기 위한 의도로 생산 능력을 가동하면 곧바로 과잉 생산으로 이어진다. 그리고 그 과잉 생산은 바로 프로세스의 조화를 깨뜨리며 낭비의 어머니로 작용할 수밖에 없다.

방침 제약

가치 창출 흐름에 직접 포함되는 요소는 아니지만 조직의 전략·전술적 의사결정에 영향을 미치는 사고방식과 행동들이 제약으로 작용하기도 한다. 여기에는 사고방식 제약, 평가 지표 제약, 방법 제약의 세 가지가 있다.

'사고방식 제약'은 조직 구성원들에게 공유되어 있거나 습관화된 사고와 조직 문화가 성과 창출의 장해로 작용하는 것이다.

'평가 지표 제약'은 조직에서 설정하여 관리하는 각종 성과 지표가 오히려 조직의 목표 달성에 방해가 되는 경우이다. 부분 최적화를 조장하고 전체 최적화를 방해하거나 부서 이기주의를 조장하고 협력을 저해하는 방식으로 KPI가 활용될 때 특히 문제가 된다.

'방법 제약'은 조직의 목표 달성에 부적합한 절차나 기법이 적용되는 경우이다. 특히 절차나 기법이 오랜 역사를 가지고 있고 과거의 성공을 만들어내는 데 기여했다면 더욱 심각한 문제가 될 수 있다. 이러한 제약을 피하기 위해서는 주기적으로 절차나 기법의 타당성을 재검토하고 더 이상 유효하지 않은 것은 과감하게 폐기하거나 적절하게 보완하는 노력이 필요하다.

> TOC는 '제약'에 초점을 맞춘다. 제약은 가치 창출 프로세스 흐름에서 가장 약한 부분이며 전체 성과의 크기를 결정한다. 따라서 프로세스에서 다른 부분들의 활동은 제약에 동기화되어야 한다.
> 제약은 절대 없어지지 않으며 그다음 약한 곳으로 계속 이동한다. 따라서 제약을 찾아 개선해나가는 일을 계속하면 자연스럽게 지속 개선이 이루어진다.

병목 자원과
비병목 자원

　　　　　　　　　가치 창출 프로세스는 흐름이다. 프로세스의 흐름은 물이 흐르는 것처럼 얼마나 곧고 빠르게 흐르는지에 따라 성과의 질과 양이 결정된다. 그런데 어떤 흐름이든 항상 속도를 늦추는 좁은 구간이 존재한다. 이러한 좁은 구간에서는 그 구간이 허용하는 흐름을 초과하는 양은 통과하지 못한다. 이를 병목이라 한다.

　'병목$_{bottleneck}$'은 말 그대로 병의 목을 의미한다. 병 안에 담긴 물이 바깥으로 나오기 위한 흐름에는 병의 목이 한계로 작용한다. 다시 말해 병목의 크기가 병 바깥으로 나오는 물의 양을 결정한다. 이렇게 보면 병목은 앞서 설명한 제약과 거의 같은 의미이다. 그러나 동의어라고 볼 수는 없다. 제약이 병목을 포함하는 더 넓은 범위의 개념이다. 예를 들어 시장 제약이나 방침 제약은 병목이 아니다. 자재 제약도 병목의 범주에 포함되지 않는다.

　병목은 프로세스의 중간 어딘가에 위치한다. 그러므로 병목은 물리적 제약 중 하나인 능력 제약이 발생한 경우에만 존재한다는 것을 알 수 있다. 따라서 생산만 하면 모두 팔리는 상황이나 주문 생산 체제일 때에 한해 병목은 제약과 동의어가 된다.

　병목과 제약이 비슷한 의미이기 때문에 서로 유사한 특징을 가진다. 다시 말해 능력 제약이 있을 때 병목은 가치 창출 프로세스 성과 크기를 결정하며 병목을 개선하면 다른 곳으로 병목이 옮겨간다. 하지만 자재 제약이나 시장 제약 상황이 발생하면 병목이 이동하기보다는 아예 사라진다.

그렇다면 제약이나 병목의 위치는 어떻게 파악할 수 있을까? 고속도로에서 차량의 흐름을 보면 병목을 찾기 위한 힌트를 얻을 수 있다. 하늘 위에서 고속도로를 내려다본다면 병목 지점이 금방 보인다. 톨 게이트니 고속도로 본선에 합류하는 램프$_{ramp}$가 병목이 된다. 고장 차량이 있거나 사고가 나서 차선이 좁아지는 곳도 병목이 될 수 있다.

이렇듯 고속도로에서 병목을 보면 병목의 특징을 알 수 있다. 병목 앞에는 긴 대기 행렬이 생기고 흐름의 속도가 느려진다. 따라서 기업에서도 가치 창출 속도가 가장 느리고 처리해야 할 일이나 부품이 앞에 많이 쌓이는 곳이 병목이 된다. 가치 창출 프로세스에서 어떤 자원이나 공정이 병목으로 작용할 때 이를 '병목 자원'이라고 부른다. 또한 병목 자원을 제외한 나머지 자원은 '비병목 자원'이 된다. 이 두 자원의 특징과 차이점은 다음과 같다.

병목 자원

감당해야 할 시장 수요와 같거나 더 작은 수준의 생산 능력을 가진 자원을 병목 자원이라고 한다. 앞서 설명한 바와 같이 물리적 제약 중 하나인 능력 제약과 동의어가 된다. 시장의 수요가 적거나 자재가 부족한 경우에는 프로세스 내에 병목 자원은 존재하지 않는다.

병목 자원의 바로 앞에는 처리해야 할 것들이 대기 행렬을 형성한다. 병목 자원은 프로세스 전체의 성과 수준을 결정하며 병목 자원에서 문제가 발생하면 프로세스 전체의 성과를 악화시킨다.

간혹 프로세스가 대단히 혼란스러워 병목 자원이 이리저리 이동하며 다니는 것처럼 보이는 경우도 있다. 이것을 '부동$_{浮動}$ 병목'이라고 한다.

비병목 자원

감당해야 할 시장 수요보다 더 큰 생산 능력을 지닌 자원을 비병목 자원이라고 한다. 병목 자원의 능력이 가장 취약하다. 따라서 비병목 자원은 병목 자원보다 초과 능력을 보유한다. 만약 프로세스 내에 병목 자원이 존재하지 않는 상황이라면 모든 자원은 비병목 자원이 되며 시장 제약이나 자재 제약에 대해 초과 능력을 갖는다.

비병목 자원은 병목 자원이 가지고 있는 한계만큼만 조직 시스템의 성과에 기여할 수 있다. 비병목 자원이 아무리 열심히 활동하더라도 병목 자원은 자신의 능력 이상으로 처리해낼 방법이 없다. 따라서 병목 자원의 개선 없이 비병목 자원이 초과 능력을 사용한다면 동기화의 흐름이 깨진다. 결국 과잉 생산의 낭비를 발생시키고 프로세스 여기저기에 불필요한 재고들이 쌓인다.

가치 창출 프로세스 내에 물리적 제약 중 하나인 능력 제약이 있을 때 제약은 '병목'과 동의어가 된다.
병목에서는 흐름의 속도가 느려지며 앞에 대기 행렬이 생기는 특징이 있다. 가치 창출 프로세스에서는 이러한 특징을 가지는 자원을 '병목 자원'이라 하며 그 외의 것을 '비병목 자원'이라 한다.
프로세스의 성과는 병목 자원에 의해 결정된다. 비병목 자원이 초과 능력을 임의로 사용하면 과잉 생산의 낭비가 초래된다. 따라서 비병목 자원의 활동은 병목 자원과 동기화될 필요가 있다.

Business Management User's Guide

페이스메이커를 선정하라

마라톤에 관심이 있는 사람은 페이스메이커라는 용어를 들어보았을 것이다. 아무리 고도로 훈련된 선수라도 오랜 시간 장거리를 뛰어야 하는 마라톤 경기에서 처음부터 끝까지 최적의 페이스를 유지하기는 매우 어렵다. 초반에 너무 무리하면 완주하기가 쉽지 않다. 반대로 체력을 너무 아끼면 완주에는 성공할 확률이 높아지지만 좋은 기록은 기대할 수 없다. 만약 선두 그룹 전체의 페이스가 느리면 우승자조차도 좋은 기록을 달성하지 못한다.

이 때문에 공식 마라톤 경기에서는 주최 측이 고용한 여러 명의 전문 페이스메이커가 활동한다. 우승자에게 기대되는 기록을 기준으로 하여 출발부터 결승점까지를 구간별로 나눈다. 그리고 구간마다 목표 기록을 정한 다음 선두 그룹이 각 구간을 그 기록으로 통과하는 것을 도울 수 있도록 페이스메이커들에게 임무를 부여한다.

모든 페이스메이커는 경기에 실제로 참가한 선수이기도 하다. 단지 주최 측에 고용되어 임무를 부여받았으므로 완주하지는 못하더라도 자기가 책임진 구간에 도달할 때까지는 목표 기록에 근접하는 수준으로 달려야 한다. 완주가 목적이 아니므로 약간 무리가 가더라도 기록 달성이 더 중요하다.

경기에 참가한 모든 선수는 어떤 선수들이 페이스메이커인지 알고 있으며 그 선수가 뛰는 페이스를 보면서 자신의 능력에 맞게 페이스를 조절한다. 능력이 출중한 페이스메이커일수록 더 많은 거리를 뛰어 후반 구간을 책임진다. 간혹 자신의 임무를 완성하고도 힘이 남아 끝까지 완주하기도 한다. 심지어는 우승하는 페이스메이커도 있다. 결국 페이스메이커는 마라톤 경기에서 좋은 기록 달성을 위한 속도 조절 장치 역할을 한다.

가치 창출 프로세스 동기화에도 이와 유사한 논리가 적용된다. 프로세스상의 각 자원은 마라톤 선수들과 같다. 만약 페이스메이커가 없다면 자원들은 조직 시스템 전체의 움직임을 이해하지 못한 채 각자의 의도에 따라 부분 최적화 방식으로 활동하게 된다.

따라서 프로세스 내부에는 가치 창출의 전체 흐름을 주도하는 페이스메이커가 반드시 존재해야 한다. 또 다른 자원들은 페이스메이커의 리듬에 종속되어 동기화된 흐름에 따라가는 게 바람직하다. 그러한 이유로 TOC에서는 페이스메이커를 북을 치면서 흐름의 박자를 맞추는 역할을 수행한다는 뜻의 '드러머'라고 부른다.

페이스메이커에 다른 자원들을 종속시킨다는 것은 생산 계획을 페이스메이커에만 내리고 다른 자원들은 페이스메이커에 박자를 맞추면서 상호작용하도록 함을 의미한다. 페이스메이커를 정하기 위해서는 다음과 같은 몇 가지 기준을 참고하면 된다.

능력 제약이 있는 경우

생산 능력 부족으로 프로세스 내부에 능력 제약이 존재하는 경우는 앞서 설명한 대로 제약과 병목이 동의어가 된다. 따라서 병목 자원이 프로세스 전체의 성과 수준을 결정한다. 비병목 자원의 활동은 병목 자원의 활동에 종속되어야 하며 임의로 초과 능력을 사용해서는 안 된다. 따라서 이 경우에는 제약이며 병목인 자원이 페이스메이커이자 드러머가 된다.

자재 제약이 있는 경우

자재 공급이 원활하지 않아 시장 수요를 충족하지 못한다면 프로세스 내부에 병목 자원이 존재하지 않아 앞에서 설명한 방식으로 페이스메이커를 정할 수가 없다. 따라서 페이스메이커를 별도로 정해야만 한다.

이 경우에는 비록 병목 공정이 아닐지라도 자재 공급을 받아 처리하는 첫 번째 공정이 페이스메이커사 느러머가 되어야 할 것이다. 그러면 그 이후에 이어지는 공정들은 자동으로 동기화될 수밖에 없다. 뒤의 공정이 초과 능력을 사용하려 하여도 앞 공정에서 건네준 것 외에는 작업할 것이 없기 때문이다.

시장 제약이 있는 경우

생산 능력보다 고객의 수요가 부족한 경우에도 프로세스 내부에는 병목 공정이 존재하지 않는다. 따라서 페이스메이커를 별도로 정해야만 한다. 그런데 이 경우에는 좀 더 많은 고민이 필요하다. 서로 다른 세 가지의 경우를 생각해볼 수 있다.

하나는 고객 납기가 정해지지 않은 경우이다. 소비자를 대상으로 하는 B to C 사업이 여기에 해당한다. 이 경우에는 어느 공정의 활동을 중심으로 하여 생산 계획을 수립할지가 관건이다. 그 자원이 페이스메이커가 되는데 각 기업 고유의 프로세스 구조, 설비의 보유 상황 등에 따라 선정 기준이 달라질 수 있다.

두 번째로는 고객 납기가 정해진 주문 생산 방식이다. 이 경우는 고객 납기를 단축하는 것이 최대 관건이 된다. 따라서 납기 지연에 가장 큰 원인이 되는 공정, 즉 흐름의 속도가 가장 떨어지는 공정이 성과의 수준을 결정하게 된다. 생산량 측면에서는 병목 자원이 없더라도 납기 측면에서는 속도가 가장 느린 자원이 능력 제약으로 작용하는 것이다. 따라서 납기 측면에서의 능력 제약, 즉 납기의 병목을 페이스메이커로 정하는 것이

타당하다.

세 번째는 자동차 부품 산업에서처럼 고객에게 매일같이 다양한 사양의 부품을 공급해야 하며 절대로 결품을 내서는 안 되는 경우이다. 이러한 사업은 물류가 매우 까다롭고 프로세스 운영 또한 난이도가 몹시 높다. 프로세스 내에 병목 자원이 존재하면 이 사업은 운영할 수가 없다. 바로 결품으로 이어지기 때문이다.

따라서 이 경우 페이스메이커는 고객 결품 방지에 최우선의 초점을 맞추어 결정해야 한다. 이 점을 이해한다면 프로세스의 가장 마지막 공정이 페이스메이커가 될 수밖에 없음이 분명해진다. TPS는 이러한 방식의 사업 운영에 대한 최선의 해결책이 된다.

가치 창출 흐름이 동기화되기 위해서는 프로세스 내부에 반드시 페이스메이커가 존재해야 한다. 다른 모든 공정과 자원은 모두 페이스메이커의 활동에 종속된다.
능력 제약이 있는 경우 병목 자원이 페이스메이커가 된다. 하지만 프로세스 내부에 병목 자원이 존재하지 않을 때는 고객 요구 충족을 최우선의 기준으로 하여 페이스메이커를 선정해야 한다.

Business Management User's Guide

TOC의
프로세스 혁신 5단계

지금까지 살펴본 바와 같이 TOC는 강력하면서 신속하게 적용할 수 있는 프로세스 동기화의 이론적 체계이다. 그러므로 TOC를 통해 이해하기 쉬운 논리와 방법으로 가치 창출 흐름의 페이스메이커를 찾아내어 프로세스를 동기화하고 지속적으로 개선해나갈 수 있다.

그 개선의 핵심은 제약에 초점을 맞추는 것이다. 제약을 중심으로 하는 TOC의 지속 개선 과정은 다음 5단계를 거쳐 실행된다.

시스템의 제약을 파악하라

성과 창출 시스템의 프로세스를 동기화하고 성과를 개선하기 위해서는 먼저 제약이 어디인지를 파악해야만 한다. 앞서 설명한 바와 같이 능력 제약, 자재 제약, 시장 제약, 방침 제약과 같이 다양한 유형의 제약이 있다. 그 제약이 어떤 것이든 조직 전체의 성과가 제약에 의해 결정된다는 사실에는 변함이 없다.

시스템의 제약을 최대한 활용할 방법을 결정하라

제약은 조직 시스템의 성과 수준을 결정한다. 제약이 활동을 중단하면 곧바로 그만큼 조직 시스템 전체의 손실이 생긴다. 따라서 제약을 잘 활용하면 할수록 시스템의 성과는 개선된다.

만약 프로세스 내 능력 제약이 있다면 병목 자원을 가장 높은 생산성으로 최대한 가동할 수 있도록 해야 한다. 자재 제약이 있다면 자재의 원활한 조달에 총력을 기울여야 할 것이다. 또한 시장 제약 상황이라면 고객 주문의 원활한 처리에 가장 높은 우선순위를 두어야 한다.

비제약 자원들을 시스템 제약의 활동에 종속시켜라

병목 자원과 비병목 자원에서 살펴본 바와 같이 비제약 자원들은 제약보다 초과 능력을 지니고 있다. 따라서 비제약 자원들이 초과 능력을 사용하기 시작하면 곧바로 잉여와 과잉의 산출물이 발생한다.

비제약 자원을 제약의 활동에 종속시키는 것이 바로 프로세스 동기화가 이루어지는 단계라고 할 수 있다. 이 단계에 대해서는 이후에 D-B-R의 개념을 통해 좀 더 상세하게 설명하겠다.

시스템 제약의 능력을 개선하라

제약은 가치 창출 흐름 전체의 성과 수준을 결정한다. 제약이 개선되지 않은 상태에서 비제약 자원을 개선하거나 초과 능력을 활용하여 활동을 증가시키면 안 된다. 조직 시스템 전체의 성과 향상에 전혀 이바지하지 못하는 낭비가 되기 때문이다.

제약의 개선은 비제약 자원이 보유한 초과 능력 일부를 활용할 수 있도록 해준다. 이는 댐의 가장 낮은 구간의 높이가 높아졌을 때 그 구간의 수위뿐만 아니라 다른 구간의 수위도 동시에 높이는 것과 같다. 따라서 제약의 능력을 개선하는 것은 프로세스 전체의 능력을 개선하는 것과 같은 의미가 된다.

제약의 개선은 다양한 방법으로 이루어질 수 있다. 자재 제약에서는 조달 비용이 더 비싼 원재료를 구입하여 개선할 수 있을 것이다. 이때 원재료 구매 비용은 증가하지만 생산량과 판매량이 함께 늘어 비용 증가를 충분히 상쇄하고도 남는다. 시장 제약의 경우에는 적극적인 영업 활동이 필요할 것이다. 다시 말해 마케팅의 보완 수단인 판매가 필요한 상황이다. 따라서 판매 촉진을 위한 비용이 어느 정도 증가하더라도 가동률 향상으로 얻는 이이익이 더 클 수 있다.

능력 제약이 발생한 경우 가장 효과가 높은 방법은 제약이 되는 자원에 추가 투자를 하는 것이다. 하지만 이것은 가장 비싼 방법이기도 하다. 비용이 적게 드는 방법으로는 유휴 설비나 노후 설비 활용을 생각해볼 수 있다. 또 하나의 방법은 수작업으로 제약 자원을 보완하는 것이다. 두 방법 모두 기존 제약 자원에 비해 생산성이 현저히 떨어질 가능성이 높다. 하지만 제약 자원 능력의 개선은 다른 자원의 초과 능력을 활성화시키는 데 있음을 유념해야 한다. 따라서 제약 자원 하나만 보면 생산성이 낮은 방법처럼 보여도 조직 시스템 전체 성과 측면에서는 매우 타당성 있는 방법이 될 수도 있다.

제약이 개선되어 이동하면 다시 1단계로 돌아가라

제약은 개선하면 없어지는 것이 아니라 그다음으로 능력이 취약한 자원으로 이동한다. 따라서 다시 처음 1단계부터의 과정이 되풀이된다. 이러한 과정은 무한히 반복될 수 있으며 이것이 TOC가 지향하는 '지속 개선' 프로세스다.

> TOC의 지속 개선 프로세스는 5단계를 통해 실행된다.
> 시스템 전체의 성과 수준을 결정하는 제약을 찾아내고, 나머지 자원을 그 제약에 종속시킨다. 그다음 제약을 최대한 활용하고 개선하여 성과를 극대화하며, 다른 곳으로 이동한 제약을 찾아 동일한 개선을 반복하는 것이 TOC 지속 개선의 핵심이다.

Business Management User's Guide

프로세스 동기화의 원리

TOC 실행의 5단계 중 가장 어려운 부분은 세 번째 단계인 '비제약 자원들을 시스템 제약의 활동에 종속시키는 것'이라고 할 수 있다. 이 지점이 바로 프로세스 동기화를 실행하는 단계이기 때문이다. 그래서 TOC 이론은 이 동기화를 어떻게 효과적으로 실행할 수 있을 것인지에 초점을 맞추고 있다.

TOC에서는 동기화 방법론으로 D-B-R이라는 개념을 제안하고 있다. D-B-R의 개념과 원리를 이해하기 위해서는 먼저 사고 훈련을 해야 한다. TOC의 창시자인 엘리 골드렛 박사는 저서 『더 골』에서 보이 스카우트 대원들이 산악 행군을 하는 중에 마주치는 여러 상황을 소재로 이 개념을 설명하였다.

나도 첫 직장에서 신입사원 연수 때 팀을 이루어 대여섯 시간이 넘는 산행을 하는 동안 여러 과제를 수행하며 최대한 빨리 결승점으로 돌아오는 것을 경쟁하는 오리엔티어링이라는 프로그램을 접해본 적이 있다. 이 기억을 되살려 엘리 골드렛 박사가 제시한 예를 조금 변형해 설명해보겠다.

함께 산행하는 팀원 수가 10명이라고 가정하자. 게임에서 이기려면 낙오자 없이 팀원들이 다 함께 결승점에 도달해야만 한다. 문제는 팀원들 간의 산행 능력 차이가 크다는 점이다. 그 당시 팀원들 대부분이 군대를 제대한 지 얼마 안 되어 산행 능력이 아주 뛰어났다. 하지만 2명은 체력이 약해 도저히 다른 사람들의 산행 속도를 맞출 수 없는 상황이었다.

산속에서는 일렬로 걸어갈 수밖에 없다. 그런데 산행 능력이 떨어지는 두 사람이 행렬의 중간에서 걸어가다 보면 얼마 지나지 않아 앞사람과 간격이 벌어진다. 실제로 당시 그들 중 몸이 뚱뚱했던 1명이 특히 문제가 되었다.

가장 느린 사람은 산행 속도의 제약이자 병목으로 작용한다. 『더 골』의 사례에서는 '허비'라는 이름을 가진 보이 스카우트 대원이 병목이 되었다. 여기서는 가장 느린 사람을 A라고 부르기로 하자. 시간이 갈수록 A 앞은 점점 간격이 벌어지고 뒤에 있는 사람은 더 빨리 가고 싶어도 갈 수 없는 상황이 빚어진다.

팀의 리더는 이 문제를 해결해야만 한다. 그렇지 않으면 행렬이 너무 길어져 통제하기 어려워지고 길을 잃거나 낙오하는 사람이 생길 수 있다. 팀원 전체가 결승점을 통과하는 규칙의 게임이기 때문에 이렇게 되면 질 수밖에 없다. 팀 리더가 이 문제를 해결하는 방법은 몇 가지가 있다.

우선 가장 쉬운 방법은 A를 맨 앞에서 걸어가도록 하는 것이다. 그러면 모든 사람이 A의 속도로 걷게 된다. 가치 창출 흐름에서 제약이 드럼을 치는 페이스메이커가 되어 그 속도에 다른 활동들의 속도를 맞추는 것과 같은 원리이다. 이때 팀원 간의 간격은 자연히 최소로 유지되고 거의 한 덩어리가 되어 이동할 수 있다.

그런데 가장 쉽고 좋은 이 방법을 여기서는 채택할 수 없다. 이 산행 행렬에서 배우는 교훈을 나중에 기업 가치 창출 흐름에 적용해야 하기 때문이다. 팀원들의 순서를 쉽게 바꿀 수 있는 산행과는 달리 프로세스에서는 공정 순서를 바꿀 수 없다는 점을 유념하기 바란다.

그래서 팀 리더는 다른 방법을 고안해냈다. 행렬의 가장 앞에 있는 사람을 B라고 부르기로 하자. 병목인 A와 B를 로프를 이용하여 연결한다.

B는 처음에는 자신의 속도를 내어 걷는다. 로프가 팽팽해지면 그때부터 B는 A의 속도 이상으로는 걸어갈 수가 없게 된다.

이러면 팀은 A가 중간에 있는데도 마치 선두에서 걷는 것과 똑같은 효과를 얻는다. 다시 말해 팀 전체가 페이스메이커인 A의 속도에 맞추어 걷게 된다. A와 B 사이에 있는 사람들과 A의 뒤쪽에 있는 사람들은 모두 A보다 빨리 걸을 수 있으므로 그 속도를 따라잡는 데 전혀 문제가 없다.

그런데 이제는 다른 문제가 생겼다. A와 B 사이에서 걷던 C라는 사람이 급하게 화장실을 가야 한다. 행렬 중 팀원들의 순서를 바꿀 수 없다는 전제가 있으므로 C 뒤에서 걷던 사람들은 C가 화장실에 갔다가 돌아올 때까지 기다릴 수밖에 없다. 그리고 그중에는 페이스메이커인 A도 포함된다.

문제는 A가 멈추어 있는 시간은 팀 전체의 손실이 된다는 데 있다. 다른 사람들은 A보다 빨리 걸을 수 있기 때문에 뒤처진 것을 얼마든지 따라잡을 수 있다. 하지만 A는 잃어버린 시간을 복구할 방법이 없다. 따라서 이러한 상황을 피하려면 어떤 문제가 생기더라도 A가 계속 걸어갈 방법을 강구해야만 한다.

팀 리더는 이것이 로프의 길이가 너무 짧아 생긴 문제라는 것을 발견했다. 로프의 길이를 충분히 길게 한다면 A와 B의 간격이 로프의 길이만큼 적당히 벌어져 C가 화장실에 갔다 오는 동안에도 A는 C가 있던 지점까지는 방해받지 않고 계속 걸어갈 수 있을 것이다.

그렇다면 어떤 상황이 발생하더라도 A가 중단 없이 계속 걷게 하려면 로프의 길이를 얼마로 하는 것이 적당할까? 그것은 A와 B 사이에서 걷다가 산행 대열을 이탈한 사람이 복귀할 때까지 얼마만큼의 시간이 걸리는지에 달려 있다. A 뒤에서 걷는 사람들은 대열에서 잠시 이탈하더라도 A의 속도를 언제든지 따라잡을 수 있어 전혀 문제가 될 것이 없으므로 고려 대상이 아니다.

그러므로 A와 B 사이에 있는 사람들이 대열에서 이탈했다가 복귀할 때까지 필요한 시간 중 최대치를 먼저 구해야 할 것이다. 그런 다음 페이스메이커인 A가 그 시간 동안 걸어가는 거리만큼 앞사람과의 간격을 확보해야만 한다. 다시 말해 페이스메이커의 활동 중단을 방어하기 위한 여유인 버퍼를 확보하는 것이다. 이럴 때 필요한 로프의 총 길이는 선두인 B로부터 A 직전의 사람까지의 간격에다가 버퍼만큼의 간격을 더한 것이 된다.

로프의 길이를 최소화시키려면 두 가지 노력을 해야 한다. 하나는 A와 B 사이에 있는 모든 사람들은 선두인 B의 뒤에 최대한 바짝 붙어 걸어야 한다. 또 하나는 대열에서 이탈한 사람들이 복귀하는 시간을 최소화하기 위해 노력해야 한다.

이제 대열의 모든 팀원은 동기화된 흐름을 갖게 되었다. 가장 속도가 느린 A가 드럼을 두드리는 페이스메이커가 되고 로프를 통해 선두인 B와 A를 연결함으로써 팀 전체의 속도를 페이스메이커의 속도에 맞추었다. 또한 페이스메이커의 앞에 충분한 길이의 로프, 즉 버퍼를 확보하여 어떤 상황에서도 중단되지 않도록 조치하였다. TOC에서는 동기화를 위한 이 세 가지의 기본 원리를 '$D_{rum}-B_{uffer}-R_{ope}$'이라고 부른다.

이제 남은 과제는 어떻게 하면 페이스메이커를 최대한 더 빨리 걷게 할 수 있는가 하는 것이다. 이를 위한 여러 아이디어가 나올 수 있다. 예를 들면 산행 능력이 가장 뛰어나고 체력이 가장 좋은 사람을 A의 바로 뒤에 세울 수 있다. 그 사람이 A의 배낭을 대신 들어주기도 하고 등을 밀어주거나 때로는 업어주면서 페이스메이커의 속도를 개선해나가면 된다.

그런데 지금까지 설명한 산행의 예를 실제 기업의 가치 창출 프로세스에 그대로 적용하기는 어렵다. 조금 보정이 필요하다. 산행은 가치 창출의 흐름이며 산행에서의 팀원들은 프로세스에서는 공정에 해당한다. 산행에서 걸은 거리는 프로세스에서 창출된 가치의 양이 된다.

가장 결정적인 차이는 산행에서는 사람이 이동하지만 프로세스에서는 공정이 고정되었다는 점이다. 그 대신 가치가 공정에서 공정으로 이동한다. 따라서 산행과 가치 창출 프로세스를 일치시키려면 엄청나게 큰 대형 러닝 머신 위에서 팀원들이 앞에서 설명한 D-B-R의 원리를 적용하면서 걷는다고 상상해야 한다. 팀원들의 발밑을 지나가는 러닝머신 벨트의 거리가 창출된 가치가 될 것이다.

그러면 각 팀원은 제자리에서 걷게 되며 러닝 머신의 벨트가 선두인 B로부터 시작하여 팀원들을 순서대로 거쳐가게 된다. 이것은 원자재가 프로세스의 첫 공정에 투입되어 모든 공정을 순서대로 거쳐가는 것과 같은 개념이 된다.

산행이나 행군의 대열에서 발생하는 상황으로 TOC의 원리를 쉽게 이해할 수 있다. 대열에서 가장 속도가 느린 사람이 드럼을 두드리는 페이스메이커가 된다. 전체 대열이 페이스메이커의 속도에 맞추기 위해서는 대열 맨 앞의 사람과 페이스메이커를 로프로 묶어야 한다. 그리고 페이스메이커의 앞에 충분한 여유 간격을 버퍼로 확보하여 걷는 것이 방해를 받거나 중단되지 않도록 해야 한다.
TOC에서는 동기화를 위한 이 세 가지의 원리를 D-B-R이라고 부른다.

Business Management User's Guide

버퍼를 통해 페이스메이커의
활동을 보호하라

가치 창출 프로세스상의 자원들에는 매우 빈번하게 '데드 타임'이 발생한다. 데드 타임은 성과 창출 활동이 중단된 상태가 지속되는 시간을 의미한다. 하지만 흔히 쓰이는 용어는 아니다. 우리말로는 부동不動 시간이나 휴동休動 시간 정도로 번역될 수 있지만 여기서는 그냥 데드 타임이라는 용어를 사용하겠다.

데드 타임이 생기는 원인은 다양하다. 제조 설비의 경우를 예로 들면 고객 주문이 충분하지 않을 때 설비가 가동을 중단한다. 휴일이나 휴가 중에도 가동이 중단된다. 사전에 계획된 정기 정비에 의해 설비 가동을 중단하기도 한다.

이와 같은 원인으로 발생한 설비의 데드 타임은 예측이 가능하고 눈에 금방 띄며 명백히 측정할 수 있다. 따라서 경영자와 관리자들이 철저히 관리하면서 이를 줄이기 위한 노력을 해나갈 수 있는 영역이다. 하지만 예측이 불가능하거나 눈에 쉽게 띄지 않거나 잘 측정이 되지 않는 데드 타임도 존재한다. 이것은 예방하기도 어렵고 문제 해결 과정에서도 많은 비용과 노력이 요구된다. 그래서 기업의 생산성과 경쟁력을 저하시키는 결정적 요인이 되는 경우가 많다.

가장 흔한 예로는 예기치 못한 설비의 고장, 원·부자재나 부품의 결품,

대규모로 발생하는 공정 중의 불량 등이 있다. 다시 말해 '고장' '결품' '불량'은 가치 창출의 원활한 흐름을 방해하여 흐름을 왜곡시키거나 중단시키거나 역류시키는 핵심 원인이 된다. 따라서 이 세 가지를 발생시키는 모든 요인은 낭비라고 간주하고 철저히 추적하여 제거하면서 지속적으로 관리해야만 한다.

이렇게 예기치 못하게 생기는 데드 타임이 가장 문제가 될 때는 바로 페이스메이커를 중단시키는 경우이다. 산행에서 가장 느린 사람이 쉬면 팀 전체가 쉬는 것이나 마찬가지다. 이처럼 페이스메이커의 데드 타임은 프로세스 전체의 데드 타임과 똑같다.

그중에서도 가장 큰 문제가 되는 것은 고장이나 4M의 미비로 페이스메이커 자체에서 중단이 발생하는 경우이다. 따라서 '즉각 대응 능력'을 확보하기 위한 정비나 예방 활동에서는 페이스메이커를 가장 높은 우선순위로 올려놓고 관리해야만 한다.

하지만 페이스메이커는 자체적인 문제 외에도 다른 요인에 의해서 언제든지 중단될 위험이 있다. 다시 말해 비제약 자원에서 발생하는 고장, 결품, 불량으로 페이스메이커의 활동이 중단될 수 있다는 말이다. 따라서 페이스메이커는 이러한 문제들로부터 자신의 활동을 보호하는 완충 장치, 즉 버퍼가 필요하다.

본래 '버퍼'는 한 자원의 활동 패턴은 매우 변동성이 높고 다른 자원의 활동 패턴은 꾸준한 흐름을 보일 때 이 둘을 연결하거나 동기화시키기 위해 사용하는 개념이다. 화학 공장에서 나온 부산물을 다른 공장 설비의 정기 정비에 활용하는 경우를 예로 들어보자. 화학 공장의 부산물은 매일 발생한다. 그런데 설비의 정기 정비는 일주일에 한 번 이루어진다. 이러한 활동 패턴의 불일치를 해결하려면 부산물을 저장하는 탱크가 필요하다. 이때 탱크는 두 작업 사이의 완충 장치 역할을 하므로 버퍼라고 할 수 있다.

프로세스 동기화 관점에서 버퍼는 '예기치 못한 변동성으로부터 가치 창출의 흐름을 보호하는 것'으로 이해되어야 한다. 다시 말해 가치 창출 시스템의 혼란을 방지하고 항상 안정된 흐름을 유지할 수 있도록 변동성을 방어하는 완충 장치라는 의미이다. 대개 공정에서의 버퍼는 완충 재고의 성격을 띠는데, TPS에서는 이러한 완충 재고를 '스토어'라고 부르기도 한다.

그런 의미에서 가치 창출 흐름에서 버퍼는 불확실성과 위험이 높은 곳에 위치를 둘 수밖에 없다. 그러한 불확실성과 위험은 프로세스 자체에서 발생하는 것과 고객의 수요 변동으로 발생하는 것 두 가지가 된다. 이에 따라 버퍼 역시 다음과 같은 두 종류가 있다.

시간 버퍼

시간 버퍼는 가치 창출 시스템 내부에서 발생하는 불확실성과 위험을 대비하기 위한 버퍼이다. 이것은 내부의 혼란으로부터 시스템 전체의 성과를 보호하기 위한 목적을 갖는다.

그런데 이미 살펴본 대로 가치 창출 시스템 전체의 성과는 페이스메이커의 활동에 따라 결정된다. 그러므로 시간 버퍼의 가장 중요한 보호 대상은 페이스메이커가 된다. 만약 페이스메이커 외에도 가치 창출 흐름이 중단될 위험을 일으키는 부분이 있어 보호해야 한다면 시간 버퍼를 두어야 할 것이다.

비축 버퍼

고객의 수요는 항상 어느 정도의 변동성을 가지고 있다. 그리고 이러한 변동성은 기업 입장에서는 불확실성과 위험이 될 수 있다. 특히 납기를 반드시 지켜야 하는 사업일 경우에는 더욱 그렇다.

비축 버퍼는 이러한 고객 수요의 갑작스러운 변동과 불확실성을 대비하기 위한 버퍼이다. 다시 말해 외부 시장 조건에 대한 시스템의 대응 능력과 유연성을 향상시키기 위한 것이다. 비축 버퍼는 주로 완제품인 경우가 많지만 경우에 따라서는 중간 반제품이나 원자재의 형태로 비축할 수도 있다.

비축 버퍼를 잘못 이해하면 목적과 전혀 다르게 운영될 가능성이 높다. 가장 흔한 오해는 기회 손실을 최소화하려면 재고를 충분히 비축해야 한다고 믿는 것이다. 하지만 재고 부족에 따른 기회 손실이란 애당초 존재하지 않는다. 재고가 부족해서 문제가 될 수 있는 유일한 위험은 고객의 납기를 지키지 못하는 것뿐이다.

'재고가 충분했다면 더 팔 수도 있었을 것이다'는 생각은 과잉 생산을 관대한 시각으로 바라보도록 유도한다. 과잉 재고를 쌓아 놓고 정상 가격으로 문제없이 다 팔려나가기를 바라는 것은 일종의 도박과도 같다. 그나마도 팔리면 다행이지만 만약 생각대로 되지 않는다면 엄청난 손실을 입을 수밖에 없다.

만약 재고 부족으로 더 팔 수 없다면 이것은 기회 손실을 보는 상황이 아니라 가격 인상 상황이다. 다시 말해 가동률이 100퍼센트에 육박하고 재고 부담은 거의 없으며 가격은 인상되는 그야말로 이상적인 마케팅이 구현되는 환상적인 환경이 도래하는 것이다. 이미 저질러진 과잉 생산을 통해 산더미같이 쌓여 있는 재고로 이러한 기회를 날려버리는 것이 오히려 어리석은 짓이다.

가치 창출의 흐름은 성과에 부정적인 영향을 미칠 수 있는 예기치 못한 사고나 변동성으로부터 보호해야 한다. '버퍼'는 이러한 위험으로부터 흐름을 보호하는 완충 장치 역할을 한다.
버퍼는 가치 창출 시스템 내부에서 발생하는 위험을 방어하기 위한 '시간 버퍼'와 고객 수요의 변동성으로부터 오는 위험을 방어하기 위한 '비축 버퍼'의 두 가지가 있다.

Business Management User's Guide

TOC의 핵심 개념
D-B-R

앞의 산행 사례에서 TOC는 프로세스 동기화를 위해 D-B-R이라는 실행 방법론을 적용한다는 것을 설명했었다. 이것을 다시 요약하면 다음과 같다.

드럼

군대에서 행진할 때는 드러머가 두드리는 드럼의 박자에 맞추어 걷는다. 다시 말해 드럼은 전체 행진의 속도를 결정하는 페이스메이커이다.

가치 창출 프로세스 내에 병목이 있을 때는 병목 자원이 드럼이 된다. 만약 병목이 없다면 이전 글에서 설명한 방법에 따라 드럼을 칠 페이스메이커를 정해야 한다. 페이스메이커를 정할 때는 고객의 요구사항이 가장 중요한 판단 기준이 되어야 한다.

버퍼

대열 전체가 드럼에 맞추어 행진하므로 드러머는 행진이 중단되지 않도록 일정한 속도로 계속 드럼을 두드려야만 한다. 그러기 위해서는 드럼을 중단시킬 수 있는 위험들을 제거하기 위한 완충 장치가 필요하다. 이때 시간 버퍼는 페이스메이커를 시스템 내부에서 발생하는 위험으로부터 보호해준다.

또한 가치 창출의 흐름은 고객의 수요가 예기치 못하게 변해서 납기를 지키지 못할 위험으로부터도 보호되어야 한다. 비축 버퍼는 이러한 목적으로 활용되는 완충 장치이다.

버퍼는 무조건 커서도 무조건 작아서도 안 되며 최적의 규모로 운영되어야 한다. 버퍼의 최적 규모는 프로세스 중단 요인이 발생한 시점부터 복구하는 시점까지 걸리는 시간에 의해 결정되어야 한다. 다시 말해 발생한 문제를 해결하는 동안 페이스메이커의 지속 활동을 보장할 수 있는 최소의 규모여야 한다. 이것은 산행의 예에서 페이스메이커보다 앞에서 걷는 팀원에게 문제가 발생하여 대열에서 이탈했다가 복귀할 때까지 페이스메이커가 계속 걸어갈 수 있도록 로프를 길게 하여 충분한 간격을 확보하는 것과 같다.

로프

페이스메이커보다 이전 단계의 프로세스상에서 활동하는 공정은 초과 능력을 임의로 사용하여 과잉 생산을 하게 될 가능성이 항상 존재한다. 따라서 이 공정들의 활동을 페이스메이커의 속도에 종속시켜 동기화시키는 것이 필요하다.

이러한 선행 공정들을 동기화할 수 있는 가장 좋은 방법은 프로세스의 출발점을 페이스메이커의 속도에 종속시키는 것이다. 생산 프로세스라면 원자재 투입이 될 것이다. 출발점과 페이스메이커 사이에 있는 공정들이 아무리 더 생산하려 해도 원자재가 페이스메이커의 속도 이상으로 투입되지 않는다면 과잉 생산은 원천적으로 방지된다. 다시 말해 페이스메이커와 원자재 투입이 로프로 연결되어 그 중간에 있는 공정들은 그 속도에 맞출 수밖에 없게 된다.

여기서 중요한 포인트는 원자재 투입 이후에 이어지는 공정들은 이전

공정의 산출물이 넘어온 즉시 작업에 착수해야 한다는 점이다. 그래야만 페이스메이커 앞에 시간 버퍼를 확보할 수 있는 여유가 생긴다. 만약 페이스메이커의 선행 공정들이 게으름을 피운다면 그 공정들에서 고장, 결품, 불량이 발생하는 경우 충분한 시간 버퍼를 확보하지 못해 페이스메이커가 중단되고 가치 창출 시스템 전체의 성과를 저하시키는 상황이 초래될 수도 있다.

가치 창출 흐름이 동기화되기 위해서는 '드럼'을 두드리며 속도를 결정하는 페이스메이커를 결정하고 흐름을 예기치 못한 변동성으로부터 방어하기 위한 '버퍼'를 두며 원자재 투입을 마치 '로프'로 연결한 것과 같이 페이스메이커의 속도에 종속시키는 노력이 필요하다.
이것이 프로세스 동기화를 위한 TOC의 핵심 실행 방법론인 D-B-R의 원리이다.

Business Management User's Guide

배치 사이즈 최적화로
프로세스 흐름을 평준화하라

가치 창출 흐름 중 가장 이상적인 형태는 '한 개 흐름one piece flow'이다. 이는 제품을 1개씩 순차적으로 만드는 것을 말한다. 다시 말해 제품 1개 분량의 원자재나 부품을 투입하여 모든 공정을 거쳐 1개의 제품으로 만들어내는 작업이 순차적으로 반복되는 과정을 뜻한다.

한 사람의 장인이 혼자의 힘으로 수작업 방식을 통해 제품을 만들어낸다면 아마도 이 방식을 택할 것이다. 하지만 설비와 도구를 기반으로 여러 사람이 협력하며 일해야 하는 현대의 대규모 사업장에서는 가치 창출 흐름 전체를 한 개 흐름으로 구현하는 게 사실상 불가능하다.

한 개 흐름을 구현하기 어렵게 만드는 가장 큰 요인은 바로 배치 작업의 필요성이라고 할 수 있다. '배치batch'란 '여러 개의 작업을 묶어 한꺼번에 처리하는 것'을 말한다. 정보 시스템 운영에서도 배치의 개념이 흔히 사용된다. 발생한 데이터를 즉각적으로 처리하여 경영 정보에 반영하는 것을 리얼 타임이라고 부르는 반면, 일정 시간 동안 발생한 데이터를 모아 두었다가 한꺼번에 처리하는 것을 배치 작업이라고 한다. 배치 성격의 작업이 많을수록, 한 번에 처리하는 배치의 크기가 클수록 운영의 변동성은 커지며 가치 창출 흐름의 속도는 느려진다.

생산 현장에서는 아주 다양하게 배치 작업이 이루어진다. 프로세스 역량이 취약한 영세 업체일수록 대규모의 배치 작업을 더 흔하게 볼 수 있다. 가장 전형적인 형태는 '잡 숍job shop' 방식이라 불리는 것이다. 한 공정의 작업이 모두 완료되면 그 산출물을 모아 다음 공정으로 한꺼번에 보내어 다음 작업을 연결하는 방식을 말한다.

하지만 가장 흔한 배치 작업은 역시 사출 성형기나 프레스와 같은 설비를 운영하는 작업에서 발생한다. 이러한 설비에서는 다른 사양으로의 준비 교체가 금형 교체를 통해 이루어진다. 사출 성형기에 금형을 올려 1개만 생산한 다음 곧바로 다른 금형으로 교체할 수는 없다. 프레스 성형의 경우에도 마찬가지다.

설비 운영을 할 때 금형을 교체하는 데에는 보통 수십 분이 소요된다. 또한 금형 1개에는 복수의 캐비티cavity가 있어 한 번 작업만으로도 여러 개의 제품이 만들어진다. 그뿐만 아니라 금형을 교체한 다음 정상 제품이 나오기 전까지는 필연적으로 원재료 로스가 발생하여 폐기된다. 따라서 설비에 금형을 한 번 올리면 반드시 일정 수량 이상을 생산할 수밖에 없다.

이러한 문제들은 설비 운영자들에게 금형 교체 횟수를 최소화할수록 원가가 절감된다는 신념을 갖도록 만들었다. 그 결과 일단 금형을 설비에 올리고 나면 할 수 있는 만큼 최대한 생산하는 습관이 생겨났다. 당연히 배치 사이즈가 대단히 커지며 과잉 생산의 낭비가 초래될 수밖에 없다. 하지만 때로는 이러한 신념이 너무나 강해서 웬만한 논리와 경험으로도 그들을 설득하여 생각과 습관을 바꾸는 게 쉽지 않을 때가 많다.

그런데 프로세스 혁신의 아주 중요한 원리 중 하나인 '평준화'는 배치 사이즈 축소와 깊은 관련이 있다. 지금까지 나의 경험으로는 다른 원리들에 대해서는 모두 수긍하는 사람들도 평준화의 원리에 대해서는 잘 이해하지 못했다. 심지어 강한 반발과 적개심마저 나타내는 경우도 있었다.

배치 사이즈를 키우는 것은 앞에서 본 바대로 준비 교체 시간 낭비와 준비 교체 시 원재료 로스 낭비를 줄여줄 수 있다. 하지만 제거한 낭비에 못지않은 다른 종류의 낭비를 초래한다.

가장 문제가 되는 것은 역시 과잉 생산의 낭비라고 할 수 있다. 배치 사이즈가 증가할 때마다 공정 내 재고, 다시 말해 재공품 재고는 그 배수만큼 증가한다. 또한 재공품 재고는 필연적으로 원자재 재고와 제품 재고의 증가를 부른다. 다시 말해 배치 사이즈는 가치 창출 프로세스에 흘러다니는 재고의 수준에 결정적인 영향을 미치는 요인이 된다.

과잉 생산은 막대한 비용과 위험을 초래한다. 현금이 묶이는 것은 그중 작은 부분에 불과하다. 재고 운영을 위한 공간, 취급하는 중에 발생하는 손·망실, 장기 재고 보유에 따른 진부화, 재고 관리를 위한 인건비와 경비 발생 등 폐해는 헤아릴 수 없이 많다. 가장 큰 위험은 사양이 갑자기 단종되거나 대규모 불량이 발생하는 경우이다. 이때는 그 사양에 대해 보유하고 있던 재고 대부분을 폐기하고 손실 처리해야만 할 것이다.

만약 어떤 설비가 능력 제약이라면, 다시 말해 병목 자원이라면 배치 사이즈 증대를 통해 그 설비를 최대한 가동하여 활동량을 늘리는 것은 분명히 일리가 있다. 그 설비의 가동이 증가한 것만큼 조직 시스템 전체의 성과가 분명히 개선되기 때문이다. 하지만 그 설비가 비병목 자원이라면 이야기가 다르다. 비병목 자원이 초과 능력을 활용하여 제약의 처리 능력보다 더 많이 활동하면 과잉 생산이 초래될 수밖에 없다.

하루 생산 능력 150개인 사출 성형기를 운영하면서 5종류의 제품을 만들어 고객에게 납품하는 기업이 시장 제약에 직면한 상황을 예로 들어보겠다. 고객의 주문은 매일 5종류 사양에 각 20개씩 총 100개를 납품하는 것이다. 앞서 본 배치 사이즈를 최대한 키우는 방식이라면 금형 교체를 최소화하고 설비 가동률을 최대화해야 하므로 하루에 하나의 사양을 150개씩 생산하려 할 것이다. 당연히 모든 사양에 과잉 생산이 생기고 재고 보유 수준의 변동성도 높아진다.

사실 이 기업은 하루 100개 이상을 생산할 필요가 없으며 50개 생산에 해당하는 시간만큼 여유 시간이 있다. 이를 이용하여 준비 교체를 한다면 전혀 낭비가 아니다. 다시 말해 고객의 수요만큼만 생산하고 남는 시간에 준비 교체를 하며 배치 사이즈를 작게 유지하여 과잉 생산의 낭비를 줄일 수 있다.

다시 말해 배치 사이즈는 무조건 늘리거나 줄인다고 해서 좋은 건 아니다. 늘려서 얻는 이익과 줄여서 얻는 이익, 바꾸어 말하면 준비 교체를 해서 발생하는 비용과 과잉 재고로 인해 발생하는 비용을 비교하여 몇 번의 준비 교체가 적정한지에 대한 최적점을 찾아야 한다.

지금까지 설비의 금형 교체와 관련한 배치 작업을 주로 이야기했는데 사실 배치는 생산뿐만 아니라 공정에서 공정으로 자재를 이동하는 로트 사이즈$_{lot\ size}$와도 직접적인 관계가 있다. 가치 창출 프로세스에서의 배치의 종류와 개념을 설명하면 다음과 같다.

공정 배치

공정 배치$_{process\ batch}$는 생산 자원 측면에서 본 로트의 크기를 의미한다. 다시 말해 같은 생산 자원에서 한 번의 준비 교체 후 다음번 준비 교체 전까지 생산하는 동일 제품의 전체 수량이 얼마나 되는가 하는 것이다.

공정 배치가 클수록 생산 설비의 가동률은 높아지며 생산량은 늘어난다. 하지만 비병목 자원에서 공정 배치 사이즈를 크게 하여 초과 능력을 활용하는 생산 활동을 하면 과잉 생산의 낭비를 일으킨다.

이동 배치

이동 배치$_{transfer\ batch}$는 자재 이동 측면에서 본 로트의 크기를 의미한다. 다시 말하자면 한 공정에서 다음 공정으로 옮겨지는 자재의 1회 운반

분량이 얼마나 되는지이다.

　이동 배치가 작을수록 공정 재고는 줄어들고 생산 리드 타임은 짧아진다. 이동 배치의 크기는 공정 배치의 크기와 같을 필요가 없으며 또 같아서도 안 된다. 공정 배치는 설비의 특성과 초과 능력의 크기에 의해 결정된다. 하지만 이동 배치는 공정 간 가치 창출 흐름의 속도를 어떤 수준에서 제어할 것인지에 의해 결정된다는 점이 중요하다.

모든 공정이 한 단위씩 작업을 처리해나가는 '한 개 흐름' 방식은 이상적이기는 하지만 여러 요인으로 실현하기가 매우 어렵다. 가장 큰 이유는 여러 작업을 한꺼번에 묶어 처리하는 '배치' 작업의 필요성 때문이라고 할 수 있다.
배치 사이즈는 클 때와 작을 때 모두 분명한 장·단점이 있다. 따라서 비용과 효익을 비교하여 최적 규모를 찾아야만 한다. 하지만 배치 사이즈는 가급적이면 작을수록 바람직하다는 것이 원칙이다. 그러므로 배치 사이즈가 클수록 원가 절감이 되므로 유리하다는 일방적인 믿음에서 벗어나야만 한다. 가장 작은 배치 사이즈를 선택하여 가치 창출 흐름의 속도를 증가시키도록 노력해야 한다.

Business Management User's Guide

TOC를 적용한
경영혁신 실제 사례

꽤 오래전에 규모가 그리 크지 않은 전자부품 제조 회사에서 임원으로 근무한 적이 있다. 인천에 소재한 그 회사는 주력 공장이 중국에 있었는데 대기업에 납품할 최종 제품을 만들기 위해 프레스, 프레스물 커팅, 인서트 사출, 사출물 커팅, 조립, 검사에 이르는 공정에 600명이 넘는 인력이 3교대로 일하고 있었다. 회사의 지속적인 발전을 위해서는 낙후된 경영 수준을 한 단계 높여야 했는데 그중에서도 중국 공장이 가장 큰 과제였다.

이 공장은 낮은 생산성, 높은 불량률 등 여러 문제가 많았지만 그중에서도 생산 리드 타임이 가장 큰 문제였다. 주문 입력부터 고객에게 출고되기까지의 평균 리드 타임이 무려 45일 정도 되었다. 가장 심한 경우에는 리드 타임이 90일에 달하기도 했다.

분석 결과 비슷한 규모의 경쟁사와 비교할 때 생산 공정 내에 존재하는 재공품의 재고가 2배에 달했다. 게다가 원자재 투입 이후 제품이 완성되기까지의 제조 리드 타임만도 무려 18일에 달하고 있었다. 공정 운영상에 변동성이 매우 높아 생산 흐름이 안정적이지 못한 것 또한 중요한 원인이었다.

이 때문에 고객이 요구하는 납기를 충족하지 못하는 경우가 많아 주문 생산보다는 계획 생산 방식으로 운영하면서 제품 재고의 비축량을 늘릴 수밖에 없었다. 자연히 원자재 재고도 늘어나 공장은 엄청난 재고로 몸살을 앓고 있었다. 또한 불량은 증가하고 수불 관리가 제대로 되지 않아 부실 또한 증대되는 상황이었다.

  이 문제를 해결하기 위해 컨설팅을 받기로 하고 컨설턴트와 함께 이 공장의 분석에 착수하였다. 분석 결과 프로세스 혁신을 통해 낙후된 운영 방식을 개선한다면 큰 폭의 성과 개선이 가능하다는 결론을 얻었다. 공정 내 제조 리드 타임은 불과 1~2일로 단축 가능하고, 주문 리드 타임의 평균은 25일, 최악의 경우라도 45일을 넘지 않을 것이라는 분석이었다. 이로써 원자재, 재공품, 제품을 포함한 총재고 규모는 73퍼센트 감축된다. 또한 불량과 로스는 절반 이하로 줄며, 추가 설비 투자 없이도 30퍼센트 이상의 생산성 향상을 기대할 수 있다고 보았다. 그리고 이러한 프로세스 혁신을 완료하는 데는 6개월이면 충분하다고 했다.

  이렇게 짧은 기간에 그 많은 성과 개선이 과연 가능할까 하는 생각이 들 수 있겠지만, 프로세스 혁신을 올바르게 수행한다면 얼마나 큰 성과를 얻을 수 있는지를 증명하는 사례라고 할 수 있다. 다음의 내용이 이 공장의 문제점을 해결하는 혁신의 핵심 포인트였다.

가치 창출 프로세스를 흐름 방식으로 전환

  우선 이 공장은 공정 간에 가치 창출의 흐름이 존재하지 않는 상황이었다. 주문이 접수되면 첫 번째 공정인 프레스 공정에 생산 지시가 내려진다. 프레스 공정은 지시된 수량을 모두 생산할 때까지 작업을 계속한다. 생산이 완료되면 전체 수량을 다음 공정인 커팅 공정으로 넘긴다. 커팅 공정에서는 작업을 모두 완료한 후에야 한꺼번에 다음 공정인 인서트 사출 공정으로 넘긴다. 그 이후도 마찬가지 상황이 이어진다.

  결국 공정과 공정 사이에는 많은 양의 재공품 재고가 쌓일 수밖에 없다. 또한 앞 공정에서 작업한 것이 넘어오면 열심히 작업하고 더 이상 작업할 것이 없으면 수시로 작업을 중단한다. 앞 공정에서 한 번에 넘어오는 수량이 시시때때로 달라지므로 매번 작업에 소요되는 시간도 매우 들쭉날쭉할 수밖에 없었다.

이러한 생산 방식은 전형적인 잡 숍 방식이라 할 수 있다. 모든 공정이 섬과 같이 독립되어 있어 공정마다 주문량을 모두 완료한 후에야 다음 공정으로 넘기는 것이다. 단위 공정의 전문성과 작업 완결성은 높을지 모르지만 전체 최적화 관점에서는 매우 비효율적이다. 전형적인 부분 최적화 관점의 생산 방식이며 전근대적인 방식이라 할 수 있다.

이 문제에 대한 해결 방안은 다음과 같이 제시되었다. 첫 번째 포인트로 작업이 끊기지 않도록 공정과 공정을 연결할 수 있는 작업량의 적절한 규모를 설계하고 그 수량만큼만 담을 수 있는 용기를 준비한다. 다시 말해 이동 배치 사이즈를 표준화한 것이다. 각 공정에서 작업한 수량이 하나의 용기에 가득 차면 즉시 다음 공정으로 넘긴다.

이렇게 되면 공정과 공정 사이에는 흐름이 생겨서 공정 가동 중단이 거의 없어지며 작은 로트 단위로 연속 생산하는 것이 가능해진다. 한 가지 보완할 점은 같은 수량의 주문을 처리할 때 작업물이 담긴 용기를 이전보다 더 여러 번 운반해야 하므로 비용이 일부 증가한다는 것이다. 하지만 전체적인 효율 증가로 얻는 이익에 비하면 그 비용은 정말로 아무것도 아니다.

페이스메이커 정하기

두 번째 포인트는 인서트 사출 공정이 페이스메이커라는 것을 전혀 인지하지 못하고 있었다는 점이다. 인서트 사출 공정은 모든 공정 중 생산 능력이 가장 작아 병목 자원이 되고 있었다. 이 때문에 앞 공정들이 속도를 내면 낼수록 인서트 사출 공정 앞에는 재공품 재고가 산더미같이 쌓였다. 그리고 그 후속 공정들의 작업은 매우 불안정하게 운영될 수밖에 없었다.

더욱 문제가 되는 것은 이 페이스메이커조차도 수시로 가동이 중단된다는 것이다. 하지만 가동 중단을 예방하는 적절한 보전 조치나 성능 개선의 노력은 거의 이루어지지 않고 있었다.

이 문제를 해결하기 위해 먼저 인서트 사출 공정을 페이스메이커로 지정하여 가동 중단을 최소화할 방안을 강구했다. 또한 설비 보전과 생산성 향상에서 페이스메이커가 가장 높은 우선순위가 되도록 조치했다. 다행히 앞에서 설명한 공정 간 흐름 방식의 도입만으로도 페이스메이커가 수시로 가동 중단되는 것을 상당히 줄일 수 있었다. 페이스메이커의 가동이 안정화됨에 따라 프로세스 전체의 성과가 크게 개선되었다.

동기화

세 번째로는 페이스메이커인 인서트 사출 공정의 활동에 다른 공정들을 동기화시키는 것이었다. 페이스메이커의 앞에 있는 공정들은 D-B-R의 원리에 따라 인서트 사출 공정에서 처리할 수 있는 만큼의 부품만을 생산한다. 그리고 인서트 사출 공정 바로 앞에는 완충 장치인 버퍼를 설치했다. 그 결과 공정 전체 흐름이 균형이 이루어지고 안정된 속도로 운영되어 재공품 재고가 최소화되고 공정마다 설비와 인력의 잉여분이 생겨났다.

예를 들어 프레스 공정에는 신규 설비와 오래된 설비들이 섞여 있었는데 이전에는 생산 지시가 접수되면 작업이 없는 설비에 무작위로 투입하여 설비 운용의 일관성이 없었다. 이 때문에 설비를 제때 정비하는 것도 성능을 최대한 발휘하는 것도 어려웠다.

하지만 페이스메이커의 활동에 동기화하기 시작하면서 프레스 공정의 부하가 현저히 줄어들었고 체계적인 생산이 가능해졌다. 성능이 좋은 몇 대의 신형 프레스만으로도 물량 대부분을 생산할 수 있게 되었다. 이에 따라 소품종 대량 생산은 신형 프레스를 이용하여 최대의 효율로 생산하고 효율이 떨어지는 구형 프레스는 잦은 준비 교체가 필요한 다품종 소량 생산에 투입하여 설비 활용을 극대화할 수 있었다.

프로세스 능력의 개선

네 번째 포인트는 각 공정에서 가치 창출 흐름을 방해하는 요인을 찾아 개선하는 것이었다. 분석 결과 각 공정의 속도에 가장 큰 영향을 미치는 두 가지 요인이 발견되었다.

첫 번째 요인은 준비 교체 시간이었다. 특히 프레스 공정과 인서트 사출 공정에서는 사양이 바뀔 때마다 금형 교체에 꽤 많은 시간이 소요되어, 가동 중단 시간이 늘어나는 요인이 되고 있었다. 하지만 여러 작업 개선과 표준화를 통해 금형 교체 시간을 3분의 1로 단축할 수 있었다. 또한 사용하는 치공구는 물론 작업 순서와 작업 표준을 개선하여 작업자들의 생산성도 향상시킬 수 있었다.

이러한 개선 활동은 특히 페이스메이커에서 더욱 심도 있게 이루어져 인서트 사출 공정의 생산 능력이 증대됨에 따라 가치 창출 프로세스의 능력을 한 단계 상승시킬 수 있었다.

최적화된 비축 버퍼의 운영

마지막 포인트는 계획 생산을 일부 도입한 것이다. 이는 고객 주문의 급격한 변동에 대비하고 병목 공정의 지속 가동을 돕는 평준화를 하기 위한 목적으로 진행되었다.

대량 주문이 지속되는 몇몇 사양은 전용 프레스를 할당하여 금형 교체 없이 연속 생산이 가능하도록 하였다. 주문이 일시적으로 불안정하여 줄어들 때는 다시 늘어날 때를 대비한 계획 생산을 하여 페이스메이커를 지속적으로 가동시킬 수 있었다. 과잉 생산을 막기 위해서는 언제든지 판매할 수 있는 범용 제품 위주로 생산하고 재고 보유의 상한을 정해 관리해 나가야 한다는 점이었다.

이렇게 되자 프레스 설비 효율이 크게 늘고 운영 복잡성이 줄어들어 무려 절반에 가까운 프레스 작업자가 잉여 인력이 되었다. 이들을 재교육시켜 인력이 부족했던 금형 업무에 투입함으로써 금형 제작 리드 타임 또한 획기적으로 개선할 수 있었다.

혼란에 빠진 프로세스를 혁신하기 위해서는 다음의 포인트들에 집중하는 것이 바람직하다.
첫 번째, 가치 창출 프로세스를 연속된 흐름으로 만든다.
두 번째, 제약과 병목 공정을 확인하여 페이스메이커를 정한다.
세 번째, 다른 자원들과 공정들을 페이스메이커 속도에 동기화한다.
네 번째, 각 공정을 개선하여 가치 창출 능력을 확대한다.
다섯 번째, 합리적인 비축 버퍼를 통해 운영 변동성을 평준화한다.

Business Management User's Guide

프로세스 혁신
핵심 체크 포인트

지금까지 여러 지면을 할애하여 TOC의 원리를 중심으로 프로세스 혁신에 대해 설명하였다. TOC가 프로세스 혁신을 위한 최고의 방법론이라고 할 수는 없지만 학습의 좋은 출발은 될 수 있다. 겉보기에 큰 차이가 있는 것처럼 보이는 다양한 방법론들이 사실 기본 원리에서는 많은 공통분모를 가지고 있기 때문이다.

다시 말하면 하나의 분야에서 프로세스 혁신의 기본 원리를 충분히 이해하면 다른 방법론이나 다른 분야의 일에 그리 어렵지 않게 적용할 수 있다는 뜻이다. 예를 들면 생산 분야를 통해 배운 기본 원리들은 사무 분야에도 거의 비슷하게 적용할 수 있다. 또한 조직의 일하는 방법을 개선하는 원리를 통해 개인의 일하는 방법도 개선할 수 있다.

효과적인 프로세스 혁신을 위해서는 가치 창출 프로세스의 현재 모습 분석과 함께 지향해야 할 미래 모습 설계가 선행되어야 한다. 그다음에는 두 이미지 사이의 격차를 없애기 위한 혁신 과제를 도출하여 철저히 실행해야 한다. 이를 위해서는 다음과 같은 프로세스 혁신의 핵심 포인트를 놓쳐서는 안 된다.

프로세스 설계의 시작점은 고객으로부터

누차 강조한 바대로 프로세스는 '고객 창출'이라는 조직 시스템의 목적을 달성하기 위해 존재한다. 이는 만들어놓은 것을 시장과 고객의 방향으로 밀어내기보다는 시장과 고객의 요구를 충족시키기 위한 활동을 수행해야 함을 의미한다.

따라서 프로세스의 분석과 설계는 고객의 요구로부터 출발하여 프로세스 수행의 시작 단계인 원·부자재 조달에 이르기까지 가치 창출 흐름의 역순으로 행해져야 한다. 이는 후속 공정이 요구하는 것을 전 공정이 충족시키는 방식으로 프로세스가 설계되어야 함을 의미한다.

이렇게 설계된 프로세스를 TPS에서는 '후공정 인수 방식$_{pull\ system}$'이라고 부른다. 프로세스는 이러한 원칙에 의해 설계되지만 프로세스가 실행될 때는 당연히 원·부자재 조달부터 생산 공정을 지나 고객의 방향으로 순차적으로 수행된다.

모든 비효율은 역할과 책임이 변경되는 부위에서 발생한다

프로세스는 사람과 부서의 활동을 그저 이리저리 연결해놓은 게 아니다. 프로세스는 조직 시스템의 목적 달성을 위해 경영 자원들의 상호작용을 체계적인 흐름으로 구성해놓은 것이다.

사람, 부서, 기능의 개별 활동들은 눈에 쉽게 보인다. 눈에 보이는 것은 관리하기 편하고 개선하기도 쉽다. 이 때문에 대부분의 조직에서는 개인, 부서, 기능들 자체의 단위 업무들을 개선하기 위해 많은 노력을 투입한다. 하지만 사실은 비효율의 대부분은 이렇게 눈에 보이는 부분보다는 각각의 활동들이 연결되는 부분에서 발생한다.

프로세스에서는 하나의 활동에서 다른 활동으로 연결되면서 역할과 책임의 영역이 바뀐다. 역할과 책임의 체계는 완벽하게 설계하기 어렵다. 그러다 보니 활동들의 연결 부위에서 관리 사각지대가 생기고 비효율이 축적된다. 그러므로 역할과 책임이 변경되는 곳에서 발생하는 비효율에 집중할 필요가 있다.

감추어진 부분을 최대한 보이게 하고 집중 관리하라

눈에 보이지 않는 것은 관리가 되지 않는다. 예를 들면 부실화된 재고라도 항상 식별되도록 하고 별도로 구분해서 관리하면 항상 신경이 쓰인다. 그래서 어떤 형태로든 관리가 된다. 하지만 그러한 재고가 장부에만 남아 있거나 창고 구석에 보이지 않게 처박혀 있다면 몇 년이 지나더라도 결코 문제가 해결되지 않는다.

프로세스 운영에서 눈에 보이는 부분은 관리가 잘된다. 하지만 눈에 보이지 않는 부분은 방치될 뿐만 아니라 문제들이 숨을 장소가 되기도 한다. 이러한 문제들은 오랜 기간 누적되고 방치된다. 마치 몰래 쓰레기를 갖다 버리는 장소처럼 된다. 드러내기 싫은 문제와 낭비들이 흘러들어가 고인 물처럼 썩어들어간다.

보이지 않는 곳에는 혁신의 대상이 있다. 사각지대에 초점을 맞추고 그것을 눈에 보이게 만들어야 한다.

프로세스 전체에 걸쳐 계획되지 않은 총재고를 최소화하라

많은 기업에서 재고를 관리할 때 창고에 쌓여 있는 제품 재고에 주로 초점을 맞춘다. 하지만 재고는 제품 창고에만 있는 것이 아니다. 재고는 가치 창출 프로세스 여기저기에 존재한다. 따라서 프로세스상에 존재하는 총재고를 관리하기 위한 노력이 필요하다.

가장 이상적인 재고 관리는 잉여 재고가 1개도 없이 프로세스를 흘러가도록 하는 것이다. 이는 완벽한 '한 개 흐름' 방식을 구현할 때만 가능하다. 다시 말해 제품 1개 분량의 원재료가 공정에 투입되고 가공되어 제품으로 만들어진 후 즉시 고객에게 판매되는 흐름이 연속되어야 한다. 하지만 이전에 설명한 대로 이러한 이상적인 시스템은 존재하지 않는다. 따라서 현실에서는 아무리 효율적인 프로세스라도 필연적으로 재고들이 존재한다.

그렇다면 어떤 원칙에 따라 재고를 보유해야 할까? 재고는 항상 과잉 보유의 위험이 있다. 따라서 재고는 반드시 계획된 것만 보유해야 한다. 계획된 재고는 다음의 두 가지 경우 중 하나에 해당해야만 한다. 다시 말해 다음의 두 가지로 설명되지 않는 재고는 과잉 생산의 결과물이라고 할 수 있을 것이다.

첫 번째는 버퍼인 경우이다. 앞서 설명한 대로 버퍼는 페이스메이커의 예기치 못한 중단을 방어하기 위한 시간 버퍼와 고객 수요의 변동성에 의한 납기 지연을 방어하기 위한 비축 버퍼가 있다. 그리고 버퍼 재고의 규모는 프로세스상에서 발생한 문제가 복구되는 데 걸리는 시간에 의해 결정되어야 한다. 그 이상의 규모를 갖는 버퍼 재고는 과잉으로 간주해야 한다.

두 번째는 배치에 의해 발생하는 재고이다. 배치 사이즈가 커질수록 재공품 재고는 많아지고 제품 재고와 원자재 재고도 함께 늘어난다. 또한 배치 형태의 작업을 하는 공정과 흐름 작업을 하는 공정을 연결할 때는 필연적으로 일정 규모의 재고 보유를 할 수밖에 없다.

프로세스 전체의 성과 개선을 위해서는 제약을 먼저 개선하라

제약은 가치 창출 프로세스 전체의 성과 수준을 결정한다. 이 때문에 제약을 개선해야 조직 시스템 전체의 성과가 개선된다. 제약의 개선 없이는 다른 기능, 설비, 활동을 개선하더라도 전체의 성과 개선에는 전혀 기여하지 못하는 부분 최적화에 그칠 가능성이 높다.

최고의 프로세스 혁신은 지속 개선이다

프로세스 혁신은 때가 되면 하는 이벤트와 같은 것이 아니다. 프로세스는 조직이라는 생명체가 세상을 살아가는 방법이라고도 할 수 있다. 따라서 프로세스의 경쟁력은 바로 조직이 생존하기 위한 경쟁력이 된다. 따라서 프로세스 혁신은 기업이 존속하는 한 지속되어야 할 핵심 활동이다.

주기적으로 큰 혁신 활동을 수행하는 경우보다 작은 개선을 오랜 기간 꾸준하게 수행하여 누적시키는 것이 훨씬 더 바람직하다. 이를 통해 건강한 조직을 만들어낼 수 있음을 많은 선진 기업이 증명하고 있다.

프로세스 혁신은 성공적으로 실행하기가 매우 어렵다.
가장 큰 실패 요인은 프로세스를 고객 중심으로 설계하지 못하고 비용 절감이나 인원 감축과 같은 목적에만 초점을 맞추는 것이다. 또한 조직 시스템의 상호작용 원리를 잘 이해하지 못하여 부분 최적화 방식으로 추진하는 것도 중요한 실패 요인이다.
프로세스상에서 가장 큰 문제와 낭비는 눈에 보이지 않는 곳에 있다. 그리고 그것은 과잉 재고의 형태로 나타난다. 따라서 프로세스 동기화를 통해 과잉 재고를 해소하는 것이 중요하다.
또한 최고의 프로세스 혁신 방법은 지속 개선임을 잊어서는 안 된다.

Business Management User's Guide

제8장

변동성의 원리와 관리 방법

Business Management User's Guide

변동성이란 무엇인가

　　　　　　　　　　우리가 사는 세상에는 완벽하게 똑같은 것이 존재하지 않는다. 날씨는 시시각각으로 변화하고 출근길 교통의 흐름도 매일 다르다. 우리의 기분도 시간에 따라 달라진다. 우리가 보통 똑같다고 생각하는 것들도 실제로는 똑같지 않다. 같은 브랜드, 같은 모델의 텔레비전도 얼핏 보기에는 같아 보이지만 사실은 미세한 차이가 있다. 같은 재료와 같은 도구로 같은 사람이 같은 시점에 만든 것들도 서로 차이가 난다. 다시 말해 세상의 모든 현상과 사물은 본질적으로 같은 것이 없으며 변동성을 가지고 있다.

　이 때문에 기업이 아무리 훌륭하고 안정된 프로세스를 갖추고 있더라도 그 산출물이 어떤 형태로든 변동성을 가지게 되리라는 것은 쉽게 예측할 수 있다. 어떤 경우에는 변동성이 클수록 문제가 될 것이며 반대로 변동성이 작아 문제가 되는 사례도 있을 수 있다. 따라서 기업이 신뢰성 있고 목적에 맞아떨어지는 산출물을 얻기 위해서는 변동성에 대한 이해와 관리를 꼭 해야 한다.

　변동성이란 유사한 혹은 똑같은 상황이 반복되는데도 매번 그 결과값이 다르게 나타나 편차가 생기는 정도를 말한다. 변동성이 작을수록 어떤 결과에 대한 예측 가능성이 높아지고 확실성이 증대한다. 반대로 변동성이 커질수록 결과를 예측하기 어려우며 불확실성이 증대된다. 또한 변동성이 감소할수록 획일화되고 통일된 결과를 얻으며 변동성이 증가할수록 다양하고 분산된 결과를 얻는다. 이 때문에 변동성은 조직의 목표 달성 과정에서 발생하는 모든 종류의 위험 및 비용 지불과 관련되어 있다.

변동성은 영어로는 'volatility' 'fluctuation' 등으로 표현할 수 있으며 통계 용어인 '산포도 degree of scattering'와도 일맥상통한다. 조직의 거의 모든 문제는 변동성으로부터 비롯된다. 따라서 변동성을 이해하는 것은 발생한 문제를 추적하고 원인을 파악하여 해결하기 위한 기초가 된다. 프로세스의 결함과 문제를 개선하는 대부분의 노력, 그중에서도 특히 품질 관리는 바로 이 변동성을 제어하는 데서 출발한다.

우리는 삶 속에서 아주 사소한 것에서부터 매우 중대한 것까지 끊임없이 변동성을 경험한다. 우리는 우리 자신의 오늘 하루 기분과 컨디션조차 쉽게 예측하지 못한다. 사람들이 오늘의 운세니 바이오리듬이니 하는 것을 때로는 재미 삼아, 때로는 진지하게 참조하는 것도 이 때문이다. 내일 날씨가 어떨지, 오늘 출근길이 혼잡할지에서부터 국제 유가가 더 올라갈지, 북한의 핵실험이 재개될지에 이르기까지 세상은 온통 우리가 확신하지 못하는 것들의 연속이다.

이 때문에 각 분야의 전문가라고 하는 사람들이 나름의 조사와 연구를 통해 예측과 전망을 부지런히 내놓으면서 불안감을 덜어주기 위해 노력하고 있다. 마땅한 대안이 없는 우리로서는 여기에 의지하면서 정보에 대한 대가를 지불할 수밖에 없다. 하지만 그 전문가들조차도 자신들이 만들어낸 정보들을 100퍼센트 신뢰할 수 없는 변동성 발생의 영역으로 보고 있다.

인간이 만약 변동성을 정확히 예측할 수 있다면 그것에 미리 대비함으로써 큰 이익을 얻을 수 있을 것이다. 하지만 변동성에 대해 정확히 예측하더라도 그 정보가 모두에게 알려지게 되면 별반 효과가 없다. 모든 사람이 이익을 얻기 위해 비슷한 행동을 하기 때문에 어떤 한 사람만이 독점적 이익을 얻기는 어려울 것이다.

변동성이 높은 것은 확실한데 어느 방향으로, 어느 정도의 폭으로 변동할지 알 수 없는 상황일 경우 '불확실성'이 높다고 할 수 있다. 반대로 변동성이 높기는 하지만 그 움직임을 예측할 수 있거나 변동성이 있다고 하더라도 문제가 되지 않을 정도라면 '확실성'이 높다고 할 수 있다.

변동성은 그 속성상 발생하기 전까지는 불확실성이지만 일단 발생하고 나면 확실성의 상황으로 바뀐다. 따라서 사람들은 변동성이 실제로 발생하기 전까지는 자신이 처한 상황과 이해관계에 따라 서로 다른 생각과 행동을 한다. 어떤 사람은 적절하다고 판단한 생각과 행동을 다른 사람들은 전혀 불합리하다고 판단하는 일이 생길 수 있다. 이 때문에 같은 현상이 어떤 사람에게는 기회가 되고 다른 사람에게는 위협이 된다.

하지만 일단 변동성이 현실화되어 누구나 그 결과를 알게 된다면 사람들은 각자 그 결과에 대응하여 자신이 처한 상황과 이해관계에 맞는 적절하고 합리적인 대처를 하려고 노력한다. 따라서 사회 시스템은 기회와 위협이 완화되어 다시 안정을 찾는다.

예를 들어 미국 대선에서 공화당과 민주당이 백중세를 보여 어느 당이 정권을 잡을지 모르는 상황이라면 사람마다 자기 나름의 예측과 판단에 따라 생각하고 행동할 것이다. 그런데 어떤 일이 발생할지 도저히 판단하기 어려우며 한쪽을 택했다가 예상과 다른 일이 발생했을 때 지불해야 하는 대가가 매우 크다고 판단되는 경우에는 판단을 유보하고 중립을 취하기도 한다.

하지만 결과가 나와서 어느 한쪽이 승리하면 사람들은 그 결과에 따라 자신의 상황에 맞는 대처를 한다. 대선 결과는 확정되기 전까지는 불확실성이지만 일단 결과가 나오면 모든 것이 명료해져 판단하기 쉬워지기 때문이다.

이러한 이유로 하나의 변동성은 또 다른 변동성을 낳는다. 다시 미국 대선의 예로 돌아가보자. 사람들은 대선 결과에 대한 예측과 그 결과에 따르는 이해관계에 따라 저마다 다르게 행동한다. 다시 말해서 대선 결과에 대한 예측 변동성, 즉 불확실성 때문에 사람들의 행동에 변동성이 생긴다.

따라서 대선 정국에서 대중들의 움직임을 예측하는 것은 매우 어렵다. 이러한 이유로 변동성이 높은 상황에서 그 변동성에 반응하는 과정에 또 다른 변동성을 만들어내는 일반 대중들을 대상으로 사업을 전개하는 사람들은 여러 층으로 구성된 변동성을 상대해야만 한다. 이처럼 변동성은 다른 변동성을 낳으며 꼬리에 꼬리를 물고 영향을 준다.

왜 경영을 어렵다고 하는가? 가장 큰 이유 중 하나는 모든 조직이 기본적으로 '변동성' 다시 말해 '불확실성' 속에서 경영할 수밖에 없기 때문이다. 또한 그 변동성을 효과적으로 예측하거나 제어하기 어렵기 때문이기도 하다. 나름대로 변동성에 대처하기 위해 노력하는 경쟁자 또한 변동성을 발생시키는 강력한 요인이 된다.
조직이 앞으로 일어날 일을 모두 정확히 예측할 수 있다면 그것은 '확실성' 속에서 활동하고 있는 것이므로 조직이 할 일이라곤 미리 대비해놓고 올 것이 오기를 기다리기는 게 전부다. 하지만 불행히도 이러한 행복한 상황은 애당초 불가능하다.

Business Management User's Guide

변동성은 위험이자 기회이다

모든 인간은 어떤 형태이든 불안감과 두려움을 가지고 있다. 그 원인은 변동성과 불확실성, 다시 말하자면 가까운 미래에 어떤 일이 일어날지 모르기 때문이다. 공포영화를 볼 때 언제 가장 무서운가? 귀신이 나오기 전인가 아니면 귀신이 나왔을 때인가? 무엇이 나타날지 모르는 상황에서 음산한 분위기가 조성되고 기분 나쁜 저음의 음향 효과가 가미되면 공포는 극대화된다. 뭐가 나타날지 모르는 상황이 가장 두렵다. 그런데 그 무언가가 화면에 나타나 상황이 분명해지면 아무리 흉측한 것이라고 해도 오히려 공포감은 줄어든다.

사람들은 가까운 미래에 내가 예상하고 있던 것과 다른 결과가 나오는 것을 두려워한다. 세상의 모든 불안감과 두려움은 본질적으로 결과치가 기대치와 다르게 나타날지 모른다는 심리에 기인한다. 다시 말해 기대치와 결과치의 편차를 예측하기 어려워 변동성이 높은 상황에서 불안감과 두려움이 생겨난다.

그래서 예로부터 사람들은 미래 결과치의 변동성을 제어하고 예측 가능성을 높여 두려움을 경감시키기 위해 부단히 노력해왔다. 인간이 만든 거의 모든 종류의 이론, 과학, 규범, 제도는 변동성을 효과적으로 제어하기 위한 것에 다름없다. 때로는 인간이나 조직의 행동과 습관을 연구하고 그 패턴을 분석함으로써 예측 가능성을 높이려고 시도하기도 한다. 그뿐만 아니라 자신의 미래에 대한 불안감을 조금이라도 없애기 위해 오늘의 운세를 보기도 하고 별자리나 혈액형을 분석하거나 점술에 의존하기도 한다. 어찌 보면 그런 것들을 신뢰한다기보다는 불안감과 두려움을 조금이라도 줄여 심리적 안정을 얻고자 하는 인간 본성을 거기에 투영한 것이라 할 수 있다.

과학과 논리로 분명하게 설명하고 입증할 수 있는 것일수록 변동성은 작아진다. 반면에 사람의 생각과 감각, 직관에 의존할수록 변동성은 커진다. 사람의 사고와 행동은 그것이 개인이든 집단이든 간에 항상 가장 큰 변동성 발생의 원인이 된다. 따라서 변동성을 줄이는 것도 중요하지만 발생한 변동성을 어떻게 감당하고 제어할지 역시 관건이 된다.

변동성은 논리, 과학, 통계 등 여러 가지 방법을 통해 어느 정도 제어할 수 있다면 사전에 대비할 수 있다. 이때 경쟁자보다 훨씬 더 넓은 범위의 변동성을 감당할 수 있다면 경쟁자들은 미처 준비하지 못한 상황에도 대처할 수 있어 차별적인 기회를 얻을 수 있다.

물론 이렇게 대처가 가능하다고 판단했던 경우에도 예외적인 변동성이 발생할 수 있다. 그러한 변동성은 위험$_{risk}$이 된다. 하지만 그러한 위험 발생 확률이 기대되는 이익에 비해 매우 낮다면 당연히 그 위험은 감수할 수 있다. 이러한 상황에서 이익을 확보하기 위해, 발생 확률이 낮거나 발생하더라도 대처할 수 있는 위험을 감수하는 것을 '투자$_{investment}$'라고 규정한다.

하지만 이익을 얻기 위한 행동이 제어할 수 있는 변동성의 범위를 크게 벗어나면 감당하기 어려운 위험에 빠질 수 있다. 경쟁자에 비해 변동성 관리 역량이 우월하지 않은 상황에서 변동성과 불확실성이 높은 결과에 승부를 걸면 그에 따른 위험의 크기를 예측하거나 관리할 수 없다. 그러므로 이는 대단히 무모한 행동으로 '투기$_{speculation}$'에 해당한다.

한편 사람들은 일반적으로 이익의 크기보다 위험의 크기를 과소평가하는 경향이 있다.

그래서 투기의 심리적인 기대 이익은 꽤 크다고 볼 수 있다. 우리 일상에서도 로또 복권, 묻지 마 주식투자, 떴다방 등과 같은 투기를 흔히 볼 수 있다. 이러한 투기는 손해를 볼 수는 있어도 생존의 문제까지 연결되지는 않는 것들이다. 하지만 기업 활동에서의 투기는 생존과 운명을 걸어야 하는 경우가 많으므로 절대로 피해야 한다. 투기하지 않으면 안 되는 피치 못할 상황이 발생하더라도 감내할 수 있는 손실의 규모를 미리 정해놓고 그 범위 내에서만 허용하는 게 일반적이다.

'고위험, 고수익$_{\text{high risk, high return}}$'을 투자의 원칙으로 인식하는 건 위험천만한 일이다. 이는 높은 수익을 얻으려면 큰 위험을 감수할 줄 알아야 한다는 논리를 전개하면서 위험 감수라면 어떤 것이든 매우 도전적이고 진취적인 것처럼 포장하는 행동이다.

하지만 조직의 운명을 도박판의 판돈으로 놓고 베팅하는 것은 어리석다. 위험 감수는 그 위험을 관리할 수 있거나 감내할 수 있을 때나 그 위험 감수가 성공했을 때의 기대 수익이 분명히 보장된다는 확신이 있을 때에만 합리화될 수 있다.

따라서 '고위험, 고수익'을 큰 수익을 얻기 위해서는 커다란 위험을 감수하라는 무모한 도전과 투기를 조장하는 의미로 받아들이면 안 된다. 높은 수익에는 높은 위험이 따르므로 그 위험을 인지하고 적절하게 관리해야 한다는 뜻으로 보아야 한다. 다시 말해 '고수익'을 얻기 위해 '고위험'을 감수하라는 뜻이 아니라 '위기관리'에 성공할 때만이 '고수익'의 기회를 잡을 수 있다고 해석하는 게 옳다.

관리되지 못하는 변동성은 그냥 위험일 뿐이며 그것을 감수하는 것은 기업의 운명을 운에 맡기는 투기일 뿐이다.
하지만 그 변동성을 관리할 수 있고 감내할 수 있으며 경쟁자보다 더 나은 수준의 변동성 관리 역량을 확보할 수 있다면 변동성은 오히려 큰 기회를 보장한다.

정확도와 정밀도의
차이를 이해하라

커다란 변동성은 결과를 예측 불가능하게 하므로 혼돈을 초래하는 요인이 될 수 있다. 그러므로 관리되거나 통제되지 못하는 변동성은 미래에 발생할 일에 대한 불확실성을 높인다. 그리고 위험 발생의 근원이 될 수 있다.

우리가 사는 세상의 현상들은 대부분 어느 정도의 분석과 설명을 할 수 있다. 마구잡이로 발생하는 것처럼 보이는 변동성도 알고 보면 어느 정도 범위 내에서 일정한 규칙과 패턴에 따라 움직이고 있다. 이러한 변동성의 규칙성을 파악하고 분석하여 적절하게 관리함으로써 불확실성을 줄이고 예기치 못한 위험에 대비하기 위해 통계학을 중심으로 하는 많은 이론과 기법들이 발전을 거듭해왔다.

통계학적인 기법을 활용하여 변동성에 대한 과학적인 분석과 관리를 하기 위해서는 반드시 '산포도'라는 개념을 이해해야 한다. 산포도를 간단하게 설명하면 결과값이 흩어져 있는 정도를 말한다. 많이 흩어져 있을수록 산포도는 높고 변동성도 당연히 커진다. 결과값이 모여 있을수록, 다시 말해 산포도가 낮을수록 변동성도 줄어들며 결과값이 발생하는 패턴이 특정 범위 내에 집중되는 경향이 나타난다. 따라서 예측 가능성이 현저하게 높아진다.

독일과 대한민국의 인구 분포를 예로 들어보자. 독일은 전 세계적으로 지방 분권이 가장 잘된 나라 중 하나이다. 전국의 주요 도시가 고루 발달했고 인구도 잘 분산되어 있으며 아우토반이라는 고속도로를 통해 이 도시들 간 물류와 운송 체계가 아주 잘 연결되어 있다. 반면 대한민국은 수도권에 경제력과 인구의 상당 부분이 집중된 대표적인 나라이다. 다시 말해 독일은 인구가 전국적으로 흩어져 산포도가 매우 큰 나라이며 대한민국은 독일보다 인구의 산포도는 작고 집중도는 높은 나라이다.

이 때문에 신제품을 시장에 도입할 때 지리적 특성이라는 하나의 변수만을 고려한다면, 대한민국에서는 수도권에 집중하는 게 비용 대비 효과 측면에서 유리하다. 반면 독일에서는 어떤 지역에서 신제품이 성공할지 알 수 없으므로 더욱 면밀한 시장조사와 마케팅 전략이 필요하다. 일부 지역에만 집중하면 비용은 절감되지만 시장 기회를 잃을 수 있다. 전국적으로 도입하려면 비용이 많이 들고 실패의 위험도 높아진다.

사격의 예를 들 수도 있다. 만약 A와 B라는 병사 두 사람이 사격 훈련 결과로 점심 내기를 했다고 가정하자. 점수가 낮은 사람이 높은 점수를 얻은 사람에게 점심을 사야 한다. 표적은 한가운데 10점으로 시작하여 바깥으로 갈수록 점수가 낮아져 가장 낮은 점수가 2점인 원형 모양이다. 두 사람이 번갈아가며 사격을 한 결과 다음과 같은 성적이 나왔다.

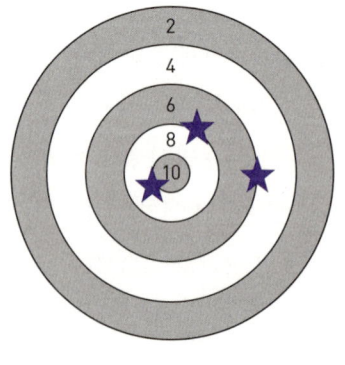 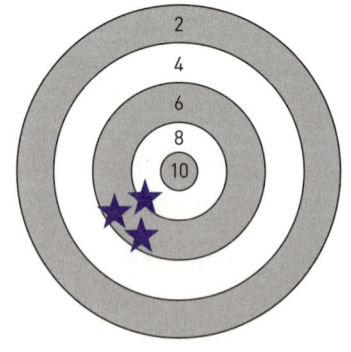

병사 A의 사격결과   병사 B의 사격결과

누가 내기에서 이겼을까? A의 점수는 10+8+6점으로 총 24점이고 B는 6+6+8점으로 총 20점이다. A가 내기에서 승리했음을 쉽게 알 수 있다. 그런데 사격대회가 열려서 두 사람 중 한 명만을 출전시켜야 한다면 지휘관은 누구를 선택하겠는가?

군대에서 영점 사격을 경험해본 사람들은 B의 사격 솜씨가 A보다 훨씬 더 좋다는 것을 쉽게 이해할 수 있을 것이다. A는 운 좋게 10점과 8점을 맞추어 내기에서 이겼다. 하지만 그의 사격 솜씨는 들쭉날쭉한 것이 분명하다. 다시 말해 탄착군이 넓게 형성되어 산포도가 높고 변동성이 큰 실력이라 할 수 있다.

B가 A를 게임에서 이기지 못한 것은 총의 영점(零點)이 잘 맞지 않았기 때문이다. 다시 말해 사람과 총의 궁합이 맞지 않은 것이다. B는 비록 좋은 점수를 얻지는 못했지만 탄착군이 좁게 형성되어 산포도가 낮고 변동성이 적은 일관성 있는 사격 실력을 가지고 있다. 따라서 총의 영점을 조정하여 탄착군을 표적 중심으로 이동시켜주면 10점에 근접한 점수를 지속적으로 얻을 수 있을 것이다.

결국 예측 가능성이 높은 일관성 있는 결과를 얻는 방법은 두 가지이다. 하나는 산포를 줄이는 것이고 또 다른 하나는 결과치와 기대치의 중심을 일치시키는 것이다. 이는 '정밀도'와 '정확도'의 두 가지 개념으로 설명할 수 있다.

정밀도

정밀도는 결과값이 일관성 있게 나타나는 정도를 말한다. 위의 예에서 병사 A보다는 병사 B의 정밀도가 높다. 정밀도가 높을수록 결과값의 분포가 일정 범위에 집중되어 산포도는 낮아지고 예측 가능성은 높아진다.

정밀도의 높고 낮음은 분산과 표준편차를 계산하여 측정할 수 있는데 나중에 별도의 지면을 할애해서 설명할 예정이다. 하지만 아무리 결과값이 일관성이 있게 나오더라도 정확도가 낮으면 큰 유익이 없다. 마치 영점이 맞지 않은 총을 쏜 것처럼 목표에서 벗어나버린다면 성과 창출에 실패하게 된다.

정확도

정확도는 결과값이 목표에 근접한 정도를 나타낸다. 위의 예에서는 병사 A가 사격 솜씨는 떨어지지만 더 정확하게 쏜 것은 분명하다. A가 내기에서 이겼듯 정확도가 높을수록 목표 달성 가능성이 높아진다.

정확도의 계산은 결과값 전체의 평균을 구하고, 이 평균값이 애초 목표로 했던 기대치에서 얼마나 벗어나 있는지로 측정할 수 있다. 하지만 아무리 정확도가 높더라도 정밀도가 낮아 분산과 표준편차가 커지면 좋지 않다. 평균값은 중심에 근접해 있지만 각각의 결과값은 주변으로 크게 흩어질 수 있다.

따라서 모든 변동성의 관리는 결과값의 평균과 기대치를 일치시키는 정확도의 향상과 결과값의 산포도를 줄여 일관성을 높이는 정밀도의 향상에 초점을 맞추게 된다. 만약 정확도와 정밀도의 향상이 쉽지 않은 상황이라면 불가피하게 발생하는 변동성을 수용하고 대응할 수 있는 역량의 확대가 필수다.

위 사격의 예에서 정확도의 향상은 영점 조정을 통해 사람과 총의 궁합을 맞추어주는 것으로 높일 수 있다. 정밀도의 향상은 많은 연습을 통해 사격 실력을 향상시켜 탄착군을 더욱 좁고 일관성 있게 형성함으로써 높일 수 있다. 또한 발생한 변동성에 대응할 수 있는 역량의 확대를 위해서는 정확도나 정밀도가 떨어지는 사격 솜씨로도 어느 정도의 성과를 낼 수 있도록 여러 조건을 조정해주어야 한다. 예를 들면 표적을 더 가깝게 해주거나 더 큰 표적에 맞추게 하는 등이 여기에 해당한다.

모든 기업은 변동성 속에서 활동하며 그 활동의 결과 또한 변동성을 발생시킨다. 변동성은 기업의 관리 역량과 대응 방식에 따라 위험이 되기도 하고 기회가 되기도 한다. 따라서 변동성을 관리하고 대응하는 능력은 기업의 경쟁력에 큰 부분을 차지한다.

변동성을 관리하는 방법은 세 가지가 있다. 하나는 결과값이 목표에 근접하도록 '정확도'를 높이는 것이고 또 다른 하나는 결과값의 일관성을 확보하기 위한 '정밀도'를 높이는 것이다. 마지막으로는 불가피하게 발생하는 변동성에 효과적으로 대응할 수 있는 역량을 향상시키고 조건을 개선하는 것이다.

이러한 노력을 통해 조직은 목표 달성은 물론이고 성과의 일관성을 확보하여 불확실성을 감소시키고 예기치 못한 위험에 노출될 가능성을 최소화할 수 있다.

Business Management User's Guide

통계학의 몇 가지 기초 지식

변동성을 측정하고 관리하기 위해서는 통계 지식을 활용할 필요가 있다. 통계학은 매우 방대한 지식 체계이고 일반인들이 쉽게 이해하기 어려운 부분이 많다. 하지만 기업 활동에서 통상적으로 발생하는 변동성을 측정·관리하는 데 필요한 통계지식은 대단히 높은 수준은 아니다.

다음 몇 가지는 기업에서 변동성과 관련된 업무를 수행하는 데 필요한 기초 지식이다.

독립 시행

'시행'이란 어떤 사건이나 상황이 발생하는 것을 의미한다. 그런데 발생하는 사건들 사이에는 상호 관련성이 있을 때도 있고 없을 때도 있다. 예를 들면 10명이 제비를 뽑아 한 사람씩 탈락시키면서 맨 마지막에 남는 한 사람에게 상품을 주는 경우를 생각해보자. 처음 제비를 뽑을 때 탈락할 확률은 10분의 1이다. 하지만 한 사람이 탈락하고 나면 다음 탈락 확률은 9분의 1이 된다. 이렇게 시행이 거듭될 때마다 확률이 달라진다. 이전에 시행했던 결과가 다음번 시행에 영향을 주기 때문이다.

이렇게 각 시행 사이에 종속 관계가 성립되어 앞의 시행이 다음 시행의 확률에 영향을 줄 때 나중의 시행을 앞의 시행에 대한 '종속 시행'이라고 한다.

반면에 주사위를 던지는 경우 매번 던질 때마다 특정 숫자가 나올 확률은 항상 6분의 1이다. 이전에 나온 결과가 이번 주사위를 던지는 결과에 대해 전혀 영향을 주지 않는다. 마찬가지로 지금 나온 결과 또한 다음 결과에 아무런 영향을 끼치지 않는다.

이렇게 각 시행 사이에 종속 관계가 전혀 없으며 시행을 할 때마다 어떤 사건이 일어나는 확률이 같을 때 그 각각의 시행을 '독립 시행'이라고 한다.

우리가 사는 세상에서 발생하는 자연적인 현상 대부분은 독립 시행의 성격을 지니고 있다. 따라서 기업이 속한 경영 환경에서 발생하는 변동성은 독립 시행으로 간주해도 무방하다. 기업 내부의 변동성도 마찬가지다. 프로세스 운영을 통해 얻어지는 산출물의 변동성은 대부분 독립 시행의 성격을 띤다.

도수

도수는 독립 시행을 여러 번 반복했을 때 어떤 사건이 나타난 횟수나 빈도를 의미한다.

주사위 던지기를 여러 번 하면 1부터 6까지 각 숫자의 도수는 결국 비슷하게 나올 것이다. 한 학급에서 학생들의 키를 잰다면 아주 작은 키와 아주 큰 키일수록 도수가 적게 나오고 평균 키에 가까울수록 도수가 더 크게 나온다. 기업 현장에서 제품의 치수를 측정할 때도 측정치의 평균값에 가까울수록 발생 빈도, 즉 도수가 많아지며 평균값에서 많이 벗어날수록 빈도가 낮아진다.

도수분포표

독립 시행을 여러 번 반복하면 나타나는 사건의 값은 가장 작은 값부터 가장 큰 값까지 분포를 보인다. 그 두 값의 사이에서 변하는 양을 '변량'이라고 한다.

이 변량은 여러 개의 구간으로 나눌 수 있다. 예를 들면 어떤 학교 학생들의 키가 140센티미터부터 190센티미터까지 분포할 때 변량을 5센티미터 단위의 10개 구간으로 나눌 수 있을 것이다. 이때 각 구간에 해당하는 사건의 수(학생의 수)를 조사하여 표로 나타낸 것을 '도수분포표'라고 한다. 이 학교 학생들의 키를 도수분포표로 나타낸 예는 다음과 같다.

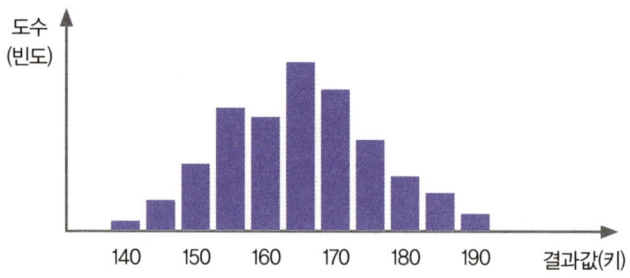

평균값, 중심값, 최빈값

평균값의 개념은 대부분 알고 있을 것이다. 굳이 정의하자면 각 사건의 값을 모두 더한 다음 사건의 수로 나눈 값을 말한다. 도수분포표에서는 좀 다르게 계산되지만 결과적으로 얻는 값은 같으므로 굳이 언급하지는 않겠다.

중심값은 변량의 중앙값을 말한다. 즉 발생한 값 중 가장 작은 값과 가장 큰 값을 더한 다음 절반으로 나눈 값을 말한다. 또한 최빈값은 도수, 즉 빈도가 가장 많은 값을 말한다.

독립 시행 상황의 도수분포표에서는 대부분 평균값, 중심값, 최빈값이 거의 비슷한 위치에 나타난다. 만약 시행 횟수를 크게 늘린다면 이 세 값은 점점 더 하나의 값으로 수렴된다.

대수의 법칙

동전을 던져 앞면이 나올 확률은 2분의 1이다. 그런데 다섯 번 연속으로 앞면이 나왔다. 그렇다면 여섯 번째에는 어떤 면이 나올까? 정답은 여전히 2분의 1이다. 동전 던지기는 독립 시행이기 때문이다. 앞에 다섯 번 연속으로 앞면이 나왔다고 해서 이번 시도에 뒷면이 나올 확률이 높아지지는 않는다.

하지만 동전을 던지는 횟수가 증가할수록 앞면과 뒷면의 비율은 점점 5:5에 근접하게 된다. 다시 말해 시행의 횟수가 늘어날수록 실제 결과와 이론으로 예측한 결과가 비슷해진다는 뜻이다. 이처럼 시행의 수를 늘릴수록 시행을 통해 얻은 경험적 확률과 통계적 추정인 수학적 확률이 일치하는 정도가 향상된다는 법칙을 '대수의 법칙'이라고 한다.

정규분포

독립 시행의 도수분포표는 평균값에 몰린 정도가 크고 좌우가 어느 정도는 대칭이지만 아직 완전한 대칭은 아니다. 하지만 시행의 수를 늘려 대수의 법칙이 적용되면 평균을 중심으로 좌우가 대칭이 될 가능성이 점점 높아진다. 예를 들면 한 학교가 아니라 대한민국 국민이나 전 세계 사람들의 키를 모두 재는 경우를 생각해보면 된다.

이렇게 무한히 많은 수로 만들어진 좌우 대칭의 도수분포표에서 구간의 길이를 짧게 하면 막대의 폭은 점점 줄어들고 막대 간의 간격은 점점 촘촘해진다. 다시 말해 5센티미터 단위로 구분하던 것을 1센티미터로, 1밀리미터로 계속 줄여가는 것이다.

구간이 더 줄어들어 막대가 무한히 많아진 상태에서 막대 윗부분을 매끄럽게 연결하면 다음과 같은 좌우 대칭의 종 모양 곡선을 얻을 수 있다. 이를 '정규분포'라고 한다.

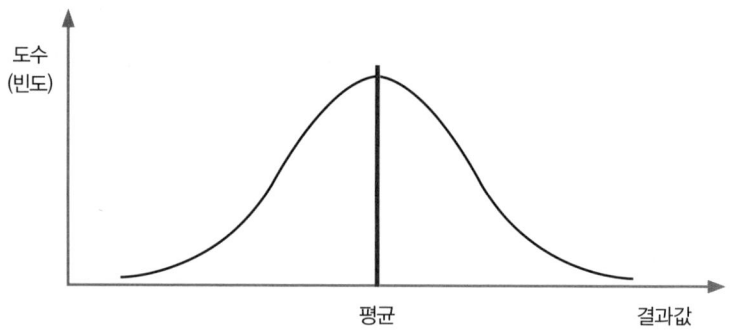

경영 활동에서 발생하는 대부분의 변동성은 통계적 지식을 활용하여 측정하고 관리할 수 있다.
기업에서 일하는 사람들 대부분에게 필요한 통계적 지식은 기초적인 수준이며 정규분포의 개념을 이해하는 것은 모든 변동성 이해의 출발이 된다.

Business Management User's Guide

변동성 관리의
기본 개념과 원리

　　　　　　　　　　　　어떤 기업도 변동성에서 자유롭지 못하다. 사실상 기업의 거의 모든 활동은 어떤 형태로든 변동성에 노출되어 있다. 이러한 변동성을 효과적으로 관리하기 위해서는 변동성 관리의 원리를 잘 알아야만 한다. 이미 이전 글에서 정확도, 정밀도, 변동성 대응 역량의 세 가지를 설명한 바 있는데 정규분포의 개념을 활용하면 이러한 세 가지의 원리를 더욱 쉽게 이해할 수 있다. 다음의 그래프는 정규분포의 가장 간단하고 전형적인 형태이다.

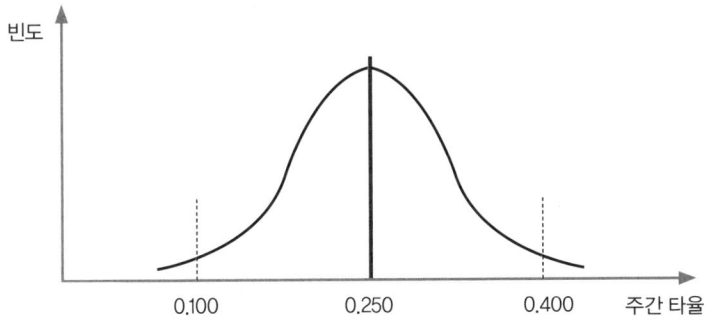

　이 정규분포 그래프를 A라는 어떤 야구선수가 한 시즌 동안 달성한 주간 타율의 분포를 나타낸 것이라고 가정하자. 여기서 '평균'은 주간 타율

전체를 더한 다음, 경기에 출전했던 주의 수로 나눈 연간 평균 타율이다. A의 연간 평균 타율이 2할 5푼(0.250)이라고 가정하자. '변동성'은 연간 평균 타율과 특정 주간 타율과의 편차를 의미한다. 오른쪽으로 변동성이 발생한 것은 자신의 연간 평균 타율보다 잘 친 것이고 왼쪽으로 발생한 변동성은 연간 평균 타율보다 부진한 것을 의미한다.

이 그래프로만 보면 정규분포 곡선이 좌우로 꽤 퍼져 있어 A의 타격은 변동성이 높고 기복이 있는 편이라고 추측할 수 있다. 다시 말하면 A의 타격 성적은 매주 그 성과가 일정치 않아 어떤 주는 4할을 넘게 치기도 하고 어떤 주는 1할에도 못 미치기도 한다. 타격 성적을 예측하기 어렵고 기복이 심하다 보니 당일 경기에 투입하는 것이 옳은지 아닌지를 판단하기가 어려울 것이다. 게다가 연간 평균 타율 2할 5푼은 평범한 타격 실력이므로 감독은 매번 A의 당일 컨디션을 체크하면서 활용도를 고민해야 하는 상황이 된다. 아마도 이 선수는 주전보다는 대타 요원으로 활용될 가능성이 높다.

만약 이 팀이 타자들을 대상으로 매주 인센티브와 벌금 제도를 운영하여 주간 타율이 일정 타율 이상, 즉 '상한'을 넘기면 상금을 주고, 일정 타율 이하, 즉 '하한'에 미달하면 벌금을 내게 한다면 A는 상금을 탈 때도 있지만 벌금도 자주 낼 것으로 추측할 수 있다.

그렇다면 A가 이러한 상황을 극복하고 더 많은 출전 기회를 얻으면서 팀에서 꼭 필요한 좋은 선수가 되려면 어떻게 해야 하는지 생각해보자. A는 다음의 세 가지 방법을 통해 더 나은 선수가 될 수 있다.

산포의 축소

우선 A는 꾸준한 성적을 내기 위해 노력해야 한다. 이를 위해서는 기복 없는 타격 성적이 필요하다. 다시 말해 타율의 변동성을 줄여야 한다. 그렇게 되어 매주 자신의 연간 평균 타율과 크게 차이가 나지 않는 꾸준한 타격 성적을 보인다면 더 많은 출전 기회를 가질 것이다. 감독은 A의 연간 평균 타율이 2할 5푼이고 매주 꾸준한 페이스를 유지하므로 네 번의 타석 중 한 번 정도는 안타를 칠 수 있으리라는 기대를 하게 된다. 그렇다면 그 타율에 적합한 타순에 지속적으로 투입할 수 있다.

이는 앞에서 설명한 '정밀도'를 높이는 노력이다. 정밀도가 높아지면 위에서 본 정규분포 그래프의 산포가 줄어들어 아래 그림과 같이 평균을 중심으로 한층 더 모여 있는 형태로 변화한다.

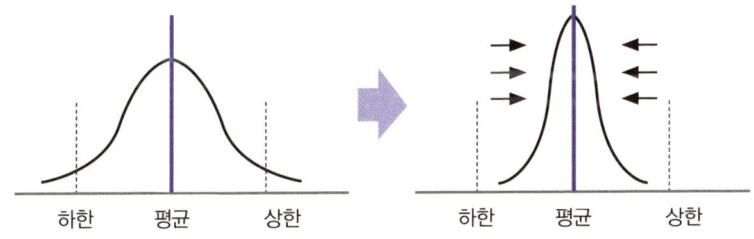

평균의 이동

A가 더 좋은 선수가 되기 위한 또 하나의 방법은 연간 평균 타율을 높이는 것이다. 이는 타격 기술을 향상시켜야 함을 의미한다. 예를 들어 현재 2할 5푼(0.250)에 머물고 있는 연간 평균 타율을 강타자의 상징인 3할(0.300)로 끌어올리는 것이다. 컨디션이 좋지 않은 주간에도 2할 이상의 타격을 기록할 능력이 있고 컨디션이 좋을 경우 4할 이상의 타격을 기록할 수 있다면, 다소 기복이 있더라도 많은 출전 기회를 얻으며 팀에 기여하는 선수가 될 수 있다.

이는 이전 글에서 설명한 정확도를 높이는 것과 같은 개념이다. 2할 5푼의 평균 타율을 3할로 이동시키는 것은 사격에서 영점 조정을 하는 것과 같다고 생각하면 된다. 이러한 개선을 정규분포 곡선의 변화로 나타내면 다음과 같은 그래프가 된다.

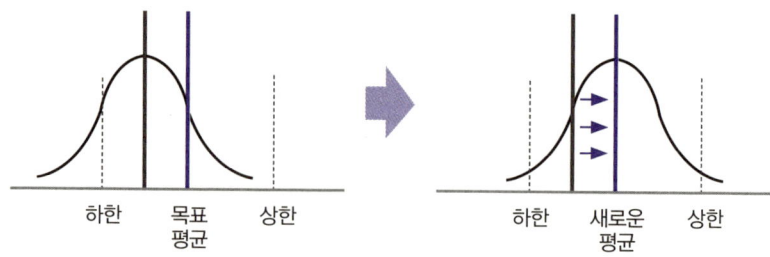

만약 A가 타율의 산포를 줄이고 평균 이동 또한 성공하여 정밀도와 정확도의 개선에 모두 성공했다면 A의 주간 타율 정규분포 그래프는 다음과 같은 모양으로 개선된다.

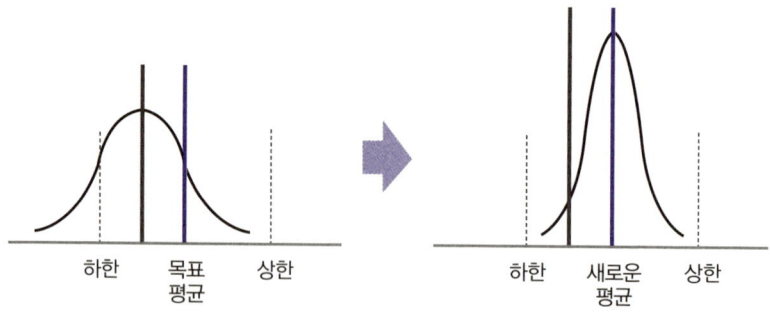

수용 범위의 확대

A의 정밀도와 정확도 개선에 실패하더라도 A가 경기에 출전하는 조건을 변화시켜 역량에 맞는 용도에 투입한다면 여전히 가치 있게 활용할 수 있다. 그중 한 가지 방법은 A를 조금 수준이 낮은 리그에서 뛰게 하는 것이다. 예를 들면 미국 메이저 리그에서 평범한 타자였던 선수가 마이너 리그에서 좋은 성적을 내는 것과 같다.

또 다른 방법은 타격 실력에 대한 요건이 덜 엄격한 포지션에 활용할 방법을 찾는 것이다. 예를 들어 포수나 2루수나 유격수와 같은 포지션은 수

비가 훌륭하다면 타격 솜씨가 썩 좋지 않아도 출전 기회를 갖는다. 반면 1루수와 외야수는 좋은 타격 솜씨가 필수다. 마찬가지로 선구안이 좋아 볼넷을 많이 얻어내어 출루율을 높이는 선수, 장타율이 워낙 좋아 간혹 나오는 안타가 곧잘 2루타나 홈런이 되는 선수, 득점 찬스에서는 좋은 타격을 보여 타점을 많이 올리는 선수, 희생타나 진루타를 잘 쳐서 팀 공헌도가 높은 선수들도 평균 타율이 높지 않거나 타율의 변동성이 높더라도 꼭 팀에 필요한 선수가 될 수 있다.

변동성은 산포를 축소하는 것, 평균을 더 높은 수준으로 이동시키는 것, 산포의 수용 범위를 확대하는 것의 세 가지 방법을 통해 관리할 수 있다.

Business Management User's Guide

분산과 표준편차는 무엇이며 어떻게 측정하는가

변동성을 불확실성과 위험을 높이는 요소 정도로만 이해한다면 그 개념이 매우 모호하고 측정하기 어려워져 관리나 통제가 불가능해질 수밖에 없다. 하지만 품질 관리와 같은 분야에서는 변동성을 철저히 측정하고 관리하고 통제해야 한다. 이를 위해서는 더욱 과학적이고 정교한 접근 방법이 필요하다. 변동성을 관리하기 위한 가장 효과적인 방법은 통계적 기법을 이용하는 것이다.

"측정할 수 없다면 관리할 수 없다"는 경영의 오랜 격언이 있다. 측정할 수 없는 변동성은 불확실성이자 위험으로 두려움의 원인이 될 수 있다. 하지만 변동성을 측정할 수 있다면 데이터를 축적하여 분석의 근거로 삼을 수 있다. 또한 과학적 기법과 여러 관리 기준을 적용하여 변동성을 축소하고 적절한 수준에서 관리하고 통제하는 적극적 행동을 취할 수도 있다.

이 때문에 변동성을 측정할 수 있는 객관적이고 과학적인 방법이 필요하다. 이를 위해 통계 이론의 도구가 주로 사용되는데 가장 대표적인 변동성 측정 지표가 '분산'과 '표준편차'이다. 학교 교육에서 통계학 시간에 정규분포를 배운 후에는 곧바로 분산과 표준편차를 배운다. 그런데 그 값을 구하는 공식을 열심히 외우고 문제도 풀지만, 막상 분산과 표준편차가 어떤 개념이며 어디에 사용되는 것인지를 잘 이해하지 못하는 경우가 많다.

정규분포는 통계학에서 다루는 여러 분포 중에서 결과값의 산포가 좌우 대칭을 형성하여 마치 종과 같은 모양을 취하는 분포를 의미한다. 실제로 우리가 사는 세상에서 나타나는 분포들의 대부분은 정규분포 형태를 띠는 경향이 있다. 또한 정규분포는 다른 분포에 비해 형태가 단순하고 과학적인 측정과 분석을 적용하기 쉽다. 그래서 누구나 쉽게 이해하여 실제 생활에 활용할 수 있다. 여기서 이해를 돕기 위해 다시 한 번 정규분포 그래프를 표시하였다.

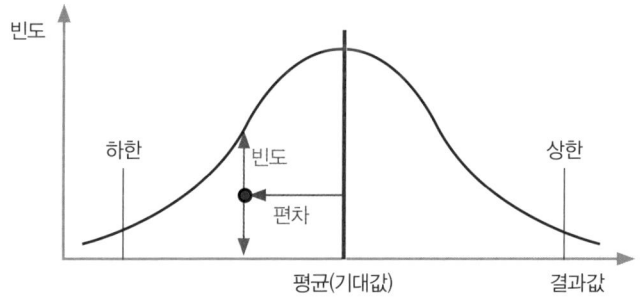

정규분포는 좌우 대칭이므로 분포의 한가운데는 평균이 된다. 이를 확률과 관련된 용어로 표현한다면 기대값이라고 할 수 있다. 어떤 측정값에서 변동성, 즉 산포가 발생할 때 평균으로부터의 차이를 '편차'라고 한다. 플러스의 편차는 평균의 우측으로, 마이너스의 편차는 평균의 좌측으로 산포를 발생시킨다. 평균에서 멀수록 편차가 큰 것이고 가까울수록 작은 것이다. 다시 말해 그래프의 X축은 편차의 크기를 의미한다.

그래프의 Y축 값은 도수분포표의 도수와 같이 특정 결과값이 얼마나 빈번하게 발생하는가 하는 빈도를 나타낸다. 정규분포는 평균에 가까울수록 빈도가 높아지고 평균에서 멀어져 편차가 커질수록 빈도가 낮아지는 특징이 있다. 빈도가 평균에 집중될수록 정규분포 그래프는 산포가 작은 날씬하고 뾰족한 형태가 된다. 반면에 빈도가 평균값에 집중되는 정도가 낮고 평균과의 편차가 큰 값이 빈번하게 나타난다면 산포가 크고 넓게 퍼진 형태가 된다. 그런데 이러한 정규분포를 통해 변동성을 효과적으로 관리하기 위해서는 반드시 다음의 세 가지 요소를 측정할 수 있어야 한다.

첫 번째는 두말할 것도 없이 평균이다. 평균은 모든 결과값을 측정하기 위한 기준이 되므로 반드시 확보해야 한다. 다행히 평균은 매우 측정하기 쉽다. 모든 결과값을 모조리 더한 다음 전체 빈도수로 나누면 된다. 시험을 본 후 모든 학생의 성적을 더한 다음 학생들의 수로 나누면 평균 성적을 구할 수 있는 것과 같은 이치이다.

두 번째는 정규분포의 좌우로 흩어진 정도, 즉 산포가 얼마나 큰지이다. 산포가 클수록 정규분포는 넓게 퍼지고 흩어진 정도가 작을수록 뾰족하고 날씬하게 나타난다. 물론 산포가 크다는 것은 불확실성과 위험도가 높아 관리하기 어려움을 의미한다.

세 번째는 각 결과값의 편차가 평균적으로 얼마나 되는가 하는 것이다. 산포가 클수록 편차의 평균값은 크게 될 것이고 산포가 작을수록 편차의 평균값 또한 작게 된다. 편차의 평균을 알 수 있다면 정규분포 간의 신뢰성을 상호 비교할 수도 있고 그 편차를 줄이는 노력을 통해 성과를 개선할 수도 있을 것이다.

그런데 이 세 가지 값 중에서 어떤 것이 가장 중요할까? 우리가 통계 기법을 이용하여 측정·관리하려는 것은 바로 변동성이다. 위의 세 가지 측정 요소 중에서 변동성 관리에 가장 크게 기여할 수 있는 것은 세 번째 측정 요소인 편차의 평균값이라고 할 수 있다. 결국 모든 결과값이 평균적으로 어느 정도의 편차를 갖는지를 알면 정규분포의 변동성을 측정할 수 있다. 또한 허용할 수 있는 기준을 설정하여 변동성을 통제할 수 있고 기준에서 벗어나는 값에 대해서는 별도 관리할 수 있다.

그렇다면 편차의 평균, 즉 평균편차를 어떻게 구할 수 있을까? 일반적으로 평균을 구하는 방법은 앞서 정규분포의 평균을 구하는 것처럼 모든 값을 더한 후 총 빈도로 나누는 것이다. 하지만 정규분포에서 편차의 평균은 이 방법으로는 구할 수 없다.

편차는 평균값을 중심으로 플러스의 편차와 마이너스의 편차를 갖는다. 그런데 정규분포는 좌우 대칭이다. 따라서 플러스 편차 값에 대응하는 똑같은 크기의 마이너스 편차 값이 반드시 존재하게 마련이다. 이 때문에 모든 편차를 단순히 더하면 마이너스 값과 플러스 값이 서로 상쇄되어 그 합은 0이 되어버린다. 따라서 정규분포에서는 평균을 구하는 일반적인 방법으로 편차의 평균을 구하면 언제나 0의 값을 얻을 수밖에 없다.

이러한 현상을 피하기 위해서는 편차의 플러스 값과 마이너스 값이 서로 상쇄되는 것을 방지하는 방법을 사용해야만 한다. 그래서 각각의 편차를 제곱해서 마이너스를 제거하고 그 제곱한 값들의 평균을 구한 다음 그렇게 해서 나온 평균의 제곱근 값을 구하는 것이 가장 좋은 해결 방법이다.

가장 먼저 해야 할 일은 정규분포의 평균에서 벗어난 모든 편차를 제곱하여 모두 더한 다음 총 빈도수로 나누어 편차 제곱의 평균을 구하는 것이다. 이를 '분산'이라 한다. 분산은 정규분포의 전반적인 산포가 얼마나 큰지, 즉 그래프가 얼마나 좌우로 퍼져 있는지에 대한 정보를 제공한다. 다시 말해 분산이 높을수록 변동성이 크고 관리하는 데 많은 노력이 들어갈 가능성이 높아진다.

그런데 변동성은 편차의 평균을 통해 측정해야 한다. 하지만 분산은 편차의 평균이 아니라 편차 제곱의 평균이다. 그러므로 분산의 제곱근을 구하면 편차의 평균에 근접한 수치를 구할 수 있다. 이 값이 정규분포의 편차를 대표하는 값이며 '표준편차'라고 한다. 다시 말해 분산이 25라면 표준편차는 $\sqrt{25}=5$가 된다. 결국 표준편차는 분산의 아들뻘이라고 말할 수 있다. 하지만 또 다른 시각으로 보면 분산은 표준편차를 산출해내기 위한 중간 과정에서 만들어진 개념이라고 할 수도 있다.

그런데 분산의 제곱근을 통해 얻은 값은 엄밀히 말하면 애당초 구하려던 평균편차는 아니다. 하지만 평균편차로 간주하고 사용해도 무방한 편차의 대표 값이 될 수 있다. 표준편차는 시그마(σ)로 표시한다. 당연히 분산은 시그마의 제곱(σ^2)으로 표시한다. 모든 변동성은 표준편차를 통해 시그마 값으로 측정하여 표준화할 수 있으며, 이를 통해 변동성을 통제하고 관리하기 위한 여러 노력을 전개할 수 있다.

경영 활동에서 발생하는 모든 변동성은 통계적 분석 기법을 통해 과학적인 측정과 관리를 할 수 있다.
경영 활동의 결과값이 정규분포를 이룰 때 그 값의 변동성을 가장 정확히 나타내는 값은 '표준편차'이며 시그마 값으로 측정된다.
품질 관리처럼 가치 창출 프로세스의 운영상에서 발생하는 거의 대부분의 변동성은 시그마 값을 측정하고 이를 축소하기 위해 노력함으로써 적절히 관리할 수 있다.

Business Management User's Guide

뜻밖의 성공은
뜻밖의 실패만큼 위험하다

변동성 관리 원리는 실제 경영 활동에서 다양한 분야에 적용할 수 있다. 재고 관리, 품질 관리 등이 대표적이다.

제조 공장에서의 원자재 재고 관리를 예로 들어보자. 원자재가 결품이 나면 공장 가동이 중단될 수 있는데 이것은 매우 위험한 상태라고 할 수 있다. 따라서 원자재 조달 책임자는 원자재 보유 수량의 하한을 정해놓고 그 수준 이하로 떨어지면 자동으로 발주를 내어 수량을 보충해야만 한다. 반대로 원자재를 과다하게 보유하면 현금 흐름이 나빠지고 재고 운영 비용이 발생하며 재고의 장기 보유로 말미암아 파손, 감모 등의 로스가 증가할 수 있다. 그래서 조달 책임자는 원자재 과잉을 부족만큼이나 심각한 문제로 인식하여 보유 수량의 상한을 정하고 그 수준 이상으로 원자재를 보유하면 더 이상의 발주를 중단하고 재고 소진에 주력해야 한다.

그런데 이상하게도 많은 기업에서 원자재 결품은 매우 심각한 문제라고 생각하는 반면 과잉 보유에 대해서는 비교적 관대한 태도를 보이는 경향이 있다. 이러한 현상은 품질 관리 분야에서도 흔히 볼 수 있다. 품질 기준을 하한 위주로 관리하면서 이에 미달한 제품을 선별하는 데 많은 노력을 기울이면서도 상한을 초과한 제품에 대해서는 관대하다. 때로는 상한을 아예 정하지 않는 경우도 있다.

사실 변동성과 표준편차의 개념을 이해하고 있다면 하한에 미달한 것이나 상한을 초과한 것은 똑같이 문제임을 알 수 있다. 플러스 방향이든 마이너스 방향이든 평균, 즉 기대치로부터 산포가 크게 발생한 것은 마찬가지이기 때문이다.

상한을 초과한 제품은 고객이 사용하는 데 기능상·품질상 불편이 전혀 없는데 무슨 문제냐고 할 수도 있다. 하지만 그 경우라도 두 가지 측면에서 분명한 문제라고 할 수 있다. 첫 번째, 플러스 방향으로 크게 산포가 발생했다는 것은 제조 공정에서 심각한 변동성을 가지고 있음을 의미한다. 따라서 언제든지 마이너스 방향으로도 그에 상응하는 만큼의 산포가 발생할 수 있다. 또 다른 문제는 과잉 품질에 따른 낭비이다. 적절히 통제한다면 굳이 지불하지 않아도 될 비용을 지불한 것이기 때문이다.

이처럼 사람들은 마이너스 방향의 변동성에는 매우 민감하면서 플러스 방향의 변동성에는 매우 둔감하거나 관대해지곤 한다. 이러한 경향은 기업들을 큰 위기에 빠뜨리는 원인이 되기도 하는데 가장 대표적인 것이 이익에 대한 태도이다.

대부분의 기업에서 이익에 대한 목표 관리는 매우 큰 관심사가 된다. 그런데 실제 이익이 목표 이익에 크게 미달했다고 가정해보자. 다시 말해 목표에서 마이너스 방향으로 이익의 산포가 크게 발생한다면 대개 회사 전체에 난리가 난다. 부진의 원인을 분석하고 비상 경영이나 구조조정을 통해 상황을 극복하기 위해 최선을 다할 것이 분명하다.

이번에는 플러스 방향으로 큰 산포가 발생했다고 가정해보자. 다시 말해 예상외로 엄청나게 큰 이익이 난 경우이다. 그런데 이 경우 대부분의 기업에서는 별로 문제라고 생각하지 않는다. 오히려 축하할 일이라고 생각한다. 문제가 아니므로 잘못된 원인을 분석할 필요도 없고 회사 전체에 난리가 나지도 않는다. 오히려 자신들의 역량으로 이익을 보았다고 합리화한다. 또한 예상치 못한 큰 이익을 누리고 분배하기 위한 기대로 조직 전체가 떠들썩해진다.

　그 결과 경영진을 포함한 조직 구성원 전체가 자신들의 역량을 과대평가하고 그런 성과가 앞으로도 지속될 것으로 기대한다. 자연스럽게 그다음 해의 이익 목표를 수립할 때는 거품을 제거한 합리적인 목표 대신 운 좋게 한 번 달성된 과분한 이익 수준을 기준으로 삼는 것을 당연시한다. 그리고 거기에 의욕치를 더한 목표를 수립한다.

　그 결과는 불을 보듯 뻔하다. 뚜껑을 열어보니 새로운 목표는 물론이고 전년도 실적에도 형편없이 못미치는 성과를 얻게 된다. 그런데도 경영진과 조직의 리더들은 상황 판단과 목표 수립에 큰 잘못이 있었다는 것을 깨닫지 못한다. 오히려 목표를 달성하기 위한 노력이 부족했거나 운이 따르지 않았다고 판단하고 계속 조직 구성원들을 몰아붙인다. 그 결과 현재의 역량으로는 도저히 달성할 수 없는 목표를 끊임없이 요구하게 되고 계속 무리수를 두면서 조직은 점차 병들어간다.

> 플러스 방향으로 발생한 커다란 변동성은 마이너스 방향으로 발생한 것과 같은 수준의 문제라는 것을 인식하여 심각하게 받아들이고 그 원인을 정확히 분석해야만 한다.
> 일시적인 변동성으로 만들어진 유리한 결과를 역량의 향상으로 오판한다면 현재의 역량으로는 도저히 달성할 수 없는 수준의 목표를 세우고 조직 구성원들을 몰아붙여 조직 전체를 혼란에 빠뜨릴 수 있다.

Business Management User's Guide

뜻밖의 성공의 진정한 원인을 분석하고 관리하라

앞의 글에서 설명한 바와 같이 조직이 기대치보다 훨씬 못한 성과를 얻은 경우는 물론, 기대 이상의 성과를 거둔 경우에도 문제가 발생한 것으로 보아야 한다. 탁월한 성과를 얻게 된 근본 원인을 명확히 이해하지 못하면 상황을 오판하여 무리수를 두게 된다. 즉 일시적인 큰 성공이 오히려 재앙의 출발점이 될 수도 있다.

따라서 기대 이상의 성과를 얻으면 우선 다음의 두 가지 중 어느 것으로부터 비롯되었는지를 판단해야만 한다.

변동성에 의해 일시적으로 기대 이상의 성과가 나타난 경우

조직 시스템이 보유한 성과 창출 역량은 그대로인데 여러 요인들이 유리한 방향으로 작용하여 성과의 크기를 증폭시킨 경우라고 할 수 있다. 다음 그림과 같이 정상이라고 판단되는 범위의 상한을 벗어나 아주 예외적인 산포가 발생했을 때를 말한다.

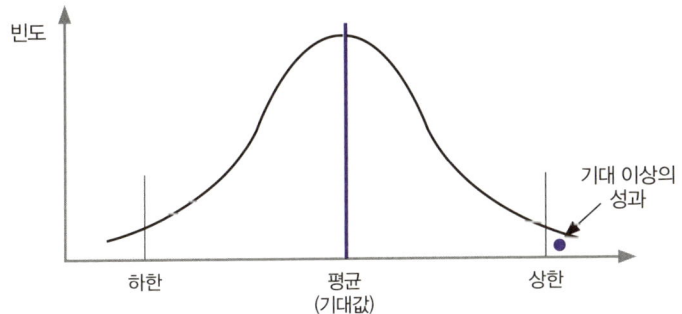

만약 기대 이상의 성과를 얻게 된 것이 예외적 사건임이 분명하다면 이러한 탁월한 성과는 역량에 기반을 둔 것이 아니라는 점을 인정하고 상황을 냉정하게 판단해야 한다. 다시 말하자면 좋은 쪽으로 변동성이 크게 발생했다면 언젠가는 형편없는 쪽으로도 변동성이 크게 발생할 수 있다는 점을 이해해야 할 것이다.

이러한 점을 망각하고 자만에 빠져 역량을 훨씬 초과하는 더 큰 목표에 욕심을 내면 큰 혼란에 빠질 수 있다. 따라서 탁월한 성과가 예외적 산포에 의해 발생한 것으로 판단된다면 다음의 두 가지를 위해 노력해야 한다.

첫 번째, 발생한 탁월한 성과에 영향을 미친 요인들을 자세히 분석하여 조직의 역량으로 전환할 것이 있는지 분석해야 한다. 그것이 가능하다면 우연히 얻어진 기대 이상의 성과를 지속적이고 반복적인 성과로 변모시킬 수 있도록 조직 시스템의 역량을 향상할 기회를 잡게 된다.

두 번째, 성과의 변동성이 크다는 것은 성과의 예측이 어렵고 위험 또한 높다는 것을 의미하므로 성과의 변동성에 영향을 미치는 부정적 요인들을 제거함으로써 기대치에서 크게 벗어나지 않는 꾸준하고 일정한 성과가 지속적으로 창출될 수 있도록 노력해야 한다.

역량 향상을 통해 기대 이상의 성과가 나타난 경우

기업이 사업 구조와 일하는 방법을 근본적으로 혁신하고 조직 시스템 운영 역량을 향상시키면 성과 창출의 기대치가 높아진다. 이러한 역량을 기반으로 창출되는 탁월한 성과는 매우 바람직할 뿐 아니라 예측 가능한 것이며 앞으로 더 높은 목표에 꾸준히 도전해나갈 수 있는 기반이 된다. 이를 그림으로 표시하면 다음과 같다.

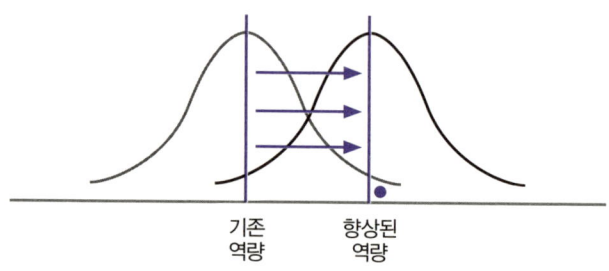

기대 이상의 성과가 역량 향상에 의해 발생한 것이 분명하다면 다음과 같은 몇 가지 사항에 중점을 두고 노력해야만 한다.

첫째, 향상된 역량을 지속할 수 있도록 조직 시스템 전반을 새로운 역량에 맞추어 최적화하여야 한다. 예를 들어 회사의 브랜드 인지도가 높아져 판매량이 급격하게 늘어났는데도 정보 시스템과 물류 체계가 이전 방식대로 물량을 처리한다면 머지않아 대혼란이 일어나고 오히려 고객 불만이 증폭될 것이다. 따라서 판매량 증가를 적절히 지원하기 위해 모든 기능과 활동들을 빠른 속도로 최적화하여야 한다.

둘째, 이 경우에도 변동성을 줄여나가는 노력을 기울여야 한다. 성과 창출의 변동성을 축소할수록 일관된 성과를 지속적이고 반복적으로 확보하여 조직 운영의 안정을 기하고 미래를 더 정확히 예측할 수 있게 된다.

셋째, 향상된 역량을 기반으로 새로운 도전 목표를 합리적 수준에서 설정해야 한다. 또한 이러한 목표를 달성하기 위해 지속적으로 역량을 향상해나가야 한다.

창출된 성과의 변동성이 어떤 원인에 의해 발생했는지를 분석하는 것은 매우 중요하다. 기대 이상의 성과를 얻었을 때 그것이 역량의 향상에 의한 것인지의 여부를 판단하는 일은 매우 중요한 포인트가 된다.

역량 향상 없이 얻은 성과는 일시적이고 예외적인 변동성일 뿐이다. 그러므로 현재 역량 수준에 맞는 기내치를 찾아 이를 기준으로 합리적인 도전 목표를 설정하는 것이 문제 해결의 출발이 된다.

만약 기대 이상의 성과가 역량 향상에 의한 것이 분명하다면 향상된 역량에 조직의 운영 시스템 전반을 최적화하고 이를 기준으로 새로 도전할 목표 수준과 과제를 설정하는 일이 필요하다.

Business Management User's Guide

선행 활동의 변동성에 대한
후행 활동의 대응력을 높여라

가치 창출 프로세스의 흐름에서 지속적이고 반복적으로 이루어져야 하는 활동일수록 변동성이 장애물로 작용한다. 한 활동의 산출물이 변동성이 높으면 다음 활동으로의 투입이 불안정해진다. 따라서 프로세스를 거치는 동안 변동성이 증폭되어 최종 산출물의 품질이 저하되고 불확실성과 위험이 커질 수 있다.

하지만 운영상의 변동성을 완전히 제거하는 것은 불가능하다. 어느 정도의 변동성이 발생하는 것은 자연스럽고 당연하므로 이것을 어떻게 수용하고 대응할 것인지를 고민해야 한다. 그러므로 변동성을 축소해나가는 노력과 더불어 불가피하게 발생하는 변동성을 문제가 되지 않도록 관리하는 역량을 확보하는 일이 매우 중요하다.

모든 성과 창출 시스템은 변동성을 감당할 수 있는 관리 가능 범위를 가지고 있다. 이를 골프 경기의 예를 들어 설명해보자.

골프 선수 A와 B가 대결하게 되었다. 골프는 18개의 홀에 공을 모두 넣을 때까지 누가 더 적은 타수를 기록하는지를 겨루는 게임이다. 골프를 잘하려면 드라이버 샷은 어느 정도의 방향성으로 멀리 쳐야 하고 아이언 샷은 거리와 방향의 정확도를 높여야 한다. 또한 그린 위의 퍼팅은 정교하고 섬세하게 공을 굴려 홀에 집어넣어야 한다.

A 선수와 B 선수의 드라이버 샷과 아이언 샷 능력이 엇비슷하다고 가정하면 승부는 그린 위의 퍼팅에서 갈리게 마련이다. 보통의 경우 그린 위에서의 퍼팅은 2번을 하게 된다. 첫 번째 퍼팅인 롱 퍼팅이 한 번에 바로 들어가면 좋겠지만 보통은 두 번째 퍼팅을 쉽게 할 수 있도록 최대한 홀에 가깝게 붙이는 것을 목표로 한다. 두 번째 퍼팅의 성공이 100퍼센트 보장되는 홀 주변 60센티미터 이내에 붙이면 목표를 달성한 것이다. 따라서 거리감이 매우 중요하며 굴러가는 공의 스피드를 잘 조절해야만 한다. 두 번째 퍼팅은 홀에 반드시 넣어야 하는 퍼팅이다. 특히 프로들의 경기에서는 이 두 번째 퍼팅을 넣지 못하면 치명타가 될 수 있다.

첫 번째 퍼팅의 거리 조절 능력에서 A 선수가 B 선수보다 우월하다고 가정하자. 두 선수가 10미터 거리에서 첫 번째 퍼팅을 한 결과를 보면 홀 주변에 흩어지는 산포는 A 선수가 B 선수보다 작을 것이다. 다시 말해 B 선수의 퍼팅 결과는 A 선수보다 홀 주변에 더 멀리 흩어진다. 이를 그림으로 표시하면 다음과 같다.

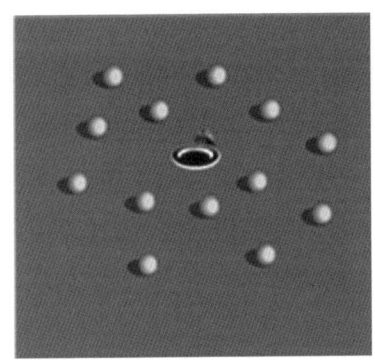
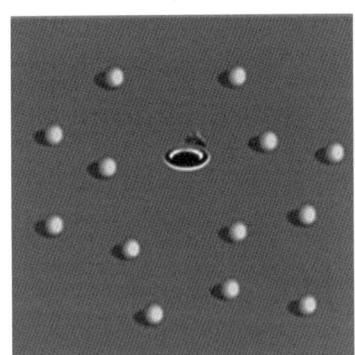

A 선수의 롱 퍼팅 결과　　　　　　　　B 선수의 롱 퍼팅 결과

홀 주변을 좌우로 나누어 오른쪽을 플러스로 하고 왼쪽을 마이너스로 하여 공이 흩어진 산포를 측정한 다음 목표 달성 여부를 정규분포로 나타내면 다음과 같다.

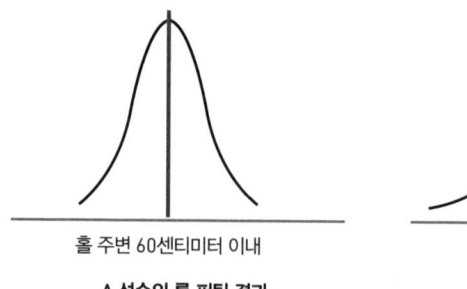

| A 선수의 롱 퍼팅 결과 | B 선수의 롱 퍼팅 결과 |

홀 주변 60센티미터 이내 / 홀 주변 60센티미터 이내

이대로라면 당연히 A 선수가 경기에서 승리할 것처럼 보인다. 하지만 두 번째 퍼팅인 쇼트 퍼팅 능력에서 B 선수가 더 우월하다면 상황이 달라진다. 프로들의 골프 경기에서 승부를 사실상 결정짓는 퍼팅 거리는 3미터 이내라고 한다. 3미터 거리 안쪽에 들어오는 퍼팅의 성공 확률이 최종 성적에 결정적인 요인으로 작용한다.

쇼트 퍼팅 성공 확률이 90퍼센트 이상이 보장되는 거리가 A 선수는 2미터, B 선수는 3미터라고 해보자. B 선수는 A 선수보다 롱 퍼팅 능력은 떨어지지만 쇼트 퍼팅으로 이를 충분히 극복할 수 있다. 다음 그림을 보자.

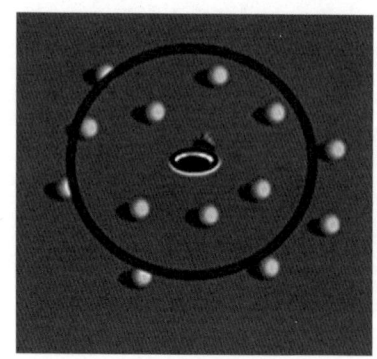 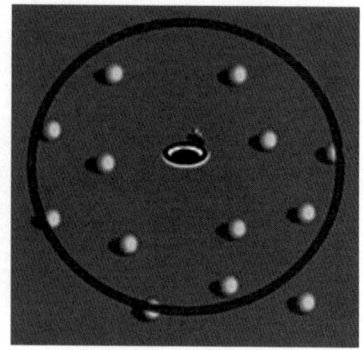

A 선수의 쇼트 퍼팅 능력 / B 선수의 쇼트 퍼팅 능력

이것은 B 선수가 선행 활동에서 발생한 변동성을 후행 활동을 통해 감당할 수 있는 능력이 더 뛰어남을 의미한다. 이를 상한과 하한이 표시된

정규분포로 나타내면 다음과 같다.

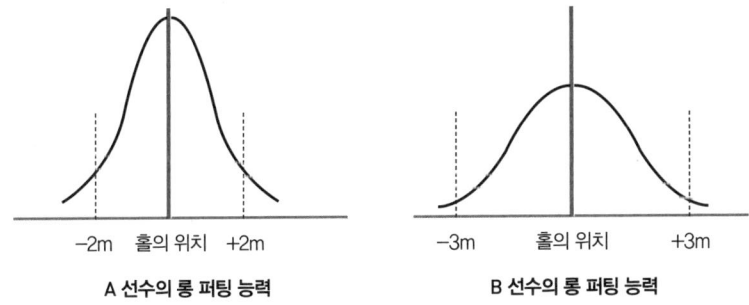

이런 상황에서는 오히려 B 선수에게 유리한 게임이 될 수 있다. 롱 퍼팅을 홀에 직접 집어넣거나 최대한 가깝게 붙여 홀에서 벗어나는 산포를 줄이는 것은 매우 중요하다. 하지만 최종적인 결과는 쇼트 퍼팅으로 결정된다. 쇼트 퍼팅 능력이 뛰어나면 롱 퍼팅의 산포가 성적에 나쁜 영향을 주는 것을 최소화할 수 있다.

기업 활동에도 마찬가지의 원리가 적용된다. 가치 창출 프로세스는 고객의 방향으로 흘러가므로 선행 활동의 산출은 후행 활동의 투입이 되어 영향을 미치게 마련이다. 따라서 선행 활동의 변동성은 후행 활동의 변동성과 상호작용한다. 만약 적절히 관리하지 못한다면 프로세스가 진행될수록 변동성의 크기가 증폭된다. 따라서 가치 창출 프로세스 상에 있는 모든 활동에서 변동성을 축소하는 노력을 기울여 활동의 변동성이 부정적으로 상호작용하는 영향을 최소화해야 한다.

하지만 이와 더불어 이미 발생한 변동성을 감당하고 관리하는 능력 또한 지속적으로 향상시켜야 한다. 선행 활동에서 불가피하게 발생하여 후행 활동으로 넘어온 변동성을 수용하고 문제가 되지 않도록 관리하는 역량을 쌓아야 한다. 이것이 향상될수록 조직 시스템의 불확실성과 위험에 대한 대처 능력 또한 향상되며 더 나은 성과를 창출할 수 있다.

모든 기업 활동에서 변동성 발생은 불가피하다. 그리고 변동성은 선행 활동에서 후행 활동으로 이어진다. 따라서 활동들 간의 변동성이 상호작용하여 증폭되지 않도록 관리해야 한다.

변동성을 관리하는 방법은 두 가지이다. 하나는 가치 창출 프로세스상의 활동이 다음 활동에 미치는 변동성을 축소하는 것이고 또 다른 하나는 선행 활동에서 불가피하게 넘어온 변동성을 효과적으로 대응하고 관리함으로써 부정적인 영향을 최소화하는 것이다.

Business Management User's Guide

제9장

품질 관리와 6시그마

Business Management User's Guide

품질과 관련된
흔한 오해들

신입사원 채용 때 어떤 일을 하고 싶으냐고 물어보면 품질 부서에 가겠다고 대답하는 사람들이 꽤 있다. 아마도 배울 것도 많고 보람도 있으리라는 기대 때문일 것이다. 하지만 실제로는 품질 부서만큼 입사 전후가 다른 경우도 별로 없는 것 같다.

 품질은 기업 생존의 필수 조건이며 최우선 순위 항목 중 하나여야 한다. 품질에 관해서는 수많은 이론적 체계와 실천 사례들이 축적되고 정립되어 있다. 따라서 품질 부서 사람들에게는 높은 수준의 지식과 문제 해결 능력이 요구되며 경험이 쌓일수록 더 많은 학습이 이루어지고 업무 능력은 끊임없이 향상된다.

 아마도 이것이 품질 부서에 가고 싶어 하는 이유일 것이다. 원론적으로는 절대적으로 맞는 이야기다. 실제로 품질 경영을 선도하는 국내외 선진 기업들의 품질 부서는 인재 육성의 산실이기도 하다. 하지만 우리나라의 중소기업이나 중견기업은 이와는 사정이 다른 경우가 아직은 빈번해 보인다. 그중에서도 특히 대기업에 납품하는 기업의 품질 부서 현장에서 간혹 발생하는 다음과 같은 안타까운 상황을 경험한다면 품질 부서에 대한 생각이 달라질지도 모른다.

 생산 부서는 납기에 쫓겨 생산량을 채우기 바쁘다. 그렇게 만들어진 제품은 품질 부서의 검사 라인으로 밀려들어온다. 수없이 검출되는 불량으로 납품해야 할 수량이 모자란다. 품질 부서는 불합격된 제품은 절대로 고객에게 보내면 안 된다고 하고 생산 부서는 보낼 수밖에 없다고 주장하면서 서로 갈등한다. 납품을 책임지는 물류 부서나 영업 부서까지 나서서 싸운 끝에 결국 특채라는 명분으로 쓸 만한 수준의 제품들을 선별하여 숫자를 채워 납품한다.

나중에 고객 라인에서 불량이 검출되거나 최종 소비자로부터의 클레임이 접수된다. 절대적인 '갑'의 위치에 있는 고객은 납품 업체의 품질 부서장을 호출한다. 어이없는 불량 발생에 화가 난 고객은 호통을 치면서 2~3일 이내로 대책서를 제출하라고 요구한다.

회사로 복귀한 품질 부서장으로부터 내용을 보고받은 경영자는 짜증만 낼 뿐 별 도움을 주지 않는다. 불량의 원인을 분석하고 해결책을 도출하려면 제품 개발 부서나 생산 부서의 도움이 필수다. 하지만 그들은 자기일이 아니라는 듯 무관심하고 자신들의 일을 하기에도 바쁘다. 할 수 없이 품질 부서는 이전에 만들었던 대책서들 중 유사 사례를 찾아 이것을 수정하여 급하게 고객에게 제출한다.

이렇게 제출된 대책서가 고객의 마음에 들 리가 없다. 형편없는 대책서를 들고 간 품질 담당자는 고객 실무 담당자에게 망신을 당하고 몇 번을 고친 다음에야 대책서가 통과된다. 간신히 마무리는 되었지만 품질 문제의 근본 원인이 해결된 것이 아니다. 그래서 얼마 안 되어 같은 문제가 재발한다. 같은 과정이 반복되는데 이번에는 고객의 압박 강도가 더 세진다. 품질 부서는 고객 담당자들에게 밥도 사주고 술도 사주면서 사정하여 상황을 무마하기 위해 안간힘을 쓴다.

이런 경험이 2~3년쯤 반복되면 사람들은 몸과 마음이 지쳐 큰 실망을 하면서 그 회사를 떠나게 된다. 하지만 다른 회사로 간다고 해서 상황이 달라지지는 않는다. 비슷한 수준에 있는 회사의 품질 부서라면 어디든 유사한 일을 겪을 가능성이 매우 높기 때문이다.

그렇다면 왜 이런 상황이 발생하는 것일까? 품질 부서는 정말로 이렇게 몸으로 때우고 온갖 수모를 감수하면서 마음고생을 해야 하는 운명일까? 품질 경영이 탁월한 회사에서도 품질 부서는 이런 방식으로 일하는 걸까? 이러한 질문에 답을 얻기 위해서는 다음의 몇 가지 질문에 답해볼 필요가 있다. 답은 '참'이나 '거짓' 둘 중 하나로 하면 된다.

- 품질은 '더 좋은 것', '더 나은 것', '더 고급스러운 것'으로 정의할 수 있다.
- 품질은 무형적인 요소가 많아서 측정이 어려운 경우가 많다.
- 품질의 판정 기준은 불량과 양품으로 나눌 수 있다.
- 품질은 검사를 강화함으로써 향상시킬 수 있다.
- 품질 문제 해결과 개선은 대부분 품질 부서의 역할과 책임이다.
- 품질을 높이려면 비용이 함께 증가하기 때문에 품질 수준에 대한 적정한 타협점을 찾아야 한다.
- 품질 문제가 발생하는 원인 대부분은 직원들의 마인드 부족, 무관심, 부주의, 실수 탓이다.

위의 일곱 가지의 질문은 품질 분야의 3대 석학이라고 일컬어지는 에드워즈 데밍, 조셉 주란, 필립 크로스비의 저서에 언급된 품질에 대한 여러 오해를 종합하여 만들어본 것이다.

이 중 몇 개가 '참'이고 몇 개가 '거짓'인가? 만약 이 질문에 대해 하나라도 '참'이라고 답했다면 당신은 아직 품질에 대해 제대로 이해하고 있지 못한 상태이다.

품질은 너무나 중요하지만 오해 또한 많은 주제이기도 하다. 개념과 본질을 제대로 이해하지 못하면서 잘해 낼 수 있는 것은 아무것도 없다.

Business Management User's Guide

품질 관리의 핵심은 변동성 관리다

우리는 흔히 품질 혹은 품질 관리라는 말을 들으면 제품 품질을 떠올린다. 하지만 제품만이 아니라 모든 경영 활동과 그 산출물들이 품질 관리의 대상이 된다. 예를 들면 보고서에도 품질이 있다. 전략에도 품질이 있다. 회의에도 물론 품질이 있다. 경영자가 직원들에게 행하는 연설에도 품질이 있으며 회사가 직원들을 대상으로 실시하는 교육 프로그램도 품질이 있다. 이처럼 조직에서 행해지는 모든 경영 활동과 그 산출물들은 나름대로의 기준과 요구사항을 가지고 있으며 그것들을 충족시킬 수 있도록 품질을 관리해야만 한다.

경영 활동에 포함되는 요소들은 대단히 많다. 이 때문에 각각에 요구되는 품질 기준이 매우 다양하고 관리 방법도 각기 다르다고 생각하기 쉽다. 하지만 사실 품질 관리의 원리는 오직 한 가지뿐이다. 그것은 요구사항을 충족할 수 있도록 '산출물의 변동성을 최소화하고 성과의 일관성을 확보하는 것'이다. 다시 말하면 어떤 활동이 여러 번 반복되더라도 그 활동 결과의 변동이 크지 않고 매번 기대에 부응하는 성과를 만들어낸다면 그 경영 활동의 품질은 매우 높다고 할 수 있다.

경영자가 연설할 때마다 전달하는 메시지가 오락가락하거나 전달 방법이 신통치 않아 직원들이 매번 다른 식으로 이해한다면 연설의 품질이 낮은 것이다. 제품 개발 회의를 할 때 한 번은 잘 진행되다가 또 한 번은 아무 성과도 없이 끝나는 상황이 반복된다면 회의의 품질이 낮다고 할 수 있다. 수립된 전략의 성공과 실패가 오락가락한다면 전략의 품질은 매우 낮은 것이며 회사의 운명을 운에 맡기는 것이나 마찬가지다. 매월 매출과 이익이 크게 변동한다면 재무 성과 창출 활동의 품질이 낮은 것이다. 오히려 규모는 작더라도 일정한 매출과 이익이 꾸준하고 지속적으로 발생하는 편이 더 나을 수 있다.

결국 어떠한 경영 활동이든지 결과에 대한 기대치 혹은 요구사항이 있게 마련이다. 그런데 결과값이 그 요구사항에서 벗어나는 산포가 작고 변동성이 낮을수록 품질이 높다고 본다. 품질이 높을수록 예측 가능성이 높아지며 위험은 감소한다. 따라서 품질 관리는 변동성을 관리하는 게 핵심이 될 수밖에 없다.

가치 창출 프로세스 운영에서 변동성 발생의 원인 중 가장 큰 위험 요소로 반드시 관리해야 할 것은 두 가지이다. 사람의 행동 그리고 예상하지 못한 외적 요인이 그것이다. 그러한 요인을 고려할 때 변동성 관리는 다음의 세 가지로 요약될 수 있다.

첫째, 일관성이 요구되는 사람의 작업과 행동을 쉽게 반복 가능하도록 표준화하여 철저히 준수하도록 하고 적절한 도구를 지원하여 작업의 변동성과 실수를 방지하도록 한다.

둘째, 불가피하게 발생할 수밖에 없는 변동성을 과학적 방법을 통해 적절히 관리하여 전체 성과에 미치는 부정적 영향을 최소화한다.

셋째, 변동성 관리의 역량 한계를 벗어나는 예외적인 상황 발생에 대한 즉각적인 대응 역량을 높인다. 또한 적절히 대처하기 위한 시나리오를 사전에 준비하여 예기치 못한 위험에 대비한다.

그런데 이러한 변동성 관리는 최종 산출물에만 적용되어서는 안 된다. 예를 들어 공장에서 하나의 제품이 만들어지기까지는 여러 개의 공정이 관련을 맺는다. 모든 공정은 각기 변동성을 가지고 있다. 다시 말해 공정마다 운영 품질이 있다는 말이다. 따라서 공정 각각의 운영 품질을 관리하지 않고 최종 산출물인 제품의 품질 변동성만을 관리하려는 것은 잘못된 생각이다.

각 공정이 가진 변동성은 다른 공정의 변동성과 상호작용하여 변동성을 증폭시킨다. 따라서 조직 시스템의 성과 품질을 극대화하기 위해서는 경영 전반에 걸친 모든 활동에 대해 품질 관리를 해야 한다. 그리고 이때 변동성 관리의 원리가 적용되어야 한다.

> 가치 창출 프로세스의 모든 활동과 그 산출물들의 변동성이 낮아 높은 품질을 달성하면서 안정적인 운영이 이루어지는 조직, 예외적인 문제가 좀처럼 발생하지 않으며 설령 발생하더라도 어려움 없이 처리되는 조직, 이러한 조직은 보기에는 지루할 정도로 매우 조용하고 차분하게 움직이면서도 지속적으로 높은 성과를 실현하는 자신감이 넘치는 조직이다.
> 이러한 조직은 프로세스 운영의 반복성과 재현성이 확보된 매우 높은 수준의 운영 탁월성을 보유한 조직이라고 할 수 있다.

Business Management User's Guide

품질 관리의 목표는 고급이 아니라 고품질이다

재규어라는 자동차가 있다. 누구나 반할 만한 멋진 디자인에 성능 좋기로 유명한 최상급 차 중 하나이며 한 대당 가격이 1억 원을 훌쩍 뛰어넘기도 한다. 도요타자동차는 코롤라라는 소형차를 만든다. 동급에서는 세계적인 베스트셀러이며 꽤 경쟁력 있는 자동차로 인정받고 있다. 그런데 만약 두 차 중 하나를 고르라고 한다면 어떤 차를 선택하겠는가? 단, 차량 가격은 전혀 고려 대상이 아니고 품질이 더 높은 자동차를 골라야만 한다는 조건이 붙어 있다.

예전에 사람들에게 이 질문을 던져본 결과 10명 중 7~8명 이상이 재규어를 선택했다. 그도 그럴 것이 너무나 평범한 소형차보다는 선망의 대상이 되는 차를 갖고 싶어 하는 건 당연한 일이다. 이것을 보면 일반적으로 사람들은 재규어가 코롤라보다 품질이 더 높다고 생각하는 셈이다. 그런데 재규어에는 몇 년 전까지만 해도 이러한 농담이 따라다녔다.

"재규어를 갖고 싶으면 반드시 두 대를 사라. 한 대는 항상 정비소에 두어야 하니까."

지금도 이 농담이 유효한지는 모르겠지만 그만큼 재규어는 고장이 잦은 자동차로 유명했었다. 이 때문인지는 몰라도 원래 영국 회사였던 재규어는 경영 악화로 이 회사 저 회사로 팔려다니는 신세가 되었다. 결국 영국이 한때 식민지로 통치했던 인도의 타타 그룹 자회사로 편입되는 운명을 맞게 되었다. 하지만 지금은 그러한 오명을 씻고 예전의 화려했던 명성을 다시 회복해가는 중이라 믿는다.

반면에 코롤라는 좀처럼 문제가 발생하지 않는 자동차이다. 도요타자동차는 가장 고장이 없고 신뢰성이 높은 자동차를 만들기로 유명한 업체가 아닌가?

자, 그러면 다시 질문하겠다. 가격을 따지지 않고 품질이 높은 자동차 하나를 골라야 한다면 재규어인가, 코롤라인가? 그 대답은 자명하다. 이렇게 뻔한데도 왜 사람들은 잘못된 판단을 할까? 그것은 '고급'을 '고품질'과 혼동하기 때문이다.

'고급'은 제품의 품위 혹은 품격이 높은 것을 말한다. 명품은 일반적인 브랜드보다 고급이다. 브랜드 제품은 사제 제품보다 고급이다. 물론 같은 브랜드 제품 중에서도 고급, 중급, 하급이 있을 수 있다. 반면 '고품질'은 변동성이 최소화되어 결과물의 일관성이 높은 것을 말한다. 다시 말해 같은 제품을 수십 수백 개 사더라도 그 제품의 성능과 가치가 거의 일정한 것을 의미한다. 멋지고 비싼 제품이 고급일지는 몰라도 자주 고장이 나거나 쉽게 손상된다면 고장이 적고 내구성이 높지만 가격이 저렴한 제품보다 오히려 품질이 낮다고 보아야 한다.

고급화는 제품의 품격을 상향 이동하는 것이다. 제조 과정에서 제품의 품격을 높이기 위해 택할 수 있는 가장 쉬운 방법은 더 좋은 원재료를 투입하거나 고급 옵션을 추가하는 것이다. 하지만 이러한 방법들은 제품의 원가를 크게 상승시킨다. 따라서 원가 상승 없이 제품의 품격을 높이는 가장 바람직한 방법은 기술 혁신을 이루어내는 것이다. 이 때문에 고급화는 생산 부서의 과제가 아니라 주로 연구개발 부서의 과제가 된다. 이는 사격 훈련에서 영점 조정을 통해 탄착군을 목표의 중심으로 이동하는 것, 다시 말해 정확도를 높이는 것과 같은 개념으로 정규분포 그래프를 다음과 같이 오른쪽으로 이동시킨다.

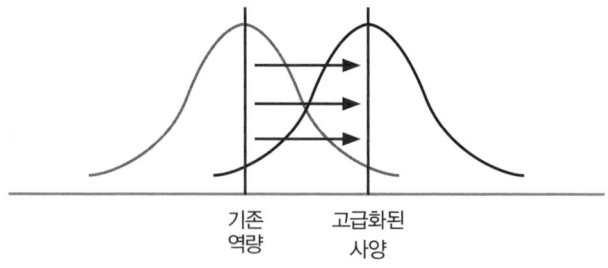

기술 혁신을 통한 제품 고급화

반면 고품질은 제품 성능과 규격의 산포를 줄이고 변동성을 축소하는 것이다. 변동성 축소는 가치 창출 프로세스를 안정적이고 정교하게 관리하고 운영함으로써 가능하다. 다시 말해 변동성 축소는 운영 혁신을 통해 달성될 수 있다. 이는 가치 창출에 참여하는 모든 운영 부서의 과제이며 그중에서도 특히 생산 부서의 역할이 절대적일 수밖에 없다. 변동성 축소는 사격 훈련에서 사격술을 높여 흩어져 있는 탄착군을 더 가깝게 모으는 것, 다시 말해 정밀도의 향상과 같은 개념이다. 다음과 같이 좌우로 퍼져 있는 정규분포 그래프를 날씬하고 뾰족하게 변화시킨다.

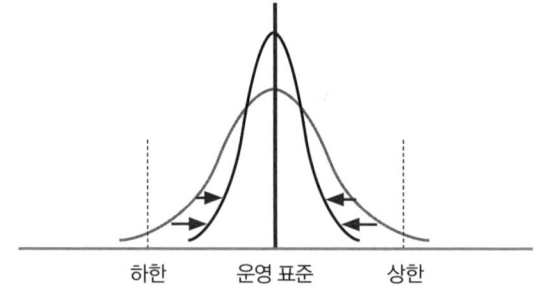

운영 혁신을 통한 품질의 향상

그런데 실제 기업 현장에서 일하는 모든 사람들이 이러한 내용을 잘 이해하는 것 같지는 않다. 심지어는 몇 년 이상을 생산 관리와 연구개발에 종사했다는 사람들조차 고급과 고품질을 혼동하고 있다. 그리고 자신들에게 어떠한 것을 개선할 책임과 역할이 있는지 정확히 알지 못하는 경우도 많다.

　더욱이 경영자가 이러한 개념을 혼동한 상태로 품질 개선 과제를 만들고 강력한 방침과 지시를 통해 진두지휘한다면 사태가 심각해진다. 아무리 많은 인력과 비용을 투입하더라도 품질 개선과 고객 만족에 실패할 수 있다.

'고급'은 마케팅 차원의 이슈이다. 고급 제품을 선호하는 목표 고객의 요구에 부합하는 가치를 제공할 수 있도록 품격 있는 제품을 개발하고 적절한 가격을 부여하여 유통·판매하는 마케팅 전략에 따라 추진한다. 당연히 마케팅 부서가 주도하고 연구개발 부서가 이를 지원하게 된다.
'고품질'은 가치 창출 프로세스의 운영 역량과 관련되어 있다. 가치 창출에 참여하는 모든 기능의 활동이 얼마나 안정적이고 올바르게 관리되고 있는지에 따라 품질 수준이 결정된다.
'고급'은 마케팅 전략에 따라 필요성 여부가 결정지지만 '고품질'은 어떤 경우에도 소홀히 다루거나 포기해서는 안 되는 필수 불가결하고 타협 불가능한 이슈이며 기업 생존의 전제 조건이다.

Business Management User's Guide

고품질은 원가 상승이 아니라 원가 절감의 요인이다

품질과 관련된 가장 흔한 오해 중 하나는 품질을 높이면 원가가 높아진다는 생각이다. 이러한 오해는 경영자에서 실무자에 이르기까지 뜻밖에 넓게 퍼져 있다. 그래서 원가 절감이라는 명분하에 품질을 희생하여 결국 경쟁력을 상실해버리는 어리석음을 범하는 경우가 많다. 품질과 원가는 반비례하므로 원가 절감을 위해서는 품질을 어느 정도 희생시킬 수밖에 없다는 공감대가 형성되어 실무자는 수익 압박이 있을 때마다 스스럼없이 품질을 낮추고 경영자는 그것을 용인한다.

그런데 이것은 명백히 잘못된 생각이다. 오히려 고품질은 원가 절감에 크게 기여한다. 뒤에서 설명할 6시그마 이론에서도 품질의 시그마 수준을 한 단계 증가시키는 것만으로 큰 비용 절감을 이룰 수 있으며 수익을 20퍼센트 이상 증가시킬 수 있다는 것이 실천적으로 증명되었다. 품질이 원가와 반비례한다는 생각은 이전 글에서 말한 바와 같이 '품질 향상'을 '고급화'와 혼동하기 때문에 발생한다. 제품을 지금보다 더 고급으로 만들기 위해서는 다음의 세 가지 중 최소한 한 가지가 이루어져야만 한다.

첫 번째, 더 좋은 원재료를 사용하는 방법이다. 예를 들면 저급품이나 재활용된 원재료를 사용하여 원가 절감을 시도하면 등급이 낮은 제품이 나올 수 있다. 이를 고급화하기 위해 좋은 원재료를 사용하면 당연히 그만큼 비용이 증가할 수밖에 없다.

두 번째는 부가적인 기능을 추가하는 것이다. 예를 들어 자동차라면 고객 가치를 높이기 위해 직물 시트를 가죽 시트로 바꾸고 내장 오디오를 프리미엄급으로 대체하는 것이 여기에 해당한다. 당연히 추가된 기능들만큼 원가 상승이 생길 수밖에 없다.

세 번째, 기술 혁신을 이루어내는 것이다. 이것은 원재료를 고급화하거나 부가 기능을 추가하지 않고도 고급화를 달성할 수 있는 핵심 기술을 확보함을 말한다. 궁극적으로는 가장 바람직한 방법이지만 기술의 한계를 극복하는 과정에서 큰 어려움이 따를 수밖에 없다. 또한 상당한 규모의 연구개발비가 지출된다.

만약 이러한 노력들을 통해 고급화가 실현되면 품질과 관련된 정규분포 곡선의 산포는 변하지 않지만 분포의 평균이 우측으로 상향 이동한다. 당연히 이에 맞추어 성능, 규격의 표준, 상한과 하한도 재설정되어야 한다. 다시 말해 고급화란 운영 역량의 향상과는 관계없이 마케팅 차원의 가치 제안 재설계를 통해 제품의 품격을 상향 이동시키는 것이다.

반면 고품질은 변동성을 축소함으로써 얻을 수 있다. 이는 정규분포 평균의 이동이 아니라 평균에서 벗어난 편차를 줄이는 것을 말한다. 이 때문에 고품질에는 추가적인 비용이 들어가지 않는다. 오히려 생산 활동을 안정시켜 불량을 감소시키고 수율과 생산성을 증대시켜 원가를 낮추어주며 수익을 증대시킨다. 이와 더불어 고객 만족을 높여 새로운 시장 기회를 창출하도록 해준다.

종이를 만드는 회사를 예로 들어보자. 이 회사는 복사용지와 신문용지를 생산하고 있다. 복사용지에는 수입 펄프를 원재료로 하고 신문용지에는 재생 종이를 원재료로 하고 있다. 복사용지는 비싸지만 공정 운영이 조금 불안정하다. 반면 신문용지는 상당히 안정된 운영을 보이고 있다. 만약

이 회사의 경영자가 고품질을 고급으로 잘못 이해하고 있다면 복사용지가 신문용지보다 품질이 더 높다고 생각할 것이다. 그리고 신문용지의 품질을 높이기 위해서는 원재료를 더 좋은 것으로 써야 하는데 원가 상승이 부담된다고 여길 것이다.

하지만 경영자가 고품질을 낮은 변동성이라는 개념으로 올바르게 이해한다면 생산된 제품마다 품질이 균일하지 않고 들쭉날쭉한 복사용지보다는 항상 일관된 수준의 품질을 유지하는 신문용지가 훨씬 더 품질이 좋다고 판단하게 된다. 그러면 고품질인 신문용지는 생산 효율과 고객 만족도가 모두 높아 상당한 수익을 내고 있다는 판단을 내릴 수 있을 것이다. 또한 신문용지를 고급화할 것이 아니라 복사용지의 변동성을 관리하여 품질을 향상시킴으로써 비용을 크게 절감하고 수익을 증대시킬 수 있다는 확신이 들 것이다.

품질을 높이려면 비용이 증가할 수밖에 없다는 생각은 품질에 대한 두 가지 몰이해 때문에 생긴다.
하나는 고급과 고품질의 개념을 혼동하여 고품질을 만들려면 원자재를 훨씬 더 좋은 것으로 쓰고 제품에 많은 부가 기능을 추가해야 한다는 생각이다.
또 다른 하나는 고품질은 최종 라인에서의 품질 검사를 통해서 달성할 수 있다는 생각이다. 검사를 강화하려면 당연히 더 많은 인력이 필요하고 더 많은 장소가 필요하여 비용이 증가할 수밖에 없을 것이다.
고품질은 모든 운영 활동과 산출물의 변동성을 관리함으로써 얻는다. 이렇게 획득한 고품질만이 고객 만족과 원가 절감의 가장 강력한 무기가 될 수 있다.

Business Management User's Guide

올바른 해법은
올바른 원인분석에서 나온다

부품을 생산하여 대기업에 납품하는 어떤 회사에서 고객 클레임이 발생했다. 납품한 수량 100개 중 5개에서 심각한 불량이 나타난 것이다. 고객에게 불려가서 심한 질책과 경고를 받은 영업 부서장은 회사로 돌아와 품질 부서와 생산 부서에 상황의 심각성을 알리고 빠른 시일에 이 문제를 해결해달라고 강력하게 요청했다. 정상적으로 납품되던 제품에서 갑자기 문제가 발생하다 보니 회사 전체가 문제 해결에 매달리게 되었다.

품질 부서와 생산 부서가 함께 상황을 파악하고 분석해본 결과 제조 라인의 공정 불량률이 무려 15퍼센트에 달하고 있었다. 그 상당량을 품질 검사에서 걸러냈음에도 여전히 5퍼센트 정도의 불량 제품이 검사를 통과하여 고객에게 출고되는 상황이었다. 이러한 문제를 해결하지 못한다면 모든 고객을 잃을 수도 있는 위기에 처했다. 생산 부서는 기술 연구소에 불량 문제를 해결할 수 있도록 지원을 요청하였다. 기술 연구소는 생산 부서의 요구에 따라 불량이 발생한 제품을 면밀하게 분석하고 이를 해결하기 위한 작업에 착수하였다.

많은 노력과 시행착오를 통해 개선된 제품이 나왔다. 실제 생산에 적용해본 결과 문제가 어느 정도 해결된 듯하여 개선된 제품을 고객에게 납품하였다. 그런데 이번에는 이전과는 다른 전혀 예기치 못한 문제가 발생하여 또다시 클레임이 발생하였다. 영업 부서는 다시 품질 부서와 생산 부서에 문제 제기를 했다. 다시 기술 연구소에 개선 의뢰가 접수되어 똑같은 과정이 되풀이된다.

많은 기업에서 이러한 사례를 흔히 볼 수 있다. 문제를 해결하기 위해 제품을 개선해도 또 다른 문제가 생기거나 오히려 악화된다. 왜 이런 상황이 발생하는 것일까? 그 이유는 불량 문제가 무엇에서 비롯되었는지의 원인 분석을 잘못했기 때문이다.

모든 경영 활동은 원인과 결과가 있으므로 원인을 잘못 파악하면 잘못된 해법을 적용하게 마련이다. 불량이 발생하는 유형은 다양하다. 가장 대표적인 것으로는 생산된 제품 규격의 평균이 고객이 요구하는 규격의 평균에서 크게 벗어나 대규모의 로트$_{lot}$ 불량이 나는 경우이다. 또 다른 커다란 원인으로는 생산된 제품의 규격 평균은 문제없지만 산포가 너무 커서 불량률이 높게 나타나는 것이다.

그런데 이 두 가지의 경우는 전혀 다른 원인으로 문제가 발생했기 때문에 해법도 다를 수밖에 없다. 규격 자체가 맞지 않는 것은 제품 설계 잘못이 원인이다. 또한 제품의 산포가 크게 발생하는 것은 프로세스 운영의 결함이 원인이다. 문제의 원인을 올바르게 파악하면 올바른 해법을 찾을 수 있다. 설계가 잘못된 경우는 기술의 혁신으로 해결해야 하며 프로세스의 문제는 운영의 혁신으로 풀어야 한다.

앞에서 언급된 예에서의 혼란은 고객 클레임의 원인이 기술 문제인지 프로세스 운영 문제인지를 정확하게 이해하지 못해서 일어났다. 이전에는 문제가 없던 제품에서 문제가 발생했다. 불량률이 15퍼센트이므로 나머지 85퍼센트는 정상품을 의미한다. 만약 기술 때문에 문제가 발생했다면 이전에도 같은 일이 수시로 생겼을 것이다. 또한 문제가 발생한 상황에서 정상품이 85퍼센트나 나올 수도 없었을 것이다.

제품 설계에 적용된 기술은 이전에 설명한 바 있는 '정확도'를 결정한다. 비유하자면 사격에서 탄착군이 표적에 얼마나 가깝게 근접했는가 하는 것이다. 이를 '합목적성'으로 표현할 수도 있다. 다시 말해 정확도는 제품의 특성이 고객이 요구하는 성능과 규격이라는 목표를 달성했느냐 못했느냐를 결정한다.

이 예에서는 제품의 평균적인 성능과 규격은 목표를 달성했으므로 결국 적용된 기술에는 문제가 없었다고 보아야 한다. 하지만 프로세스를 운영하는 과정에서 예기치 못한 변동성이 발생하여 산포가 큰 제품이 대량으로 발생하였다. 그리고 제품 검사 과정에서도 적절한 조치가 이루어지지 않아 불량 제품이 상당 부분 유출된 것으로 파악할 수 있다. 결국 기술연구소의 문제가 아니라 생산 부서와 품질 부서의 프로세스 운영 능력의 문제라고 해석해야 한다.

프로세스 운영 능력은 '정밀도'를 결정하는 영역이라고 할 수 있다. 예를 들어 사격에서는 탄착군이 집중된 정도를 말한다. 이를 '효율성'으로도 표현할 수 있다. 다시 말하자면 정확도가 확보된 상황에서 얼마나 변동성을 줄이고 안정적인 운영을 할 수 있는가 하는 것이다. 생산 부서는 공정에서 변동성을 크게 발생시키는 원인을 찾아내어 공정을 안정시키고 제품의 규격과 성능의 산포를 축소하기 위한 개선을 해야만 한다. 품질 부서는 품질 산포의 합리적 허용치를 정하고 이를 벗어나는 불량 제품이 고객에게 유출되지 않도록 관리해야만 한다.

지금까지 설명한 내용을 다시 정리하면 이렇다. 발생한 문제가 제품 설계 잘못으로 고객이 요구하는 성능과 규격에 부합하지 못하여 정확도가 낮은 것인지 아니면 프로세스가 취약하여 산포가 커져 정밀도가 떨어진 것인지 구별할 수 있어야 한다.

불량 발생의 원인이 정확도의 문제로 판명된다면 적용된 기술의 타당성을 검토해야 한다. 이 경우 생산 부서나 품질 부서가 문제 해결의 책임을 져서는 안 되며 기술 연구소 주도로 문제를 해결해야만 한다. 적용된 기술 자체가 문제가 된다면 아무리 훌륭한 프로세스 운영 방법을 가지고 있어도 제대로 된 제품을 만들어낼 방법이 없다. 따라서 연구개발을 통해 근본 문제를 먼저 해결하여 목표 달성 능력을 갖추는 노력이 절실하다.

다시 말해 정확도에서 비롯된 문제는 기술 혁신으로 해결해야만 한다. 또한 이는 다음 그림과 같이 정규분포의 평균을 고객의 요구사항에 맞도록 이동시키는 활동을 의미한다.

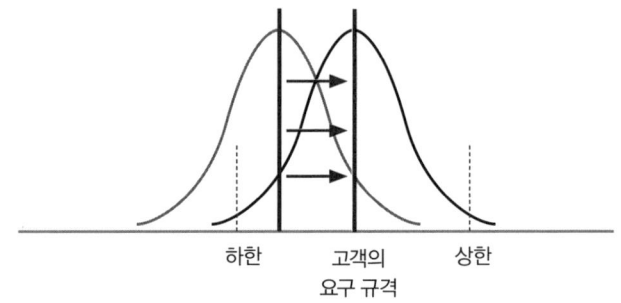

정확도를 높이기 위한 기술 혁신

반대로 고객 클레임의 원인이 정밀도 저하로 판명다면 연구개발로 극복하려 해서는 안 된다. 정밀도에서 비롯된 문제는 변동성을 관리하고 산포를 축소하는 과제로 귀결된다. 경영 활동에서 발생하는 변동성은 대부분 운영의 취약성 때문이다. 각종 표준, 절차, 규정, 제도들이 제대로 되어 있지 않거나 잘 지켜지지 않으면 변동성이 높아진다. 사람에 대한 교육 훈련이 제대로 이루어지지 않거나 실수를 유발할 가능성이 큰 작업에서 수작업의 비중이 높은 경우에도 변동성은 커진다. 변동성을 발생시키는 가장 큰 요인이라고 할 수 있는 사람의 행동이 일관성 있게 수행되도록 제어되지 못하기 때문이다.

사람이 발생시키는 변동성을 제어하고 산출물의 일관성을 확보하는 것은 프로세스 운영과 관련된 문제이지 연구개발의 영역이 아니다. 다시 말하자면 정밀성에 관한 문제는 운영의 혁신으로 해결해야만 한다. 그리고 다음 그림과 같이 산포를 줄이고 변동성의 폭을 감소시키는 활동을 전개할 필요가 있다.

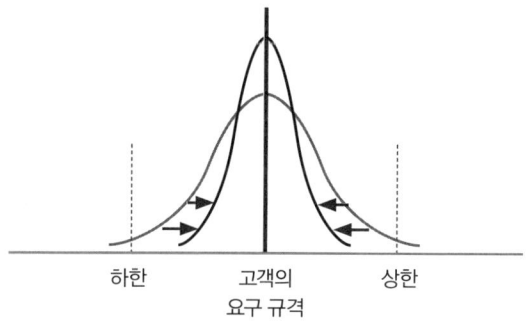

정밀도를 높이기 위한 운영 혁신

발생한 품질 문제가 정확도의 문제인지 아니면 정밀도의 문제인지를 구별하는 것은 매우 중요하다. 정확도의 문제는 제품 설계가 미흡하여 고객이 요구하는 성능과 규격을 충족시키지 못하는 경우이다. 반면에 정밀도의 문제는 프로세스 운영이 미흡하여 산출물의 산포가 크게 나타나는 경우이다.
문제 발생의 원인을 혼동하면 운영 혁신이 필요한 상황에서 불필요한 기술 개발을 하거나, 반대로 기술 혁신이 필요한 상황에서 운영 개선에 매달리면서 엄청난 시간과 노력을 낭비할 수 있다.

Business Management User's Guide

사람에 의존하는 활동의 반복성과 재현성을 높이는 방법

프로세스 운영에서 발생하는 변동성은 대부분 사람의 행동으로부터 비롯된다. 경영이 어려운 이유는 바로 사람이 가장 중요한 자산이면서도 가장 변동성을 많이 발생시키는 요인이기 때문이다. 사람이라는 변수를 배제하면 경영은 매우 쉬워지고 예측 가능성이 높아진다. 따라서 문제가 발생하더라도 과학적 기법을 적용하여 그리 어렵지 않게 해결할 수 있다.

그런데 사람을 고려하기 시작하면 아무리 간단하고 쉽게 보이는 문제라도 그리 호락호락하지 않다. 같은 현상이라도 사람마다의 성격, 선호도, 성장 배경, 지식과 경험, 이해관계 등에 따라 전혀 다르게 인식한다. 그리고 서로 다른 방법으로 문제를 해결하려 한다. 심지어는 그날그날의 몸 컨디션이나 기분에 따라 판단, 행동, 작업 성과 등이 달라지기도 한다. 이 때문에 사람이 만들어내는 결과는 항상 변동성을 발생시킨다.

이러한 현상은 조직 내부뿐만 아니라 조직이 직면하는 외부 환경에도 똑같이 적용된다. 끊임없이 변화하는 경영 환경의 변동성도 결국은 사람에 의해 만들어진다. 서로 다른 상황에서 서로 다른 이해관계를 좇아 행동하는 경제 주체들의 판단과 활동에 따라 환율, 유가, 주가, 금리, 경기 등 거시 환경이 변화한다. 또한 경쟁사의 전략과 행동, 고객들의 선택 등에 의해 경쟁 구도, 유행 등 미시 환경도 변한다.

경영 활동의 변동성에 사람이 지대한 영향을 미치는 것이 사실이지만 조직은 사람으로 구성되는 존재이므로 조직 운영에서 사람이라는 변수를 완전히 제거할 방법은 없다. 따라서 조직 시스템을 올바르게 운영하기 위해서는 사람에 의해 유발되어 경영 활동에 영향을 주는 변동성을 최소화하고 관리하기 위해 다양한 노력을 해야 한다. 물론 사람이 해야 하는 일 중에는 변동성 관리를 할 필요가 없거나 아예 관리할 수 없는 것도 있다. 예를 들면 경영자가 위험을 감수할 수밖에 없는 중대한 의사결정을 하는 경우, 예기치 못한 사고가 발생하여 대응해야 하는 경우, 영업 부서에서 잠재 고객을 처음 만나는 경우와 같은 것들이다.

이러한 활동들은 매일 반복되는 상황도 아니고 그 활동의 결과도 아주 불규칙하게 나타나므로 정형화하거나 관리하는 게 사실상 불가능하다. 최선을 다하면서 만에 하나 잘못되더라도 회사가 위기에 빠지지 않도록 사전에 위험 관리 시나리오를 마련하고 조치를 해놓는 것 정도만 할 수 있다.

때로는 오히려 변동성이 클수록 더 바람직한 사례도 있다. 예를 들면 디자인, 연구개발, 브레인스토밍과 같이 창의적인 사고가 필요한 경우이다. 조직 구성원들의 사고의 폭이 넓고 활동의 결과가 다양할수록 많은 대안이 나오고 창의성이 극대화된다.

하지만 지속적이고 반복적인 실행이 필요한 일에서는 해당 업무를 수행하는 사람들에 의해 유발되는 변동성은 대체로 성과 창출에 부정적 영향을 미친다. 이러한 변동성은 활동의 결과를 예측할 수 없게 하고 그 활동을 지속·반복시키기 어렵게 하므로 반드시 적절히 통제하고 관리해야만 한다.

사람에 의한 변동성을 감소시키려면 '반복성'과 '재현성'이라는 두 가지 역량의 향상을 목표로 삼아야 한다. 반복성$_{repeatability}$은 같은 작업을 다음번에도 똑같이 반복할 수 있는가다. 작업이 단순하고 이해하기 쉬울수록 반복성은 높아진다. 반면 재현성$_{reproducibility}$은 작업이 매번 유사한 결과물을 얻을 수 있는지를 말한다. 투입부터 프로세싱, 산출까지의 작업이 이루어지는 과정 전반을 일관성 있게 관리할수록 재현성이 높아진다. 사람이 수행하는 작업의 반복성과 재현성을 높이는 방법으로 다음 세 가지를 생각할 수 있다.

사람의 활동 중 반복이 필요한 것을 단순화·표준화한다

사람들은 사전에 정해져 따르기로 약속된 규칙이 없다면 자기 나름의 방법으로 사고하고 행동한다. 사람들이 임의로 활동하면 그 결과의 변동성이 커지며 예측도 쉽지 않다. 이렇게 되면 반복성과 재현성이 낮아진다. 따라서 사람의 활동으로부터 유발되는 변동성을 적절하게 통제하고 관리할 필요가 있는 경우에는 사람들이 예측 가능한 관리 범위 내에서 움직이도록 활동을 단순화하고 표준화해야 한다.

단순화는 사람의 활동에서 성과 창출에 도움이 되지 않는 복잡성을 최대한 제거하는 것을 말한다. 복잡성이 증가할수록 상호작용은 늘어나고 관리가 어려워져 활동의 반복성과 결과의 재현성이 크게 낮아진다. 일의 구조와 실행 방법이 단순할수록 쉽게 배워 반복적으로 실행할 수 있고 실수도 최소화될 수 있다.

표준화는 산출물의 특성, 규격, 행동, 방법에 대한 근거와 기준을 만들어 준수해야 할 기준과 절차로 정하는 것을 말한다. 예를 들어 용어를 통일한다든지 측정과 평가에 일정한 약속과 기준을 적용한다든지 제품의 품질, 형상, 치수, 성분 등에 대한 기준과 허용 범위를 정한다든지 보고서나 외부에 발송하는 공문의 양식을 통일한다든지 외부 전화를 받을 때의 예절과 인사 방법을 미리 정하여 실행한다든지 하는 것들이다. 사람의 행동에 반복성과 재현성을 부여하기 위한 표준화의 대표적인 산출물은 다음과 같다.

- 작업 표준: 반복 작업을 위한 기준과 순서, 방법을 정한 것
- 매뉴얼: 업무 분장과 해야 할 일의 내용을 자세히 기술한 것
- 규정: 업무상 반드시 준수해야 할 일종의 법률
- 절차: 여러 단계에 걸쳐 수행되는 일을 처리하는 순서와 방법

사람의 반복 활동을 변동성이 적은 다른 수단으로 대체한다

경영 활동에는 사람이 할 수밖에 없는 일들이 많이 있다. 고객에게서 온 클레임이나 감사 편지의 처리는 상황에 맞추어 적절히 대응해야 하므로 사람이 수행할 수밖에 없다. 정비를 위해 설비를 해체하고 조립하는 일도 사람이 수행해야만 한다.

하지만 사람이 하는 일들을 단순화·표준화해나가다 보면 기계나 컴퓨터 기술을 이용하여 대체할 수 있는 경우가 많다. 특히 대규모의 데이터를 처리하는 일이나 단순한 작업을 반복적으로 수행하는 경우 컴퓨터와 기계는 사람보다 훨씬 더 오차와 변동성이 없는 결과를 만들어낸다.

예를 들면 품질 검사에서 사람이 수행하던 일을 자동 검사기가 대체한다든지 우편물에 주소를 직접 쓰지 않고 컴퓨터를 이용해 주소 라벨 자동 인쇄를 한다든지 하는 것들이다. 단순 반복적인 일에서 더 나아가 꽤 복잡하고 여러 단계의 절차가 포함되는 작업인데도 기계가 사람의 일을 대체할 수도 있다. 예를 들면 복잡한 자동차 조립 과정의 상당 부분을 로봇이 수행하고 있다.

하지만 사람의 작업을 기계로 대체하는 것이 무조건 유리하다고 판단한다면 이는 위험한 생각이다. 어려운 작업일수록 사람을 대체하려면 비싸고 복잡한 기계가 필요하다. 그러한 기계는 고장이 잦을 가능성이 크다. 수리를 할 때도 고급 기술자가 필요하며 많은 시간이 소요된다. 다시 말해

기계의 투자와 유지보수 비용이 많이 든다는 뜻이다.

따라서 기계를 도입하여 자동화를 하는 목적은 사람을 대체하는 것이 되어서는 안 된다. 인건비를 줄여서 얻는 이익보다 그러한 기계를 운영하는 데 드는 비용이 더 클 수 있기 때문이다. 모든 작업의 수행 주체는 기계가 아니라 사람이어야 한다. 기계는 사람을 대체하기 위해서가 아니라 사람의 작업을 돕는 데 필요하다.

따라서 기계의 도입을 검토해야 할 경우는 세 가지밖에 없다. 하나는 기계를 통해 생산성을 크게 향상시킬 수 있는 경우이다. 또 다른 하나는 사람의 노동 강도를 줄여줄 수 있는 경우이다. 마지막으로는 사람의 실수가 빈번하게 발생할 수밖에 없는 어려운 작업에서 실수를 방지하도록 도와줄 수 있는 경우이다.

불가피하게 발생하는 변동성을 과학적 방법으로 관리한다

사람의 일이 아무리 단순화·표준화되었더라도 어느 정도의 변동성은 필연적이다. 기계와 컴퓨터가 하는 작업조차도 그보다는 작지만 여전히 변동성을 가지고 있다. 따라서 다양한 노력에도 불구하고 어쩔 수 없이 발생하는 변동성을 효과적으로 관리해야 한다.

변동성이 경영 활동에 위협 요인으로 작용하는 경우는 그 발생 원인을 알 수 없을 때다. 기계나 컴퓨터에 의해 발생하는 변동성은 발생하더라도 허용 오차 범위 이내에서 움직일 가능성이 높다. 설령 그 범위를 벗어났다고 해도 발생 원인이 명확하여 쉽게 문제를 해결할 수 있는 경우가 많다. 하지만 사람의 활동으로 발생하는 변동성은 불규칙하며 변동 범위도 더 넓다. 사람의 작업을 단순화·표준화할수록 변동성의 인과관계를 규명하기 쉽고 지속적인 측정이 가능하다. 이렇게 인과관계가 명확한 변동성은 통제와 관리를 할 수 있다.

변동성은 통계적 기법과 같은 다양한 과학적 방법을 통해 분석·관리·통제할 수 있다. 과학적 기법을 제대로 이용하기 위해서는 데이터의 축적이 필수다. 어떤 작업의 결과값을 지속적으로 측정하고 축적할 수 있다면 다양한 기법을 활용하여 분석하고 관리하고 통제할 수 있다.

경영 활동의 위험 요인들은 데이터의 측정과 축적이 잘 이루어지지 않는 곳에서 씩을 틔우는 경향이 있다.

사람의 활동이 많이 개입될수록 변동성이 발생할 가능성은 커진다. 사람에 의해 유발되는 변동성의 위험을 최소화하고 적절히 관리·통제할 필요가 있을 때에는 작업의 단순화·표준화를 통해 행동이 반복되고 결과가 재현될 수 있도록 해야 한다. 또한 변동성 발생을 감소시킬 수 있는 수단을 통해 보완하여야 한다.
그럼에도 어쩔 수 없이 발생하는 변동성은 데이터를 지속적으로 측정하고 축적하면서 과학적 기법을 통해 분석하고 개선해나가야 한다.

Business Management User's Guide

6시그마란
무엇인가

                        6시그마(Six Sigma, 6σ)라는 경영혁신 기법은 이미 너무나 보편화되었다. 상당수 기업이 6시그마를 도입하여 경영혁신을 했거나 추진 중이다. 이제는 오히려 진부한 감이 들 정도이다. 하지만 6시그마 도입을 추진한 회사의 경영진이나 실무자들조차 6시그마의 기본 원리와 개념이 무엇인지 정확히 이해하지 못한 경우가 많다. 심지어는 도입하기만 하면 그저 뭐든 다 되는 전가의 보도처럼 생각하는 경우마저 있는 것 같다. 마치 '키보드 한 번만 치면 모든 정보를 한눈에 다 볼 수 있다'는 잘못된 환상 속에 ERP 시스템을 무작정 도입하는 것과 비슷한 양상이라고 하겠다.

  6시그마는 모토로라에서 최초로 시작되어 GE의 회장을 역임했던 잭 웰치에 의해 꽃을 피웠다고 알려졌다. GE가 6시그마를 활용하여 엄청난 성과를 거두면서 다른 기업들이 앞다투어 GE를 벤치마킹하고 6시그마 도입을 추진하면서 전 세계적인 붐이 확산되었다.

  6시그마를 처음으로 창안한 사람은 모토로라의 엔지니어였던 마이클 해리다. 마이클 해리가 6시그마를 최초로 적용했을 때는 제품 품질에 영향을 미치는 모든 변동성을 통계적으로 측정하고 제어하여 품질을 획기적으로 개선하기 위함이 목적이었다. 그의 새로운 개념은 곧 생산 공정 운영 전반의 품질 관리 분야로 확산되었고 GE를 포함한 여러 기업에서 채택되면서 경영 전반에 걸친 모든 분야에 적용 가능한 방법론으로 발전하였다.

6시그마를 한마디로 정의하면 '변동성을 과학적이고 체계적으로 관리하는 경영혁신 방법론'이다. 좀 더 풀어서 설명하면 '통계학 기반의 과학적 기법을 이용하여 기업의 가치 창출 체계상의 모든 변동성을 관리·통제함으로써 높은 효율로 고품질의 산출물을 만들어내고 이를 통해 획기적인 원가 절감을 하기 위한 방법론'이라고 할 수 있다.

다시 말해 6시그마를 통해 얻을 수 있는 혁신의 산출물은 고효율·고품질이며 이를 통해 얻은 원가 절감으로 재무적 성과가 크게 향상된다. 고효율은 투입된 자원과 노력으로 얻을 수 있는 양품, 즉 기대를 충족하는 산출물의 비율이 높다는 의미이다. 생산 공정에서 고효율은 높은 수율로 나타난다. 반면 고품질이란 산출물이 고객 요구사항을 일관성과 신뢰성 있게 충족시킴을 의미한다.

결국 산출물을 측정한 정규분포 곡선이 날씬하고 뾰족할수록 허용 범위인 상한과 하한 사이의 구간에 산포가 위치할 확률이 높아지고 평균, 즉 중심값에 수렴하여 불량이 줄어들고 품질의 일관성이 확보된다. 다시 말해 산출물 측정 결과의 변동성이 낮을수록 고효율·고품질을 얻을 수 있다. 따라서 변동성을 측정하고 관리·통제할 적절한 방법이 필요한데 이를 가장 잘 수행하도록 해주는 방법론이 6시그마이다.

6시그마의 '시그마(σ)'라는 말은 앞에서 설명한 표준편차의 개념에서 따온 것이다. 변동성을 관리하고 통제하려면 당연히 기대값에서 벗어난 편차를 측정해야 하므로 표준편차가 매우 중요한 의미를 가질 수밖에 없다.

기업이 만들어내는 품질과 효율은 바로 그 회사의 실력이다. 6시그마에서는 그러한 기업의 실력을 '시그마 수준'이라고 부른다. 시그마 수준은

1시그마에서 시작하여 6시그마까지 있으며 6시그마 수준이 최상의 실력이 된다.

6시그마 혁신 활동을 시작하기 전 대부분의 기업들은 3~4시그마 수준이라고 한다. 하지만 그 수준은 우리나라에서는 대기업에나 해당한다. 나의 경험으로는 소기업은 2시그마 수준, 중견기업은 3시그마 수준 정도가 보통이 아닌가 한다. 마이클 해리는 저서 『6시그마 기업 혁명』에서 6시그마 활동을 시작한 기업은 매년 1시그마 수준을 향상시킬 수 있으며 시그마 수준이 한 단계씩 향상될 때마다 다음과 같은 놀라운 성과가 달성될 수 있다고 주장한다.

- 20퍼센트의 이익 향상
- 12~18퍼센트의 생산 능력 증대
- 12퍼센트의 인건비 감소
- 10~30퍼센트의 자본 지출 감소

다시 말해 시그마 수준이 한 단계 증가할 때마다 상당한 규모의 비용이 절감되면서도 생산 능력이 확대되고 이익 또한 증가한다. 마이클 해리는 기업이 추가적인 자본 지출, 즉 투자를 하지 않고 도달할 수 있는 시그마 수준은 4.7시그마라고 보았다. 또한 그 수준에 도달하는 데 3시그마 수준의 기업은 2년, 4시그마 수준의 기업은 1년이 걸린다고 말한다. 4.8시그마를 넘어 5시그마 이상에 도달하기 위해서는 기존 시스템 구조를 기반으로 하는 개선으로는 불가능하다. 아예 시스템을 6시그마를 구현할 수 있도록 재설계할 필요가 있어 상당히 많은 투자와 노력이 필요하다.

그런데 기업의 성과가 가장 극적으로 개선될 때는 4.7시그마에서 4.8시그마로 올라서는 시점이라고 한다. 시스템 재설계에 성공한다면 4.7시그마 수준의 기업은 1년의 노력으로 5시그마에 도달할 수 있으며 또 다른 1년의 노력으로 5.1시그마에 도달할 수 있다. 6시그마 수준에 근접할수록 점점 더 많은 시간과 노력이 필요하다.

다시 말해서 기업은 새로운 투자 없이도 빠른 속도로 4.7시그마에 도달할 수 있으며 이것만으로도 상당한 성과를 얻을 수 있다. 하지만 4.8시그마부터는 새로운 접근 방법과 투자, 그리고 많은 노력이 필요하다. 시그마 수준의 향상도 매우 느리게 진행된다.

마치 학교 공부에서 중간 정도 성적을 내는 학생이 어느 정도의 노력으로 상위권에 가깝게 갈 수는 있으나 상위권 안으로 들어가는 것은 꽤 힘든 이유와 마찬가지다. 또한 상위권에 들어갔다고 하더라도 최상위권에 들기 위해서는 매우 많은 노력과 투자는 물론 공부 방법을 새롭게 혁신하는 과정이 필요하다. 특히 순위를 한 단계 끌어올리는 데 시간과 노력이 훨씬 많이 든다. 이것과 유사하다고 할 수 있다.

모든 경영 활동이 의도된 결과를 안정적으로 산출하려면 운영의 변동성이 관리하고 통제할 수 있는 범위를 벗어나지 않도록 해야 한다.
통계학은 끊임없이 발생하는 경영 활동의 변동성을 측정하여 적절히 관리하고 통제하기 위해 가장 적합한 과학이다. 그러한 통계학 이론을 경영혁신에 적용하여 획기적인 원가 절감과 고효율·고품질을 달성함으로써 고객의 만족을 높이고 수익을 개선하기 위한 경영혁신 기법이 6시그마이다.

Business Management User's Guide

시그마 수준의
개념과 평가 기준

　　　　　　　　　많은 기업이 6시그마 수준에 도달하기 위한 경영혁신에 도전한다. 하지만 실제로 큰 성공을 거둔 사례는 그리 많지 않다. 그렇다면 6시그마 수준은 어느 정도를 의미할까? 이는 시그마 수준을 어떤 기준으로 측정하고 평가할 것인지의 문제로 직결된다.

　시그마 수준은 결국 품질의 수준이다. 앞서 설명한 것처럼 품질은 제품에만 국한되는 개념이 아니다. 보고서에도 품질이 있고 경영자의 연설에도 품질이 있다. 직원들이 수행하는 업무에도 품질이 있다. 결국 그 기업의 시그마 수준이 높다는 것은 산출물의 품질뿐만 아니라 그 산출물을 생성하는 데 관련된 모든 경영 활동의 품질 또한 높음을 의미한다.

　그렇다면 시그마 수준은 왜 떨어질까? 시그마 수준이 낮다는 것은 품질을 저하시키는 요인이 많이 발생함을 의미한다. 6시그마에서는 이를 '결함'이라고 한다. 결함은 경영 전반의 모든 활동에서 나타날 수 있다. 예를 들어 기업이 신입사원 채용을 할 때 적합하지 않은 인력을 받아들였다면 채용 과정에서 결함이 발생했다고 볼 수 있다. 중요한 문서에 오류가 발생했다면 이 또한 결함이라고 할 수 있다. 이때 그 문서 자체는 물론 문서 작성 활동의 시그마 수준도 낮아진다.

　산출물이 원래 의도와 다르게 나온 것은 모두 결함이라고 부를 수 있다. 하지만 6시그마에서는 최종 산출물이 요구사항을 충족하기 위해 필수적으로 관리해야 할 요소에만 초점을 맞춘다. 이를 CTQ$_{\text{critical to quality}}$라고 한다. 6시그마는 CTQ에서 발생한 문제만을 측정하고 관리할 결함으로 간주한다. 모든 CTQ는 발생하는 산포의 허용 범위를 가지고 있다. CTQ에서 측정된 산포가 허용 범위를 벗어나면 결함이라고 판정한다.

하지만 통상적인 사업장에서는 결함을 다른 개념으로 사용한다. 따라서 결함 발생도 매우 단순하게 측정한다. 품질 관리 분야를 예로 들어보자. 우리에게 익숙한 전통적인 품질 관리에서는 생산 공정의 최종 단계에서 품질 검사를 통해 양품과 불량품을 구분하여 불량률을 측정·관리한다. 두말할 것도 없이 불량품은 분명히 결함이라고 할 수 있다. 제품 1000개를 생산하였는데 그중 3개가 불량이라면 불량률은 1000분의 3, 즉 0.3퍼센트가 된다. 이를 ppm으로 환산하면 결함이 발생할 확률은 100만 분의 3000, 즉 3000ppm이 된다(1ppm은 100만 분의 1을 의미).

그런데 6시그마에서 인식하는 결함은 이렇게 단순하지 않다. 그 개념을 이보다 훨씬 더 확장하여 매우 엄격하게 적용한다. 6시그마에서 결함을 이야기할 때는 최종 산출물의 양품과 불량품 여부를 따지지 않는다. 그보다는 그 산출물을 만들어내는 과정에서 품질에 중대한 영향을 미치는 모든 요소$_{\text{CTQ}}$ 하나하나가 모두 정상적으로 이루어졌는지를 판단한다. 설사 최종 산출물이 양품으로 판정되었더라도 그것을 만들어내는 과정에서 문제가 있었다면 결함이 발생한 것으로 측정한다. 이처럼 품질 관리에 더 엄격한 기준을 적용할수록 더 많은 문제가 드러나고 개선할 여지도 커진다.

예를 들어 어떤 생산 공장에서 최종 산출물의 품질에 중대한 영향을 미치는 10개의 작업을 통해 제품이 만들어진다고 가정해보자. 1개의 제품을 만드는 데에 10개의 작업 중 2개의 작업에서 문제가 발생하여 이전 작업으로 되돌아간 후 재작업을 통해 수정되어 최종 검사에 모두 합격했다고 하자. 이 경우 통상적인 품질 검사에서는 불량이 없는 것으로 판정된다. 따라서 불량률은 0퍼센트가 된다.

하지만 6시그마의 결함 측정 방식은 이와는 다르다. 10개의 작업 중 2개의 작업에서 결함이 발생했고 그 결함을 해결하기 위해 2번의 재작업이 있었다. 따라서 최종 산출물을 양품으로 만들어내는 데 소요된 총 작업의 수는 12개가 된다. 그중 성공적으로 수행된 작업은 10개(10-2+2)이고 실패한 작업, 즉 결함은 2개이다. 따라서 결함률은 16.7퍼센트(2/12× 100)가 된다.

이러한 6시그마의 개념을 적용하면 최종 산출물뿐만 아니라 산출물 생성에 관련된 프로세스의 능력과 활동의 품질을 모두 측정할 수 있다. 생산 과정 중 수시로 재작업이 발생하거나 예기치 못한 중단이 빈번히 일어나면 설사 최종 불량률은 얼마 되지 않더라도 전체 작업을 통해 결함이 발생한 비율이 크게 증가한다.

다시 말해 우리가 일반적으로 알고 있는 기존의 품질 검사는 최종 산출물이 양품인지 불량품인지만 가지고 불량률을 산정한다. 하지만 6시그마는 최종 산출물의 불량은 물론, 불량품과 정상품 모두를 만드는 데 포함된 모든 경영 활동의 질적 수준까지 측정해낸다. 따라서 무결함$_{\text{zero defect}}$은 모든 경영 활동이 어떤 오류도 없이 100퍼센트 의도된 대로 행해졌다는 의미가 된다. 사실상 실현 불가능한 꿈같은 이야기임을 이해할 수 있을 것이다.

그런데 6시그마는 왜 6이라는 숫자를 붙였을까? 이를 설명하기 위해 예를 하나 들어보겠다.

A 회사는 제품을 생산하는 데 필요한 1만 개의 작업당 9개씩의 결함이 발생하였으며, B 회사는 90개씩의 결함이 발생했다고 하자. 우리는 어렵지 않게 A사가 B사보다 훨씬 더 좋은 품질의 제품을 만들어내는 효율적인 기업이라고 판단할 수 있다. 결함이 한 자리 수가 되기 위해 필요한 분모는 A 회사는 1만 단위, B 회사는 1000 단위이다. 다시 말해 A 회사는

1만분의 9, B 회사는 1000분의 9이다.

A 회사의 분모인 10000은 0의 개수가 4개, B 회사의 분모인 1000은 3개이다. 이를 통해 A 사는 4시그마 수준, B사는 3시그마 수준이라고 추정할 수 있다. 만약 결함의 수를 한 자리로 만들기 위해 필요한 분모가 100000이라면 5시그마 수준, 1000000이라면 6시그마 수준이 된다.

이러한 개념으로 보면 6시그마 수준이란 100만 개의 작업에서 나타난 결함의 수가 한 자리 이내에 머무는 상태를 의미한다. 이 때문에 6시그마에서는 앞에서 말한 CTQ가 100만 번 시행되었을 때 발생한 총 결함 수를 중요한 지표로 삼고 측정하고 관리한다. 이것을 DPMO_{defects per million opportunities}라고 한다. 위의 예에서 4시그마 수준인 A 사의 DPMO는 900이 되고 3시그마 수준인 B사의 DPMO는 9000이 된다.

지금까지 설명한 것은 시그마 수준의 개념을 이해하기 쉽도록 최대한 단순화시킨 것이지만 실제로 측정과 평가의 기준이 되는 각각의 시그마 수준은 이것보다는 조금 복잡하다. 아래의 표는 각 시그마 수준의 정확한 측정 기준이다.

시그마 수준	DPMO	매출액 대비 품질 비용
2	308,537	경쟁력이 없는 회사
3	66,807	매출액의 25~40퍼센트 (중견기업 평균)
4	6,210	매출액의 15~25퍼센트 (대기업 평균)
5	233	매출액의 5~15퍼센트
6	3.4	매출액의 1퍼센트 이하 (초일류 기업)

특정 기업의 DPMO의 실제 측정치, 즉 CTQ 100만 번당 결함 수가 어느 정도의 시그마 수준에 해당하는지는 6시그마 변환표를 이용하여 판단한다. 예를 들면 위의 A사의 DPMO 900은 4.60~4.65시그마 정도의 수준이며 B사의 DPMO 9000은 3.85~3.90시그마 수준이다. 6시그마 변환

표는 6시그마 관련 전문 서적을 참조하면 얻을 수 있다.

위의 표에서 보면 6시그마에 도달한 회사의 DPMO는 3.4 정도에 불과하다. 다시 말해 CTQ 100만 번 수행에 따르는 결함은 3.4번밖에 되지 않는다는 뜻이다. 이것을 생산된 제품 100만 개에서 3.4개의 불량품, 즉 0.00034퍼센트의 불량률이 발생한다는 의미로 해석해서는 안 된다. 6시그마 수준은 그보다 훨씬 더 훌륭하고 엄격한 품질을 의미한다. 사실상 무결점에 가깝다고 할 수 있다.

최종 산출물의 품질만 가지고 이야기한다면 6시그마 수준에 도달할 수 있는 회사는 많다. 발생한 오류에 대한 수없이 많은 재작업을 하면서 최종 단계의 산출물을 모두 합격품으로 만들어낼 수 있다. 공정 중 발생하는 많은 낭비에도 불구하고 최종 제품만으로는 6시그마 품질 수준을 달성할 수 있다는 말이다.

이보다 더 심각한 오해는 유출 불량을 기준으로 6시그마에 도달했다고 주장하는 것이다. 다시 말해 결함 있는 제품을 만들지만 최종 단계에서 엄격히 검사하여 불량품을 걸러냄으로써 고객의 손에는 불량품이 도달되지 않도록 한 것을 기준으로 삼는다.

하지만 6시그마는 최종 제품 품질만을 의미하지 않는다. 불량 유출 방지를 기준으로 하는 것은 더더욱 아니다. 6시그마에서는 하나의 산출물을 만들어내는 데 영향을 미치는 모든 작업을 통틀어 의도된 대로 되지 않은 것이 있다면 모두 결함으로 측정한다. 따라서 최종 산출물이 완벽한 품질을 갖더라도 관련된 작업 중 문제가 발생했다면 DPMO는 증가한다. 다시 말해 6시그마 수준은 최종 산출물의 품질은 물론 그 산출물을 만들어내는 과정조차도 거의 완벽하게 처리되어야만 도달할 수 있는 경지이다.

6시그마에 도달한 대표적인 예로는 보잉사를 들 수 있다. 보잉사가 6시그마 품질을 가지고 있다는 말은 보잉사가 만드는 비행기 100만 대 중 3.4대는 문제가 있어 사고가 난다는 의미가 아니다. 비행기 한 대를 만들기 위해서는 수많은 부품과 이를 취급하고 조립하는 수많은 작업이 투입된다. 그 모든 과정을 통틀어 100만 번당 3.4개 정도의 결함이 있을 수 있다는 뜻이다.

예를 들어 비행기 내부의 독서 램프 1개에서 결함이 발생했다고 해서 운행에 문제가 생기지는 않는다. 승객의 좌석을 뒤로 젖히는 버튼 1개가 정상 작동하지 않는다고 해서 비행기 사고가 나지도 않는다. 하지만 6시그마에서는 이러한 것도 결함으로 처리된다. 이 때문에 보잉사가 만든 비행기는 운행 규칙을 위반하거나 정비를 소홀히 하지 않는 한 사실상 사고가 발생할 가능성이 거의 없다고 할 수 있다. 만약 그렇지 않다면 누가 함부로 비행기를 타고 여행을 하려 하겠는가?

전통적인 불량률의 개념은 최종 검사를 통해 고객에게 불량이 유출되는 것을 방지하는 데에 초점을 맞추고 있다. 따라서 결함을 발생시키는 근본 원인과 해결 방법을 파악하는 데 미흡한 매우 소극적인 기준이다.
DPMO, 즉 CTQ '100만 번 시행에서 발생하는 결함 수' 개념의 측정치와 통계적 분석 방법을 통해 산출물의 최종 품질에 중대한 영향을 미치는 요소, 즉 CTQ의 변동성을 측정하고 시그마 수준을 관리함으로써 품질의 수준을 획기적으로 높이고 원가 혁신을 이룰 수 있다.

Business Management User's Guide

품질 문제는
품질 부서의 책임이 아니다

품질과 관련된 아주 흔한 오해 중 하나는 품질을 높이기 위해서는 품질 검사 기능을 강화해야 한다는 것이다. 물론 검사를 강화하면 고객에게 전달되는 제품의 품질 수준은 높아진다. 예를 들어 100개를 생산하였는데 품질 검사를 아주 엄격하고 철저하게 수행하여 70개를 불량 처리하고 30개만 정상품으로 채택하였다면 최종 품질 수준은 단번에 6시그마 수준에 도달할 수 있다. 하지만 그만큼 실패 비용이 크게 높아진다.

품질을 높이기 위해서는 검사를 강화해야 한다는 믿음은 많은 경영자들이 품질을 높이려면 비용이 증가한다고 믿는 중요한 이유가 된다. 게다가 품질 문제 해결과 개선의 책임이 품질 부서에 있다고 믿는 근거로 작용하기도 한다. 대부분의 경우 검사 요원들이 품질 부서 소속이기 때문이다. 그러나 이것은 완전히 잘못된 생각이다. 앞서 여러 차례 설명한 대로 고품질은 가치 창출 프로세스 운영 전반의 결함과 변동성을 최소화함으로써 달성된다. 따라서 아무리 검사를 강화하여 최종 품질을 개선하더라도 프로세스 운영 수준이 향상될 수 없다. 품질의 변동성 문제는 검사 요원이 만들어내는 것이 아니라 프로세스 운영의 결함 때문에 발생한다.

따라서 품질 문제는 품질 부서의 책임이 아니다. 문제 해결과 개선 책임 또한 마찬가지다. 품질 부서의 역할은 프로세스가 정해진 기준과 절차를 준수하여 운영되는지를 감독한다. 그리고 최종 검사를 통해 결함 있는 산출물이 고객에게 전달되지 못하도록 하며 품질 검사의 결과와 문제 발생 현상을 원인 제공자에게 피드백해주는 것이다.

고품질은 생산 활동에 참여하는 모든 공정에서 결함을 최소화하는 활동을 전개함으로써 달성된다. 따라서 모든 부서와 모든 구성원의 책임이며 공동 노력의 산물이다. 그 결과 고품질은 실패 비용을 사전에 예방하여 최소화시키므로 비용을 증가시키기보다는 오히려 크게 감소시킨다. 간단한 예를 들어보겠다.

어떤 회사가 문서 작성을 전문으로 하는 타이피스트 A와 B를 각각 고용하였다. A는 분당 550타를 타이핑할 수 있고 B는 분당 500타 수준이다. 그런데 A는 타이핑이 빠른 대신 오타 발생률이 1퍼센트이고 B는 0.1퍼센트이다.

A와 B 둘 다 오타를 수정하지 않고 문서를 작성하도록 지시 받았다고 가정하자. 이 경우 A가 만든 보고서는 100개 중 1개가 불량, B의 보고서는 1000개 중 1개가 불량이란 결과가 나오지는 않을 것이다. 오타가 하나의 보고서에만 집중되지 않고 모든 보고서의 여기저기에 흩어져 포함되기 때문이다. 따라서 하나의 보고서에 허용되는 오타 발생의 기준치가 필요하다.

만약 보고서 하나당 평균 1000번의 타이핑이 필요하고 허용 오타가 5개 이내여야 한다는 내부 기준이 있다면 B가 작성한 보고서는 대부분 합격이다. 반면 A의 경우는 보고서당 평균 10개의 오타가 생겨 대부분 불합격 처리된다. 그럼에도 A가 작성한 보고서 중에는 오타가 5개 이내인 것도 간혹 있을 수 있다. 따라서 검사만 철저히 한다면 몇 개의 보고서는 양품으로 처리될 수도 있다.

이처럼 품질 검사를 강화하고 엄격히 시행하면 실패 비용은 증가하지만 최소한 고객에게 도달되는 제품의 품질은 확실하게 확보할 수 있다. 그러나 이러한 사정을 아는 사람은 A가 고품질의 보고서를 작성할 능력이 있다고 생각하지 않을 것이다. 그러므로 최종 검사 기능을 아무리 강화하더라도 A의 타이핑 능력이 향상되지 않는 한 결함 있는 보고서는 끊임없이 생산된다. 이처럼 검사는 품질 문제 해결과 개선에 아무런 역할을 하지 못한다. 단지 고객에게 불량품이 전달되지 않도록 막는 문지기 역할을 담당할 뿐이다.

그렇다면 A가 작성하는 보고서 자체의 품질을 높이기 위해서는 어떻게 해야 할까? 최종 검사 단계에 도달하기 이전에 결함을 제거하는 방법밖에는 없다.

이번에는 관리자가 A와 B에게 오타가 발생하면 타이핑 중 즉시 수정하여 오타가 완벽히 제거된 보고서를 만들어내라고 지시하였다고 하자. 그리고 오타 1개를 지우기 위해서는 정상적으로 한 타를 타이핑하는 시간의 3배가 걸린다고 가정하자. 또한 한 번 수정한 것에는 오타가 다시 발생하지 않는다고 가정하자.

이 경우 A는 평균 오타 발생률이 1퍼센트이므로 1000타를 오타 없이 작성하기 위해서는 1040(1000+30(오타 지우기)+10(오타 재입력))만큼 타이핑을 해야 할 것이다. 반면 평균 오타 발생률이 0.1퍼센트에 불과한 B의 경우는 1004(1000+3+1)가 된다. A와 B가 이러한 과정을 통해 보고서를 작성한다면 두 사람 모두 완벽한 품질의 보고서를 작성하게 되며 최종 검사에 도달할 때 불량률은 0이 된다.

이런 방식을 통해 A와 B가 똑같이 완벽한 품질의 보고서를 만들어냈다면 A와 B의 기여도는 같을까? A와 B의 진정한 성과와 기여도를 알아보려면 생산성과 시그마 수준을 측정하면 된다.

A는 1분당 550타를 타이핑하는 능력을 가지고 있으므로 한 타를 타이핑하는 데 0.11초가 소요된다고 할 수 있다. 반면 B는 1분당 500타이므로

한 타에 0.12초가 소요된다. A가 보고서 하나를 완벽하게 만드는 데는 오타를 지우고 수정하는 것을 포함하여 1040타만큼의 노력이 필요하므로 114초(1040×0.11)가 소요된다. B의 경우는 120초(1004×0.12)가 필요하다. 이렇게 보면 최초 분당 타이핑 능력만으로 평가할 때는 A의 생산능력이 10퍼센트 정도 높았는데 고품질 보고서 작성을 위한 생산성은 불과 5퍼센트 정도밖에는 차이가 나지 않음을 알 수 있다. 하지만 생산 능력은 여전히 A가 높다. 만약 오타 수정에 걸리는 시간이 더 길어진다면 두 사람의 생산성의 우열은 뒤바뀔 수도 있을 것이다.

그렇다면 두 사람의 능력을 시그마 수준으로 측정한다면 어떤 결과가 나올까? A는 보고서 1개를 만드는 데 1020타(1000+10(오타 삭제)+10(오타 수정))의 작업을 했고 그중 결함이 10개이므로 결함율은 0.98퍼센트, 즉 9800ppm이 된다. 이는 3.80~3.85의 시그마 수준에 해당한다.

B는 보고서 1개를 만드는 데 1002타(1000+1(오타 삭제)+1(오타 수정))의 작업을 했고 그중 결함이 1개이므로 결함율은 0.1퍼센트, 즉 1000ppm 정도가 된다. 이는 4.60~4.65의 시그마 수준에 해당한다.

이렇게 보면 A가 B보다 생산성은 약간 높지만 시그마 수준은 상당히 처져 있는 것으로 나타난다. A의 시그마 수준은 일반적인 기업의 평균 정도이며 B의 시그마 수준은 상당히 높다.

지금까지의 이야기와 수치가 만약 타이피스트가 아니라 두 곳의 공장을 비교한 결과라면 A 공장보다는 B 공장이 훨씬 더 운영 효율과 품질 수준의 경쟁력이 높은 공장이라고 할 수 있다. 검사를 잘하기 때문이 아니라 결함을 예방하는 능력과 공정 운영 능력이 탁월하기 때문이다.

이처럼 이미 진행된 결함을 사후에 판별하여 불량품이 고객에게 전달되지 않도록 방지하는 품질 검사 활동은 가장 초보적인 품질 관리 방식이라고 할 수 있다. 만약 프로세스의 최종 단계에 존재하는 품질 검사 활동을 전체 공정으로 확대하면 각 공정마다 '자주 검사'를 통해 다음 공정으로 결함을 보내지 않는 한 단계 높은 수준에 도달한다. 하지만 이 또한 결함을 좀 더 이른 단계에서 걸러내는 데는 효과가 좋을지 모르지만 결함의 근본 원인을 제거하지는 못한다.

품질 관리가 최종 검사나 자주 검사 수준을 벗어나 모든 기능과 공정이 결함을 예방하고 결함이 발생하는 근본 원인을 파악하여 제거하는 활동으로 확대되면 '전사적 품질 관리' 또는 'TQC$_{total\ quality\ control}$' 수준으로 도약한다.

이러한 TQC가 현장과 실무 부서의 수준을 벗어나 경영자 주도하에 경영의 핵심 축을 담당하는 품질 시스템을 구축·운영하면 '품질 경영' 또는 'QM$_{quality\ management}$'이 된다. 또한 품질 경영이 스탭 부서, 연구개발 부서까지를 포함한 전사의 모든 부문에서 추진될 경우 '전사적 품질 경영' 또는 'TQM$_{total\ quality\ management}$'이라고 부른다. 사실 6시그마도 TQM의 연장선상에 있다고 보아도 된다.

결함의 발생은 품질 부서의 책임이 아니다. 또한 높은 품질은 프로세스 최종 단계에서 검사를 강화한다고 달성되지도 않는다. 높은 품질은 가치 창출 프로세스 전반의 변동성이 축소되고 결함 발생이 최소화되어야만 달성될 수 있다.
이 때문에 경영자 주도하에 모든 부서와 기능들이 참여하여 경영 전 분야의 품질을 향상시켜나가는 전사적 품질 혁신 활동을 지속적으로 전개해야 한다.
6시그마, TQM 등은 이러한 활동이 체계적으로 추진될 수 있도록 해주는 혁신 방법론이다.

Business Management User's Guide

전통적 수율 관리의 문제점

프로세스 운영을 하다 보면 각종 문제들이 수시로 나타나 결함을 발생시키고 불량률을 증가시키며 수율을 떨어뜨린다. 따라서 생산 책임자는 공정을 항상 최적화된 상태로 운영할 수 있도록 끊임없이 프로세스 역량을 개선하는 노력을 기울여야만 한다. 그런데 문제는 어떤 공정의 어느 부분을 어떤 방법으로 어느 정도까지 개선하고 향상시켜야 하는지를 구체적으로 파악하기 어렵다는 데 있다.

공정에서 발생하는 문제는 반드시 수율에 영향을 미치므로 수율의 변화를 측정하여 관리한다면 개선할 점을 어렵지 않게 파악할 수 있다. 통상적으로 공정에서의 수율은 초기 수율과 최종 수율로 측정하고 관리된다. 그런데 이 두 가지 수율의 개념만으로는 문제의 파악과 개선이 그리 쉽지 않다. 시작과 끝의 수율만 관리해서는 공정 중 수율의 변화가 어떻게 이루어지는지를 추적하여 문제의 근본 원인을 파악하는 데 한계가 있기 때문이다. 따라서 전통적인 수율 관리 방법은 프로세스의 역량을 측정하고 개선하는 데 미흡하다고 볼 수 있다.

이 문제를 설명하기 위해 전자부품 제조 공장의 예를 들어보겠다. 이 공장은 금속을 프레스로 가공·커팅한 부품과 플라스틱을 사출 성형한 부품 두 가지를 조립하여 완제품을 생산한다. 따라서 이 공장은 두 가지의 부품을 생산하기 위한 사출 성형 공정과 프레스 공정을 전공정으로 가지고 있다. 또한 후공정에는 이 두 가지 부품으로 완제품을 만들어내는 조립 공정과 검사 공정이 있다. 이 제조 공장의 전체적인 공정 흐름을 그림으로 나타내면 다음과 같다.

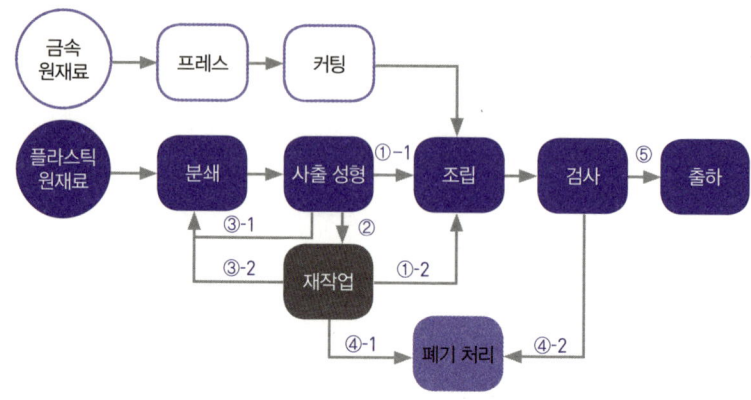

사출 성형 공정은 이 공장의 주축이 되는 핵심 공정이다. 관리자는 사출 성형 공정의 수율을 측정하여 관리한다. 편의상 원재료 처리 단계에서의 로스는 없다고 가정하자.

사출 성형 공정은 분쇄한 플라스틱을 원재료로 하여 사출기에서 이루어지는데 원재료 분쇄기에는 새로운 원재료와 재생 원재료가 7:3의 비율로 투입된다. 재생 원재료는 외부에서 구입할 수도 있지만 사출 과정에서 발생하는 로스를 재투입할 수도 있다.

사출 성형 작업이 완료되면 작업자는 부품의 정상품 여부를 판단한다. 정상품은 조립 공정으로 바로 보내지만(①-1) 사출물 주위에 찌꺼기가 붙어 있거나 돌출 부위가 있어 약간의 수정이 필요한 부품들은 재작업 공정으로 보낸다(②). 사출 성형 자체가 잘못되어 재작업 공정으로 보낼 필요가 없는 부품들은 재생 원재료에 섞여 분쇄기에 투입된다(③-1).

재작업이 성공적으로 이루어진 완료된 부품은 조립 라인으로 보내지만

(①-2) 재작업을 했는데도 문제가 해결되지 않으면 분쇄기로 보낸다(③-2). 분쇄기로 보낼 수 없는 정도로 심각한 오염이 발생한 부품들은 폐기할 수밖에 없으며 공정 로스로 처리한다(④-1).

조립 라인으로 보내진 부품은 프레스 가공 라인을 통과한 부품과 함께 완제품으로 조립되어 검사 공정으로 간다. 검사 요원은 합격품을 판정하여 출하를 허용하고⑤ 결함이 있는 제품은 불합격 처리한다. 완제품 불량은 플라스틱과 금속이 붙어 있어 재생 플라스틱 원재료로 사용할 수 없으므로 공정 로스로 처리하여 폐기한다(④-2).

사출 성형 결과 100개의 부품이 만들어져 5개가 불합격 처리되었다. 그 중 한 개는 재작업이 불가능하여 바로 분쇄기로 보내졌고(③-1) 4개는 재작업에 투입되었는데(②), 2개는 재작업이 성공적으로 이루어져 조립 공정으로 보내지고(①-2) 2개는 실패하여 분쇄기에 재투입 되었다(③-2).

이 경우 사출 성형 공정의 수율은 얼마일까? 사출 성형 공정을 통과하여 정상품으로 조립 공정으로 간 부품은 97개(95+2)이다. 공정 불량이 발생하였지만 분쇄기로 재투입 되었기 때문에 원재료 로스는 발생하지 않았다. 이 때문에 수율은 100퍼센트($97/97 \times 100$)가 된다. 만약 재작업 과정에서 한 개가 심각하게 손상되어 폐기 처리되었다면(④-1) 조립 공정으로는 총 96개가 가고, 로스가 한 개 발생하였으므로 수율은 99퍼센트($96/97 \times 100$)가 된다.

이렇게 원재료 투입 후 가공이 완료된 상태에서 측정되는 수율을 '초기 수율'이라고 한다. 초기 수율은 공정을 통과한 가공품 중 로스의 발생 없이 다음 단계로 진행시킬 수 있는 정상품의 비율이 얼마나 큰지를 측정한다. 위의 예에서는 재작업과 원재료 재처리를 통해 공정 로스를 없앨 수 있으므로 폐기 처리되는 것만 방지한다면 사출 공정의 초기 수율은 항상 100퍼센트를 유지할 수 있다.

정상 작업과 재작업을 통해 사출 공정을 통과한 97개의 부품은 프레스 공정을 통과한 97개의 또 다른 부품과 결합해 97개의 완제품으로 만들어졌다. 완제품 검사 결과 3개가 불량으로 판명되어 94개만이 검사를 통과하였다(⑤). 불량으로 판명된 3개 중 2개는 폐기 처리되었으며(④-2), 1개는 그런대로 상태가 괜찮아 하급품으로 분류되어 할인 판매하기로 하였다. 이 경우 수율은 97개의 제품 중 94개가 정상품이 되었으므로 96.9퍼센트(94/97×100)가 된다. 하지만 하급품도 판매 가능한 제품이므로 이것도 정상품에 포함시키면 수율은 97.9퍼센트(95/97×100)가 된다. 이렇게 제품의 최종 완성 후 측정하는 수율을 '최종 수율'이라 한다.

지금까지의 상황에 근거하여 공장장은 최고경영자에게 공장 전체의 수율이 97.9퍼센트라고 보고하였다. 사출 성형 공정 관리자는 공장장에게 자신이 관리하는 공정의 수율이 100퍼센트라고 보고하였다. 이 보고는 과연 정확하며 문제가 없을까?

초기 수율과 최종 수율 모두 생산된 전체 숫자에서 로스로 처리되어 폐기되는 것을 제외한 정상품 숫자가 차지하는 비율로 계산한다. 이러한 수율 계산 방법은 그 공정을 통과한 최종 결과물을 중요시한다. 하지만 그것만으로는 생산 과정에서 어떤 일이 일어났는지를 파악하기 어렵다. 이 때문에 전통적 수율 측정 방법은 다음과 같은 몇 가지 문제를 낳는다.

첫째, 불량이 많이 발생하더라도 재작업·재처리 등을 통해 원재료의 로스가 발생하지 않으면 수율이 매우 양호한 것으로 나타난다.

둘째, 재작업·재처리 등에 들어간 비용은 제대로 파악되지 않으며 전체 비용에 함께 묻혀 감춰진다.

셋째, 결함이 하나인 제품과 결함이 여러 개 포함된 제품을 모두 다 똑같이 한 개의 불량으로 간주한다.

네 번째, 불량을 발생시킨 원인이 무엇인지 알기 어렵다. 따라서 불량을 개선하기도 어렵다.

잘못된 작업 산출물이 다음 단계로 넘어가서는 안 되므로 정상품과 불량품을 구별해 내는 과정은 매우 중요하다. 하지만 산출물이 불량인지 아닌지를 판단하는 것보다 더 중요한 점은 왜 불량이 발생했으며 어떻게 해야 그것을 개선할 수 있는지이다.

투입과 산출이라는 두 가지 요소에만 주로 초점을 맞추는 전통적 수율 계산 방법은 이러한 점에서 한계가 있다. 투입이 산출에 이르기까지의 과정에서 발생한 재작업·재처리와 같은 낭비가 드러나지 않아 상황이 왜곡될 수 있기 때문이다.

따라서 산출물의 합격·불합격 여부보다는 어느 부분에서 어떤 결함이 얼마나 발생하는지를 측정할 수 있어야 한다. 이 때문에 6시그마 기법을 적용할 때는 불량품의 수가 아니라 결함의 수로 수율을 측정한다.

Business Management User's Guide

숨겨진 공장을
찾아내어 제거하라

경영 활동에서 측정되지 않는 것은 관리하기 어렵다. 어떤 활동을 측정한다는 것은 신뢰성 있는 데이터를 일관성 있게 축적하고 있음을 의미한다. 이렇게 축적된 데이터는 과학적 방법을 통해 상황을 정확하게 분석하고 개선할 수 있는 기반이 된다.

경영 활동이 제대로 측정되지 않으면 관리 범위를 벗어난 맹목 영역이 생긴다. 맹목 영역은 관리의 사각지대이자 온갖 비효율적 요소가 모인 곳이다. 이 영역에서 행해지는 모든 활동은 알고 한 행동이든 모르고 한 행동이든 겉으로 드러나지 않는다. 문제가 발생하더라도 누구도 관여하거나 책임지려 하지 않는다. 특히 결과만 놓고 조직 구성원의 실수와 실패의 책임을 가혹하게 추궁하는 조직 문화에서는 맹목 영역이 감당하기 어렵고 회피하고 싶어 버려진 책임의 은신처가 된다.

가치 창출 시스템의 맹목 영역에는 정상에서 벗어났는데도 어쩔 수 없이 수행해야만 하는 프로세스들이 숨겨진 상태로 존재한다. 다시 말해 프로세스의 결함을 메우기 위해 수행되는 눈에 보이지도 않고 관리도 되지 않는 프로세스들이 있다. 프로세스는 어떤 경우이든 반드시 비용을 수반한다. 그런데 프로세스가 눈에 보이지 않으면 비용 또한 눈에 보이지 않는다. 이러한 비용들이 오랫동안 관리되지 않고 방치되면 비효율적 요소는 점점 더 커지기 마련이다.

　6시그마 방법론에서는 이렇게 숨겨진 프로세스, 맹목 영역, 사각지대를 '숨겨진 공장hidden factory'이라고 부른다. 숨겨진 공장의 크기는 기업마다 다르지만 가치 창출 프로세스의 역량이 취약할수록 커진다고 할 수 있다. 경우에 따라서는 실제 공장에 필적하는 비용 구조를 가지는 숨겨진 공장이 존재하기도 한다.

　이러한 이유로 눈에 보이는 공장에서는 원가를 10퍼센트 절감하는 것도 쉽지 않지만 숨겨진 공장을 발견하여 제거해나가면 놀라운 수준의 원가 절감을 할 수 있다. 6시그마 기법을 통해 탁월한 성과를 창출할 수 있는 이유는 숨겨진 공장을 찾아내어 비효율적 요인을 측정하고 제거해나갈 수 있기 때문이다.

　앞에서 설명한 대로 일반적으로 사용되는 수율의 개념인 초기 수율과 최종 수율은 프로세스의 과정보다는 결과를 측정하는 것이다. 프로세스의 과정이 측정되지 않는다면 당연히 관리할 수도 없다. 최종 수율을 얻는 과정에는 재작업과 재처리 등 추가적인 비용을 발생시키는 비정상적인 활동들이 개입한다. 이 모든 것들이 숨겨진 공장을 형성한다. 프로세스 역량의 취약함 때문에 발생한 결함을 해결하려 할 때 숨겨진 공장에서 수행되는 활동들을 적절히 관리하지 못하면 숫자로는 좋은 결과를 얻었더라도 큰 비용을 감수하면서 얻어진 무의미한 성과일 수밖에 없다.

　앞 글의 전자부품 제조회사의 예에서 최종 수율이 6시그마 수준에 도달했는지 여부로 공장장을 평가하기로 결정되었다고 가정하자. 이에 따라 공장장은 공장 내 모든 구성원에게 당장 이달 실적부터 최종 수율을 최대한 높이라고 독려하기 시작했다.

　현재 공장의 프로세스 역량으로 짧은 기간 내에 그 수준에 도달하는 것이 당연히 무리한 시도이다. 그런데 놀랍게도 이 공장은 그 달에 6시그마 수준의 최종 수율을 달성하였고 공장장은 좋은 평가를 받게 되었다.

어떻게 이런 일이 가능했을까?

최종 수율이 측정 지표라면 공장의 프로세스 역량이 신통치 않은 경우에도 얼마든지 6시그마 수준에 도달할 수 있다. 최종 수율은 결과에 초점을 맞추고 측정한다. 최종 수율을 얻는 과정에서 발생한 여러 낭비적인 활동들과 비효율적 요소는 측정하지 않는다. 이 때문에 작업자들은 작업 과정에서 문제가 조금이라도 발생하면 원재료로 재처리하거나 재작업을 통해 숫자상의 로스를 제거해나갔다.

심지어 사출 성형 부품과 프레스 부품이 조립된 이후에 발견된 불량조차도 일일이 두 부품을 해체하여 프레스 부품은 재활용하고 사출 성형 부품은 원재료로 재처리하였다. 이러한 재작업은 대부분 수작업으로 이루어지는 단순 작업이어서 여러 명의 일용직을 고용하여 해결하였다. 그 결과 최종 수율 검사 라인에 도달한 제품들은 거의 완벽한 상태가 되었다. 하지만 이 과정에서 상당한 비용이 증가할 수밖에 없었다. 과연 이 공장은 실제로 6시그마 수준의 품질을 달성했을까?

이런 어이없는 현상은 6시그마의 개념을 잘못 이해하고 숨겨진 공장을 방치한 데서 비롯된다. 진정한 수율은 모든 공정을 한 번의 결함도 없이 성공적으로 통과하여 최종 검사에서 합격 판정을 받은 것만을 측정해야 한다. 재작업과 재처리 등을 통해 정상품으로 탈바꿈한 불량은 정상적인 수율로 인정하지 않아야 한다.

프로세스의 이전 단계에서 발생한 결함을 수정하려는 활동들이 모여 숨겨진 공장을 형성한다. 6시그마 수준에 도달하기 위해서는 숨겨진 공장을 발견하여 제거해나가야 한다. 이를 위해서는 숨겨진 공장에서 발생하는 모든 활동을 파악하여 측정할 수 있어야 한다.
프로세스의 과정을 측정하지 못하고 최종 결과만을 측정하는 초기 수율과 최종 수율로는 숨겨진 공장을 발견할 수도 없고 제대로 관리할 수도 없다. 이 문제를 해결하기 위해서는 6시그마 방법론에서 제시하는 새로운 개념의 수율 측정 방법이 필요하다.

Business Management User's Guide

6시그마 수율 측정의 기본 원리

숨겨진 공장을 찾아내 제거하기 위해서는 결함에 초점을 맞추어 측정하고 관리해야 한다. 6시그마에서 사용하는 여러 수율의 개념들은 모두 결함에 초점을 맞춘다. 불량품 하나에 여러 개의 결함이 있을 수 있다. 또한 결함이 하나밖에 없는데도 불량으로 처리될 수도 있다. 다시 말해 불량이라고 해서 다 같은 불량이 아니다. 결함에 집중해서 측정하면 불량의 원인을 파악할 수 있으며 공정 능력 또한 정확하게 측정할 수 있다.

앞에서 설명한 대로 6시그마에서 말하는 결함이란 CTQ에서 발생한 문제만을 대상으로 한다. 또한 CTQ는 최종 품질에 영향을 미치는 요소를 말한다. CTQ는 반드시 측정할 수 있어야만 한다.

예를 들어 사자 인형을 만들었는데 원래 설계보다 꼬리 길이가 0.5센티미터 길어졌다고 해서 사자 인형 자체를 불량으로 판정하지는 않는다. 다시 말해 사자 인형의 꼬리 길이는 CTQ가 아니므로 여기서 작은 문제가 발생했다고 해서 결함이 발생한 것으로 볼 수 없다.

CTQ는 모든 생산 공정이 관련되어 있다. 또한 각 공정이 처리하는 CTQ의 개수도 다르다. 공정이 3개인 생산 라인에서 첫 번째 공정의 CTQ는 3개, 두 번째는 2개, 세 번째는 5개와 같이 구성될 수 있다. 공정 전체

CTQ의 개수는 이 모든 CTQ를 합친 것이다. 이 경우 공정 전체 CTQ는 10개(3+2+5)가 된다.

이를 더 자세히 설명하기 위해 예를 들겠다. 5개의 공정을 가진 두 곳의 생산 라인 A, B에서 각각 100개의 제품이 생산되었는데 A 라인에서는 1개, B 라인에서는 3개의 불량이 발생하였다. 이 경우 통상적으로 불량률은 각각 1퍼센트와 3퍼센트, 최종 수율은 각각 99퍼센트와 97퍼센트라고 쉽게 계산한다. 이 결과만을 놓고 보면 A 라인의 공정 능력이 B 라인보다 훨씬 우수하다고 판단할 것이다.

그런데 내용을 들여다보니 A 라인은 5개 공정 모두에서 각각 1개씩, 총 5개의 결함이 발생하였으며 B 라인은 1, 3, 5공정에서 각각 1개씩, 총 3개의 결함이 발생하였다. A 라인의 결함 5개는 공교롭게도 모두 1개의 제품에 집중되어 5개의 결함을 가진 1개의 제품만이 불량 처리되었다. B 라인에서 발생한 결함 3개는 3개의 생산품에 흩어져 1개의 결함을 가진 3개의 불량품이 나왔다. 이렇게 결함 기준으로 보면 최종 수율에 의해 판단한 결과가 완전히 뒤집힌다. 즉 B 라인의 공정 능력이 오히려 우수한 것으로 나타난다.

A, B 라인의 5개 공정이 각각 2개씩의 CTQ를 가지고 있다고 가정하면 각 라인의 CTQ는 10개가 된다. CTQ는 최종 품질에 영향을 주는 결함 발생 요인이므로 이것을 결함 기회라고 한다. A, B 라인 모두 100개 제품이 각각 10개씩의 CTQ를 가지고 있으므로 총 결함 기회는 1000(100×10)이 된다.

6시그마 수율의 가장 기본이 되는 개념은 기회 하나에 결함이 얼마나 발생하는지를 측정하는 것이다. 이를 $DPO_{defects\ per\ opportunity}$라고 하며 단위 기회당 결함 발생률을 의미한다. DPO를 100만 번의 결함 기회당 몇 번의 결함이 발생하는지로 환산하면 시그마 수준을 측정할 수 있다. 바로 이전에 설명한 DPMO다. DPMO를 시그마 수준으로 환산하려면 6시그마 수준 환산표에 대입하면 된다.

위의 예에서 A라인은 총 5개의 결함이 발생하였으므로 DPO는 0.5퍼센트(5/1000×100)이며 DPMO는 5000이 된다. 마찬가지로 B 라인의 DPO는 0.3퍼센트(3/1000×100), DPMO는 3000이 된다.

그런데 CTQ의 결함에 집중하는 깃과 DPO 측정만으로 공정 내에서 발생하는 여러 문제들을 파악할 수 있는지 진정한 프로세스 능력을 측정할 수 있는지는 여전히 의문이다. 생산 공정의 최종 단계에서 최종 수율 대신에 DPO를 측정하더라도 단지 산출물에서 결함으로 기준만 바뀌었을 뿐이다. 재작업이나 재처리와 같이 숨겨진 공장에서 행해지는 결함 수정 활동과 그 때문에 발생하는 엄청난 비용은 여전히 드러나지 않는다.

이 때문에 개별 공정 하나하나마다 DPO를 측정하고 종합하여 프로세스 전체의 능력을 측정할 방법이 필요하다. 6시그마 방법론에서는 단위 공정 수율, 누적 수율, 정상 수율과 같은 개념으로 숨겨진 공장을 찾아내 관리한다.

가치 창출 프로세스의 최종 산출물에만 초점을 맞추는 방식으로는 숨겨진 공장의 존재를 밝힐 수 없으며 프로세스의 능력을 올바르게 측정할 수도 없다.
생산 과정에서 발생한 결함에 초점을 맞추는 6시그마의 수율 개념을 통해 이러한 문제를 해결할 수 있다. 최종 품질에 영향을 미치는 CTQ의 결함을 측정하고 관리함으로써 가치 창출 프로세스의 진정한 공정 능력을 측정할 수 있다.

Business Management User's Guide

6시그마의 수율 관리 방법

생산 공정 중의 재작업·재처리 문제를 간과하고 측정한 수율은 과대평가되어 있으며 현실을 제대로 반영하지 못한다. 앞서 밝힌 대로 최종 수율은 얼마든지 6시그마 수준에 접근시킬 수 있다. 하지만 그것은 진정한 6시그마 수준이 아니며 엄청난 규모의 숨겨진 공장을 만들어낸다. 그래서 생산성을 오히려 저하시키고 비용을 크게 증가시킨다.

이 때문에 6시그마 기법에서의 수율은 프로세스 전체 과정을 하나의 결함 발생도 없이 통과할 통계적 가능성을 측정한다. 이 경우 재작업·재처리와 같은 숨겨진 공장의 활동들은 수율 측정에서 모두 로스로 처리된다. 시그마 수준을 높이기 위해서는 모든 공정을 무결함으로 한 번에 통과하는 비율을 높일 수밖에 없고 이 과정에서 숨겨진 공장이 측정되고 실체가 드러난다. 그리고 이를 개선하기 위한 혁신 활동이 뒤따른다. 6시그마 방법론에서는 이를 위해 다음과 같은 세 가지 수율 개념을 사용한다.

단위 공정 수율

프로세스 전 과정을 무결함으로 통과할 가능성을 측정하려면 먼저 각 개별 공정의 무결함 통과 가능성을 측정해야만 한다. 이러한 기준으로 측정되는 수율은 당연히 산출물 기준이 아니라 결함 기준이므로 CTQ에 초점을 맞추게 된다.

앞서 DPO에 대해 설명한 바 있다. DPO는 CTQ의 결함률을 측정한 값이기 때문에 이를 이용하여 결함 기회 기준의 수율을 계산하면 1-DPO가 된다. 예를 들어 10개의 CTQ를 가진 공정에서 100개의 제품이 생산되었다면 총 결함 기회는 1000이 된다. 여기에서 결함이 5개 발생했다면 DPO는 0.005(5/1000)이며 결함 기회 기준의 수율은 0.995(1-0.005), 즉 99.5퍼센트가 된다.

그런데 일반적으로 수율은 결함 기회 기준이 아니라 생산 단위 기준으로 측정한다. 따라서 하나의 생산 단위당 몇 개의 결함이 발생하는지를 측정해야 한다. 이를 'DPU$_{defects\ per\ unit}$'라고 한다. 위의 예에서 하나의 생산 단위는 10개의 CTQ를 가지며 DPO가 0.005이므로 생산 단위 하나는 통계적으로 0.05(10×0.005)의 결함 가능성이 있다고 할 수 있다. 즉 DPU=0.05이며 이는 생산된 100개 제품 중 5개가 결함이 있음을 의미한다. 따라서 수율은 0.95(1-0.05), 즉 95퍼센트가 된다.

이러한 방식으로 개별 공정의 수율을 측정하는 것을 '단위 공정 수율'

공정 내용	1공정	2공정	3공정	4공정	5공정
생산량	1000	991	983	973	966
불량 개수	9	8	10	7	10
초기 수율	99.10퍼센트	99.19퍼센트	98.98퍼센트	99.28퍼센트	99.96퍼센트
CTQ	10	8	12	9	6
결함 기회	10,000	7,928	11,796	8,757	5,796
발생결함 수	36	23	48	25	25
DPO	0.0036	0.0029	0.0041	0.0029	0.0043
DPU	0.0360	0.0232	0.0488	0.0257	0.0259
단위 공정 수율	96.40퍼센트	97.68퍼센트	95.12퍼센트	97.43퍼센트	97.41퍼센트

이라고 한다. 5개의 공정이 있는 생산 라인에서 이루어진 활동과 DPO, DPU 및 단위 공정 수율의 관계를 다음의 표에 예시하였다.

각 공정 산출물의 정상품과 불량 여부는 초기 수율로 표시되어 있다. 여기서 보면 단위 공정 수율은 항상 초기 수율보다 나쁘게 나타난다. 초기 수율은 하나의 산출물에 복수의 결함이 있더라도 하나의 불량으로 처리한다. 이럴 때는 공정의 능력을 정확하게 측정하지 못한다. DPU를 기반으로 하는 단위 공정 수율은 모든 결함이 하나씩 흩어져 결함이 하나뿐인 여러 개의 불량품이 발생한 것을 기준으로 한다. 다시 말해 초기 수율에서 발생할 수 있는 경우의 수 중 가장 최악의 상태를 측정하는 것이다.

위의 예를 보면 1공정에서의 불량 개수는 9개에 불과하지만 발생 결함 수는 36개나 된다. 이는 복수의 결함을 가진 불량품이 여러 개 있음을 의미한다. 이 때문에 초기 수율은 99.10퍼센트((1-9/1000)×100)가 된다. 하지만 36개의 결함이 하나씩 흩어져 36개의 불량품이 나왔다면 수율은 96.40퍼센트((1-36/1000)×100)가 된다. 이것은 단위 공정 수율과 일치하는 수치이다.

누적 수율

단위 공정 수율은 하나의 공정을 결함 없이 한 번에 통과할 수 있는 통계적 측정치이다. 그렇다면 모든 공정을 결함 없이 한 번에 통과할 수 있는 측정치는 어떻게 구할 수 있을까? 프로세스 전체를 무결점으로 통과할 확률을 '누적 수율'이라 하며 각 공정의 단위 공정 수율을 모두 곱하여 구할 수 있다. 위의 예에서는 5개 공정의 단위 공정 수율을 모두 곱한 값, 즉 85.01퍼센트(96.40×97.68×95.12×97.43×97.41)가 된다.

최종 산출물을 기준으로 하는 최종 수율은 최초 투입된 1000개 대비 마지막 공정을 통과한 합격품인 956개(966-10)의 비율, 즉 95.6퍼센트(956/1000×100)가 된다. 하지만 결함을 기준으로 하는 누적 수율은 이보다 훨씬 낮은 85.01퍼센트이다. 따라서 공정에 훨씬 더 엄격한 품질 기준이 적용되고 문제가 되는 공정을 파악할 수 있어 숨겨진 공장의 실체가 드러난다.

정상 수율

이렇게 구해진 누적 수율을 기준으로 할 때 각 단위 공정 수율의 기대값은 얼마일까? 만약 누적 수율의 목표치를 95퍼센트라고 정했다면 각 단위 공정에는 얼마의 단위 공정 수율 목표를 부여해야 할까?

이러한 관점에서 구한 수율을 정상 수율이라 한다. 정상 수율을 수율의 평균으로 오해하여 17.0퍼센트(85.01퍼센트/5)라고 계산하면 안 된다. 위의 예에서 누적 수율은 5개 공정의 합이 아니라 곱으로 구해졌다. 따라서 정상 수율은 누적 수율의 5 제곱근, 즉 85.01퍼센트의 루트 5 값이 되어야 한다. 이를 계산하면 96.80퍼센트($\sqrt[5]{85.01}$)가 된다. 마찬가지로 누적 수율의 목표가 95퍼센트가 되기 위해서는 각 공정에 98.99퍼센트($\sqrt[5]{95}$)의 단위 공정 수율 목표를 부여해야만 한다.

이렇게 본다면 누적 수율 기준으로 6시그마 수준에 도달하기 위해서는 개별 공정의 정상 수율이 거의 무결점에 가까워야 한다.

산출물이 아니라 결함을 기준으로 하는 6시그마의 누적 수율 개념은 발생 가능한 최악의 상황을 측정하므로 매우 엄격한 품질 기준을 제공한다. 또한 숨겨진 공장의 실체를 파악할 수 있게 한다.
그뿐만 아니라 프로세스 전체의 누적 수율 목표를 달성하기 위한 단위 공정 수율 목표도 쉽게 산출하여 부여할 수 있다.

Business Management User's Guide

6시그마 실행 방법론
DMAIC와 DFSS

기업이 6시그마 방법론을 도입하여 적용하는 경우로 두 가지를 생각해볼 수 있다. 하나는 이미 존재하는 프로세스와 제품에 6시그마 기법을 적용하여 기존 품질을 6시그마 수준으로 높이고 숨겨진 공장을 제거해나가는 것이다. 또 다른 하나는 신제품을 개발하여 양산 체제로 들어가기 전에 미리 6시그마 수준의 품질을 달성할 수 있도록 제품 연구개발을 진행하고 프로세스를 설계하는 것이다.

이 두 가지 경우에 적용되는 6시그마 기법의 원리는 기본적으로 똑같지만 실행 방법과 절차에는 차이가 있다. 기존 공정과 제품의 6시그마 수준을 달성하기 위해 적용되는 실행 방법론을 DMAIC라고 한다. 그리고 신제품 개발에서 적용되는 실행 방법론을 6시그마 설계 DFSS: design for six sigma 라고 한다.

기존 공정과 제품의 개선 방법론 DMAIC

기존 공정과 제품에 6시그마 기법을 도입할 때는 다음과 같은 8단계의 절차를 거친다.

① 인식 recognize: 중요한 비즈니스 이슈들과 현행 프로세스 간의 문제

를 확인한다.

② 정의$_{define}$: 성과에 영향을 미치는 중요한 프로세스와 기대 수준을 정의한다.

③ 측정$_{measure}$: 과학적·통계적 방법을 이용하여 대상 프로세스의 현상을 측정한다.

④ 분석$_{analyze}$: 벤치마킹 결과와 측정 결과를 바탕으로 현상과 기대치와의 차이를 분석한다.

⑤ 개선$_{improve}$: 바람직한 프로세스가 구축될 수 있도록 시스템 구성 요소들을 개선한다.

⑥ 관리$_{control}$: 개선된 프로세스가 의도된 성과를 얻도록 투입 요소와 변동성을 관리한다.

⑦ 표준화$_{standardize}$: 구축된 베스트 프랙티스를 반복하고 확산할 수 있도록 표준화한다.

⑧ 통합$_{integrate}$: 표준화된 결과를 다른 기능·제도·절차와 조화를 이룰 수 있도록 통합한다.

인식 단계에서 문제의 존재와 인과관계 파악은 주로 조사와 관찰에 의해 수행된다. 이때는 직관과 경험이 많이 개입되므로 과학적 방법론이 적용되는 영역이라고 하기 어렵다. 또한 표준화와 통합은 지속·반복적인 성과가 창출될 수 있도록 혁신이 이루어진 산출물을 조직에 내재화시키는 과정이다. 따라서 혁신 방법론이라기보다는 변화 관리 과정에서의 사후 관리 활동이라고 할 수 있다.

이 때문에 기존 프로세스와 제품을 대상으로 하는 6시그마 실행 방법론은 일반적으로 정의, 측정, 분석, 개선, 관리 단계가 주축이 되며 이 단계들의 첫 글자를 따서 DMAIC라고 부른다.

실제로 DMAIC를 적용할 때는 각 단계에 이미 독립적으로 개발되어 검증된 수많은 과학적·통계적 방법론을 활용한다. 각각의 방법론들에는 어떠한 것이 있고 어떻게 사용될 수 있는지는 매우 전문적인 내용이어서 여기서 설명할 수 있는 수준을 벗어난다. 이러한 전문 지식을 습득하려면 상당한 기간에 걸친 별도의 교육 과정과 실행 경험이 필요하다.

새로운 제품과 공정의 설계 방법론 DFSS

제품과 공정의 최초 설계 단계부터 6시그마 수준 달성을 염두에 두고 연구개발을 진행한다면 더욱 효과를 높일 수 있다. 앞서 설명한 대로 시그마 수준은 CTQ에서 발생하는 결함에 의해 결정된다. 그렇게 보면 다음의 네 가지가 개선될수록 6시그마 수준에 도달할 가능성은 높아진다.

① 공정 단순화: 공정의 개수가 줄어들고 작업 과정이 단순화될수록 CTQ는 줄어든다.
② CTQ 작업 난이도 감소: CTQ에서의 작업이 쉽고 단순할수록 결함 발생이 감소한다.
③ 공정당 CTQ 수 감소: 공정 내 CTQ를 줄일수록 공정 복잡성과 전체 CTQ가 감소한다.
④ CTQ 허용 한계의 유연성: 공정의 CTQ 변동성 수용 능력이 높을수록 결함 발생이 감소한다.

이러한 점을 고려하여 CTQ 수를 최소화하는 방향으로 제품을 설계하고 CTQ에서의 결함 발생 가능성을 줄이며 약간의 결함 요인이 발생하더라도 유연하게 수용할 수 있는 프로세스 능력을 확보하도록 제품과 공정을 설계하는 것이 DFSS이다.

DMAIC와 마찬가지로 DFSS에도 이미 개발된 많은 과학적·통계적 방법론이 적용된다. DMAIC가 프로세스 및 품질 혁신과 관련된 방법론을 많이 활용하는 반면 DFSS는 연구개발 및 신제품 출시 등과 관련된 방법론들을 많이 활용한다. 이러한 방법론들을 습득하기 위해서는 상당한 학습과 훈련이 필요하다.

6시그마 혁신을 추진하기 위해서는 6시그마의 기본 원리와 더불어 실행 방법론을 익혀야 한다. 제조 공장이나 품질 부서와 같은 운영 측면에서는 DMAIC, 신제품 개발과 같은 연구개발 측면에서는 DFSS를 주로 습득하여 적용한다. 하지만 DMAIC와 DFSS는 본질적으로 다르지 않다. 원리를 공유하면서 서로 보완하는 방법론이라 할 수 있다.

이러한 실행 방법론들을 습득하여 실전에 적용할 수 있는 사람이라면 그 역량의 수준에 따라 그린벨트, 블랙벨트, 마스터 블랙벨트, 챔피언과 같은 6시그마 추진 주체로 성장할 수 있으며 이에 걸맞은 역할이 부여된다.

Business Management User's Guide

제10장

생산성 향상

Business Management User's Guide

생산성 향상의
기본 방향

꽤 오래전에 한국 근로자들의 노동생산성이 미국 선진 기업의 68퍼센트밖에 안 된다는 기사를 본 적이 있다. 국가 전체 GDP를 노동 인구 전체로 나눈 수치를 근거로 했는데, 여기에는 사무직 근로자와 생산직 근로자의 노동 생산성이 모두 포함되어 있었다.

그런데 개인적인 판단으로는 한국 기업의 제조 경쟁력은 그런대로 높은 수준이어서 선진 기업에 크게 뒤처지지는 않는다고 본다. 그렇다면 생산성 격차의 상당 부분은 사무직 근로자의 노동 생산성이 낮은 데 기인한다고 말할 수 있다.

실제로 삼성그룹에서조차 신경영이 선포된 1993년 당시에 사무 생산성이 선진국의 3분의 1에서 4분의 1정도밖에 안 된다는 조사 결과가 나왔다는 이야기도 있다. 물론 그 이후 삼성의 사무 생산성이 비약적으로 발전하였다. 지금은 그 격차가 상당히 줄어들었을 것이다. 선진 기업과 대등하거나 오히려 더 높은 수준에 도달한 부문도 있으리라 생각한다.

하지만 현재 시점에서도 우리나라의 웬만한 중견기업이나 중소기업들의 사무 생산성은 1993년 신경영 당시 삼성 그룹 수준보다 높다고 보기는 어려울 것이다. 그렇다면 선진 기업과 사무 생산성 격차가 3~4배에서 많은 경우에는 10배까지 난다고 추정할 수 있다.

그런데 한국 근로자보다 더 열심히 일하는 사람들이 어디 있는가? 그리고 한국 근로자보다 더 잘 교육받고 훈련받은 사람들로 구성된 집단이 어디 있는가? 그런데도 생산성이 선진 기업의 몇 분의 1밖에 안 된다니 어떻게 된 일일까? 선진 기업 근로자들의 능력이 얼마나 대단하기 때문에 그렇게 생산성이 높은 것일까? 몇 퍼센트 또는 몇십 퍼센트 정도 격차가 난다면 그래도 납득이 가겠지만, 몇 배의 차이라면 쉽게 인정하기 어려울 것이다.

하지만 이는 엄연한 현실이다. 이렇게까지 많은 차이가 나는 이유는 선진 기업의 구성원들이 훨씬 똑똑하거나 대단한 방법을 가지고 있어서가 아니다. 우리가 쓸데없는 일을 너무 많이 하기 때문이다. 어느 조직이든 성과 창출에 기여하지 못하는 무의미한 일을 모두 제거한다면 생산성을 수 배 혹은 수십 배 향상시킬 수 있다.

많은 사람들이 그저 열심히 일한다. 하지만 개인의 노력과 활동량에서 비롯된 생산성의 격차는 얼마 되지 않는다. 누구에게나 주어진 시간은 공평하게 24시간이고 잠도 자야 하고 식사도 해야 하며 쉬기도 해야 하는데 남보다 더 열심히 한들 얼마나 더 잘할 수 있겠는가?

개인의 역량 차이에서 비롯된 생산성의 격차는 그보다는 좀 더 크다고 할 수 있다. 지식과 경험이 풍부하고 올바른 방법으로 일할 줄 아는 사람과 그렇지 못한 사람은 몇십 퍼센트까지 생산성 차이가 날 수 있다. 다시 말하면 열심히 일하는 것보다는 올바른 방법으로 지혜롭게 일하는 것이 훨씬 더 생산성이 높다는 뜻이다. 여행 목적지가 부산이라면 자전거로 열심히 가는 것보다 자동차로 여유롭게 가는 편이 더 나은 이치다.

하지만 개인의 노력과 역량이 아무리 뛰어나도 남보다 몇 배의 생산성을 내기는 어렵다. 이런 정도의 생산성은 조직 시스템의 역량에 의해서만 가능하다. 다시 말하면 공통의 목적을 달성하고 조직 시스템 전체의 성과를 극대화하는 방향으로 개인의 역량과 노력을 상호작용시킬 수 있을 때 발휘할 수 있다. 이러한 성과 창출 시스템의 경쟁력 차이 때문에 선진 기업과 보통 기업 간의 생산성이 몇 배 혹은 몇 십 배 이상 격차가 생긴다. 조직 전체의 생산성 격차가 크게 벌어지면 당연히 그 조직에 속한 구성원들의 생산성도 그만큼의 차이가 난다.

이는 서울에서 부산으로 여행을 갈 때 자전거를 타더라도 부산 방향으로 가는 것이 비행기를 타고 베이징 방향으로 가는 것보다 훨씬 더 의미 있는 성과를 내는 이치와 같다. 다시 말해서 가장 효율적인 방법으로 아주 열심히 일한다 해도 그 방향이 잘못되면 최악의 결과를 낳는다.

따라서 생산성을 향상시키기 위해서는 조직 시스템의 목적과 목표를 이해하고 집중하는 게 가장 중요하다. 그리고 목표 분할 방식의 부분 최적화를 지양하고 조직 전체의 역량과 성과를 극대화하는 전체 최적화 방식으로 일해야 한다. 또한 조직 시스템 전체의 목적과 성과에 집중하고 그 목적과 성과에 기여하지 못하는 불필요하거나 낭비적인 일들을 제거해야만 한다.

생산성을 높이기 위해서는 다음의 우선순위가 지켜져야 한다.
우선 올바른 방향을 설정하여 공유하고 이를 달성할 수 있는 가치 창출 프로세스를 구축해야 한다. 이는 '혁신'이 이루어지는 영역이다.
다음에는 개인들이 목적과 성과를 효율적으로 달성할 수 있는 역량을 갖추도록 해야 한다. 이는 큰 폭의 '개선'을 기대할 수 있는 영역이다.
조직 시스템의 방향성, 가치 창출 프로세스, 개인 역량이 갖추어지면 활동량을 증가시켜야 한다. 이는 작은 폭의 '개선'이 기대되는 영역이다.
혁신은 생산성을 몇 배 이상으로 향상시킬 수 있지만 개선은 몇 퍼센트, 혹은 잘해야 몇십 퍼센트 정도 향상시킬 수 있을 뿐이다.

Business Management User's Guide

생산성 구성
3요소

생산성이라는 말은 아주 흔히 사용된다. 생산성은 제조 공장에서 주로 쓰이던 개념이지만 이제는 일반화되어 산업 생산성, 사무 생산성, 노동 생산성, 자본 생산성과 같이 여기저기에서 쓰고 있다. 그런데 이렇게 일반화되고 보편화된 개념인 생산성이라는 용어가 실제로는 사람마다 조금씩 다른 개념으로 사용되기도 하고 때로는 잘못 이해되어 엉뚱한 결과를 낳는 경우를 흔히 볼 수 있다.

가장 흔한 오해는 생산성을 '양'의 개념으로 이해하는 것이다. 예를 들면 생산 능력이 동일한 A와 B라는 두 공장에서 오늘 A 공장은 1만 개, B 공장은 9000개의 제품을 생산했을 때 A 공장의 생산성이 더 높다고 판단하는 것을 말한다. 이는 생산성의 가장 기초적인 개념조차 이해하지 못한 결과이다. 생산성이란 얼마를 투입해서 얼마의 산출을 얻었는가를 측정하는 것이다. 따라서 투입을 고려하지 않은 채 산출만으로 생산성의 높고 낮음을 판단하는 것은 잘못이다.

생산성은 시스템이 실제 활동하여 산출한 양에 초점을 맞추는 '얼마나 많이'의 개념이 아니라 조직 시스템의 성과 창출 활동의 품질이나 역량의 관점인 '얼마나 더 잘'의 개념을 바탕으로 접근해야 한다. 다음의 세 가지 범주를 통해 생산성을 측정할 수 있다.

수율

수율은 일반적으로 다음과 같은 네 가지 의미 중 하나로 사용된다. 첫 번째로 가장 넓게 사용되는 의미이다. 총 투입 대비 총 산출의 비율을 뜻한다. 이는 생산 활동에 투입되는 원자재뿐만 아니라 소요 시간, 인건비 등의 모든 투입 요소에 대비해 얼마나 많은 결과물을 얻었는지 측정하는 개념이다. 사실상 생산성과 동의어이다.

두 번째로는 투입 원자재의 수율을 나타내는 경우이다. 다시 말해 투입된 원자재로 만들 수 있는 이상적인 산출량 대비 실제 생산된 산출량의 비율을 의미한다. 일반적으로 초기 수율과 최종 수율은 이러한 관점에서 측정된다. 예를 들어 플라스틱 원재료 1톤으로 최대 1000개의 제품을 만들 수 있으나 실제로는 950개를 만들었다면 수율은 95퍼센트(950/1000×100)가 된다. 여기서 제품에 기여하지 못하고 사라진 50만큼의 원자재는 성과 창출 과정에서 발생한 손실이다. 이를 로스라고 부른다. 로스가 발생하는 원인과 종류에 대해서는 나중에 다루겠다.

세 번째 경우는 산출물 중에서 검사를 통과한 양품 수량의 비율을 의미한다. 가장 좁은 의미로 사용되는 개념이라고 할 수 있다. 예를 들어 어떤 공정에서 100개의 제품을 검사하여 95개가 기준을 통과했다면 수율은 95퍼센트가 된다.

네 번째로는 산출물의 최종 품질에 영향을 미치는 중요한 요소인 CTQ에 결함이 발생하지 않고 프로세스가 진행될 확률이 얼마인지를 측정하는 것이다. 앞의 6시그마 방법론에서 다루었던 개념이다.

사이클 타임

사이클 타임은 한 단위의 산출물을 정상적으로 만들어내는 데 걸리는 시간을 말한다. 하나의 공정에서라면 하나의 단위가 정상적으로 처리되어 다음 공정으로 넘어갈 때까지의 시간을 뜻한다. 전체 프로세스의 경우라면 원자재를 투입하는 시점부터 최종 품질 검사와 포장을 거쳐 판매 가능한 상태로 만들어내는 데까지 걸리는 시간을 의미한다. 따라서 제조 리드 타임과 같은 개념이 된다.

사이클 타임이 짧을수록 생산성은 높아진다. 하지만 사이클 타임을 무한정 단축할 수는 없다. 사람, 설비 등을 포함한 모든 종류의 성과 창출 시스템은 성능의 한계를 가지고 있다. 그 성능의 한계를 무시하고 사이클 타임을 단축하려는 시도는 성과 창출 시스템에 무리를 가져와 더 큰 대가를 불러온다.

예를 들어 열압 프레스 설비의 최대 처리 속도 한계가 한 단위당 10초로 설계되어 있고 현재 속도가 12초라고 가정하자. 사이클 타임 측면에서의 생산성이 아직 100퍼센트라 할 수 없으므로 단위당 10초에 도달할 수 있도록 꾸준히 개선해야 할 것이다. 하지만 그 이상을 지나 단위당 처리 속도를 9초, 8초로 계속 낮추려 한다면 당연히 열압 프레스 자체와 이에 연결된 여러 설비에 무리를 준다. 그뿐만 아니라 열압 온도가 상승함으로써 화재 발생 위험이 커지고 작업자의 안전도 위협받는다.

따라서 성과 창출 시스템은 무리가 가지 않는 범위 내에서 도달 가능한 최적의 사이클 타임을 가지고 있다. 그 최적점에 도달하면 사이클 타임 측면에서의 생산성은 100퍼센트가 된다.

가동률

아무리 수율이 높고 사이클 타임이 짧다고 하더라도 성과 창출 시스템이 자주 문제를 일으켜서 작업 가능한 시간이 부족하다면 별다른 소용이 없다. 그러므로 필요할 때는 언제나 문제없이 가동하여 의도된 성과를 산출할 수 있도록 항상 최선의 상태를 유지·관리하는 것이 매우 중요하다. 여기서 '가동률$_{可動率}$'은 필요할 때 얼마나 중단 없이 생산했는가를 의미한다. 이것은 최대 한도로 많이 생산한다는 의미에서의 '가동률$_{稼動率}$'과는 다른 의미이다.

 이상의 세 가지 개념으로 볼 때 생산성은 100퍼센트를 넘을 수가 없다. 100퍼센트를 넘는 생산성은 투입보다 산출이 더 많다는 의미이다. 무상으로 원자재가 투입되거나 무인가 희생된 것이 없는 한 이러한 상황은 불가능하다.

 그런데 실제로는 생산 공장에서 생산성이 100퍼센트를 넘었다고 주장하는 경우를 흔히 볼 수 있다. 이것은 생산량 목표 달성을 생산성으로 잘못 이해하기 때문에 발생한다. 이 때문에 더 많은 생산을 위해 설비를 포함한 생산 자원을 원래의 성능 이상으로 무리하게 가동하게 된다. 이 방법으로 단기적인 생산량 목표는 달성할지 모른다. 하지만 아무런 희생 없이 100퍼센트가 넘는 생산성이 나올 수는 없다. 따라서 비싼 설비를 무리하게 사용한 대가로 중·장기적으로는 더 큰 것을 잃게 마련이다.

생산성은 '얼마나 많이' 생산했는가로 측정되지 않는다.
생산성은 투입한 자원의 손실을 얼마나 최소화하면서(수율), 보유한 자원의 성능을 얼마나 발휘할 수 있으며(사이클 타임), 필요할 때 얼마나 안정적으로 생산하는가(가동률)에 달려 있다.

Business Management User's Guide

사무 부문의 생산성과 품질의 속성

우리는 사무실에서 근무하면서 "저 친구는 대단한 인재야. 정말로 조직에 충성하면서 토요일, 일요일도 없이 열심히 일해"와 같은 말을 흔히 듣는다. 그리고 그런 평가를 받아 온 사람이 승진하여 더 큰 역할을 맡은 후 무능함을 보이는 모습에 놀라는 일도 흔하다.

이는 사무 부문 업무의 품질과 생산성에 대해 얼마나 이해가 부족한지를 단적으로 보여주는 사례이다. 대개 품질과 생산성에 관해서는 생산 부문보다 사무 부문에 훨씬 관대한 기준을 적용하는 것 같다. 이것은 '보이지 않는 것은 측정할 수 없고 측정하지 못하는 것은 제대로 관리할 수 없다'는 명제를 입증하는 좋은 사례일지도 모른다. 그렇다면 사무 부문 업무 품질과 생산성의 본질은 무엇이며 어떠한 기준으로 측정·평가해야 할까?

기업은 가치 사슬이라고 부르는 일의 체계, 즉 가치 창출 프로세스를 통해 부가가치를 창출하여 고객에게 제공한다. 그 프로세스에 포함되는 활동들은 대부분 계량해서 측정할 수 있다. 구매 부서의 구매 수량과 금액, 제조 공장의 생산량과 제조원가, 영업 부서의 판매 실적과 이익 금액, 당월 수금액과 같은 대부분의 산출물은 실물이나 돈의 움직임이어서 쉽게 측정할 수 있다. 그뿐만 아니라 출고 직원 1인당 하루 출고량, 영업 직원의 1일 방문 고객 수처럼 사람들의 활동 수준 또한 어느 정도 측정이 가능하다.

쉽게 측정할 수 있다는 말은 쉽게 관리하고 개선할 수 있다는 의미를 안고 있다. 따라서 어느 기업이나 가치 창출 프로세스에 포함되는 활동의 품질과 생산성을 항상 들여다보면서 끊임없이 개선을 위한 노력을 한다. 비록 영세 중소기업이라고 하더라도 가치 창출 프로세스에 관해서는 제대로 된 방향과 방법을 택하기만 한다면 얼마든지 초일류 기업의 관리 수준에 근접할 수 있다.

하지만 가치 창출 프로세스에 직접 포함되지 않는 기업 활동들도 상당히 많다. 예를 들어 회계 부서의 결산은 이미 발생한 수익을 다루는 것이지 수익을 창출해내는 활동은 아니다. 인사 부서의 인력 채용이나 법무 부서의 계약서 검토와 같은 것들 또한 고객 만족을 증가시키거나 수익을 증대시키는 활동이 아니므로 가치 창출 프로세스에 포함되지 않는다.

기업은 이렇게 직접 부가가치를 창출하지 않지만 가치 창출 프로세스의 활동이 더 훌륭히 수행되도록 돕는 역할을 하는 기획, 회계, 자금, 인사, 감사, 법무, 총무와 같은 기능들을 가지고 있다. 기업의 규모가 커질수록 이러한 기능들의 활동이 점점 비대해지고 복잡해지기 마련이다. 화이트칼라라고 부르는 고급 전문 사무 인력의 상당수가 기업에서 이러한 영역에 속해 있다.

그들은 돈을 벌지도 않고 돈을 버는 조직을 직접 이끌지도 않는다. 그러나 돈과 사람을 포함한 경영 자원 전반에 대해 상당한 통제력을 가지고 있다. 또한 가치 창출 프로세스에 속한 여러 기능들의 목표 수립과 평가에도 관여하고 있다. 그러므로 때에 따라서는 막강한 영향력을 행사하는 권력 조직처럼 행동하기도 한다.

문제는 이러한 사무 부문 기능들의 활동이 정량적으로 측정되기 어렵다는 데 있다. 실물이나 돈이 움직이지도 않고 개개인의 일하는 방법과 성과를 표준화하여 측정하는 것도 쉽지 않다. 당연히 활동의 품질과 생산성을 파악하기 어렵다. 이들이 수행하는 활동의 성격과 막강한 영향력을 고려한다면 이들 활동의 낮은 품질과 생산성, 많은 낭비는 사무 부문만의 문제로 국한되지 않는다. 기업 전반에 나쁜 영향을 미치는 요소로 작용하게 될 수밖에 없다.

그런데 사실 사무 부문 활동의 생산성은 일반적인 생산성의 개념과 그 근본이 그리 크게 다르지 않다. 따라서 앞서 설명한 바 있는 생산성의 세 가지 범주를 활용하여 어느 정도 측정할 수 있다. 이때 주의할 점은 사무 부문이 품질과 관련해서 가치 창출 프로세스와는 분명한 차이가 있음을 이해하는 것이다.

가치 창출 프로세스에서의 고품질은 앞서 살펴본 바와 같이 평균을 중심으로 산포가 최소화되어 변동성이 낮은 것을 의미한다. 그런데 그 산포는 하한이나 상한 어느 쪽을 초과해도 불량으로 처리된다. 예를 들어 볼트의 직경을 너무 가늘거나 굵게 만들어서는 안 된다. 다시 말해 볼트의 품질이 높다는 것은 규격의 산포가 허용 상한과 하한 사이 범위를 벗어나지 않는다는 의미이다. 직경이 굵은 것은 고품질이 아니라 불량이거나 아예 다른 규격의 제품이 된다.

하지만 사무 부문에서는 고품질에 대한 개념이 다르다. 사무 부문에서는 산출물의 상한이 없다. 품질을 평가하기 위해 기준이 되는 평균의 개념도 없다. 평균을 구한다고 하더라도 표준이나 기준이 되지 않는다. 이것은 이미 발생한 과거 결과들의 산술적 평균값을 구한 수치에 불과하다. 다시 말해 가치 창출 프로세스에서의 평균치는 '바람직한 값'이지만 사무 부문에서의 평균치는 '평범한 결과'일 뿐이다.

예를 들어 인사 부서에서 대단히 유능한 사람을 채용했다고 해서 채용 담당자가 욕을 먹지 않는다. 어떤 사람이 평균적인 인력의 수준보다 매우 뛰어나다는 이유로 채용이 거부되지도 않는다. 새로 개발된 상품이 평균

수익보다 훨씬 더 좋은 수익성을 낸 것을 잘못되었다고 생각하는 사람은 없다.

다시 말해 사무 부문에서는 평균치를 중심으로 성과의 변동성을 최소화시키는 활동을 추구하지 않는다. 회사에 유리한 방향으로 평범한 수준보다 훨씬 너 근 산포를 발생시킨 활동, 즉 '성과의 수준'이 높은 활동일수록 품질이 높다고 할 수 있다.

이러한 이유로 가치 창출 프로세스에서의 관점으로 사무 부문의 품질을 바라보면 '성과의 수준'이 높은 활동과 평범한 성과를 만드는 활동을 구별하지 못한다. 더군다나 생산량이 많고 생산에 투입된 시간이 많을수록 생산성이 높다는 잘못된 생각까지 더해지면 밤낮없이 일하면서 평범한 산출물을 양산하는 사람이 생산성 높은 핵심 인재라는 오판을 하게 된다.

가치 창출 프로세스는 사람들이 표준화된 방법으로 일사불란하게 일하면서 예측된 성과를 지속적·반복적으로 창출하는 것을 미덕으로 삼는다. 또한 변동성을 최소화하는 것이 고품질의 기준이 된다.

하지만 사무 부문은 평균치에 수렴하는 성과가 아니라 탁월한 성과를 창출하는 것이 미덕이자 능력의 척도가 되어야 한다. 따라서 많은 시행착오를 하더라도 결과적으로는 평균치를 훨씬 뛰어넘는 매우 높은 수준의 성과를 창출하는 것이 고품질로 인정받아야 한다.

사무 부문 활동의 품질과 생산성을 평균의 개념, 활동량의 개념으로 접근하는 것은 사무 부문의 비효율을 증대시키고 조직을 비대하게 만드는 원인이 된다.
여기에 구성원들의 창의성을 저해하고 수동적인 태도를 유발하는 여러 가지 요인들, 즉 일방적인 방침과 지시, 복잡한 계층 구조와 의사결정 체계, 불합리한 관료주의적 권한과 책임 체계와 같은 부정적인 측면이 더해지면 사무 부문의 낮은 생산성에 그치지 않고 조직 전체를 비효율의 수렁에 빠뜨릴 수 있다.

Business Management User's Guide

사무 부문 생산성의 측정 방법

사무 부문의 생산성은 실물이나 돈의 흐름과 직접 연결되지 않아 정량적으로 측정하기 어려운 경우가 많다. 하지만 생산성의 기본 개념과 원리는 보편적으로 적용할 수 있기 때문에 사무 부문의 생산성도 앞서 설명한 가치 창출 프로세스의 생산성 범주를 이용하여 어느 정도 측정할 수 있다.

단지 사무 부문 활동의 산출물에 대해서는 정성적 판단이 필요한 부분이 많으므로 생산성 측정과 평가에 경험과 통찰력이 좀 더 요구된다. 또한 사무 부문 성과에서는 품질 개념이 가치 창출 프로세스와는 달라서 이에 대한 추가적인 고려가 필요하다. 사무 부문의 생산성은 다음의 네 가지 범주를 고려하여 측정할 수 있다.

사무 부문의 수율

가치 창출 프로세스에서 생산성을 측정하는 첫 번째 판단 기준인 수율을 사무 부문에 적용하면 '활동이 성과로 연결된 비율'이라고 할 수 있다. 다시 말해 사무 부문이 수행한 여러 가지 활동 중 성과 창출에 기여한 것이 얼마나 되는지를 평가하는 것이다.

예를 들어 전략 기획 부서의 기획자가 기획서 10개를 작성하였다. 그런데 그중 채택되어 성과 창출에 기여한 것이 3개라면 그 기획자의 기획서 작성 수율은 30퍼센트가 된다. 패션 디자이너가 10개의 디자인을 해서 그중 8개의 디자인이 기대했던 매출을 달성하였다면 이 디자이너의 수율은 80퍼센트라고 할 수 있다.

사무 부문 성과의 품질

사무 부문의 생산성이 가치 창출 프로세스의 생산성과 차이를 보이는 부분은 바로 성과의 크기와 수준이다. 즉 성과의 품질을 훨씬 더 중요하게 고려해야 한다. 사무 부문의 성과에는 등급이 있을 수 있다. 앞서 살펴본 대로 사무 부문에서는 산출물 품질의 하한은 있으나 상한은 없다. 오히려 평균에서 플러스 방향으로 산포가 더 크게 발생할수록 더 나은 수준의 성과이며, 품질 또한 더 높다.

하나의 기획서로 5억 원을 벌 수도 있고 100억 원을 벌 수도 있다. 만약 각 기획서에 대한 기대 성과가 최소 3억 원 이상이라고 한다면, 5억을 번 것이나 100억을 번 것이나 모두 다 기대 이상의 성과 창출을 한 셈이다. 수율의 관점에서 보면 두 기획서 모두 합격이다. 그러나 성과의 품질 측면에서는 100억 원을 벌어준 기획서를 작성한 사람이 더 높은 생산성을 가진다고 할 수 있다.

또 다른 예로 패션 디자인 하나당 매출 1억 원 이상을 올리면 성공이라고 판단하는 기업이 있다고 하자. 이 회사에 디자인 10개 중 2억 원의 매출을 달성한 것이 8개인 디자이너 A가 있다. 그리고 10개 중 5개만을 성공시켰지만 성공한 디자인 하나당 10억 원의 매출을 올린 디자이너 B가 있다. 이때 B가 수율이 낮아도 성과의 품질 측면에서는 생산성이 더 높다고 말할 수 있다.

사무 부문의 사이클 타임

사무 부문도 업무의 시작부터 끝날 때까지 걸리는 시간이라는 개념으로 사이클 타임을 고려할 수 있다. 역시 사이클 타임이 짧을수록 생산성이 높다고 할 수 있다.

경리 부서의 월말 결산이 5일 이내에 끝나는 경우가 10일 이내에 끝나는 경우보다 사이클 타임이 짧으므로 생산성이 더 높다고 할 수 있다. 이와 마찬가지로 하나의 기획서를 작성하는 데 3일이 걸리는 기획자는 일주일이 걸리는 기획자보다 생산성이 높다.

하지만 사이클 타임 측면의 생산성은 성과 창출이 전제되어야만 의미가 있다. 성과 창출에 기여하지 못하는 활동은 그 자체가 낭비이며 그 활동의 사이클 타임은 아무리 짧아도 소용이 없다. 따라서 사이클 타임의 생산성을 측정할 때는 최종 산출물이 유효한 성과를 얻은 경우로 국한해야 한다.

또 한 가지 고려해야 할 사항은 짧은 사이클 타임으로 평균 정도의 성과를 창출한 경우와 사이클 타임은 길지만 성과의 크기가 큰 경우 중 어떤 것이 더 생산성이 높은지를 판단하기가 무척 모호하다는 점이다. 이것을 올바르게 판단하기 위해서는 해결해야 할 문제의 중요도와 시급성이라는 두 가지의 변수를 고려해야만 한다. 문제의 해결이 시급하고 문제의 중요도가 낮을수록 성과의 크기보다는 사이클 타임이 생산성에 더 많은 영향을 미친다. 반대로 해결해야 할 문제의 중요도가 높을수록, 덜 시급할수록 사이클 타임이 길어지더라도 성과의 품질을 향상시키는 것이 생산성에 더 많이 기여한다.

사무직의 가동률

성과 창출의 수율, 성과의 품질, 사이클 타임이 모두 같다면 더 많은 시간을 투입할수록 생산성이 높아진다. 다시 말해 시간의 낭비를 최소화하면서 활동량을 늘려 열심히 일하는 것이다.

  몸이 병약하여 근무 일수가 적은 사람은 당연히 비슷한 역량을 가진 동료에 비해 생산성이 낮다. 이는 마치 공장에서 설비 고장이 잦아 가동률이 낮으면 생산성이 낮다고 판단하는 것과 같다.

  사무 부문의 활동이 성과에 기여하지 못하면서 사이클 타임이 짧은 경우라면 잘못된 방향으로 아주 빨리 나아가는 형국이라고 할 수 있다. 여기에 활동량을 늘려 열심히 일하기까지 한다면 그야말로 쓸데없는 일을 가장 빠른 속도로 최선을 다해 수행하면서 낭비의 규모를 키우는 최악의 상황이 빚어진다.

  사무 부문에서는 이렇게 일하는 사람들을 흔히 볼 수 있다. 그런데 놀랍게도 이러한 사람들이 매우 충성스럽고 헌신적이며 생산성이 높은 사람이라는 평가를 받기도 한다.

밤낮없이 헌신적으로 일하는 것이 사무 부문의 유능함을 판단하는 기준이 된다면 곤란하다. 사무 부문은 성과 창출 역량과 그 역량에 의해 창출된 성과의 품질로 평가받아야 한다.
사무 부문에서 생산성이 높은 사람들은 비록 일하는 시간이 짧고 적은 노력을 투입하더라도 목적을 달성한다. 성과의 크기와 수준 또한 매우 높다. 리더는 이런 사람을 유능한 인재로 간주해야 한다.
조직은 어떻게 하면 이러한 인재들의 자발적인 열정과 헌신을 이끌어낼지를 끊임없이 고민해야 한다. 또한 이러한 사람들이 최선을 다해 일해주는 것을 감사하게 생각하면서 공정한 평가와 보상이 이루어질 수 있도록 노력해야 한다.

Business Management User's Guide

로스의 개념과 종류

생산성의 가장 이상적인 수준은 100퍼센트이다. 때로는 100퍼센트를 초과하는 생산성이 나올 때도 있다. 하지만 이는 생산성 산출의 기본 원칙에 위배되는 기준을 적용했거나 무언가 희생을 감수하고 무리했을 때 가능하다. 따라서 그 성과가 지속적이지 못한 경우가 대부분이다.

예를 들어 무상으로 수거한 폐자재를 원재료로 사용할 수 있는 기업은 수율 측면에서 100퍼센트를 훨씬 초과하는 생산성을 낼 수 있다. 생산하고 남은 자재를 수불 처리하지 않고 다음 생산 로트에 투입하면 계산상으로 다음 로트의 수율이 100퍼센트를 넘을 수 있다. 또한 설비를 설계 능력 이상의 속도로 무리하게 돌리면 설비 생산성이 100퍼센트를 넘는다. 하지만 설비에 큰 무리가 가서 그 상태를 지속하기 어렵고 수선비가 대규모로 발생한다.

이러한 몇 가지의 특수한 경우를 빼면 생산성은 100퍼센트가 최대치라고 할 수 있다. 생산성이 100퍼센트라는 말은 잃은 것이 아무것도 없다는 뜻이다. 다시 말해 '투입'된 것 전체가 전혀 손실 없이 모두 '산출'에 기여했다는 의미이다.

그러나 실제 상황에서는 그럴 수가 없다. 예를 들면 사무직 사원이 회사에 출근해서 퇴근할 때까지 1분도 쉬지 않고 성과 창출에 이바지하는 건 불가능하다. 원재료가 제품으로 가공되는 과정에서도 버리는 부분이 발생한다. 또한 설비를 인원 교대나 사양 교체, 정비 없이 24시간 쉬지 않고 돌릴 수는 없다.

기업은 이렇게 생산 활동을 하는 과정에서 반드시 무언가를 잃게 마련이다. 그리고 그 잃은 부분만큼 생산성이 감소한다. 이렇게 생산 활동 과정에서 손실이 발생하는 부분을 로스라고 한다. 로스가 많을수록 생산성은 감소한다. 따라서 생산성을 높이기 위해서는 로스를 줄이는 것이 최대 관건이다.

로스가 발생하는 형태는 다양하며 로스 감소를 위해서는 각각의 형태마다 적합한 개선 방법을 찾아 적용할 필요가 있다. 또한 생산 부분의 로스와 사무 부문의 로스는 성격이 조금 다를 수 있다.

여기서는 제조업의 가치 창출 프로세스를 중심으로 로스를 살펴보겠다. 로스의 발생 형태는 다음과 같이 정리할 수 있다.

투입 자재 로스

생산에 투입되는 자재는 배합, 합성, 재단, 가공, 연마 등 여러 가지 공정을 거치는 동안 손실이 생긴다. 예를 들어 사각형의 철판을 재단하여 원형의 부품 여러 개를 만든다면 아무리 최대한 조밀하게 재단한다고 하더라도 버리는 부분이 발생할 수밖에 없다. 또한 표면을 다듬기 위해 그라인더로 연마한다면 아주 많은 양은 아니지만 손실되는 부분이 생긴다.

투입 자재 로스와 투입 자재 수율의 관계는 동전의 앞뒷면과 같다. 투입 자재 로스 발생량을 제외한 나머지를 자재의 총 투입량으로 나눈 값이 수율이기 때문이다.

불량 로스

제품을 만들었는데 이것이 양품으로 채택되지 못하고 버려지면 손실이 발생하는 것은 당연하다. 설사 불합격된 제품을 폐기하지 않고 가격을 낮추어 팔았다고 하더라도 정상 가격을 받을 수 없게끔 가치가 손실된 부분만큼은 불량 로스가 발생한 것이다.

설비 로스

설비는 최대의 사이클 타임으로 24시간 쉬지 않고 정상 가동하면 가장 이상적이다. 하지만 실제로 그렇게 되는 경우는 없다. 최선의 설비 조건을 유지하고자 정기적인 정비를 위해 가동을 중단하는 경우도 있고, 이밖에 고장으로 중단되는 경우도 빈번하다. 또한 설비가 가동되고 있더라도 정상적인 사이클 타임보다 속도가 떨어진 상태라면 여전히 설비 로스가 발생하는 중이다.

따라서 설비 로스는 '설비 시간 로스'와 '설비 성능 로스'로 나누어진다. 설비 시간 로스는 가동되지 못해 발생하며 성능 로스는 가동은 되지만 사이클 타임이 느려져 발생한다.

사무 부문에서라면 구성원들의 건강 문제나 경조사로 예기치 못한 결근이 발생하는 경우가 설비 로스와 유사하다고 할 수 있다.

데드 타임 로스

생산 프로세스의 공정 흐름이 원활하지 못하고 동기화에 문제가 생기면 앞 공정에서 작업 결과물이 넘어올 때까지 대기 상태에 들어가는 공정들이 발생한다. 이러면 공정의 설비나 작업자가 일하지 못하고 기다리는 데드 타임이 생긴다.

이는 사무 부문에서도 흔히 발생할 수 있다. 타 부서의 합의가 지연되어 일을 진척시키지 못하고 기다리거나 프로젝트를 수행하는 과정에서 중요한 일을 맡은 사람의 작업이 지연되어 다음 단계 작업을 해야 하는 모든 사람이 대기 상태에 들어가는 경우를 예로 들 수 있다.

휴동 로스

일이 없어 아예 작업을 중단해야 하는 때도 있다. 주문 감소로 보름 작업만으로 고객의 요구 수량을 채울 수 있다면 나머지 보름은 가동을 중단해야 하는데, 이는 성과 창출 프로세스 전체의 로스가 된다.

이 로스를 제대로 관리하지 않으면 엄청난 추가 손실을 초래할 수 있다. 예를 들면 보름치를 생산하기 위해 사이클 타임을 낮추어 한 달 내내 가동함으로써 정상 가동과 같은 비용이 발생하는 경우이다. 사무 부문에서도 일이 많지 않을 때 느슨하게 일하면서 바쁜 듯이 움직이는 경우는 흔하다. 생산성에 대한 표준화된 기준이 없으면 이러한 로스가 전혀 감지되지 않으며 관리의 사각지대에 방치될 수 있다.

로스는 경영 전반의 거의 모든 분야에서 발생할 수 있다. 손쉽게 파악되는 로스가 있는 반면 간과하기 쉬운 로스도 있다. 쉽게 확인할 수 있고 정상적인 과정을 통해 비용으로 처리되는 로스는 비교적 잘 관리된다.
하지만 가치 창출 프로세스 운영의 취약성으로 발생하는 로스는 좀처럼 눈에 띄지도 않고 비용도 파악하기 어렵다. 이러한 상황이 사무 부문에서 일어난다면 더욱 파악하기 어려울 것이다.
이러한 종류의 로스는 '숨겨진 공장'에 해당한다. 손실 규모가 막대하고 경영 전반에 악영향을 끼치므로 철저히 관리하고 개선해야 한다.

Business Management User's Guide

원 · 부자재의
수율 향상 방법

생산 공정에는 다양한 자재들이 투입된다. 제품 생산을 위해 직접적인 가공의 대상이 되는 자재를 원자재라고 하며 가공의 직접적인 대상은 아니지만 원자재와 결합하여 최종 제품의 속성에 영향을 주는 자재를 부자재라고 한다. 하지만 원자재와 부자재의 구분 자체가 어려운 경우도 있으므로 그냥 원·부자재라고 부르겠다.

기업의 가치 창출 과정에서 로스 발생은 원·부자재가 첫 번째 생산 공정에 투입된 직후부터 시작된다. 이것은 공정에 투입되기 전의 원·부자재가 모두 정상이라는 가정이 전제된 것이다. 만약 투입되는 자재가 불량이라면 대규모의 공정 불량이 발생할 수 있으며 일관성 있는 로스의 측정과 관리 자체가 무의미해진다.

따라서 원·부자재는 생산 공정 투입 이전에 정상인지를 검증하는 수입 검사 또는 입고 검사가 필수적이다. 수입 검사는 외부에서 조달된 원·부자재의 공정 투입 적합 여부를 검증하는 것을 말한다.

수입 검사에는 원·부자재 전체 수량을 검사하는 전수 검사, 원·부자재 일부를 샘플 추출하여 검사하는 샘플링 검사, 통계적으로 품질을 보증하는 업체에 적용하는 무검사 등 다양한 방법이 있다. 원·부자재의 품질이 최종 제품 품질에 미치는 영향이 클수록, 원·부자재 불량에 따른 로스 발생 규모가 클수록, 원·부자재 공급업자의 신뢰성이 낮을수록 수입 검사의 중요성이 높아지며 더욱 세밀하고 철저한 검사가 요구된다.

수입 검사가 적절하게 이루어져 원·부자재의 불량을 공정 투입 이전에 발견한다면 공급업자에게 클레임을 청구하여 비용을 보상받거나 다른 원·부자재로 대체함으로써 로스 발생을 예방할 수 있다. 그러므로 수입 검사가 적절하게 이루어진다면 원·부자재의 공정 투입 시점 이후부터 로스 발생이 시작된다고 보아도 무방할 것이다.

원·부자재 투입에서 최종 제품에 이르기까지의 과정에서 기본적으로 다음과 같은 세 가지 종류의 로스가 발생한다. 원·부자재 수율 증대를 위해서는 이 로스들을 계속 줄여나가야 한다.

설계 로스

원·부자재가 공정에 투입되면 어떤 형태로든 최종 제품에 맞는 형태로 재단과 가공이 이루어진다. 예를 들어 양복을 생산하려면 양복 원단에서 미리 설계된 대로 양복의 부분품들을 재단해야 한다. 재단된 양복 부분품들은 다음 공정에 투입되지만 재단되고 남은 나머지 조각들은 모두 버려질 수밖에 없다.

또한 재단기에 원단을 최초로 투입할 때 정상적으로 기계에 물리기 위해 처음 50센티미터 정도가 소요된다면 초기 생산 로스가 발생한다. 마찬가지로 생산이 종료되어 남아 있는 원단을 잘라 보관하는 과정에서 재단기에 물려 있는 자재 50센티미터 정도를 버릴 수밖에 없다면 생산 종료 로스, 혹은 규격 교체 로스가 발생한다.

이렇게 제품의 설계 또는 생산 공법을 적용하는 과정에서 필연적으로 발생하는 로스를 설계 로스라고 한다. 설계 로스를 완전히 없앨 수는 없지만 다음 몇 가지 노력을 통해 감소시킬 수 있다.

첫째, 재단될 부분품의 모양을 로스가 최소화될 수 있는 형태로 설계하거나 재단 방법을 개선하여 버려지는 부분을 최소화하는 것이다. 예를 들어 사각형의 자재에서는 원형의 부품을 재단하는 것보다는 사각형을 재단할 때 로스가 줄어든다. 또한 큰 원형과 작은 원형의 두 가지 부품을 각각 다른 자재에서 재단하는 것보다는 하나의 자재에 적절히 배치하여 재단하는 것이 더 나을 것이다.

둘째, 부품의 형태와 가공 방법에 최적화된 사이즈의 자재를 조달하는 것이다. 이렇게 되면 부품 생산 과정에서 자재의 가장자리에서 발생하는 로스를 최소화시킬 수 있다.

셋째, 공정 합리화와 설비 보완 등의 공법 개선을 통해 생산을 시작할 때와 종료할 때, 규격을 교체할 때 어쩔 수 없이 버려지는 부분을 최소화 하는 노력 또한 필요하다.

설계 로스 감소는 생산 부서보다는 연구개발 부서의 책임이다. 생산 부서는 주어진 제품 설계와 생산 공법을 그대로 받아들일 수밖에 없기 때문이다.

제품 설계와 생산 공법의 연구개발에는 첨단 기술이 필요한 경우도 많다. 예를 들어 반도체 업계에서는 한 장의 웨이퍼로부터 얼마나 많은 반도체 기판을 추출하는가 하는 웨이퍼의 수율이 중요한 기술력으로 평가받으며 경쟁 업체 간 운명을 갈라놓기도 한다.

재료 로스

원·부자재를 정상적으로 투입했음에도 생산 과정상의 여러 가지 불가피한 사정에 의해 로스가 발생하는 경우도 있다. 예를 들면 철강, 종이 등과 같이 수량을 정확하게 측정하기 어려워 무게 단위로 공급되는 원자재는 이론적으로 계산한 무게와 수량의 비율이 실제와 항상 정확하게 일치하지는 않는다. 따라서 공급자는 구매자와 무게 당 수량의 허용 오차 범위를 합의하여 공급한다. 이 때문에 같은 무게의 원·부자재를 투입하는

데도 매번 조금씩 다른 생산량이 나온다. 기대한 수량에 못 미치는 경우도 흔히 발생한다. 이러한 로스는 원·부자재의 입고 수량 오차로 발생한 것으로 재료 로스의 가장 전형적인 형태이다.

어쩔 수 없이 필요한 수량보다 더 많이 생산해야 하는 때도 로스가 발생할 수 있다. 예를 들어 불량률이 평균 3퍼센트 정도 되는 공장에서 100개의 주문량을 생산하기 위해 불량률과 여유분을 고려하여 105개를 생산하였는데 2개밖에는 불량이 나지 않았다면 3개는 필요 이상으로 생산된 셈이다. 만약 이것이 재활용되기 어려워 폐기될 수밖에 없다면 재료 로스가 된다.

특정 제품 규격에 최적화된 자재가 부족하여 어쩔 수 없이 더 큰 사이즈나 비규격 사이즈의 원·부자재를 투입했다면 설계 로스를 초과하는 로스가 발생한다. 이 역시 재료 로스의 한 유형이다.

고객에게 제품을 공급할 때 서비스 차원에서 덤으로 약간 더 얹어 주는 것이 관행인 경우도 있다. 이 경우 서비스로 얹어 주는 양만큼은 재료 로스로 처리된다.

공정 로스

공정 로스는 공정 트러블로 인한 로스와 불량 발생에 따른 로스를 포함하는 개념이다. 생산 공정상에서는 여러 가지 유형의 실패와 오류가 발생할 수 있다. 가공 중인 부품이 파손될 수도 있고 작업자의 실수나 설비의 오작동으로 가공이 잘못되는 일도 있다. 또한 설비 고장이나 정전 발생으로 가공 중이던 부품이 망가지기도 한다. 이 모든 것들은 공정 트러블로 인한 로스에 해당한다.

모든 공정을 정상적으로 거쳐 만들어진 제품이 최종 검사 결과 불합격 처리된다면 불량 로스가 된다. 사실 불량 로스는 생산에 필요한 고정비와 변동비가 모두 투입된 후라는 점에서 원·부자재와 관련된 모든 로스들

중에서 가장 비싼 최악의 로스라고 할 수 있다.

공정 로스는 대부분 생산 부서의 책임 영역이며 그 기업의 제조 경쟁력을 결정한다. 이 때문에 대부분의 기업들이 공정 로스를 줄이기 위해 많은 노력을 기울이고 있다. 특히 수많은 과학적 이론들과 방법론들을 활용하여 지속적인 혁신을 해나가고 있다.

이미 널리 활용되는 TQM, TPM 기법을 포함하여 린 방식, 6시그마 같은 혁신 방법론들은 공정 로스 최소화를 가장 중요한 주제 중 하나로 다루고 있다.

일반적으로 수율이라고 하면 원·부자재 수율을 의미하는 경우가 많다. 그만큼 원·부자재 수율은 생산 공정에서 가장 중요하게 관리되어야 할 항목이다.
원·부자재 수율은 다음 그림과 같이 구성되며 종합 수율을 개선하기 위해서는 설계 수율, 재료 수율, 공정 수율의 각 항목을 더욱 세밀하게 관리하면서 지속해서 개선해 나갈 필요가 있다.

(1−설계 로스) x (1−재료 로스) x (1−공정 로스) = 종합 수율

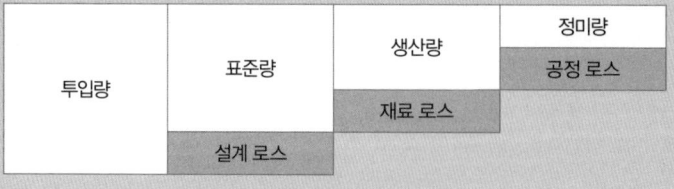

Business Management User's Guide

설비 종합 효율의 개념과 측정 방법

기업의 규모가 커지고 현장에서의 작업 난이도가 높아질수록 사람의 일을 대체해주는 설비의 중요성이 점차 증대되기 마련이다. 물론 설비는 제조 공장에서만 사용되는 것은 아니다. 사무실에서 사람의 일을 도와주는 PC나 복사기 같은 도구도 넓은 의미에서는 설비라고 할 수 있다. 하지만 설비의 장점이 가장 잘 활용될 수 있는 분야는 역시 제조 분야이다.

설비는 기본적으로 사람이 할 수 없는 일을 해야 하거나 사람이 할 수 있는 일이지만 품질과 생산성을 더 높일 수 있는 경우에 사용된다. 설비는 사람과 비교할 때 많은 장점을 가지고 있다. 여기에 대해 흔히 다음과 같이 언급된다. 설비는 24시간 일해도 지치지 않는다. 휴식 시간이 없어도 되고 식사도 하지 않는다. 아무리 일을 시켜도 불평불만이 없다. 그뿐 아니라 설비는 작업의 정밀도가 사람보다 훨씬 높아서 변동성을 줄이고 품질은 높여준다. 변동성의 최대 원인인 사람의 작업에 따른 영향을 최소화시켜 준다. 게다가 설비는 사람보다 더 빠른 속도로 일할 수 있어 단위 시간당 생산성이 높고 압도적인 대량 생산 능력을 발휘한다.

이런 점들만 놓고 보면 설비는 사람보다 무조건 우월하며 어느 생산 현장이나 크고 좋은 설비를 도입하는 게 성공의 관건이라고 느껴질 수도 있다. 하지만 실제로는 꼭 그렇지 않다. 설비가 우월한 점이 많은 만큼 문제점도 많고 위험 요인도 존재하기 때문이다.

일단 설비는 비싸다. 크고 좋은 설비일수록 더욱 그렇다. 더구나 설비는 설치 초기에 많은 비용이 들어가며 고정비화 된다. 20년 동안 생산 활동을 한다면 사람은 240번에 나누어 월급으로 주면 된다. 하지만 설비는 도입하는 초기에 비용 대부분을 지불해야 한다. 이 비용이 완전히 회수될 때까지 오랜 시간이 걸린다. 만약 설비 도입 후 제대로 운영하지 못하여 투자비를 회수할 수 없다면 엄청난 손실을 입는다.

사람의 작업은 문제가 생기면 얼마든지 유연하게 대응할 수 있다. 하지만 설비는 신속한 대체가 불가능하다. 문제가 발생하면 해결될 때까지 모든 작업이 중단된다. 여러 대의 설비가 하나의 프로세스로 연결된 일관 생산 체제에서는 설비 일부에서 발생한 문제로 공장 전체가 오랜 시간 정지해버릴 수도 있다. 또한 대규모 설비나 첨단 자동화 기기의 경우에는 고장 문제 해결에 상당한 시간과 비용이 들어가기도 한다.

회사의 상황이 나빠졌을 때 인력 규모를 일부 줄일 수 있다. 하지만 설비는 일단 도입되면 전체를 매각하기 전에는 일부만 줄여서 운영할 수 없다. 또한 가동을 중단해도 계속 비용이 발생한다. 더구나 설비라고 해서 사람보다 항상 생산성이 높은 것만은 아니다. 사람이 하는 작업 중에는 절대로 설비로 대체할 수 없는 것들도 많다. 또한 사람은 다양한 작업에 매우 신속하고 유연하게 대처할 수 있다. 하지만 설비는 작업이 바뀔 때 준비 교체에 많은 시간과 노력이 든다. 따라서 생산해야 할 제품의 사양과 규격이 다양해질수록 대량 생산 능력이라는 설비의 장점이 크게 줄어든다.

이 때문에 설비를 도입할 때는 사전에 매우 신중하고 면밀한 검토와 연구를 거쳐야 한다. 하지만 일단 도입하고 나면 기대 성능을 최대한 발휘하고 운영 비용이 최소화되도록 생산성을 높여갈 필요가 있다. 설비의 생산성은 설비가 덜 가동될수록, 기대 성능에 못 미칠수록, 불량을 많이 낼수록 떨어진다. 설비의 가동을 중지시키거나 불완전하게 가동되게 하는 이 모든 요인은 앞에서 설명한 바 있는 설비 로스에 해당한다.

설비의 생산성을 극대화하는 데에는 설비 종합 효율OEE: overall equipment effectiveness이라는 측정 지표가 흔히 사용된다. 설비 종합 효율은 요구된 생산 활동을 설비가 얼마나 적절하게 수행하고 있는지를 측정하는 것이다. 이는 설비의 이상적인 최대 생산 능력 대비 실제 생산 능력을 의미한다. 이상적인 최대 생산 능력은 설비가 최적의 성능으로 중단이 전혀 없이 가동하면서 불량 또한 하나도 내지 않는 완벽한 상태를 말한다. 물론 이것은 실제 상황에서는 불가능하다. 설비 종합 효율은 다음과 같이 세 가지 요소를 곱하여 계산할 수 있다.

설비 종합 효율 = 기본 가동률 × 성능 가동률 × 정상품률

이 공식을 살펴보면 설비 종합 효율은 설비를 얼마나 정상적으로 가동했는지 그리고 얼마나 적합한 산출물을 생산해냈는지를 측정하는 것임을 알 수 있다. 설비 종합 효율을 구성하는 각각의 요소들은 다음과 같다.

기본 가동률

기본 가동률은 '시간'의 개념이다. 기본 가동률이 100퍼센트라는 것은 설비가 어떠한 경우에도 중단되지 않고 365일 24시간 가동된다는 것을 의미한다. 하지만 그러한 경우는 존재하지 않는다. 설비는 어떤 형태로든 가동 중단 시간이 있게 마련이다.

이러한 가동 중단의 로스를 제외한 실제 가동 시간을 가동 가능한 전체 시간으로 나눈 값이 기본 가동률이 된다. 기본 가동률에 영향을 미치는 가동 시간 로스에는 다음과 같은 것들이 있다.

- 기본 중단 로스: 식사 시간, 쉬는 시간 등 사업장 운영 규칙에 따라 중단되는 시간
- 고장 중단 로스: 설비 오작동이나 고장으로 가동이 중단되는 시간
- 준비 교체 중단 로스: 생산 제품의 사양이나 규격을 다른 것으로 교체하기 위해 중단되는 시간

기본 중단 로스는 설비 자체보다는 공장 운영 방식의 문제이다. 관리자는 설비의 중단이 최소화되도록 운영을 최적화하여 이를 감소시킬 필요가 있다. 예를 들면 작업자들이 교대로 휴식이나 점심 식사를 하는 방법을 도입하여 설비가 계속 가동되도록 할 수 있다.

고장 중단 로스는 설비 자체의 문제이며 기본 가동률에 가장 많은 영향을 미치는 요소이기도 하다. 설비는 언제든 문제없이 생산해낼 수 있는 최적의 상태를 유지하고 있어야만 하며 생산 과정에서는 고장 발생이 최소화되어야 한다. 다시 말해 설비의 '즉각 대응 능력'을 항상 유지할 수 있어야 한다. 이를 위해 'TPM$_{\text{total productive maintenance}}$'이라 불리는 '전사적 생산 보전' 활동의 정착이 필요하다.

TPM에는 설비 트러블을 사전에 점검하고 예방하는 '예방 보전', 작업자 스스로 다른 사람의 도움을 받지 않고 설비를 최상의 상태로 유지하는 활동을 하는 '자주 보전', 정해진 스케줄과 규칙에 따라 설비 유지 보수 관리를 하는 '계획 보전' 등이 포함된다. 또한 설비 트러블 발생 시 최대한 빨리 해결할 수 있는 숙련된 정비 인력, 여러 가지 상황에 대처하는 매뉴얼과 지침, 신속한 보고 및 커뮤니케이션 체계 등도 잘 갖추어져 있어야 한다.

준비 교체 로스는 설비 운영자의 작업 방법과 숙련도에 관한 문제이다. 규모가 큰 설비일수록 준비 교체에 상당히 많은 시간이 걸린다. 이는 기본 가동률을 저하시키는 요인이 된다. 대량 생산의 경우보다는 다품종 소량 생산에서 더 큰 문제가 될 수 있다. 더 많은 준비 교체가 이루어지므로 더

욱 철저히 관리할 필요가 있다.

봉제 완구를 만드는 재봉틀에서는 제품 사양을 곰 인형에서 미키마우스로 교체하는 것이 별로 문제가 되지 않는다. 하지만 사출성형 설비에서의 준비 교체는 금형을 다른 것으로 바꾸어 장착해야 하므로 몇 십 분 이상이 걸리는 게 보통이다. 화학 공정 반응 설비의 경우라면 반응기에 묻어 있는 기존 제품의 원료를 모두 씻어내고 새로운 원료를 투입해야 하므로 상황에 따라서는 준비 교체에 며칠에서 수십 일이 걸릴 수도 있다. 따라서 작업 방법의 연구와 개선, 작업자의 숙련도 증가 등을 통해 준비 교체 시간을 단축하기 위한 노력을 끊임없이 경주해야 한다.

성능 가동률

성능 가동률은 설비의 '속도' 혹은 '사이클 타임'의 개념이다. 어느 설비든 무리가 가지 않는 범위 내에서 발휘할 수 있는 최대의 성능을 가지고 있다. 하지만 그 성능이 100퍼센트 발휘되지 못하는 경우가 흔히 발생한다.

성능 가동률은 실제 작업이 수행된 성능을 최대 성능으로 나누어 구할 수 있다. 예를 들어 한 번 작업의 사이클 타임이 18초로 설계된 설비의 실제 작업이 20초가 걸렸다면 성능 가동률은 90퍼센트가 된다. 간혹 성능 가동률이 100퍼센트를 넘을 때도 있다. 하지만 최대 성능을 초과하여 설비를 무리하게 가동한 것이므로 대부분 바람직하지 않다.

성능 가동률을 저하시키는 요인을 성능 로스라고 한다. 성능 로스가 발생하는 원인은 설비 그 자체의 문제일 수도 있다. 하지만 그 외에도 투입 원·부재료의 문제, 주위의 작업 여건, 다른 설비와의 밸런스 등 여러 가지 요인에 영향을 받기도 한다.

정상품률

설비가 정상 가동하더라도 잘못된 제품을 생산한다면 아무 소용이 없다. 불량은 그 자체가 로스일 뿐만 아니라 그 제품의 생산에 투입된 모든 시간과 노력, 비용을 한꺼번에 로스로 만들어버린다. 이 때문에 설비 가동 시간과 성능 효율의 측정은 정상품을 만드는 데 기여한 것만을 포함시켜야 한다.

> 설비 종합 효율이 높아지면 같은 설비로 정해진 시간 내에 더 많은 정상품을 생산할 수 있다.
> 이것은 추가적인 설비 투자 없이도 생산 능력을 늘리는 효과를 얻게 됨을 의미한다. 이를 통해 제조원가를 크게 절감하고 리드 타임을 단축하며 고객의 다양한 요구에 유연하게 대처할 수 있다.
> 설비 종합 효율은 원·부재료의 수율에도 큰 영향을 미친다. 따라서 설비 종합 효율의 증대는 가치 창출 프로세스 전체의 생산성과 수율 향상에 큰 역할을 하는 중요한 활동이라 할 수 있다.

*

글을 마무리하려 한다. 경영자가 알아야 할 경영 원리들과 적용 방법을 총체적으로 다루다 보니 넓은 주제의 긴 글이 되고 말았다. 독자들 중에는 이렇게 많은 것을 이렇게까지 구체적으로 알아야 하는가 하는 분들이 있을 것이다. 반면 실전에서 활용하기에는 뭔가 좀 부족하지 않은가 하는 분들도 있을 수 있다.

그것은 지식을 글로 옮기는 능력의 한계와 책 한 권이라는 물리적 한계 때문이라고 할 수밖에 없다. 그러한 한계는 다른 책들을 통해 한층 더 수준 높은 지식을 얻으면서 꾸준한 실천을 통해 자신의 지식으로 만들어 나가는 노력으로 극복할 수 있지 않을까 싶다.

독자들 모두가 그러한 노력을 할 것이라 믿는다. 부족한 내용임에도 인내심을 가지고 끝까지 읽어 주신 모든 독자들에게 감사를 드린다.

에|필|로|그

막상 책을 마무리하려 하니 23년 전 난생처음으로 책을 저술했을 때의 기억이 새롭게 떠오른다. 첫 직장인 삼성물산에서 대리로 근무하던 시절, 네 명의 동료와 함께 컴퓨터 종합 학습서인 『PC는 내 친구』를 출간한 적이 있다. 급격한 컴퓨팅 환경의 변화에 어려움을 겪는 회사 동료들을 위해 내 나름대로 공부했던 PC 사용법을 40페이지짜리 간단한 매뉴얼로 정리하여 나누어 준 것이 출발점이었다. 그런데 그렇게 시작된 긍정적인 효과가 마치 눈덩이가 굴러가듯 커지더니 나중에는 책 출판으로까지 이어진 것이다.

놀랍게도 그 책은 출간 후 15만 권 이상 팔린 베스트셀러가 되었다. 그리고 당시로는 엄청나게 큰 금액이었던 1억 원이 넘는 인세가 생겼다. 우리는 그 인세 전액을 낙도·벽지의 어린이와 장애인들의 정보화 지원을 위해 기부하였다. 그 과정을 통해 말할 수 없는 보람과 행복을 느낄 수 있었다. 그 이후 나는 IT 분야의 전문가로 인정받아 전혀 새로운 기회를 맞이했으며 결국 벤처 창업까지 도전하게 되었다.

나는 이 잊지 못할 나눔의 체험을 통해 평생 신념을 가지고 꾸준하게 실천해나가야 할 두 가지의 삶의 원칙을 얻을 수 있었다.

첫 번째 원칙은 '선한 영향력'이다. 돌이켜 보면 아무런 대가 없이 선한 의도로 동료들을 도우려 했던 노력이 전혀 예상치 못한 좋은 결과로 돌아와 나의 삶에 큰 영향을 주었다. 선한 영향력은 세상을 긍정적으로 변화시킨다. 그리고 선한 의도를 공감하는 사람들 사이에서 순환하며 그 영향력이 증폭된다. 그래서 선한 영향력의 열매는 더디 열리며 많은 인내심이 필요하다. 하지만 전혀 예상치 못한 방법을 통해 전혀 기대하지 못했던 결과를 기대 이상으로 가져다준다.

두 번째 원칙은 '지식 나눔'이다. 지식은 더 많은 사람과 나눌수록 커진다. 지식을 나누려면 그 지식을 제대로 그리고 정확히 이해하고 전달할 수 있어야 한다. 이 때문에 더 많은 학습과 사고를 할 수밖에 없다. 그래서 결국은 지식을 기꺼이 나누어 준 사람이 가장 큰 수혜자가 된다. 이렇게 보면 지식 나눔 또한 선한 영향력이 좋은 열매를 맺는 하나의 형태라고 할 수 있을 것이다.

그런 면에서 나의 첫 번째 저서와 이 책은 공통점이 있다. 이 책의 탄생 배경에도 선한 영향력과 지식 나눔이 깔려 있다. 나 혼자만 간직하기에 아까운 지식과 경험을 나누기 위해 오랜 기간에 걸쳐 많은 사람과 공유해왔던 글들을 모아 출간하는 것이기 때문이다.

어려움에 빠진 회사를 턴어라운드$_{turnaround}$하는 책임을 처음으로 맡아 1년여의 노력 끝에 성공이 가시화되던 2007년 말부터, 나는 내가 신념을 갖고 실천해나가는 경영을 '착한 경영'이라고 부르기 시작했다. 당시에 '착한'이라는 말은 '매우 좋은, 훌륭한'이라는 뜻으로 여기저기에 쓰이고 있었다. 원래는 '참 경영'이라는 이름을 붙이고 싶었는데 당시의 유행어를 참조하다 보니 '착한 경영'이 된 것이다. 그 이후 나는 세 차례의 턴어라운드 책임을 수행하는 과정에서 더 나은 경영과 리더십을 공부하고 실제로 실전에 적용하기 위해 노력했다. 이와 더불어 '착한 경영'의 체계와 원칙들을 계속 다듬고 완성시켜 갔다.

사람들은 '착한 경영'이라는 말을 들으면 대부분 '마음씨 좋은 경영' 또는 '착한 일을 하는 경영'이라는 뜻으로 받아들이는 것 같다. 그리고 금방 의문을 제기한다. 이렇게 이기주의가 판치는 험난한 세상에서 경영의 원칙을 지키면서 착하게 행동하는 것만으로 과연 조직이 살아남을 수 있겠느냐고 말이다. 이러한 견해에는 '착한 것'은 '탁월한 것'과는 거리가 멀다는 생각이 깔려 있는 것 같다.

하지만 '착한 경영'은 그렇게 무력하거나 세상 물정을 모르는 것이 아니다. 그 어떤 방법보다도 가장 탁월한 성과를 거두는 경영이다. 또한 그런 탁월한 성과를 오랫동안 지속시켜나갈 수 있는 경영이다.

나는 '착한 경영'을 철저하게 실천함으로써 기업 턴어라운드 과업을 7년 동안 세 번이나 성공적으로 수행했다. 그 결과로 얻은 변화와 탁월한 성과는 놀라운 것이었다. 나는 이러한 경험을 통해 '착한 경영'이 충분히 실천 가능함은 물론, 그 어떤 경영 방식보다도 우월하다는 확신을 얻을 수 있었다. 그리고 현재 여러 어려움에 직면한 우리나라 기업들이 구태의연하고 권위주의적인 과거의 방식에서 탈피하여 더 나은 미래로 나아갈 수 있는 최선의 경영임이 분명하다는 신념을 갖게 되었다.

'착한 경영'은 보편타당한 경영 원리를 기반으로 한다. 그러한 기본적인 원리를 철저하게 실천으로써 탁월함에 도전하는 것이다. '착한 경영'은 세상에 긍정적인 기여와 공헌을 하는 경영이다. 그래서 이윤 창출을 넘어서는 더 크고 숭고한 존재 이유를 가진다. '착한 경영'은 철저하게 고객을 중심에 두는 경영이며 인간 존중을 기반으로 하는 경영이다. 또한 '착한 경영'은 협력을 기반으로 하는 최고 수준의 가치 창출 시스템을 만들고 운영하는 경영이다. '착한 경영'은 끊임없이 혁신하며 사회적 책임을 성실하게 수행해나가는 경영이기도 하다. 이 모든 원칙을 철저히 실천함으로써 조직은 다른 방식으로는 쉽게 넘볼 수 없는 수준의 탁월함에 도달할 수 있으며 지속 가능한 경영을 실천할 수 있다.

이러한 '착한 경영'의 모든 원칙은 선한 영향력의 선순환을 기반으로 한다. 조직이 먼저 이기적 목적을 달성한 후 그 성공의 일부를 세상과 나누기 위한 목적으로 이 원칙을 실천하려 한다면 그것은 '착한 경영'이 아니다. '착한 경영'은 조직이 선한 의도로 세상에 기여할 때 세상이 조직에게 더할 수 없는 탁월함과 성공으로 보답한다는 것을 믿고 실천하는 것이다. 따라서 '착한 경영'은 탁월함을 먼저 얻은 후 사후적으로 선한 행위를 하기보다는 선한 영향력의 선순환을 통해 탁월함을 이루는 것이 되어야만 한다.

그런 의미에서 나는 이 책이 '착한 경영'을 배우고 익히기 위한 학습서 중 하나가 될 수 있으리라는 기대를 하고 있다. 비록 그 범주에 포함되는 모든 주제를 다루지는 못했지만, 여기에 언급된 내용만으로도 학습을 위한 좋은 출발점이 제공되었다고 생각한다.

'착한 경영'은 이 책에서 다룬 내용과 더불어 인간 존중 경영, 변화 리더십, 사회적 책임과 같은 주제들이 함께 조화를 이루어야만 제대로 작동될 수 있다. 하지만 그 주제를 위해서는 또 하나의 두꺼운 책이 필요하다. 언젠가 모든 주제를 아우르는 '착한 경영'의 완성된 체계를 세상에 내놓을 수 있으리라는 기대감으로 이 책의 마지막 문장을 마무리지어야 할 것 같다.

경영학 사용설명서

초판 1쇄 발행 2022년 11월 8일
초판 2쇄 발행 2025년 5월 8일

지은이 김용진
펴낸이 안현주

기획 류재운 **편집** 안선영 김재열 **브랜드마케팅** 이민규 **영업** 안현영
디자인 표지 정태성 본문 네오북

펴낸 곳 클라우드나인 **출판등록** 2013년 12월 12일(제2013-101호)
주소 우) 03993 서울시 마포구 월드컵북로 4길 82(동교동) 신흥빌딩 3층
전화 02-332-8939 **팩스** 02-6008-8938
이메일 c9book@naver.com

값 29,000원
ISBN 979-11-91334-94-4 03320

* 잘못 만들어진 책은 구입하신 곳에서 교환해드립니다.
* 이 책의 전부 또는 일부 내용을 재사용하려면 사전에 저작권자와 클라우드나인의 동의를 받아야 합니다.
* 클라우드나인에서는 독자 여러분의 원고를 기다리고 있습니다.
  출간을 원하시는 분은 원고를 bookmuseum@naver.com으로 보내주세요.
* 클라우드나인은 구름 중 가장 높은 구름인 9번 구름을 뜻합니다. 새들이 깃털로 하늘을 나는 것처럼 인간은 깃펜으로 쓴 글자에 의해 천상에 오를 것입니다.